内藤直樹
森明子
編

寄食という生き方

埒外の政治–経済の人類学

昭和堂

はじめに——寄食という視点について

森　明子

はじめに「寄食」について述べよう。寄食は、本書の著者たち全員の問題関心をまとめあげる語として書名に選ばれた。寄食ということばに込められた、本書に通底する問題関心とは、どういうものであるのか、私の考えるところを説明したい。

編者の内藤は、別のところで、「自分でコントロールできていると思っている身体や場所にも、すでに他者が入り込んでいる……。私たちは、そうした他者と意識的・無意識的に交渉・調整しながら、協働的に居住場所を創ってきた」、と述べている（内藤 二〇二二：一三八）。ここで「他者」と呼ばれている存在が、どのようにそこに居つき、関わりが生まれ、そこからどのような世界があらわれているのか、ということを本書は探求する。

セールの『パラジット』を読む

「寄食」について、本書の著者たちが理解の基礎としているのは、ミッシェル・セールの『パラジット』（原著はフランスで一九八〇年刊）である。哲学者セールが展開した議論は、大きな広がりをもつ。ここでは、私が本書と深くかかわると考えるその一端を紹介する。

パラジットというフランス語は、ギリシャ語のパラ para-（横に）とシトス sitos（食物）から成り、「他人の食卓で食べる人」を原義とする。他人に対する一方的歓待（食客）という意味から転じて、生物学においては「寄生生物」、物理学においては「雑音、雑音を生じさせる電磁波」、情報科学においては「ノイズ」を意味する。寄食が、食客だけでなく、そこから転じた広い意味をもつことは、セールの議論において重要である。

セールは、ラ・フォンテーヌの寓話（都会ネズミが田舎ネズミをもてなす物語）に沿って寄食関係を説明する。この物語において、田舎ネズミは都会ネズミの社会的寄食者であるが、都会ネズミは徴税吏（家の主）の生物学的寄食者であり、徴税吏は生産者（農家）の政治的寄食者といえる。また、ネズミの宴会を妨害する物音はネズミの物理学的寄食者である。このように、寄食関係をどう読み取るかは、状況と視点によって変化する。

セールは、こうした寄食関係を、システム内のものとして読み込む。つまりシステムの作動とは、「流れの遮断やアクシデント、流れの変化や変形」を含んだものなのである。ネズミの物語で、物音が宴会をだいなしにしたことは、一見すると妨害に見えるが、システムとしてみると、都会ネズミは物音を学習して免疫をそなえた。システムは、寄食者の作用によって複雑化し、強化されている。

誰が宿主で誰が寄食者なのか、状況と視点に応じて常に変化することは、システムの状態が変化することを示す。ここで重要なことは、主体と対象が一対一で対応するのではなく、一対多で対応する関係性が構想されていることである。

主体と客体のこのような関係性を、セールは「準‐客体 quasi-object」「準‐主体 quasi-subject」という概念を用いて説明する。この概念については、セール自身が、ボール・ゲームの比喩で説明している。ここでは、縣によるまとめを引用する。

ゲームをはじめると、プレーヤーたちはボールの後を追い、ボールに仕える。ボールの移動によって、主体となるべきものは次々に交代する。「すべてのプレーヤーは、ボールの中継点である『中間的なもの＝準‐主体』にすぎない。ボールを保持するその瞬間において、準‐客体によってその者は主体となり、それが次々と交代する。……この代替性によって、この集団は一つのまとまりをもったものとして組織される」（縣 二〇一六：一二七）。ここで「準‐客体は、主体の集団と対立することなく、むしろ組織化の媒体として集団の中を循環しうるのであり、また集団における諸主体の複数的なあり方が担保されるのである」（縣 二〇一六：一二八）。準‐客体について、本書の各章で明示的に議論しているわけではないが、序章（内藤）と第5章（山北）に言及がある。

寄食からみるケアの多層性、多元性

セールのこの議論が、ブルーノ・ラトゥールやマリリン・ストラザーンの議論に影響を与えたことはよく知られている。それと同時に、諸主体の複数的なあり方という視点は、他者とともにどうあるか、という共生のあり方についても新しい視点を提示すると思われる。

例えば、ケアの議論について。ケアは、他者との共生のあり方として、重要な概念である。しかし、ケアという関係性は、ケアする者とケアされる者との二者関係に回収される傾向があることを否めない。この傾向は、ケアをめぐる議論のほとんどが、ケアする者の立場からなされていることにもあらわれている。こうした状況を意識して、ケアされる側からケアを記述しようという試みも行われていると聞く。

数年前、本書の著者の多くも参加して、ケアに関わる共同研究を行った。その研究会で、私たちは、ケアをめぐる関係性は二者関係に閉じるものではないことを繰り返し議論した。ケアの与え手は一方的に与え手であるわけでなく、受け手もまた一方的に受け手であるわけではない。関係のはかなさや、臨機応変さは、他者とともにあるありかたとして重要な意味をもっている。こうした議論ののちに、私たちはケアそのものよりも、ケアが生まれる「場」に焦点をあてて、『ケアが生まれる場』と題する論文集をまとめた（森編 二〇一九）。

寄食という視点は、この問題関心の延長線上にある。主客の二元論に回収されないことが重要である。寄食を生き方としてとらえ、寄食者の存在を肯定的にとらえる本書は、ケアする者とされる者が、向かい合うのではなく、同じ側にたち、補完しあう関係にあることや、人間以上の存在を射程にいれることを、想定している。寄食という視点から提示される複数的な諸主体をもって、ケア関係の多層性、多元性をとらえる課題に取り組む。

本論の一八章は、アプローチによって二つに分けられる。一つめのアプローチは、寄食の実践を追うもので、第Ⅰ部で場所をつくる実践、第Ⅱ部で経済的実践を描く。二つめのアプローチは、そのような実践がまわりのさまざまな存在と絡まりつつ世界をつくっていく過程を追うもので、第Ⅲ部は人間の活動を中心とし、第Ⅳ部は異種間・非人間との媒介作用に注目する。

著者たちがとりあげる調査地は、ほぼ全世界にわたっている。地球上のどこでも寄食は行われていて、人もモノも、自然も社会も、純粋培養のものはない。それ自身ハイブリッド（異種混合）のものが寄り集まり、媒介作用によって、さらなるハイブリッドの世界が生み出される。

オンライン研究会を経て

ところで、ともにあるものが絡み合いつつ世界をつくっていくことは、わたしたちの日常に起こっていることである。本書のもとになる共同研究会でも、次のような経験をした。研究を開始して一年あまりたったころ、コロナ禍に遭遇し、研究会はオンラインで開催されるようになった。オンラインは、発表者（話し手）と聞き手の各人のあいだの、二者関係による情報交換としてはほとんど問題なかった。むしろ移動の手間を省き、研究会終了後、瞬時に各自の研究室にもどるパターンは、効率的といえた。しかし次第に、たいせつなものを失っているという感覚がボディブローのようにきいてきた。

それは、共同研究会の会場に集い、一定のときをともにすごすルーティンがつくってきたものである。数人以上の人やモノが、場をともにし、情報や意見を、ボール・ゲームのように受け渡しながらつくっていくアッセンブラージュで、セールが構想した準・主体がなす集団と似ている。話し手と聞き手の二者関係の和とは別種の、そのようなアッセンブラージュは、オンラインでは育たなかった。情報の共有や交換はできても、そこから得た着想を、自由に展開していくための場をオンラインにつくることができなかったのである。その後、対面で開催できるようになってからの研究会は、対面オンリーに戻るのではなく、対面とオンラインを併用して開催するようになった。おそらく今後も、完全にもとのシステムにもどることはないだろう。便利ではあるが、残念でもある。

本書は、国立民族学博物館共同研究「カネとチカラの民族誌：公共性の生態学にむけて」（二〇一八年一〇月～二〇二三年三月、研究代表者　内藤直樹）の成果として出版された。研究会には、本書の執筆者のほかに特別講師として、篠原雅武氏（京都大学）、北村光二氏（岡山大学）、菅原和孝氏（京都大学）、大槻久氏（総合研究大学院大学）、近藤祉秋氏（神戸大学）、吉田真理子氏（広島大学）（日程順）に、参加していただいた。本書出版にあたり、館外での出版を奨励する国立民族学博物館の制度を利用した。

文献

縣由衣子 二〇一六「ミシェル・セールの〈混合体 corps mêlés〉概念」『哲学』六七、一二三―一三七。
セール、ミッシェル 二〇二一『パラジット――寄食者の論理』法政大学出版局。
内藤直樹 二〇二二「埒外の生態学に向けて」『思想』一一八二、岩波書店、一二一―一四二。
森明子編 二〇一九『ケアが生まれる場――他者とともに生きる社会のために』ナカニシヤ出版。

寄食という生き方――埒外の政治‐経済の人類学　目次

第Ⅱ部　寄食がつくる経済

第Ⅳ部　異種の出会い

序　章　「埒外の政治 - 経済」の人類学
――公共性のエコロジー

内藤直樹

第一節　寄食という生き方

「寄食」は、他人の家の食卓に供された食事（*sitos*）を、その傍ら（*para*）で食べる者を意味するギリシア語の「パラシトス（*para-sitos*）」という言葉を語源とする。遠方から訪れた客のために催された饗宴の場で語られる物珍しい話は、非日常的で楽しいかもしれない。他方で「傍らで食べる者」という言葉の感覚は、日本語の居候や食客に近い。この居候や食客に近い言葉に、宿や住む場所あるいは食事の世話をしてもらう者を意味する「厄介者」というものもある。この「厄介だ」や「厄介ごと」という言葉は、解決困難な問題やもめごと等の意味に転じる。いつまでも家に居座る客に食事等を提供し続けることが鬱陶しくなり、いつ旅立ってくれるのか気を揉むこともあるかもしれない。主人の財を対価の支払いなく消費するだけの依存的な存在というわけである。「寄生（parasite）」という言葉は、こうした「傍らで食べる者」の依存的だったり、片利的だったりする側面をあらわしている。それゆえ寄食や寄生は、自立性や自律性からなる個人やその集合体としての社会像のアンチテーゼとして位置づけられてきた。

本書の目的は〈寄食〉をキーワードに、他者と共にあることの喜びと困難の両面に光をあてることにある。(1) そこで問おうとしていることは、私たちの傍らで食べている存在は誰かということと、私たちもまた誰かの傍らで食べている存在ではないかということである。それは私たちが必ずしも意識しない、「傍らで食べる者」への想像力を鍛えるということである。そうすることを通して、私たち自身もまた誰かの傍らで食べる者にすぎないことに思いをめぐらせる。

文化人類学は、文化や価値観が異なる「話が通じない相手」を対話や協働の相手として捉えなおす文化相対主義を手がかりに異文化での参与観察を行ったり、それを通じて自文化を見つめなおしたりしてきた。このような文化人類学的な視点や方法論をもとに、本書では現代の国家や市場による影響のなかで、さまざまな存在がそれぞれのやり方で「よい生き方」を実現するために行う諸行為を、できるかぎり肯定的に捉える視点を提出しようとしている。具体的には開発援助・人道支援・福祉といった支援に関わる公的な制度の文脈のなかで、「傍らで食べる者」による寄食の連鎖としてたち上がる「社会」の可能性について考察する。支援に関わる公的な制度の文脈のなかでは、寄食は制度的あるいは道徳的な問題行為だと捉えられることが多かった。だが、支援に関わる公的な制度をよくみると、予想以上にさまざまな種類の寄食が介在していることがわかる。そうした寄食のなかには、むしろ公的な制度を——見えにくい形ではあるが——支えているものすらある。

だが私たちは公的な制度のなかに寄食的なものを発見すると、それを取り除こうとする癖がある。なぜなら、それは制度設計の時点で想定されていなかったからである。だが寄食者は、制度設計者とは異なる独自の論理で、公的な制度を利用している。文化相対主義的な観点に立てば、支援の制度への寄食を断罪する前に、制度設計者側とは異なる寄食者の論理や実践にいちど目を向けてみる必要がある。

文化人類学はこれまで、自分たちの価値観の外側としての異文化を、前近代や外国などの時空間的な外部に求める傾向があった。これに対して本書では、人間の支援に関わる公的な制度を独自のやりかたで利用する実践という、足もとの現場に注目する。そうすることで、私たちの「隣にいる他者」(内藤・山北編 二〇一四)との共存をめぐる実践的な課題への文化人類学的な応答可能性を探究したい。それは理解や合意を必ずしも前提としないような他者関係の連鎖が、期せずして私たちの生や公共的な空間の創発に関わっていることを確認する作業でもある。

第二節　傍らで食べる者への想像力

まず、生物学や生態学的な言説を手がかりに、「傍らで食べる者」への想像力を膨らませてみたい。寄食という言葉は「食べること」に関わっている。「食べること」は、人間の生物としての側面（生）と文化的存在としての側面（人生）の両方に関わる行為である。私たちの身体には、心臓や腸といった内蔵や不随意筋等の思い通りにできない複数の部分が含まれている。私たちは随意筋を制御することはできる。だが自分の心臓を意思の力で動かすことも、止めることもできない。だから随意筋を使って食べものを口に運んで咀嚼し、嚥下することはできるが、そこから先の消化器官や代謝過程を制御することはほとんどできない。つまり私たちは、自らの意思で制御できない器官の働きを借りて、食べものという外的な存在を取り込まなければ生存することができない。そして食べるモノの特徴は、食べるのにふさわしいモノは何かについての価値観や食料の生産と流通をめぐる地域の歴史やつながりに規定される。このように、「食べる」という日常的で何気ない行為は、統合されているように思える「私」という存在もまた、完全にはコントロールができない諸存在からなるオープンエンドなネットワークの結節点であることを示唆している（Mol 2008）。

このように「食べること」を介した生物学的に基本的な他者関係に捕食 - 被食関係がある。これは光合成を行う植物 → 植物を捕食する草食動物 → 草食動物を捕食する肉食動物といった食物連鎖のネットワークにつきものの関係である。肉食動物の生存基盤は草食動物であるため、草食動物が絶滅したら肉食動物も絶滅する。アメリカのスペリオル湖に浮かぶロイヤル島という閉鎖的な空間で生息するオオカミとヘラジカの個体数の推移に関する長期の観察記録（Peterson 1993）によれば、捕食者であるオオカミの個体数が何らかの理由で急減すると捕食圧が減り、被食者であるヘラジカの個体数が急増する。だが、ヘラジカの個体数が増えることは、オオカミにとっては餌が増えることを意味する。餌が豊富になると、オオカミの数は増える。また、ヘラジカの個体数が増えると、餌としている植物をめぐる競争が激しくなる。こうしてヘラジカの個体数は、餌をめぐる競争と増加したオオカミによる捕食によって減少する。こうした事例は、私たち生物は他生物とのつながりなくしては存在し得ないことを明確に示している。とはいえ捕食‐被食関係は、どちらかの死が避けられない二項的な関係である。

だが生物の世界には、必ずしも捕食‐被食関係だけでは捉えられない、より複雑な関係もある。それが寄生‐宿主関係である。寄生者とは、他の生物の体内や体表を生活の場とする生き物である。そして栄養やエネルギーを宿主に依存しているため、宿主がいなければ生存できない。ほとんどの寄生生物は、特定の生物種に取り付く特異性をもつ。そして、宿主のなかでの寄生生活に適応して進化したために、消化管や移動能力を失ったものや、生殖器官を異常に発達させたものなど、特殊な体のつくりをもつものがいる。このように多くの寄生者は宿主の中でしか生きられないような弱々しい、移動能力もあまり持たない生き物である。寄生者は自然界に幅広く存在し、全生物種の半数以上を占めるという(小澤 二〇一六)。このように生物の世界における種間関係には、寄生現象は普遍的にみられる。寄生‐宿主関係は、捕食‐被食関係に比べれば相互依存的である。また、ある宿主に複数種の寄生者が寄生することも多い。この意味で、ある生物の身体は複数種が生きる環境でもある。

現代の生物学は、複数種が不可分な共生関係のネットワークを構成する状態を「ホロビオント」と定義している(ギルバート他 二〇一二)。例えば、ある種のイカは体内の発光器官を働かせて、捕食者から身を隠すことで生存確率を上げている。だがイカの発光器官は、海水中から体内に侵入して寄生した共生細菌なくしては機能しない。つまり宿主であるイカと寄生者である細菌の間には、種を越えた協力関係が存在しており、両者はこの関係なくして生き続けることはできない。捕食‐被食関係と比べると、寄生‐宿主関係はより相互依存的である。[2] つまり寄生者‐宿主という抜き差しならない異種間関係の存在は、「種」という単位もまた、複数種から構成されるオープンエンドなネットワークであることを示している。

寄生‐宿主関係のネットワークは、生態系の再生産に関わっていることもある。日本の森林に生息するカマドウマやキリギリスといった陸上昆虫は、渓流魚の年間摂餌量の六割を占めている(Sato et al. 2011)。陸上で暮らす昆虫が水中生物の主要な餌になっているという事態はいささか奇妙である。その理由は、ハリガネムシという寄生虫にある。陸上昆虫にハリガネムシが寄生し、行動を操作して河川に飛び込ませせる。このように寄生者を介して陸生昆虫が渓流魚に供給されることは、結果的に渓流魚による水生昆虫類の摂餌量を低下させる。そしてその影響は、藻類やさらには河川の生態系機能全体に波及するという。ハリガネムシにとっては水中が交尾・産卵そして幼生期の生息場所である。そしてハリガネムシの幼虫は水生昆虫の幼虫に食べられて、腸管中で休眠状態になる。やがて水生昆虫は羽化して陸上生活にかわり、陸上昆虫に捕食される。陸上昆虫の体内に入り込んだハリガネムシは目覚めて成虫に育ち、宿主を操ることで、交尾場所である水中を目指す。ハリガネムシは、自らの生存上の必要を充足させるために行動しているに過ぎない。だが、それは結果的に森と川という異なる生態系をつなぎ、二つの生態系の再生産に貢献している。

協力関係が必ずしも固定した二者に限らず、三者以上でも成立しうることは、理論生物学や進化心理学でも指摘されている（大槻 二〇一六）。これを間接互恵性という。間接互恵性が存在すれば、たとえ相手から直接に返報が期待できなくても、他者に対する利他行動は「評判」などのかたちで、自分自身に利益をもたらす合理的な行動となる。他者への「無償の奉仕」は「評判」となり、別の機会に別の他者から報酬を得ることができる可能性をもつに至る。ただし間接互恵性は、何が良い／悪い行動なのかを定義する道徳的な基準を必要とする。これは利他行動の普遍性について説明するために適した概念である。だが、間接互恵性概念は、ある行動をした者Aとされた者Bの双方が、それが協力行動かどうか——そもそも相互行為かどうかわからない行動が結果的にBの役に立つ——だが意識されていなかったり、「役に立つ」こととは何かについての基準が定まっていない——事態を想定していない。これに対して本書は、当事者には必ずしも意識されないが、ある意味で利他的な結果に結びつく行為に注目する。

例えば文化人類学者のブバントとツィンらは、意識されないが重要という意味で「外密的」（extimacy: Lacan 1992, Hoag, Bertoni & Bubant 2018: 100）な関係が他者間に成立する可能性を指摘した。デンマークの炭鉱跡地に設置された廃棄物処理場では、労働者が温度計や金属棒を認知・操作することで木材の堆肥化を行っている。堆肥はこの工場が生産する主要な商品であり、労働者は堆肥が生み出す利益によって雇用されている。そして、木材を堆肥化するのは微生物である。労働者は制御盤や機械を制御することで、微生物が活動しやすい環境を調整している。ところが労働者には機械を操作して木材を堆肥化しているという意識はあっても、微生物とコミュニケーションしているという意識はない。外密的な関係という概念は、私たちが理性や技術で自己や世界を思ったようにコントロールできるという信念へのアンチテーゼである。(3)

第三節　寄食がつくる社会

ロシアの思想家クロポトキンによって一〇〇年以上前に出版された『相互扶助論』の序文には、「反芻類の一群あるいは野馬の一群が輪を作って狼の襲撃に当たるのは、愛からでもなく、また固有の意味でいう同情からでもない。狼が狩猟のために団体を作るのも愛からではない。小猫や子羊が相戯れるのも、数種の若い鳥が秋の野に遊び暮らすのも、愛からではない。フランス全土にも当たる広い地域に散在している無数の萌黄鹿が、数十組の別々の隊伍を組んで、それがみんな大河を渡るためにある一点に集まるのも、愛や個人的同情からではない。これ実に愛や個人的同情よりも遥かに広い感情からである。きわめて長い進化の行程の間に動物と人類との社会に徐々として発達し来たった一本能からである」（クロポトキン 二〇二二：一七）という一節がある。クロポトキンは、相互扶助を生物との連続性のなかで捉えなおすことを通じて、オルタナティヴな社会のあり方を構想した。ここからグレーバーら（Graeber & Grubačić 2021）は、二〇二一年に再版された『相互扶助論』に、資本主義社会のオルタナティヴを構想しようとする新たな序文を寄稿している。「すべての生物に相互扶助の潜在力がある」というクロポトキンの主張は、単純な性善説や相互扶助のネットワークとしての社会の創発を楽観視することとは異なる。むしろさまざまな相互扶助のネットワークから生まれる社会の可能性を、西欧近代に特有の言論や制度といった視点だけに回収せず、生きることに関わる諸行為という根源的な視点から捉えなおすということである。

フランスの哲学者セール（一九九三）、寄食者・食客、歓待・もてなし、ノイズ等を意味するラテン語のパラジット（*parasit*）という概念をもとに、寄食の連鎖としての社会のあり方を示した。セールの思想はブリューノ・ラトゥールを経由して、マリリン・ストラザーンやヴィヴェイロス＝デ＝カストロらによる、新たな人類学の潮流に結びついている（清水 二〇一三）。その要点は「自然」とそれを加工したモノ、出来事やパフォーマンス、そしてイメージから生成される、諸存在による多元的な世界のあり方を示すことにある（前川他 二〇一八）。

寄食者・食客、歓待・もてなし、ノイズはいずれも、私たちの生活を「かきみだす」（セール 一九九三）。「軒を貸して母屋を取られる」という日本の諺も示すように、寄食者や食客つまり居候には奇妙な力がある。彼らは何も持たない弱者でありながら、しばしば他者との関係で驚くほど優位な位置を得るという。例えばかつての吟遊詩人は、自分自身よりも強く賢い王侯貴族のような人間の傍らにいて、彼らを利用し、使いこなしさえした。居候は生産活動を手伝うことはないが、食事と引き換えに歌や他地域の話などの「情報」を提供していたという。つまり寄食者や食客は、ソフトウェア（情報）とハードウェア（モノ）の交換を行っているにすぎない。これと同様のことを、私たちも日常的に行っている。それは貨幣を介した交換である。私たちは紙に刻印された情報を、モノやサービスと交換しながら暮らしている。だとすれば私たちの生き方は、寄食者や食客と思いのほか変わらないということになる。

このように本書の目的は、私たち自身が何らかの水準で寄食者／宿主であることを認識した上で、寄食という生き方やそこから生まれる場所の可能性について考察することにある。そのために本書では、困難を抱える人々の支援に関わる現場において、寄食者／宿主がその現場を「かきみだす」営みに焦点をあてる。そして、そのような営みが、支援の現場の再生産や創発に関わっている可能性を検討する。それは現代社会における人間の支援という営みを、さまざまな存在によるオープンエンドなネットワークのダイナミズムとして捉えなおすことでもある。

第四節　公共性のエコロジー

近代以降の私たちの生活領域は、何らかの機能システム（経済・行政・教育・医療・司法など）と関係づけられるようになっている。本書で焦点をあてる開発援助や人道支援そして福祉といった支援は、機能システムによるところが大きい。ところが、近年のグローバル化にともなう「市場の失敗」や「国家の失敗」等に代表される機能システムの逆機能が私たちの生活に予期せぬ負の影響をもたらすリスクも高まっている。つまり機能システムの逆機能への対処に関して、かつての理想的な市民的主体による合意と連帯による秩序の（再）形成という公共性の物語は混乱をきたしつつある（三上　一九九八）。さらに近年の情報化と差異化の進行は、利害関係者の増殖・拡散と合意の困難をもたらしている。

本書では、現代社会における複合的な機能システムがもたらすリスクに対処するために諸アクターがつくるシステム外システムを不正や堕落としてではなく、ある種の「公共的なもの」の創発として捉える。だがそれには、別のアクターから見れば脱制度的だったり非道徳的な行為とされたりするものが含まれる可能性がある。本書では、そうした行為を断罪するのではなく、さまざまな価値観にひらかれた理解のあり方を目指す。そうすることで、機能システムが生み出すリスクにさらされている諸存在が、自らのあるべき生の実現にむけた営みの中で他の人間／非人間と出会い、生きる場を創る行為をできるかぎり肯定的に捉えなおしたい。

「資本主義に破壊された場における生の可能性（Possibility of the Life in the Capitalist Ruins）」についての文化人類学的な考察を行ったアナ・ツィンは、「生態学の進展により、種間の相互行為と攪乱の歴史を取り入れた、まったく異なる発想が可能となった。今日のようにあまり多くを期待できない時代において、攪乱に基づいた生態学を模索してみるのも良い。そうした環境下では、多くの生物たちが、調和も征服もせずに、ともに生活している」（Tsing 2015: 9）という点を強調している。そしててツィンは、資本主義的な営為によって破壊された環境で生きようとする人々にとっては、さまざまな人間／非人間との「予期せぬ出会い」に気付く術こそが拠りどころとなるという。むしろ、そうした術をもつ人々の、国家や権威に頼らずに資本主義社会の周縁で生きる様にこそ、資本主義による破壊＝攪乱後の生へのかすかな希望を見出すことができる。ただし、ここで強調しておきたいのは、「調和や征服とは異なる関係性」は、アクター間の合意や理解を前提としていない点である。このことは、同意のない共棲（co-habitation）という事態を、どの程度許容しうるのかという問いをもたらす。

この問いについて考えるために「手に負えないものの増殖」（feral dynamics : Bubandt & Tsing 2018）という概念に注目する。それは「人間のエンジニアたちの意図によってだけでなく、人間以上の存在との交渉から連鎖的に起こる影響によって動き出す人為的なランドスケープ」（Bubandt & Tsing 2018: 1）のことである。またそれは、環境をコントロールしようとする権力に抗するのではなく、それを無化するような実践である。ツィンは、そうした営みよって創られた場所を「フリーダム」と名付けている。フリーダムは、オレゴン州（アメリカ）で先住民が暮らしていた森が過剰な伐採や環境破壊で傷ついた跡地での、マツとマツタケ菌の出会いに端を発している。そして、ベトナム戦争で難民となった人々等がマツタケ摘みとなって買取人に販売している。それは「商品」として日本に出荷されることでマツタケ摘みの生活の糧となり、日本人の食文化ともなっている。マツタケの森という新たな公共空間は、環境破壊や戦争を契機にグローバルで異種混淆的なアクターが結びつくなかで形成され、相互の合意や制度がないままに利用され続けている。

権力を無化するような諸存在による活動の連鎖が結果的に公共空間の創発に至る事例に焦点をあてた研究に、水という生に欠かせない物質の配分に関わるインフラストラクチャーをめぐるマイノリティの政治に関するものがある。「ムンバイにおける水とインフラストラクチャーをめぐる市民権（Water and the Infrastructures of Citizenship in Mumbai）」についての文化人類学的研究を行ったNikhil Anand（2017）は、インドのムンバイにおける水をめぐる市民権（hydraulic citizenship）は、ひとたび付与されれば解決するような直線的なものでなく、水道管というインフラストラクチャーの建設や補修によって達成される循環的で反復的なプロセスであり、それゆえ国や自治体による一時的で微妙な承認の対象となるという。例えばムンバイ北部地域の住民は良質な水を利用できていたが、国や自治体の組織的な怠慢と社会工学によって水道の接続を断たれた。にもかかわらず、住民が生きるために仕方がなく水道管から自力で配水する行為は、住民の「道徳心の欠如」として捉えられていた。

このように水へのアクセスを中心に構成される市民権は、技術的なトラブルや漏水あるいは干ばつや洪水といった物理的な要因と、国や自治体による計画といった社会-政治的な要因の双方に影響される。そこでアナンドは、マイノリティの市民権をめぐる政治運動の過程で、水道管のような物質が果たす役割を強調した。それは政治的な交渉のなかで、人間と物質がどのように絡み合っているかという点に注目することの重要性を示している。そこでは国家や行政による水の供給計画から排除されているという意味で市民権が否定された人々であっても、都市生活のフォーマル／インフォーマルなつながりや水道インフラストラクチャーに関する工学的知識やスキルを通じて、自分たちの生きる権利を「主張」して水道へのインフォーマルな接続を担保している。

本書では、こうしたフリーダムや水をめぐる市民権のような、国家や行政あるいは市場からみれば「とるにたらない」諸存在による活動の物質的な側面を「埒外の政治-経済」として捉えて比較検討する。そしてそれが生きる場所の創発に至る機序を明らかにする。そのために人間がさまざまな他者と——好むと好まざるにかかわらず——共にある事態を、寄食者や宿主の目線から見なおすという方法をとる。そのときの寄食者や宿主は、必ずしも人間だけではない。本書は、〈当事者の視点〉から人間や社会を見なおすことを主要な方法論としてきた文化人類学に生物学、歴史学、社会学の知見を加えることで、安易な共約可能性とは無縁の他者からなる「社会」の可能性を、寄食‐宿主関係に位置づけながら再検討する。

第五節　「埒外の政治‐経済」の人類学

困難を抱える人々の支援に関わってきた開発援助・福祉・人道支援等の文脈では、支援を受け続けることが寄生や依存として非難される場合がある。そこでは被支援者が自立・自律しようとしていることが、「救うべき人間」とそうではない存在とを区分する基準になっている。「救うべき」だとされた人々は、自立・自律的な存在に変容するまでの一定期間という条件で支援の対象となる。寄生や依存が悪徳とされるのは、①それが自立や自律を〈良きこと〉とする近代的な個人像のアンチテーゼであることと、②負債を〈悪しきこと〉として暴力的に取りたてることは当然であるとする考え方（cf.グレーバー二〇一六）に関わる。だが、私たちの生は寄生や依存する／されることと無縁ではいられない。それどころか、私たちが生きる場所は、寄食によって再生産されている可能性もある。本書が目指すのは、近代市民社会において〈良きこと〉とされてきた自立や自律そして互酬や平等ではなく、むしろそれらのアンチテーゼとされてきた寄食から生まれるオルタナティブな場所や社会の可能性を問うことである。そのために本書は、開発援助・福祉・人道支援等の〈正当な参加者〉として見做されてこなかったがために、その存在や活動が意識されにくい〈埒外の存在〉に注目する。埒外の存在は、開発援助・福祉・人道支援等に関わる国家や行政あるいは市場からみれば「とるにたらない」のかもしれない。だが本書は、むしろ開発援助・福祉・人道支援等は、こうした埒外の存在によって機能していることを主張したい。

とはいえ、埒外の存在とともに社会を創ることは容易くない。他者の物理的な排除が実行されてきたパレスチナでの他者との共存可能性をめぐる議論を行ったバトラー（二〇一四）は、地上での共棲相手の選択不可能性を強調した。私たちはある土地で共に棲む他者を選ぶことはできない。なぜなら、他者は私たちが共に生きることを決断する以前から、すでにそこにいるからである。地上での共棲相手を選択しようとしたナチスドイツはユダヤ人、ジプシー、同性愛者、共産主義者、障害者、病人などを抹殺した（cf.中野・他 二〇二一）。だが、地上における他者との共棲という事態は、さまざまな生が先験的に絡まりあうことで構成されている。地上において他者と共棲するということは、決して共通のものとはなり得ない他性を備えた諸存在とのやりとりを、意識的、時には無意識的に積み重ねることである。

「他者と先験的にともにある」ということは、関係形成に先だって合意や契約が行われなかったことを意味する。つまり私たちは好むと好まざるにかかわらず、すでに結びついた他者との関係の世界に生きている。そのような先験的な他者のネットワークからなる世界は、必ずしもその場に存在すべきとされている「人間」だけで成り立っているわけではない。また、そこでは互酬的関係が維持されている必要はなく、むしろ生物にとって寄食は常態的である。これは、現代社会を生きる私たちの直感には反しているかもしれない。だが、負債を悪徳とする考え方は、特定の地域と時代に生まれた価値観の一つに過ぎない。私たちの生は、もっと多様な存在との、さまざまなやりとりに開かれている可能性がある。

開発援助・福祉・人道支援の文脈では、これまでのようにすべての人間がよい生き方を実現できるという見込み（人間例外主義）は急速に揺らぎつつある。なぜなら、私たちの生のあり方は、環境や国の財政状況等にも配慮しながら決まるからである。すでに述べたように私たちの生は、好むと好まざるに関わらず結びついた諸存在のネットワークから成りたっている。だが、人間例外主義は、標準や規範からはずれた人間や異種生物といった、とるにたらない存在の定義を自明なものにしてきた（Yussouf 2018）。そして、公共空間のあり方を決める民主主義的なプロセスに関する議論のなかでは、メンバーシップや言語リテラシーが重視されてきた（斉藤 二〇〇〇）。それゆえ人間以外の存在が公共空間のメンバーとして扱われることや、言語以外の行為による公共空間の創発可能性が考慮されることはほとんどなかった（篠原 二〇一八）。

ところが実際には、私たちが生きている場所の形成過程に、人間以外の存在を含めた他者がいつの間にか入り込むことで、新たな公共空間が合意なく生まれることがある。それは、すでに他者と繋がってしまっているという事態を、同一性ではなく類縁関係の論理によってとり込む「親戚づくり」（ハラウェイ 二〇一七）の実践である。私たちの生に関わる国家や市場といったシステムの機能不全が問題となる現在では、熟議や討論が他者との共生の方途を探る唯一の方法であるという言語中心主義的な信念をいちど疑う必要がある。そのために、時には人間以外の存在を含むさまざまな他者による非言語的な行為の積み重ねや絡まり合いが、具体的で物質的な共棲の場を創発する事例を検討する。

言い換えれば、成長と予測可能性の神話が崩壊した不安定な世界における、しばしば合意形成や相互理解によらない人間／非人間による「寄せ集まり」（Tsing 2015）をある種の公共空間としてポジティブに捉え、それがさまざまな文脈において創発する機序を明らかにする。その際、〈公共的なもの〉の利害関係者に非人間、すなわち政治参加の資格や権利がないと考えられてきた存在を加える（cf. Anand 2017）。そうすることで、他者とともに生きざるを得ない私たちや、そのような私たちが暮らしを営む場所の創発に目を向ける。このアプローチは、「非人間」とされてきたさまざまな存在を、公共的な場所の利害関係者に昇格させるやり方とは異なる。公共的なものに参加するということは、特定の言語、制度あるいは価値観あるいは制度の受容――すなわち広場で語りかけること――を意味していた。だが今世紀以降のテロリズム、災害、気候変動、パンデミック等に関する議論の百家争鳴ぶりを考えれば、私たちは相手が人間か非人間かに関わらず、言語、制度あるいは価値観を根本的に異にする他者――比喩的に言えば話が通じない相手――とともに生きることが可能な場所のあり方やその実現方法について、これまでになく真剣に考えなければならない。

第六節　本書の構成

第Ⅰ部――スキマをとらえる

本書は四つの部から構成されている。「第Ⅰ部――スキマをとらえる」では、私たちの生活のなかに様々な「寄食者」として埋め込まれている構造を確認する。そうすることで「傍らで食べる者」の視点から社会を見なおそうとしている。第Ⅰ部の補助線となる「都市」は人間によって創られた空間であり、価値観を異にする他者からなる公共空間でもある。都市は多種多様な国籍や文化や社会階層の人間や価値観、コンクリートから水に至るまでのさまざまな物質、そして、後述するようにさまざまな生物によって構成されている。「都市は人間が創ったため、特定の人間による管理が最もおよんでいる空間である」という直感は、国家や市場による都市計画の時に可視化される。だが、常にそうである訳でもない。例えば都市には、さまざまな理由で市民権を付与されていない人々が人混みの中に隠れるように、あるいは都市の代謝物を活用した暮らしを営んできた歴史がある。また駐車場の割れ目には植物が、道路や公園にはスズメやハトやカラスといった鳥が、路地裏にはネコやイヌそして近年はイノシシやシカが、ドブ川には小魚が、ゴミ捨て場にはハエやアブといった昆虫が、大気中には微生物が生息している。こうした都市のとるにたらない、埒外の存在に目を向ければ、都市空間がそうした存在による活動のダイナミクスによって創発している面について意識することができる。

生態学者にとっては、都市空間が複数種による活動の絡まり合いによって創発していることは自明である。生命史のなかでは新しい環境である「都市」には人間以外のさまざまな生物種が生息している。そのなかには都市空間の隙間（ニッチ）に入り込み、そこに適応した種も存在する。スズメは、農村部では穀物を食害する。だが食料生産があまり行われない現在の都市空間では、スズメは多くの人々に親しまれている。スズメにとって都市は外敵が少なく、食べものがあり、子育てしやすい環境なので侵入した環境である。第1章の三上は、日本の電柱についている短い横棒（腕金）をみれば、どの地方かがわかるという。それは腕金へのスズメの侵入を阻止するためのパーツの形状が、電力会社によって異なるためである。これは都市の基幹的なエネルギー・インフラストラクチャーである電柱の微細な形状が、気付かないうちにスズメという異種による影響を受けていることを示している。この事例は、特定の人間が都市空間をコントロールできているという理解へのアンチテーゼとなる。

オーストラリア大陸には約六万年前から、現在のオーストラリア先住民の祖先が暮らしてきた。ところがイギリスによる植民地化が始まった一八世紀以降は、入植者による環境の改変や流行病および虐殺によって、先住民人口は激減した。そして先住民は長らく、消滅するまでの間の保護・隔離政策や同化政策の対象になった。そして一九六〇年代末頃から先住民の文化や社会を国民国家内に位置付ける政策に転換した。今世紀にはいると先住民による自己決定・自己管理の諸制度は再び解体され、社会保障にも制限がかけられるようになった。その背景には先住民の貧困とアルコール耽溺およびギャンブル依存に関する「問題」がある。第2章の飯嶋は、アリス・スプリングスという古い町に暮らすオーストラリア先住民コミュニティには仲間うちで飲酒をしながらカードゲームによるギャンブルを日がな一日楽しむ習慣がある点に注目する。それは植民者が教えた数の概念や計算能力を基盤にした遊びである。そして植民者と共にオーストラリアに侵入した外来植物の藪に隠れながら、薄めたポートワインを全員で飲むことで、社会的なつながりが維持されている。それは、私たちが想起するするアルコール耽溺およびギャンブル依存とは異なる。こうした文脈の中で近年のオールトラリアでは、「良いギャンブル」と「悪いギャンブル」を定義する研究が増加しているという。この章は、オーストラリアでは数の教育やギャンブル研究といった形で実践されてきた学問的な営みもまた、寄食に関わる現象と無縁ではないことを示している。

南米のチリとアルゼンチンにはマプーチェという先住民が居住している。今世紀以降、チリ保健省はマプーチェの民族医療を公的医療に含め、公的保険加入者は無料で受診できるプログラムを開始した。もともとマプーチェの民族医療は、マチと呼ばれる霊的職能者による病気の診断・助言と薬草を用いた治療から成り立っている。このプログラムは、先住民に文化的に適切な医療を提供するためにつくられた。だがその後、首都サンティアゴでは先住民ではないチリ人が患者数の八割を占めるようになった。そしてマプーチェの民族医療は、チリにおける公的な代替医療の一種になっていった。第3章の工藤は、この現象を先住民マプーチェとチリ国家の関係史に位置づけている。従来のマプーチェはチリ国家に土地を奪われてきた歴史をもち、国家に反抗する危険な先住民として位置づけられてきた。だが、近年のチリ社会における代替医療ブームや医療費削減を目論む国家は、医療という文脈に限った先住民性を許容した。とはいえ、それはチリにおける先住民マプーチェの価値観や世界観の理解には必ずしも結びついていない。このようにマプーチェの民族医療はチリの国家や社会との相互理解には必ずしも至らないまま展開しているが、それは分かり合えない異質の考えへの「レスペート（敬意）」という概念によって、うまくぼやかされている。国家・マジョリティ・マイノリティの力や思惑がせめぎ合う医療行政の場において、闇雲に相互理解や合意を目指すのではなく、すれ違いつつ共同できる部分から関係を築く実践に、公共的なものの創発可能性を見出している。

東京というメガシティの道路や一部の公園そして河川敷等では、野宿者（ホームレス）が小屋やテントの集落をつくって生活している。このような野宿者の共同生活は、現代の東京に限らず、さまざまな時代や地域の社会的制度からこぼれ落ちた人々が生きていくための実践である。東京の新宿駅西口の地下道には、一九九〇年代後半の数年間、数百人の野宿者が段ボールで寝床や小屋を作って生活する「集落」が存在していた。この「集落」は野宿者が繁華街で廃棄された段ボールを拾い集め、自身の生存のために自発的につくったものである。やがて野宿者支援・当事者運動団体が行政による野宿者排除への異議申し立て活動を展開する文脈で、「集落」には運動の象徴としての社会的価値が付与された。後に「新宿段ボール村」として社会的な関心を集めた「集落」を拠点とした運動は、野宿者支援・当事者運動団体が行政から公的な承認を獲得する契機になった。第4章の北川は、この時期の新宿駅周辺の野宿者をめぐる状況を継続的に観察していた立場から、「集落」が存在した当時の新宿駅周辺で路上の人々の営みを可能にした条件や、そこに内包されていた政治的な可能性について考察する。「集落」の住人全員がこうした政治運動にコミットしていたわけではなく、野宿者が暮らしを営むさまざまな実践があった。そうした文脈のなかで、野宿者支援・当事者運動の活動家を含む他者との共同・協力関係が一時的に創出されていた。「新宿段ボール村」は、野宿者支援・当事者運動という政治活動の拠点というよりも、野宿者たちがそれぞれの暮らしを営むための実践と支援者や活動家による協同関係の一時的な現れとして理解することができる。

欧米先進国では、ホームレス状態にある人々に対して適切な住まいを提供するハウジング・ファーストという支援策が採用されている。ハウジング・ファーストは、「住宅で暮らすこと」を人間の最も基本的な権利とみなし、当事者の選択と決定権を重視する。住宅を支援されると当事者がそこに住み続ける期間が長く、ホームレス状態からの復帰にも有効であるというエビデンスが指摘されている。このため、日本でも同様のホームレス支援が展開されている。ところが、しばしば被支援者が住宅から「失踪」することがある。これは被支援者の問題なのだろうか、あるいは部屋の質の問題なのだろうか。これに対して第5章の山北は「部屋を提供すれば、そこで支援は終わり」といわんばかりのハウジング・ファーストならぬ「ハウジング・オンリー」が、入居者を押しつぶしている可能性を指摘する。人間がある場所で「暮らし」を営むためには、決まった日時にゴミを捨てたり、騒々しい物音を立てずに生活したり、逆にある程度の物音は気にしないでいたりするなどのさまざまなスキルが必要である。それを当たり前のものとして実行できている人間には、そのスキルが意識されることはほとんどない。その行き着く先がハウジング・オンリーである。これに対してこの章は、実際に部屋から失踪し、戻ってきたJ氏の生々しい音世界（サウンドスケープ）についての記述を手がかりに、住居の構造や質、物音やノイズと人間の主観的感覚の組み合わせが、行為とモノの意味を決定する様相を描きだしている。

第Ⅱ部——寄食がつくる経済

「第Ⅱ部——寄食がつくる経済」では、自己の生存上の必要や欲望の充足のために行うカネやモノのやりとりが、結果的にある種の公共的なものの創発につながる事態に焦点をあてている。冒頭で述べたように、「寄生（parasite）」という言葉は、主人の財を対価の支払いなく消費する依存的な存在としての「傍らで食べる者」のネガティブな側面を示している。それは他者との片利的な関係や依存関係である。とりわけ経済的な自立性や主体性に基づく自律性を是とする近代社会では、寄生はそれらのアンチテーゼとして位置づけられてきた。だが、例えば民間企業による大規模な事業展開を可能にする株式会社のような近代的な仕組みの精神は、私的な利潤獲得と公的な事業・サービスの提供が必ずしも二項対立ではないことを示している（島田 二〇〇三）。このように利己／利他は明確な二項対立ではなく、非線形的な関係にある。他者の支援に関わる文脈では、何が利己的で、何が利他的かという区別が問題になることが多い。そして利己的な事柄は極力排除される。だが、さまざまな時代や地域における支援の文脈を比較検討すると、しばしば利己的な動機に基づく活動や利他的な動機に基づいているようには見えない活動が、結果的に他者の支援に結びついていることがある。こうした利己的な活動を捉える際に、モノやカネあるいは情報といった物質的なものの移動（準・客体）としての経済に注目する。そして、利己的な活動がドライブする経済が、逆説的に主体性や社会を生みだす動態を検討する。

障害者運動とは、障害をもつ当事者によって展開されてきた社会運動である。施設や病院への入所や家族介助ではない、他者の介助を受けながら、自分らしく生きることを目指した運動である。それとは別に一九九〇年代に生まれた「新しい生き方」を模索する、ある種の社会運動がある。その一つが、周囲と上手くやって行けない、仕事が長続きしない、モテないなど、さまざまな意味で〝ダメ〟な若者たちが、「都合の悪いことはすべて社会のせいにした方がいい」という信念に基づき、資本主義的な能力主義を批判する「だめ連」である。意外に思えるかもしれないが、だめ連関係者の多くが障害者介助にかかわってきた。その背景には、障害者の「自立」には「介助」が必要だということがある。第6章の深田は、だめ連と関わった障害者運動の特徴は、①人間として生きていくために堂々と介助を利用すること、②介助者と家族や友人のような親密な関係を築いて「交流」することだと指摘する。介助を通じた障害者運動の当事者らとの暮らしは、だめ連が志向する自由でオルタナティブな生き方の体現に他ならなかった。こうして障害者運動は介助者となっただめ連に支えられ、だめ連は障害者介助を通して生活力や経済力を得た。こうした、ある種の相互的な寄生関係が、――期せずして――生きる場所をつくるミクロな政治的実践としての意味をもつようになっていた。

近代的な福祉制度が確立する前のキリスト教圏では、宗教的な「慈善施設」が社会的包摂の場であった。中世以来、孤児や寡婦、病者・障害者、高齢者など何らかの理由で共同体のネットワークからこぼれ落ちた「寄る辺なき人々」全般の受け皿となったのは教会や修道院付設の救貧院、施療院、あるいは信徒団体が設立した救済施設等だった。それが近代以降は学校、病院、福祉施設などに分離・専門分化したことに伴い、社会的インフラの担い手は聖から俗へとゆるやかにシフトした。第7章で中野が対象とする「シェーンブルン（＝美しい泉）」は、一七世紀に建立された古城とその周辺の敷地を利用して一八六三年に設立された慈善施設である。この当時、シェーンブルンで暮らしていたような人々は、近代国家による福祉の対象とはみなされなかった。福祉の対象となったのは、教育や治療が可能だとみなされたごく一部の障害者・病者に限られていた。それ以外の人々の福祉を引き受けていたのは、シェーンブルンのような宗教的な慈善施設だった。慈善施設の経営は貴族階級からの寄附、修道女の働き、入所者らによる農業と畜産から得られる収入から成り立っていた。キリスト教的な慈善の世界観によれば、「憐れなるもの」に手を差し伸べる寄附は霊的救済への道であった。また、修道女は、生涯かけて「神と不幸な人々に忠実に奉仕する」ことを通して来世での救霊をめざした。すなわち貴族階級や修道女によって「憐れなるもの」＝入所者は、自己の来世での救済を保障する利己的な働きかけの対象である。だが、こうして創られた慈善の共住空間では、入所者も修道女もそれぞれ何らかの役割や作業を割り当てられ、ある種の共同性のなかで生きていた。このような近世ドイツの慈善施設は、個人の自由や自立といった近代社会の論理とは異なる、いわば聖なる共住の論理によって成り立つ場所だったのである。

他方で小乗仏教圏である現代タイでは、「布施」という仏教的な贈与が、移民や難民をはじめとする社会的に弱い立場にある出家者の生活を支えている。出家すれば、衣食住の心配もなく、また無償で教育を受けることもできる。タイでは僧院学校を修了することで、世俗の中学校や高校の卒業資格を得ることもできる。また沙弥の家族・親族が、寺院の空いた土地に住み着いたり、子どもたちを寺院に預けてタイ各地を出稼ぎ労働で転々としたりすることもある。ここから出家とは、①社会的マイノリティの階層移動を可能にする手段や、②社会的マイノリティによる宗教実践を通じた居場所やネットワークづくりの手段になっていると捉えることもできる。他方でタイでは、一九八〇年代以降の急速な経済発展に伴って布施の実践もその価値観も変容してきた。そのような現代タイの文脈をふまえると、社会的マイノリティの出家は、それを可能とする市民による布施の実践や市民的価値観との関係、さらには布施がつくり出す人・モノ・自然の結びつきとの関係において理解される必要がある。第8章の岡部は現代タイの人々がより良い布施を探求する過程で、一見相いれないような仏教的な規範と世俗的な規範が不可分に結びついていった点に注目する。そして市民による「より良い布施」の探求という社会的プロセスの産物であると同時に、このプロセスを構成するアクターでもある「仏法センター」に関わる出家者の生の諸相を明らかにする。仏法センターは、長らく「寺院」としても「宗教施設」としても分類されない、法的な位置づけが不明瞭な、インフォーマルな組織だった。だが現代タイの寺は、布施の使途に関する説明責任が求められるようになっている。仏法センターを経営する上でも、布施はなくてはならない。そこで仏法センターは、「財団」という、世俗の法的根拠をもつ組織となった。このようにして維持されている仏法センターに関わる出家と在家（世俗）のあいだは連続的で、何度でも往還することができる。現代タイに生きる社会的マイノリティは、フレキシブルな「出家」によって困難な状況の中に希望を見出そうとしている。

福祉国家として名高いフィンランド南西部の自治体では、毎週水曜日に無償でスーパーマーケットから出た廃棄食品が配られるだけではなく、提供されるコーヒーとパンを飲食しながら交流することができる。このフードバンクを運営しているのは、福音ルーテル派教会の教区職員と数名のボランティア達であり、会場も教区集会所である。慈善と歓待が交錯するフードバンクにおいて印象的なのは、食べ物を受け取りにくる人たちの恐縮しない態度である。それは、アメリカの画家エドワード・ゴーリーの代表作の主題である居座って帰らない「うろんな客」を彷彿とさせる。勝手にやってきて、名乗らずに好き放題食べていく客とは、まさにデリダが言うところの「歓待の掟のアポリア」（デリダら 二〇〇九）を喚起する存在であると言えよう。デリダによれば、歓待とは本来、訪れる異邦人の素性を問わず、無条件で受け入れる行為（無条件の歓待）である。だが、無条件の歓待は主人が客を選抜して束縛するような「法的な＝権利上の歓待」へ転倒する。第9章の高橋は、フィンランド南西部のフードバンクにおける教会スタッフと食料を受け取る者とのやりとりから、歓待のアポリアを超克しようとする。このフードバンクは、厳密な公平さに基づいて運営されているわけではなかった。スタッフから贔屓をうける者も、緩やかなサービス設計につけいろうとしてスタッフを困惑させる者もいる。そしてスタッフも完璧に寛大で無私の主人ではなく、廃棄食品を楽しんでいる。フードバンクは北欧型福祉国家という統治機構の一部でもあるが、その活動は条件付きの歓待に「堕落」する手前でおおむね踏みとどまっていた。完璧な主人も、品行方正な客もそこにはいない。そこにこそ完璧に利他的にも、制度的にもなりきれない人間による公共的な場所の創発可能性がある。

南部アフリカに位置するボツワナで人気の先住民「ブッシュマン」の文化観光の場には、ここで働いているわけでもなく、これといった用があるわけでもない先住民が、いつも出入りしている。本来なら従業員用キャンプにいるはずのない、観光客の目に触れる場にいるべきではない人たちは、ここで何をしているのだろうか。

第10章の丸山が尋ねると、返ってくる答えは「（親族や友人を）訪問している」だった。だがそこは少なくとも近代産業社会においては、公的領域であるはずの「職場」であり、私的領域である家族や友人とのつきあいとは分離されているはずである。もともとブッシュマンによる「訪問」の主な目的は親族や友人に会うこと、必要物資の調達、配偶者を探すことである。だが、実際にはすべてを兼ねたかたちで行われており、訪問先の人々とその場で別の活動をすることもある焦点の定まっていない活動である。このような「訪問」ネットワークは現在も活性化されながら更新され続けている。「訪問者」は、あらかじめ特定の具体的な目的を持っているというよりは、訪問先に、日常とは違う何か良いことがあるかもしれないというような漠然とした期待をもって出かける。とりわけ観光の場には、日常では出会わないような人々が行き交い、普段は目にしない物が多く、そしてさまざまな目新しく数奇な情報があふれている。このような、いわばノイズに溢れた場所は、「訪問」先として魅力的である。だからこそ現代ボツワナの文化観光の場が、ブッシュマンの「訪問」先として選ばれているのである。

「第Ⅲ部——公共空間のゆくえ」では、国家の政策や市場経済との関わりの中で、ときには種を越えた複数の他者による物質的な絡まり合いが、ある種の公共空間の創発に至る可能性に焦点をあてている。種を越えた複数の他者による物質的な絡まり合いからなる公共空間とは、ランドスケープやインフラストラクチャーと呼ばれてきたものと重なる。ランドスケープとは、そこに関わる諸存在が環境とのやりとりを通じて内側から（再）生産するような「ともにある」物理的形態（Ingold 1993）である。そしてチン（二〇一九）は「人間のエンジニアたちの意図によってだけでなく、人間以上の存在との交渉から連鎖的に起こる影響によって動き出す人為的なランドスケープ」をある種の公共空間として捉え、その（再）生産過程を記述した。また、スターとルーレダー［一九九六］は、アクターが価値観や思惑を異にしたままで協働を可能にする媒介を「バウンダリーオブジェクト」として概念化した。そしてバウンダリーオブジェクトの集積物がインフラストラクチャーである。例えば鉄道というインフラストラクチャーは線路、列車、駅といった物理的な要素、列車の速度や輸送人員の多さといった機能的な要素で構成されている。列車を走らせるためには線路や、鉄道が止まる駅が必要となる。また交通手段としての鉄道の速度は自動車より速い場合が多く、輸送人員も他の交通インフラより多い。これらの要素がバウンダリーオブジェクトであり、それが集積することで、インフラストラクチャーを形成している。ランドスケープやインフラストラクチャーといった概念は、多なるものの集合から公共空間が創発する動態を、物質的な側面から見なおす上で重要である。

ヨーロッパ・アルプスの東部に位置するオーストリアの山地農家は、牧畜と耕作と森林をくみあわせた農業経営を行ってきた。現在こうした農家経営は、国家（オーストリア／ＥＵ）や産業界さらには市民社会による監視・保護・規制を受けている。それは、地域の環境や慣習とともに長い時間をかけて営まれてきたランドスケープの（再）生産システムと、ＥＵの共通農業政策のような地域の文脈になじみのうすいシステムとの出会いを意味している。帝国主義や産業主義によって攪乱されている現代世界では、人間と非人間との間に予想外の新たな関係がそこかしこで生まれ、「ぎこちないランドスケープ」を創りあげている。オーストリアの山地では、農家の生産調整や補助金制度によってあるべきランドスケープを維持しようとするＥＵの共通農業政策が展開している。それに対して環境保護農業を志向したり、補助金による経営拡大を図ったり、脱農家経営を試みたりする農家があらわれた。第11章の森は、オーストリア山地農家は経営を続けているが、山地のランドスケープを構成していた人‐動物‐土地の結びつきが変化した点を指摘する。こうした変化は補助金による増築を繰り返した結果、迷路のように入り組んだ農家が火事で消失したことや、無計画な伐採のために虫が発生した森にあらわれている。これらはランドスケープを一元的に管理しようとする国家・産業界・市民社会による働きかけの結果生まれた、ぎこちないランドスケープである。

明治以降の日本における林業では、従来の河川を利用した運材方法に代わる近代的な輸送方法として森林鉄道が導入された。森林鉄道は奥山から平野までの長距離を結ぶインフラストラクチャーであり、敷設やメンテナンスに資本を必要とした。そのため日本の森林鉄道は、大半が国有林に造られた官設・官営のものであった。だが昭和三〇年代に木材運搬の主力がトラック運材になるとともに消失した。第12章の舞台となる高知県東部の中芸地域は、現在では深刻な過疎地域である。だが、明治後半から昭和三〇年代までの期間は林業で賑わっており、魚梁瀬森林鉄道が運用されていた。岩佐と赤池は、この当時の地域住民と魚梁瀬森林鉄道の関係に焦点をあてる。森林鉄道を敷設し、木材運搬を行うために必要な労働力は地域住民が担っていた。さらに地域の住民たちは、森林鉄道を日常生活の文脈でインフォーマルに利用していた。それが、この時代の中芸地域における生活のかたちを創りあげていった。このように森林鉄道は木材運搬という目的を果たすために地域住民を必要とし、他方で地域住民は生活のなかで森林鉄道を融通無碍に利用した。国有林経営の効率化という国家の目的のもとで同じ場所に置かれた両者は、それぞれが異なる目的・目論見のもとで、フォーマル／インフォーマルな関わり合いを重ねていた。それが、当時の奥山の賑わいや暮らしを創りあげていったのである。

人間は自己のいのちを維持しようとするという意味で利己的存在かもしれないが、他者と利他的関係を結ばなければ生きていけない存在でもある。特に子ども、なかでも乳児や捨て子は自分だけの力で生を維持することは難しい。第13章の沢山は、捨て子の生に公権力が関与し始めた近世（江戸時代）における捨て子の生と公共空間との関係に焦点をあてる。この当時には貧困等を理由にしたと思われる捨て子が多かった。だが捨て子の生は〈拾った人〉や〈貰って育てる人〉、あるいは捨て子が乳児であれば〈乳をあげる人〉など多様な人々との関わりのなかで維持された。この他にも、捨て子の生の維持には、捨てられた場所・地域ごとの統治や権力関係をはじめ、捨て子の生を維持する乳の有無および養育料など、多くの社会・経済・物質的要因が関わっていた。すなわち、近世日本における捨て子の生は、公共空間や捨て子救済に関わる制度や慣習によって維持されていた。このような捨て子と公共空間の関係を考えるうえで興味深いのは、捨て子の発見場所である。捨て子の親も子どもが保護されやすい場所に捨てていたことが伺える。一七〇〇～一七一〇年までの記録によれば、捨て子発見場所の多くは豊かな家の前であった。だが一七五一年以降の記録では、捨て子の発見場所は辻番「廻り場」（当時の交番）や湯屋（公衆浴場）、餅屋、古着屋、茶漬屋、茶見世等の都市的な公共空間に変化した。この当時の湯屋では、子どもが大事にされており、互いに子どもの世話をする空間だった。だが、江戸時代に一般化した湯屋は、顔見知りではない者たちが集う空間でもあった。そこに「捨て子」を行う新たな隙間（ニッチ）ができたと考えられる。そして、拾われた捨て子は他の家で、しばしば社会的な支援も受けながら成長していったのである。

難民を対象にした文化人類学的な研究では、①対象者が「難民」としてどのように管理、抑圧、排除されてきたかを論じた上で、②その生活環境にみられる人々の意図的な生活戦略や創意工夫、レジリエンス、あるいは支配や管理に対する抵抗などを論じてきた。だが、難民への管理・抑圧・排除の動きに「対抗」するのではなく、「いい加減に、臨機応変に、ゆるく」対応する人々の姿については多くを語ってこなかった。第14章で久保が対象とするのはタイにあるミャンマー難民のキャンプである。難民キャンプとは収容者を「難民」として対象化し、その生を官僚機構が一元的に管理する権力が作用する場所である。これまでの研究が見逃してきたのは、官僚的な管理と権力が作用する場面での、人間以外の存在の重要性である。例えば難民やキャンプをとりまく密航船や道路、国境警備隊の服装や武器、パスポート、入国手続き書類、食料、衣服、荷物、ビデオカメラ、収容所の壁、地図、衛星写真などを消去してみると、いかなる権力の働きもみられない。地図や測量機器がなければ国境は確認できず、道や交通機関がなければ入国できず、書類やパスポートがなければ入国が不当か否かも判断できない。この章では、難民キャンプをとりまく自然環境や物質から現場を捉えなおすことで、難民をめぐるオルタナティブな公共空間の可能性を検討する。

難民キャンプという言葉を聞くと、故国に戻ることができるその日までの、「仮ぐらし」をせざるを得ない人々が、白いテントと配給食に依存した生活をしている場所というイメージを持つかもしれない。一九五一年に国際連合全権委員会議で採択された「難民の地位に関する条約」によれば、難民（条約難民）とは「迫害のおそれ」があることを理由に保護の対象にあり、国籍国の外に「国民ではない者」として滞在する人々のことである。この条約によれば、難民は庇護国のなかを自由に移動したり、労働をしたり、市民として政治参加をする権利がある。ほとんどの難民は、庇護国の政府や国際機関、NGO等によって用意された建物や自分で作った家で暮らしている。これに対して「難民キャンプ」は庇護国・地域に設置された、難民だけが暮らす特別な場所のことである。人口数万〜数十万人に達することがある難民キャンプは、国際機関などによる食料配給と医療・福祉・教育などの支援に関わる人・物資・カネ・情報が出入りするグローバルな都市空間である。他方で難民の自由な外出は制限されることが多い。これは難民の移動の自由を保障している難民条約に抵触している政策であり、国際社会による批判の対象になっている。第15章の内藤は、難民のキャンプ収容政策をとっているアフリカのケニアとタンザニアを対象に、「あるべきではない場所」である難民キャンプのランドスケープが、グローバル、ナショナル、ローカルな力のせめぎ合いの中でいかに創発するのかについて考察する。その際、食料配給のかわりに配布されている電子マネーによる難民やホストの経済活動に注目する。

第Ⅳ部――異種の出会い

「第Ⅳ部――異種の出会い」は、多なるものの絡まりあいからなる公共空間創発の動態を理解する上で、とりわけ異種や物質との関係に焦点をあてている。気候変動問題の台頭とともに、「人類全体がグローバル化や近代化の恩恵を享受できる」という物語は失われつつある。それは一九世紀の医師であり実業家のサミュエル・スマイルズ（二〇一三）による『自助論』にある有名な「一人の生命は全地球よりも重い」というテーゼへの挑戦である。いま勃興しつつある気候変動問題をめぐる政治は、人間活動のみからなる「社会」の領域と、そこから独立した「自然」の領域の衝突・せめぎ合いとして理解することができる。この部では、これまで〈不動の背景〉と見做されてきた土地、地質・地形、気候・気象そしてそこに暮らす異種生物あるいはそれらの全体である地球といった「大地」が前景化する文脈における、支援をめぐるオルタナティブな「政治」の可能性を探究する。こうした「政治」の特徴は①言説より実践、②意味より情動（affect）、③人間より人間以上（more-than-human）、そして④アイデンティティより（科学）知識に重きをおく、より物質主義的な政治という点にある（Whatmore 2006）。こうしたオルタナティブな政治実践の諸相を捉えるために、「大地」が前景化する過程における人間と人間以上の存在の結びつきや絡まりあいの諸相を明らかにする。

岩手県沿岸南部のある集落は二〇一一年の震災を経験した。複雑な海岸線を描くリアス海岸では、多様な存在が出会い、絡み合い、すれ違っている。そこでは一時的な安定と破壊と移動が繰り返されてきた。そのなかで異種間の出会いが生まれ、お互いを変えていくことがある。この地域ではカキ、ノリ、ワカメやホヤなどを養殖してきた歴史の末、二〇一一年の震災後にホタテ貝の養殖が導入された。北海道から旅してきた稚貝は集落の海で育ち、地域ブランドのホタテとして出荷される。そしてそれが人々の日常生活や人生を支えている。ところが人間には有毒だが、ホタテ貝には無毒なプランクトンによる毒がホタテ貝から検出されたため、数カ月間も出荷できない状態にあった。海の中のホタテたちは、貝毒のモニタリングをされながら、いつ来るかわからない出荷の日まで生きるに任されている。人間‐ホタテ貝‐プランクトンのように、生は重なり合いながらも異なるリズムとスケールをもつ。そうした多なるリズムやスケールにある諸存在の関係性を、一つの時空間的な「全体」として記述することは難しい。第16章の木村は二〇一一年の震災を経験した集落をめぐる物語を、「復興」という一つの物語に落とし込むのではなく、重なり合いながらも異なるリズムとスケールをもつ複数の領域や存在同士の関係やそれを見つめる視点の揺らぎとして捉えなおしている。そうすることで、この岩手県沿岸南部のある集落をめぐる時空間が、読者の時空間と接続する可能性を狙っている。

食品添加物・プラスチック・医薬品・セメント材料のような化学物質は都市空間やそこでの生活の基盤となる、しばしば目に見えない存在である。こうした化学物質の一部は医薬品として公衆衛生のインフラストラクチャーに組み込まれることで、都市部の生態系を再編することがある。それらは私たちの生活を快適で便利なものにしてくれるが、地球環境をかつてない規模で汚染してもいる。いずれにせよ医薬品を含む化学物質は、身体や自然環境と絡み合って「効果」を発揮する。例えばニカラグアでは世界的な保健介入という名のもとで、デング熱などの人獣共通感染症を予防するための殺虫剤や漂白消毒剤が放出された。だが、そうした化学物質は場所の風景や人々の生活を一変させた。このように人間の健康増進に向けた介入は時として、都市や地球環境の汚染を促して不確実性を増すことにつながる。第17章のモハーチはベトナム・ハノイ市の旧市街で販売されている植物由来の医薬品を成立させる化学物質の流れに焦点を当てる。環境破壊をめぐる政治的思考の中で、都市の役割はきわめて重要になっている。だが、都市生活に欠かせない化学物質には生分解性がないものが多い。拡大する都市部で増加する貧困者は、高レベルの生物濃縮による化学物質の影響を受けやすい存在でもある。他方で都市は人々の健康を改善し、気候変動対策を行う機会を提供する可能性も有している。それゆえ現代の都市環境における治療と汚染との相互作用に目を向ける必要がある。

食物アレルギーや花粉症そしてアトピー等に苦しむ人々がアレルギー科に殺到することは日常的な風景となった。例えば食物アレルギーは、普通なら体を育む食べものを、自己を脅かす「敵」として攻撃するために体内の免疫システムが反応した結果である。このような「自己」を「非自己」から守る免疫システムが、世界各地の人々の体内で同時的に異変を来たしている。「自己免疫疾患」という言葉が生まれた一九五〇〜六〇年代は人や家畜の数が指数関数的に増え、放射性物質・石炭由来の炭素・合成窒素肥料・合成農薬・プラスチックなどが急速に地層に残積するようになった時代である。ここで自己免疫疾患の増加に注目すれば、人新世や大加速時代は「自己攻撃時代」であるともいえる。第18章の藤原は、人新世や大加速時代と呼ばれる時代の激変と自己攻撃時代ともいえる動きの重なりについて考察する。この重なりを捉えなおすことで、環境破壊（人新世・大加速時代）と免疫不全（自己攻撃時代）という二重の破壊を食い止める認識論的な手がかりを得ようとしている。私たちは産道を通過する際に微生物に感染することでしか世界に誕生できない。にもかかわらず、外界に出すとすぐに病原菌に冒されて死んでしまう無菌動物が暮らす無菌室のような世界観になじみすぎてきた。私たちの自己と非自己の境界はより柔軟で（ほどく）、好むと好まざるに関わらず微生物を含む無数の非自己との依存的な関係のネットワークを築いており（たかる）、他者に棲まわれる場所としての身体として、世界に棲んでいる（すまう）。すなわち私たちの身体や環境はどちらも、他者との場所づくりに関わる未完のプロジェクトなのである。

本書は、困難を抱える人々を対象にした公的な支援の制度のもとで自らの暮らしを営もうとしている「多なるもの」による「とるにたらない諸実践」としての〈埒外の政治・経済的実践〉を肯定的に捉えようとしてきた。そのために本書は①「あるべき人間」とそれ以外を分離し、「あるべき人間」として分離されなかったさまざまな存在（多なるもの）を暴力や搾取の対象（客体）とする秩序と、②暴力や搾取のなかで生まれた「多なるもの」によるさまざまな「政治」的実践を検討することで、「人間」の特権性や中心性を越えるオルタナティブな政治のあり方を構想しようとしてきた。そして、さまざまな地域を対象にする文化人類学者、歴史学者、社会学者、哲学者そして生態学者が各々のやり方で埒外の政治・経済を捉える方法を比較することを通じて、現代社会における「社会」と「自然」の衝突に対する文化人類学的な応答可能性について自省しようとしてきた。それは「公共的なもの」に関する従来の政治学や経済学の論理からこぼれ落ちるような、とるにたらない実践と見做されることがほとんどかもしれない。だが、そこにこそ新たな社会の臨界にかかわる潜在力を見出すことができる。

注

（1）星野（二〇二三）は寄食をめぐる哲学的な言説を比較検討することを通じて、共生について再考しようとした。

（2）ただし寄生者には、宿主を食べ尽くして殺してしまう捕食寄生者や、宿主の行動を操り時には死に至らしめるゾンビ寄生者などがいる。次の段落で説明する陸生昆虫を操るハリガネムシは、ゾンビ寄生者である（小澤 二〇一六）。

（3）近年の人新世や気候変動問題をめぐる議論（篠原 二〇一八）もまた、人間だけが生物や物質的な限界と無縁に成長を続けることができるという人間中心主義的な言説に対する反省を促している。

文献
大槻久 二〇一四『協力と罰の生物学』岩波書店。
小澤祥司 二〇一六『ゾンビ・パラサイト――ホストを操る寄生生物たち』岩波書店。

ギルバート、スコット／イーペル・デイビッド　二〇一二『生態進化発生学――エコ‐エボ‐デボの夜明け』正木進三ほか訳、東海大学出版部。
グレーバー、デヴィッド　二〇一六『負債論――貨幣と暴力の五〇〇〇年』酒井隆史・高祖岩三郎訳、以文社。
クロポトキン、ピョートル　二〇二一『〈新装版〉増補修訂版 相互扶助論』大杉栄訳、同時代社。
斉藤純一　二〇〇〇『公共性（思考のフロンティア）』岩波書店。
篠原雅武　二〇一八『人新世の哲学――思弁的実在論以降の「人間の条件」』人文書院。
清水高志　二〇一三『ミシェル・セール――普遍学からアクター・ネットワークまで』白水社。
島田昌和　二〇〇三「草創期の経営者・渋沢栄一――出資と企業育成」『組織科学』三六（四）：四六―五五。
スマイルズ・サミュエル　二〇二三『自助論』竹内均訳、三笠書房。
セール・ミッシェル　一九八七『パラジット――寄食者の論理』及川馥・米山親能訳、法政大学出版局。
チン・アナ　二〇一九『マツタケ――不確定な時代を生きる術』赤峰淳訳、みすず書房。
デリダ、ジャック／デュフールマンテル、アンヌ　二〇一八『歓待について（ちくま学芸文庫）』廣瀬浩司訳、筑摩書房。
内藤直樹・山北輝裕共編　二〇一四『社会的包摂／排除の人類学：開発・難民・福祉』昭和堂。
中野智世・木畑和子・梅原秀元・紀愛子　二〇二一『「価値を否定された人々――ナチス・ドイツの強制断種と「安楽死」」新評論。
バトラー・ジュディス　二〇一四「ユダヤ教はシオニズムなのか？」ユルゲン・ハーバーマス／チャールズ・テイラー／ジュディス・バトラー／コーネル・ウエスト編『公共圏に挑戦する宗教――ポスト世俗化 時代における共棲のために』箱田徹・金城美幸訳、岩波書店。
ハラウェイ、ダナ　二〇一七「人新世、資本新世、植民新世、クトゥルー新世――類縁関係をつくる」『現代思想』四五（二二）：九九―一〇九、高橋さきの訳、青土社。
星野太　二〇二三『食客論』講談社。
前川啓治・箭内匡・深川宏樹・浜田明範・里見龍樹・木村周平・根本達・三浦敦　二〇一八『二一世紀の文化人類学――世界の新しい捉え方』新曜社。
三上剛史　一九九八「新たな公共空間」『社会学評論』四八（四）：四五三―四七三。
宮本正興・松田素二　二〇一八『改訂新版 新書アフリカ史』講談社。

Anand, N. 2017. *Hydraulic City: Water and the Infrastructures of Citizenship in Mumbai.* Duke University Press.

Bubandt, N. & A. L. Tsing 2018. Feral Dynamics of Post-Industrial Ruin: An Introduction. *Journal of Ethnobiology* 38 (1) : 1-7.

Graeber, D. & A. Grubačić 2021. Introduction. *Mutual Aid: An Illuminated Factor of Evolution*. Oakland, CA: PM Press.

Hoag, C, F. Bertoni & N. Bubandt 2018. Wasteland Ecologies: Undomestication and Multispecies Gains on an Anthropocene Dumpling Ground. *Journal of Ethnobiology* 38 (1): 88-104.

Ingold, T. 1993. The Temporality of the Landscape. *World Archaeology* 2 5 (2) : 152-174.

Lacan, J. 1992. *The Seminar Book VII. The Ethics of Psychoanalysis, 1959-60.* (trans) D. Porter. Routledge.

Mol, A. 2008. I eat an Apple: On Theorizing Subjectivities. *Subjectivity* 22: 28-37.

Peterson, O. R. Ecological Studies of Wolves on Isle Royale, 1992-1993. 1993. *Ecological Studies on Wolves on Isle Royale* 29: 1-9.

Sato, T, K. Watanabe, M. Kanaiwa, Y. Niizuma, Y. Harada & K. D. Lafferty 2011. Nematomorph Parasites drive energy flow through a riparian ecosystem. *Ecology* 92 (1): 201-207.

Star, S, L. & K. Ruhleder 1996. Steps toward an Ecology of Infrastructure: Design and Access for Large Information Spaces. *Information Systems Research* 7: 111-134.

Tsing, A. L. 2015. *The Mushroom at the End of the World: On the Possibility of Life in Capitalist Ruins*. Princeton University Press.

Tsing, A. L., A. S. Mathews & N. Bubandt. 2019. Patchy Anthropocene: Landscape Structure, Multispecies History, and the Retooling of Anthropology: An Introduction to Supplement 20. *Current Anthropology* 60 (S20): S186-197.

Moore, J. 2016. *Anthropocene or Capitalocene ?: Nature, History, and the Crisis of Capitalism*. Binghamton: PM Press.

Yusoff, K. 2019. *A Billion Black Anthropocenes or Non*e. Minnesota University Press.

Whatmore, S. 2006. Materialist returns: practising cultural geography in and for a more-than-human world. *Cultural Geographies* 13 (4): 600-609.

第Ⅰ部 スキマをとらえる

第1章 スズメが寄宿する都市
――インフラストラクチャーと鳥類の関係

三上　修

第一節　都市――末っ子生まれの環境

まず本章の舞台となる都市について話をしておこう。その意図は、本書全体を通して都市を定義するためではない。この章で注目することになるスズメの、鳥としての特殊性を伝えることにある。そのために都市がほかの自然環境と異なっていることを伝え、そこに寄宿（生息）しているスズメが、いかにうまく都市を利用しているかを浮かび上がらせる効果を意図している。この本の多くの読者にとって都市とは日常の空間であり、都市こそが最も普通の世界だろう。私も一人の市民として、もちろん都市のなかに暮らし、さまざまな恩恵を受けている。一方で、生態学者あるいは鳥類学者としての私は、都市を非常に不思議な空間として見ている。なぜなら、こんなに奇妙な環境は他にないからである。

都市というのは非常に新しい環境だ（National Research Council 1993）。都市の歴史を振り返るために、唐突かもしれないが地球の歴史を振り返ってみる。地球は約四六億年前に生まれた。生物が登場したのが約三八億年前、それらが陸上に進出し始めたのが約四億年前である。その後、陸地は自然豊かな場所になり、さまざまな環境が生まれた。つまり、森林、草地、砂漠、海洋、河川、湖沼などが生じ、そこにそれぞれ特徴をもった生態系が生まれた。現在の地球の主要な環境は、数億年前に誕生したといっていいだろう。

そこからかなりの時が流れ、今からほんの数千年前の話になるのだが、地球上のいくつかの場所に、それまでには存在しなかった「新しい環境」が生まれた。仮に宇宙からそれを見たら、地球という物体の表面に生まれたカビのように見えたかもしれない。その「カビ」とは、ある生物が自らにとって快適な生息場所を作るために、周囲の自然環境を改変して仕立て上げたものである。これが都市である。

一般に、生物が周囲の環境を変化させること自体は珍しいことではない。クモは自前で作った糸を使って巧みに巣を張るし、アリは地面に穴を掘って自分たちの住みやすい場所にする。ビーバーに至っては小規模ながらダムを作る。しかし、哺乳類の一種であるヒトが作った都市という環境は、改変の質が著しく、また規模も大きい。規模についてはいまだに拡大が続いており、現在では陸地の一%程度を占める。耕作地も含めればヒトが改変した面積は陸地の一六%になると言われている（Ritchie & Roser 2021）。一つの生物種がこれほど短期間に広い面積の環境改変を行った例は地球の歴史上、初めてのことだろう。

かつて自然科学において、都市は人間が作り出したという理由で、自然環境とは別枠として扱われてきた（中野ら一九七四）。つまり、「都市」と「自然環境」という大きな別々の括りがあり、後者には、さきほど述べたような、森林をはじめとするいろいろな環境が含まれるとみなされてきた。ところが現在、この括りは取り払われ始めている。地球環境を扱う議論の中では、森林、砂漠、都市、海洋……と、都市を特別視せず、地球を構成するさまざまな環境の一つとして、他の環境と並列に扱うようになっている。そうなった理由は、現在の地質年代を人新世とみなすように、もはや人間活動を地球活動の一つとしてみなすようになったからだろう。つまり、樹木という生物で構成された環境が森林であるように、人間が生み出したさまざまな人工物で構成された環境が、都市ということだ。

（一）変化し続ける環境

都市環境は、それまでのいわゆる自然環境とは多くの点で異なっている（Gaston 2010; Forman 2014）。いくつか挙げてみると、「平地、沿岸や大河沿いにあることが多い」「全体的には乾燥しているが、局所的に水が豊富である」「気温が高い」「哺乳類の一種が高密度で生息している」「構成している物質はコンクリートなどの無機物が多い」「生物的な限界を超えて高層化している」などである。こういった見た目でわかりやすいものもあるが、さらにここでは二つの点について触れておく。

一つは、質的に非常に激しく変化するということである。比較のために森林について考えてみる。森林も遷移をして変化していく。初期の森林は、太陽光をよく利用する陽樹により構成される。そのうち暗い森でも育つことができる陰樹に置き換わり、最終的に極相林となる。これらは理科の教科書などにも書いてあるものだ（ただし、最近はそれほど単純な変化とはみなさないことが多い）。例えば近所に森林があったとして、五〇〇年前にその場所にあった森林と今の森林では異なるだろう。森林全体の木の高さや密度も違うだろうし、さらにいえば構成している木の種も違うだろう。その結果、生息している昆虫類なども当然異なる。さて、では五〇〇年前の森は失われてしまったかといえば、確かにその場所にはない。しかし別のところを探せば、その五〇〇年前の森林に似たものはどこかにあるはずだ。つまりある一つの場所における森林自体は不変ではなく変化する。しかし変化する方向は、その場所の気温や水の量などによっておおむね決まっており、その途中経過も含めて、たくさん存在するバリエーションのどれかに過ぎない。

しかし都市は違う。変化をし続け、過去のものは存在しないといってもいいだろう。例えば五〇〇年前に存在した都市の姿が、現在のどこかにあるかといえば、少なくとも木造で災害の多い日本には、戦国時代の都市は残っていない。世界全体でみれば、残っているところがあることは否定しない。しかし都市全体で考えれば、変化したものが圧倒的に多いはずだ。

（二）生産者不在の環境

もう一つの特徴は、その場における有機物の生産と消費の収支が合わない（Pauleit & Breuste 2013）、ということだ。

誰しも食物網（食物連鎖）の図を見たことがあるだろう。小中学校の理科の教科書には必ず掲載されている。一番下に植物がいて、その上に草食動物がいて、一番上に肉食動物がいるという図だ。あの図を構成している生物種は、気候帯や環境によって異なっている。しかし、あの図には生態系の最も基本的なルールのありようが表されている。それは、有機物を生産するものがいて、その有機物を消費（搾取）するものがいるという点である。有機物を生産するのは、多少の例外はあるが基本的には植物である。植物は、太陽の光エネルギーを用いて、自前で無機物から有機物を作り出すことができる。一方、動物は有機物を摂取するしかない。

つまり森林であれ、草原であれ、植物が太陽のエネルギーを用いて光合成によって無機物から有機物を作り、それを草食動物が食べ、さらに草食動物を肉食動物が食べる。この点で、植物は生態系にエネルギーを変換し供給する役割を担っている。そのため、ある場所に生息している生物の総量は、その場所で、植物の光合成によって生産される有機物の量によって制約を受けている。そして光合成の効率は、太陽光、気温、水、栄養素が増えると増大する。だから太陽光がよくふりそそぐ熱帯には多くの生物がいる。逆に、気温の低い場所（高緯度地方）、光の少ない場所（深海や洞窟の中）、水や栄養の少ない場所（砂漠など）には生物が少ない。これが自然の生態系における非常に大きなルールであり制約だ。

もちろん多少の例外はある。有機物は、水や空気の流れ、重力などにより勝手に移動をする。さらに生物が移動させることもある。例えば、サケが海で餌を食べて育ち、それが川に遡上して産卵後に死骸となれば、海の有機物が川に流入することになる。また鳥たちの中には、生息地を離れて一日数十㎞を移動し、餌を食べて生息地に戻ってくるものもいる。このような多少の移動はあるが、多くの場合は、その場（あるいはその周辺）で生産される有機物と消費される有機物が釣り合っている。つまり「地産地消」が生態系の基本ルールといえる。

ところが都市においては、このルールが成り立たない。都市に生息している人間が消費する有機物は、都市にわずかにある公園の植物や街路樹の光合成に基づくものではない。ではどこから来るかといえば、都市の外から持ち込まれるものに依拠している。都市の外で作られた農作物を食べるか、あるいは都市の外で作られた農作物で育てられた家畜を食べている。しかも食べ物が移動する距離は、時代とともに増大している。縄文時代であれば、都市（ムラ）の内部や歩いて行ける周辺から有機物を集めていた。これが江戸時代くらいになると、東北のコメが江戸や大坂に運ばれたり、蝦夷の海で取れたニシンが本州で肥料に使われたりしていた。そして現代においては、我々の食卓にのぼっているもののうち、自分が住んでいる都市の近郊で採れたものなど、ごくわずかだろう。一週間前に地球の裏側で採取されたものが、食卓にのぼる場合だってある。

（三）都市にすむヒトならざる生物

このように、都市は特殊な環境である。なぜなら、人間が人間のために利便性を高めるように意図的に変化をさせてきたし、その変化をもたらすために、人間は他の生物とは異なり、石油などを燃やすことにより外部のエネルギーを大量に利用できるからだ。

この都市に、ヒトだけが住んでいるかと言えば、そんなことはない。他にも多様な生物が生息している。実はそもそも人間と言っているものが一つの生物種かどうかも怪しい。体表や体内には数百種の細菌がおり（坂田・松本 二〇一七、Byrd et al. 2018）、それらなくしてヒトは生存できず、体全体の細胞数でみれば自前のものは半分くらいと言われている。とはいえ、ここで話したいのはそういうミクロな話ではなく、目に見える生物の話である。

公園を例にとれば、足元の土壌の中にはミミズをはじめとする小さな生物がたくさん住んでいる。そこから多種類の草、樹木が育っていて、それらにつく昆虫もいる。木には鳥がとまっていることもあるだろう。家屋の中にもたくさんの生物がいることが分かっている（ダン 二〇二一）。それらの中には、人間に好ましいと思われているもの、あるいは必要とされているものもある。例えば街路樹や花壇の植物はそうだろう。一方で、多くの人が排除したいと考える生物もいる。例えばハエ、ゴキブリなどである。

これらの生物を、数直線上に配置してみるとする。多くの人が都市に存在しないでほしいと思っている生物を左端、どうでもいいと思っている生物を真ん中、都市にいてほしいと思っている生物を右端としてみよう。街路樹などは、多くの人があってほしいと思うだろう。なぜなら、街路樹は、都市に木陰をつくり、目隠し効果にもなり、ガードレールの機能もあるからだ。物理的にも精神的にも都市に涼をもたらしてくれる。だから、かなり右端に位置する。もちろん人によっては、落ち葉の始末や虫がつくなどの理由で、街路樹がないことを望む人もいる。一方、ゴキブリなどは、多くの人がその存在を嫌う。位置としては左端に来るだろう。もちろんゴキブリを愛してやまない人もいるだろうが。

この数直線上において、左端に近い生物は、社会的に駆除されているか、あるいは駆除することに対して社会的合意が得られていることが多い。一方、右端に位置する生物は、社会的に受け入れられているか、あるいは駆除排除することが社会的に認められていないことが多い。ただし人々から許容される生物も、数が多ければ多いほどいいわけではない。その証拠に人間は森林を切り開いて都市を作っている。つまり樹木はある意味邪魔なのだ。街路樹は適切な場所に適切な本数があるからこそ受け入れられているわけであり、実際、人はそれを管理している。

さて、本書のテーマである都市への寄宿者は、この数直線上のどこに位置するかといえば、あくまでイメージだが中央付近である。人から積極的に排除されるでもなく、管理されるでもなく、居候のように、なぜかこっそり居座っている生き物だ。私が研究しているスズメはその最たるものだと思う。

というわけで、スズメに注目をして話を進めていく。スズメに注目する意図は二つある。一つは単純に人間以外の居候がいる面白さであり、もう一つは、スズメの存在が、実は我々の都市に小さいながらも変化を起こしている点に気づいてほしいからだ。

第二節　スズメ――インフラストラクチャーと鳥類の関係　ヒトとつかずはなれず

まずスズメという言葉について誤解のないように説明をしておく。本章でいうスズメとは鳥の種名である。あえてこのように書くのは理由があって、別の生物を引き合いに出すと、「トンボ」や「カラス」は種名ではない。トンボは、シオカラトンボやオニヤンマなどの総称であるし、カラスも同様に総称で、我々の身の回りにいるのは、「ハシブトガラス」か「ハシボソガラス」のどちらかだ。対して、スズメというのは、それ一つで種の名前である。世界には三〇種弱、日本には二種のスズメの仲間がいる（三上二〇一三）。

ところが「スズメ」は一般的には、身近にいる小鳥の総称として使われていることが多い。例えば、シジュウカラ、カワラヒワ、ハクセキレイなど多くの小鳥がいるが、これらの鳥は、世間一般ではすべてスズメ（＝身近にいる小鳥）とみなされていることが多い。よって繰り返すが、この章で扱うのは、生物種としてのスズメである。

このスズメは基本的にはヒトの生活圏にしかいない。例えば、人里を想定してみる。中心部の民家があるようなところにはスズメがいる。民家がぽつぽつとあって、周囲に畑があるようなところにもスズメはまだいる。しかし、ここから先は民家がなくなって農地だらけになる、あるいは山に入っていく道だけになる、というようなところに行くと、スズメは途端にいなくなる。

しかもスズメは、ヒトの生活圏にある建物や農地などがあればいいわけではなく、ヒトの存在そのものが必要なようだ。というのも、過疎化してヒトがいなくなると、スズメもいなくなることが分かっている（川辺 二〇〇九）。高速道路でも、ヒトが車を停めるだけのパーキングエリア（駐車場とトイレだけがある）に行ってもスズメはめったにいない。しかしお店などがあって常時ヒトが滞在しているサービスエリアではスズメが見られることが多い。

他の多くの野鳥は人間を忌避し自然の豊かなところで暮らしている。だから自然が豊かな場所には多くの鳥がいる。しかしスズメは都市にしかいない。おそらくスズメはヒトがいると、自身の天敵であるヘビやタカがいなくなる、あるいは少なくなる効果を知っているのだろう。だからヒトの存在そのものが、スズメにとって生息適地の指標になっているのだろう。

かといって、スズメがヒトを大好きかというと、そうでもない。スズメはヒトと一定の距離を保とうとする。スズメに対して無関心な人には、その距離が近いが、ひとたびヒトが写真を撮ろうとしたり観察したりしようとすると、途端に警戒を始め距離を取ろうとする。あとで話すが、スズメは農害鳥として、かなりの数が人間に駆除されあるいは食われてきた歴史があるので、警戒心が残っているのかもしれない。

（一）スズメにとっての都市環境

前述したように、多くの方はスズメを無意識的に小鳥の総称として使うので「スズメ」に野鳥を代表する印象を持っているかもしれない。しかしスズメは都市を生活圏とするという点で、最も野鳥らしくないと言える。

では、そのスズメはいつから都市にいたのだろうか。スズメという種がいつから地球上に存在したかははっきりとはわからないが、近縁種との分岐年代などから考えれば、十数万年前には存在したと思われる（三上 二〇一三）。一方、その頃にはまだ地球上に都市は存在していなかった。当時のスズメは、自然の樹木などに空いた穴に巣をつくっていたのだろう。ところがホモサピエンスがなにやら勝手に環境を改変し始めた。きっかけはわからないがスズメも都市に住み始めたところ、住めば都だったのだろう。今やすっかり都市だけに存在する鳥になっている。その点で、スズメは都市という新しい環境に自ら進出してきた生物ということになる。

もちろんスズメにとって都市が生息可能な環境だったからこそ、進出が可能だった。一般に、生物が生息するためには、①生理的に生息可能な物理環境（気温や雨量）があること、②食べるものがあること、③子どもを増やせる場所があることが、必要である。

これに沿って考えると、一つめについては、現在の生息分布から見るにスズメは温帯域が生息環境であり、日本はそれに合致する。

写真 1-1　公園の樹木で餌を探すスズメ（2010 年）

二つめの食べるものについては、スズメは雑食なので、都市にあるいろいろなものを食べることができる。道路際に生えた雑草の種子や、公園樹や街路樹で発生した昆虫などを食べる。街路樹の葉っぱの裏や、樹皮の下、木の枝につくられた虫こぶなど、普段我々の目につかないような場所にいる昆虫をせっせと探して食べている（写真1-1）。さきに述べたように都市は有機物の生産性が低いので、森林などに比べれば、餌は少ないはずだ。しかし、スズメにとっては、ヘビやタカなどの天敵がいない（あるいは少ない）利点が大きいのだろう。仮に自分がスズメだとして、餌を食べているときに、絶えず命の危機を感じていたら大変である。実際、警戒中の生き物は、ストレスレベルが高く、かつ、同じ時間内に食べられる餌の量も少なくなることがわかっている。スズメにとって、都市は安心安全に餌をついばむことができる場所というわけだ。

なお、都市生態系における食物連鎖の図からいえば、スズメはまっとうな位置にいる。つまり、その土地で植物が光合成をしたものから体が構成されているといえる。その点でヒトとは大きく異なる。ただし最近はスズメもヒトから餌をもらったりすることがあるから、スズメの体や活動エネルギーの一部は、都市の外から持ち込まれた有機物に由来しているかもしれない。

（二）隙間に入りこむ

スズメが都市で生息するために必要な最後の条件は、巣をつくり子育てをする場所があることである。先に誤解がないように鳥の巣というものについて説明をしておく。ほとんどの鳥類にとって、巣とは、我々人間の家に相当するものではない。我々の家は年中維持され、我々はそこで寝る。しかし鳥の巣は、ヒトの世界でいえばゆりかごに近い。子育ての時期に、卵を産み、孵ったヒナたちに餌を与える場所である。子スズメが巣立つと、その後、子スズメが巣に返ってくることはない。寝るのは木の枝などである。親スズメのほうは、子育てを年に二回、あるいは三回繰り返すので、同じ巣を使うことはある。しかし子育てが終われば、基本的に巣には帰ってこない。スズメの子育ては春から夏にかけてなので（サクラが咲くころから、だいたいセミが本格的に鳴き始めるころまでだと考えればいい）、その間にのみ使われているのが巣である。

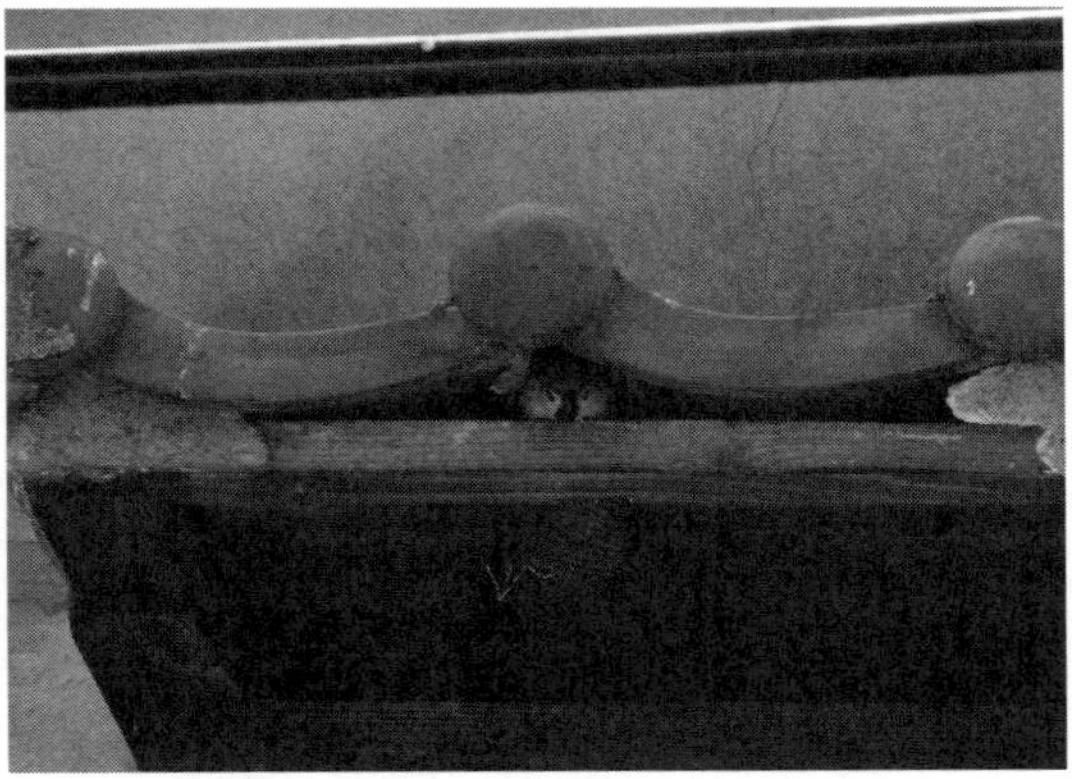

写真 1-2　瓦屋根の隙間に巣くうスズメ（2009 年）

さて、その巣をどこに作るか、である。ツバメの巣を見たことがある方は多いだろう。店先や人家の軒先、あるいは駅や駐車場などの壁や梁の上に、土を主原料とした巣が作られる。一方、スズメの巣を目にすることはまずない。でもおかしなことだ。町中において、スズメとツバメの数を比べると圧倒的にスズメのほうが多い。でも巣は見たことがない。

これがスズメを寄宿者とみなせる所以かもしれないが、スズメは実は人が作り出したさまざまな構造物の隙間に巣を作っている。前述したが、本来、スズメの仲間は、木に空いた穴などを利用して巣を作る。頑丈で安定していて、捕食者に狙われにくいからだ。こういった隙間は都市には非常に多くある。例えば瓦屋根の隙間である（写真1-2）。本来この隙間は、熱を防いだり、湿度を保つための空間だが、瓦が劣化して破れが生じたりすると、そこにスズメが

写真1-3　鉄骨の隙間に作られたスズメの巣（2015年）

巣を作る。特に軒先の部分は、スズメが侵入して巣を作るので、建築用語で「雀口」と名前がついているほどだ。ほかにも鉄骨の隙間（写真1-3）、道路標識のパイプの中、家にたまたま空いた破れ、換気口の中などさまざまな隙間を見つけて巣を作る。

どれくらいの巣があるかというと、一〇〇m四方あたり二〜三巣はある。多いと八巣くらいある（須藤ら 二〇一七）。少ないのは商業地で、多いのは緑豊かな住宅地である。「巣はそんなにあるのか」と思うかもしれないが、自分の通学路、あるいは通勤路でスズメを見かけたとする。そのスズメが、ただそこに何もせずに存在しているはずはない。必ず子育てをしている。繁殖をして個体数が維持できているから都市にいるのだ。

ちなみに、どうやって巣を探すかだが、一番わかりやすいのはヒナの声を聴くことである。ただし、昼間の喧騒のなかではなかなかその声に気づけない。早朝、まだ生活音がない時間帯に町中を歩いていると、どこからかシリシリシリというか細い声が聞こえてくることがある。音源をたどると何かの隙間が見つかり、入り口には糞の跡があったりする。ほかにもスズメが餌を運んで飛んでいく先を追っていって巣を見つける方法もある。また、こちらがこのあたりにスズメの巣があるかと探していると、スズメが警戒の声を上げることがある。おそらくパートナーや巣にいるヒナに危険を伝えているのだろう。なお、この声はスズメに無関心な普通の歩行者に対しては出さない。スズメは、ヒトが自分たちを見ていることを認識できるようだ。

冒頭で述べたように、都市は変化が激しい場所なのだが、スズメはうまく適応して巣を作ってきたようだ。瓦屋根の前は、茅葺や藁葺の屋根に巣を作っていたことがわかっている。もっと時代をさかのぼれば、スズメと思しきものが古事記にも登場するし、枕草子にもスズメが身近な鳥として描かれている（三上 二〇一三）。おそらく、有史から人家に巣をつくっていたのではないかと思う。そう考えると相当長い間、人間社会への寄宿者として暮らしていることになる。

第三節　電柱をも利用する

そんな時代の変化に対応するスズメは、今や、電柱にも巣を作るようになった（三上二〇二〇）。それにまつわるマルチスピーシーズ（近藤・吉田二〇二一）なストーリーがあるので紹介しておく。

まず先に電柱について簡単に話しておく。電柱がいつごろからあったかといえば、せいぜい一五〇年ほど前だ。初期は電信目的に建てられた。だから電信柱という言葉が今でも残っている。その後、電柱は電話線や電力線を各家庭に届けるために道路沿いに設置された。特に戦後に電力需給が増えた際には大量の電柱が設置された。それに加え、ここ二〇年ほどは光回線を各家庭に届けるためにも使われている。その結果、現在日本には三三〇〇万本以上の電柱があるといわれている。無電柱化も一部地域では進んではいるが、正味で言えばまだ電柱の数は増え続けている。

さて、スズメが電柱に巣を作るといっても、本体の柱の部分に作るのではない。電柱を思い浮かべると、柱に対して短い横棒がついているものを想像するのではないだろうか。これは腕金《うでがね》と呼ばれるものであり、電力線を架けるのに使われる。電力線には高い電圧で電流が流れている。凧が電線にひっかかって感電する絵があるように、電力線に直接触れると感電をしてしまう。同じ理屈で、電力線が電柱に直に接すると、電柱に電気が流れてしまう。危険な上にそこで電気が失われてしまう。そこで、電柱と電力線の間を絶縁する必要がある。腕金には碍子《がいし》と呼ばれるセラミックス製の絶縁体が乗っている。その上に、電力線を渡すことで、電力線と電柱を絶縁しているのだ。

いや、電力線が電柱に直接ついているのを見たことがある、という人もいるだろう。あれは、電話線や光回線で、電気を送るのとは別の線である。たいてい電柱の下のほうにあり、電気を送る線ではないので、電柱に直接ついていても問題はない。一方、電気を送る電力線は、電柱の高いところに三本線で構成されている。

さて腕金だが、これは金属製の四角いパイプである。軽くするために中空になっている。この腕金にスズメが巣材を持ち込んで中に巣を作る。中は狭いだろうし、暑いのではないかと心配になるが、巣を作っている。この腕金は、かつては木製だっ

写真 1-4　電柱の腕金から飛び出すスズメ（2012 年）

たので巣は作れなかった。金属製になったのは一九七〇年代である。なので、スズメがここに巣を作るようになってまだ五〇年もたっていない。将来的には電柱はなくなるだろうから、我々は、スズメが腕金に巣を作っている姿を目にできる、なかなか貴重な時代を生きていることになる。

腕金に巣をつくったスズメはなかなかアクロバティックな動きをみせる。近くの電線にいったん止まって様子を見てから中に入っていく大人しい場合もあるが、子育てが忙しいときだと、飛んできて手前の空中で減速をし、羽をたたみながらスポッと腕金の中に入っていくこともある。出ていくときも、翼を閉じたまま弾丸のように飛び出していき、その後の空中で翼を広げている（写真１‐４）。まるで艦載するために折り畳みできる主翼をもった航空機のようである。

さてこの腕金だが電柱一本につき数本はついている。これらをすべて使えれば、スズメにとっては巣を作り放題のような気もするのだが、そうはならない。というのも、散歩の途中にでも近くの腕金をよく見てほしいのだが、実は腕金の多くは端が塞がれているからだ。

これはスズメに巣を作らせないためである。スズメが腕金に巣を作ること自体はたいした問題ではない。しかし腕金の中に作られた巣にある卵やヒナを狙って、ヘビが電柱に昇ってくることがあり、それが問題になる。ヘビはその体が長いために、電線のつないではいけない部分をつないでしまい停電を引き起こす。先ほど書いたように、本来は碍子によって電力線と電柱は絶縁されていないといけないのだが、ヘビは自身の体でバイパスしてしまうのだ。スズメは体が小さいから起こりえない。

それを防ぐために電力会社は穴を塞いでスズメが巣を作れないようにしている。とはいえ、現代の都市の中心部にはそもそもヘビがいないので、それほど神経質に塞ぐ必要はない。あるいは劣化によってその蓋が外れている場合もある。そのようなところにスズメが巣を作っている。

そして、面白いことにこの塞ぎ方には地域差がある（写真１‐５）。なぜなら電力会社は、地域によって異なっている。北

写真 1-5　腕金の端の塞ぎ方いろいろ（2012 年）

海道電力、東京電力、九州電力など、電力会社ごとにいろいろな構造物の規格が微妙に異なっており、また実際に工事を請け負う業者も違う。その結果、どのように腕金の端を塞ぐかも異なってくる。私は、出張や旅行に出かけると、この腕金の塞ぎ方を見て楽しんでいる。場合によっては、テレビなどで、わずかに映った腕金の塞ぎ方だけで、地域が絞れるほどだ（実はそこを見なくても電柱全体の構造をみれば、地域は絞れるのだが）。

（一）雪が降ればスズメが儲かる

腕金に営巣するスズメを「マルチスピーシーズ風」あるいは「風が吹けば桶屋が儲かる風」に強引にまとめるならば、一般市民が電力網や通信網を必要とし、それを日本の国の政策として地上に配置することにし（電線が地中化されて電柱がない国も多い）、電柱を電力会社が立て、そこにスズメが住み、それをヘビが狙い、停電がおきて一般市民が困るので、電力会社が塞ぎ、私のようにそれを見て楽しむものがいる、となる。仮に、電力会社が国営の一つの会社で、使われている腕金がすべて同一規格だったら、私の腕金塞ぎ観察の楽しみは失われていたかもしれない。こんな小さなところに、スズメという寄宿者の存在が影響していると思えば、なかなか楽しいのではないだろうか。

もう一つ似たような話を紹介しておこう。こちらはマルチスピーシーズではないが、やはり人間の活動がスズメに営巣場所を提供している例である。固定式視線誘導柱というものがある。これは東北地方や北海道など積雪地に見られる下向きの矢印がついた道路付属物のことだ。冬に道路に雪が積もると、道路と道路脇の境界がわからなくなるが、その下向きの矢印で道路の端を除雪車やドライバーに示してくれる、大変ありがたい存在である。

この固定式視線誘導柱は金属製パイプが道路端から垂直に立ちあがり、くねっと道路側に曲が

写真 1-6　道路沿いに林立する固定式視線誘導柱（2023 年）

写真 1-7　固定式視線誘導柱のスズメの巣（矢印を裏側からみたもの）（2023 年）

り、その先に下向きの矢印がついている（写真1・6）。この金属製パイプの端は穴が空いていて、その穴にやはり巣材を詰め込んでスズメなどの鳥たちが巣を作る（大山ら 二〇二〇、写真1・7）。

人間が車を作り、道路が必要になり、さらに積雪時でも安全に走れるように工夫したものが、結果的に鳥の住処になっている。いわば人間が自然に対抗しようとした結果、自然の一部である鳥たちに利することになっている。

ちなみにこの固定式視線誘導柱があるのは私が知る限り日本だけである。海外にもスノーポールと呼ばれる、反射板やあるいは単なる棒で路肩の位置を示すものはあるが、固定式視線誘導柱のように凝ったものはない。私はその点についてはまったく素人なのでわからないが、日本の道路を管理するシステム（道路に金をかけられることや、行政機関が安全装備の設置を指導すること）が、固定式視線誘導柱を生み出すもとになっているとしたら、そのシステム自体が、スズメの生息に影響を与えているといえるかもしれない。同じことは、先ほど書いたように、電柱が地上にあることもそうだろう。つまりどのような社会システムを持つかによって、スズメに生息できる場所が増えたり減ったりするということだ。

第四節　スズメに対する人の距離

このように、スズメは、人間がまったく意図せずに作り出した生活空間の隙間に巣を作り、人間がいることをうまく逆手にとって、都市に暮らしている。この「隙間に住む」というのは寄宿者の面目躍如といえる。それが結果的に、腕金を防ぐ蓋のように、広大な都市から見れば、ほんの些細な部分に対してかもしれないが、変化をもたらしている。

私は、スズメについて一般の方に話をすることがあるが、ここまで述べてきたようなことを話すと多くの人はほほえましさをもって迎えてくれる。もちろん、そもそもスズメの話を聞きに来るという時点で、バイアスはかかっているにせよ、だ。

それがなぜかといえばなかなか答えるのが難しい。都市は我々が自分たちのために作り出した場所である。しかし腕金の塞ぎかたのように、本当に些細と思われるところに、我々のコントロールから外れたものがあることに、どこかホッとするのかもしれない。

さて、なぜスズメは日本の都市において寄宿者として受け入れられている（見過ごされている）のだろうか。前述した数直線上の左端にある生物を、我々はいろいろな理由によって排他的に対処する。その理由は、大きく三つ考えられる。それは、実質的な害の有無、感情、そして知識の三つである。

一つめについては、例えば明らかに害のあるものに対しては駆除を行う。例えば、蚊などは刺してくる。人間を襲ってくる生物、最近は獣害が増えているが、それらも排除する。スズメは、あまりそういう対象ではない。

二つめの感情であるが、例えばゴキブリを嫌うのは、「ゴキブリがいるから不衛生である」と頭で理解しているというよりは、あの素早さと脂ぎった姿が、理屈抜きで、気持ち悪いと感じるということは大きいだろう。

そして三つめに、知識も関係しているだろう。例えばネズミなどが病気を媒介し蔓延させることは知られており、ネズミを忌避する理由になっている。

対して、スズメは害もないし小さく安心感があるのかもしれない。カラスなどは黒一色で体が大きいので、それだけで怖いという人もいるだろう。また鳥の中には騒音になるほど大きな声を出すものもいるが、スズメはちゅんちゅん鳴いているだけである。茶を基調とした色も日本人好みなのかもしれない。もし、スズメが原色を組み合わせたような派手な見た目をしていたら、また違った可能性もある。そういう意味で見過ごされる、あるいは許容される姿および生態をもっている鳥なのだろう。

ただし、そうなったのは最近のことなのかもしれない。最近は、スズメの写真集が出たり、テレビでもスズメの番組が放映されたりする。しかし私がスズメの研究を始めた二〇〇八年ごろ、たった一五年前のことだが雰囲気は違った。当時はスズメは農家の敵というイメージがまだ強かった。農地でスズメの調査をしていると、高齢の農家の方から声をかけられ、スズメについて調査をしているというと、スズメに対する罵詈雑言を言われたものだ。あるテレビ番組では、スズメは害鳥でイメージが悪いので放映しづらい、と言われたこともあった。

かつては都市と農地が近く、普段の生活の中でスズメを敵視する感情を知らず知らず親世代や地域住民から受け継いでいた可能性もある。特に日本人が大事にする「コメ」を害するところが大きかったのかもしれない。しかし都市と農地は離れ、コメもかつてほど重視されなくなってきた。なお、これらを客観的に調べようと思って、過去と現在の新聞記事を比較して、スズメがどのように扱われているかを調べたことがあったのだが、実は目論見から外れて、過去と現在ではあまり違いがなかった（永井ら 二〇二二）。なので、私の考えが間違っている可能性もあるが、新聞が必ずしも世論を反映していないなどの影響もあるかもしれない。

巣が見えないことも、実は害鳥だったことが影響しているのかもしれない。スズメはヒトに食われてきた歴史を持っている（三上 二〇一三）。農害鳥を駆除するという意識もあったろうし、身近なタンパク源として捕らえられたこともあったろう。だからいまだにヒトを警戒するし、巣も人目に付かないところに作っているのかもしれない。

まったく別の観点だが、実は電力会社は、腕金を塞ぐことによって、スズメを害鳥から居候に格上げしているといえるかもしれない。もしこういった対策がなく、スズメがしばしば停電の原因生物として周知されていれば、今よりずっと憎まれていたかもしれないのだ。

第五節　スズメから考える寄宿者

本章では、スズメを通して都市という環境を見た。それ以外にも、都市に寄宿している生物はいる。それを見ていくと、都市という環境が、また違った視点で見えるかもしれない。ヒトの体はヒト以外の生物で構成されているという話をした。おそらく他の生物が完全にいなくなったら、ヒトとしての生命活動ができなくなる。同じアナロジーで都市もヒト以外の生物とのさまざまな関係の中で成り立っているのであれば、都市から生き物を安易に排除するのが正解ではないのかもしれない。

本書にはこの後、ヒトと同種である寄宿者が出てくる。つまり「さまざまな背景をもったヒトである寄宿者」が登場する。それを人間社会が寄宿者の範囲でとらえるのか、あるいは受け入れられず排除する対象とするのか、というようなことを、スズメとの対比で考えると何か見えてくるかもしれない。あるいはそれはまた別の話として考えるべきことなのかもしれない。結果的には意味がないかもしれないが思考実験をしてみる価値はあるだろう。

文献

大山ひかり・斉藤真衣・三上かつら・三上修 二〇二〇「北海道における固定式視線誘導柱への鳥類の営巣」『日本鳥学会誌』六九：二三五―二三九。

川辺百樹 二〇〇九「北海道中央部の山間集落におけるスズメの減少」『ひがし大雪博物館研究報告』三一：一七―二〇。

近藤祉秋・吉田真理子 二〇二一『食う、食われる、食いあう――マルチスピーシーズ民族誌の思考』青土社。

坂田恒昭・松本弥生 二〇一七「日本マイクロバイオームコンソーシアム（ＪＭＢＣ）の設立」『ファルマシア』五三：一〇九五―一〇九七。

須藤翼・柿崎洸佑・青山怜史・三上修 二〇一七「緑地の存在と住宅の隙間の数がスズメ *Passer montanus* の営巣密度に与える影響」『日本鳥学会誌』六六：一―九。

永井里奈・佐藤久一郎・三上修 二〇二二「新聞記事から見るカラスとスズメに対する人の印象とその変化」『日本鳥学会誌』七一：三一―一一。

中野尊正・沼田真・半谷高久・安部喜也 一九七四『都市生態学』共立出版。

三上修 二〇一三『スズメ――つかず・はなれず・二千年』岩波書店。

三上修 二〇二〇『電柱鳥類学――スズメはどこに止まってる?』岩波書店。

ダン、ロブ 二〇二一『家は生態系――あなたは二〇万種の生き物と暮らしている』今西康子訳、白揚社。

Byrd, A. L., Y. Belkaid. & J. A. Segre 2018. The human skin microbiome. *Nature Reviews Microbiology* 16: 143-155.

Forman R. T. T. 2014. *Urban Ecology: Science of Cities*. Cambridge University Press.

Gaston, K. J. 2010. *Urban Ecology*. Cambridge University Press.

National Research Council 1993. *Population and Land Use in Developing Countries: Report of a Workshop*. The National Academies Press.

Pauleit, S. & J. H. Breuste 2013. Land-Use and Surface-Cover as Urban Ecological Indicators. In Jari Niemelä and others (eds.). *Urban Ecology: Patterns, Processes, and Applications*. Oxford Academic, pp. 19-30.

Ritchie, H. & M. Roser 2021. Forests and Deforestation. Published online at OurWorldInData. org.

第2章　ギャンブルと飲酒の場所づくり

――オーストラリア先住民社会における『福祉』

飯嶋秀治

第一節　資本主義、福祉社会、金融

第二次世界大戦後の東西冷戦状態が、ソビエト連邦の解体という象徴的な出来事で、経済体制を巡る戦争が終わったかに思われた前世紀の末。ところがその頃から少しずつ強調点は異なるが「カジノ資本主義」（ストレンジ 一九八八）、「市場独占主義」（ブルデュー 二〇〇〇）、「グローバリズム」（スティグリッツ 二〇〇二）、「新自由主義」（ハーヴェイ 二〇〇七）等の術語が資本主義批判の文脈で登場してきた。それらが概ね共通して指摘するのは、国家が自由市場における個人の自由を無制約化することで、国内的な福祉体制を縮小化して、金融化を拡充させる傾向である。この傾向を世界的な金融資本主義（cf.鈴木二〇一三）とよんでおこう。オーストラリアにおいてもこの傾向は、一九八〇年代後半から指摘されていたが、ジョン・ハワード自由党政権下（一九九六～二〇〇七年）で顕著になった。

それまで現在のオーストラリア大陸には、約六万年前から現在のオーストラリア先住民の祖先が暮らしていた。だが一七七〇年以降にイギリスによる植民地化が始まってからは、流行病や虐殺で、かつて狩猟採集漁労生活を基本としていた先住民は、入植者による環境の改変で種の多様性を縮減させ、また先住民人口も激減させてきた。このため先住民は消滅を待たれるあいだ、保護・隔離政策の対象になり、消滅しないとわかると、第二次世界大戦後まで続く同化政策の対象になり、

一九六〇年代末頃からようやく差異を含みながら国民国家内に位置付ける統合政策になり、社会福祉体制は拡充していった。その後、先住民自身の自己決定が重視され自己決定・自己管理政策に向かっていったのだが、今世紀にはいるとハワード政権下で、オーストラリア先住民の自己決定・自己管理の諸制度は再編という形で切り崩され、失業年金や育児年金等の社会保障の使用方法等に制限がかけられるようになっていった（飯嶋 二〇二〇）。

こうした歴史の結果、二〇二一年現在の統計ではオーストラリア連邦人口のうち先住民人口は三・五％程度となり、その多くは同化政策の歴史的影響もあり八〇％以上が英語を話しているにもかかわらず、四七％が失業状態にある。近年の金融資本主義下ではこの福祉体制を単に縮小化するのではなく、後述するように国家による再帰的介入（ベックら 一九九七）を積極化してきているのだが、本章ではオーストラリアの中央砂漠地帯の都市に暮らす先住民たちのギャンブルや飲酒慣行の歴史を通じて、この問題をみてゆこう。そこでまず第二節では筆者がフィールドとしたアリス・スプリングス（以下、アリスと略）の歴史と現地調査を始めた二〇〇〇～二〇〇六年当時の姿を描く。次に第三節では、二〇〇七年から顕著になった北部準州緊急対応以降から国家がどのように再帰してギャンブルの研究を産出してきたのかを説明しよう。そのうえで、第四節ではアリスでのカード・ギャンブルや飲酒に焦点を絞り、その独特な様式と絡まり合いの歴史をたどる。すると、それだけを取り出すと一見、寄生的な反社会的行動にみえるものが、あるスキマをとらえて生成させてきた福祉の創発にみえてくるのである。

第二節　アリス小史

（一）先住民アランタ

まずは筆者が二〇〇〇年からフィールドにしてきた中央砂漠地帯の都市アリスの歴史をたどる。オーストラリア大陸はその七割以上が乾燥帯に属し、特に中央部は砂漠気候になる。そこには上述したように、約六万年前からアジア大陸より渡来してきた先住民が暮らしていた。

先住民社会内には、その民族を八つに分けるサブセクション体系というものがあるのだが[1]、この体系は先住民社会内で誰が誰に対して、どのようにふるまえばよいのかを決める社会関係の参照枠になっている。例えば筆者自身はアンガラ（Angale）という集団に属していたが、同じアンガラに属する者同士であれば範疇上の兄弟姉妹関係になるが、クングアリャ（Kngwarreye）に属する異性はアンガラと結婚する可能性のある集団となり、両集団間の子どもはパッタラ（Petharre）もしくはアンペチャィ（Ampetyane）の集団に属することになる、という具合である。

こうした社会関係に基づいて砂漠のなかで季節ごとに動植物を狩猟採集で獲得し、それらの獲物を持たざる者たちに分け与えることで先住民の伝統生活は成り立っていた。

(二) 先住民統治史

一八六〇年、非先住民の探検家ジョン・マクドゥーガル・スチュアートがこの土地の周辺に来たことから、現在のアリスの街並みが徐々に形作られてきた。中央砂漠地帯には、初期探検家ののち、金・銀・銅やルビー等を発掘して一攫千金を狙う移民たちや、キリスト教の布教を使命とする宣教師たちがやってくる。一九〇一年にオーストラリアが国家として独立すると、中央砂漠地帯の広大な大地を当て込んで牛・馬・ラクダなど、本来はオーストラリア大陸で進化してこなかった群生動物の牧場開発を企図した移民たちも中央砂漠に進出してきた。

この時までにすでに先住民たちは、定期的な旱魃や、植民者たちの前触れとなった流行病、また移民定住後に時折生じた虐殺などを経験してきていた。この頃から先住民は町中に昼間しか出入りできず、移民との間に生まれた子どもたちが一カ所に集められて学校に通うようになった（保護・隔離政策時代）。

しかし第二次世界大戦中、先住民と非先住民との間に共通の従軍体験が生まれ、一定条件を満たした先住民が非先住民の町に住み一緒に働くことも出てくる半面、親から先住民言語を教えられていた児童が強制的に家族のもとから離され、遠い寄宿舎に送られる「盗まれた世代」も生みだした（同化政策時代）。

戦後、一九六〇年代になると、アリス周囲に先住民コミュニティが徐々に形成され、六〇年代末になると、オーストラリア国内でも先住民が国勢調査に算入されるようになる。こうなると逆に、それまで牧場で食糧支給だけで働いていた先住民の最低賃金が問題となり、牧場労働力となっていた先住民労働者たちの大量解雇が始まった（統合政策時代）。

一九七〇年代に入ると、アリスを含む北部準州では先住民の土地権が認められるようになり、一九八〇年代に入ると非先住民文化の影響を離れて自立した生活を望む先住民たちによる砂漠地帯への回帰運動（Outback movement）も始まり、オーストラリア連邦国家による土地権原（Native title）も認められるようにもなった（自己管理・自己決定政策時代）。

こうした動きと並行して、一九六〇年代から徐々にオーストラリアではツーリズムの時代が台頭し、エアーズ・ロック（Ayers rock）観光を目的とした陸路と空路が開かれてきた。当時のツーリズムでは、オーストラリア大陸の海岸部に分散したシドニー、メルボルン、アデレード等から国内外のツーリストがアリスに宿泊してエアーズ・ロックに行き、その後にアリスに宿泊して他の場所に移動するという観光ルートが生まれてきた。

（三）アリスの景観

筆者が調査に赴いた二〇〇〇年、オーストラリア中央砂漠地帯のアリスは、北部準州にある中央砂漠地帯ほぼ唯一の都市であったし、現在もその状況は変わっていない。もともと砂漠気候で第一次産業は期待できないことに加え、鉱床はあるが工場を回すようなインフラストラクチャーも整っていないこの都市には約二万八千人の住民とそこに含まれる約一三％の先住民（約三千人）が暮らしていたが、就業人口の約七五％が政府行政とエアーズ・ロック観光を中心とする第三次産業に特化した構造をもっていた。

アリスの中心街は、二km四方に収まるほどのサイズでしかない。筆者はアリスの岩丘部、市内部、河川部の三カ所で、一〇×一〇ｍの測量地を三カ所定め、合計九カ所での植生調査（種の同定と被度の測量）を行い、五四種の植物種を同定したことがあった（飯嶋 二〇〇二）（図２-１）。そこで、移入植物の比率を調査したところ、移入植物種数からみると河川部（三八％）、市内部（二三％）、岩丘部（五％）の順で少ないのだが、被度から見ると、市内部、岩丘部、河川部の順で低くなっていた。つまり、岩丘部は移入植物種数は少ないが植生は点在しているため被度は中程度、河川部は移入植物種数は多いが（砂漠の水無川のため）被度は小さくて限られており、市内部は移入植物種数は中程度だが広く面積を覆っている、ということになる。つ

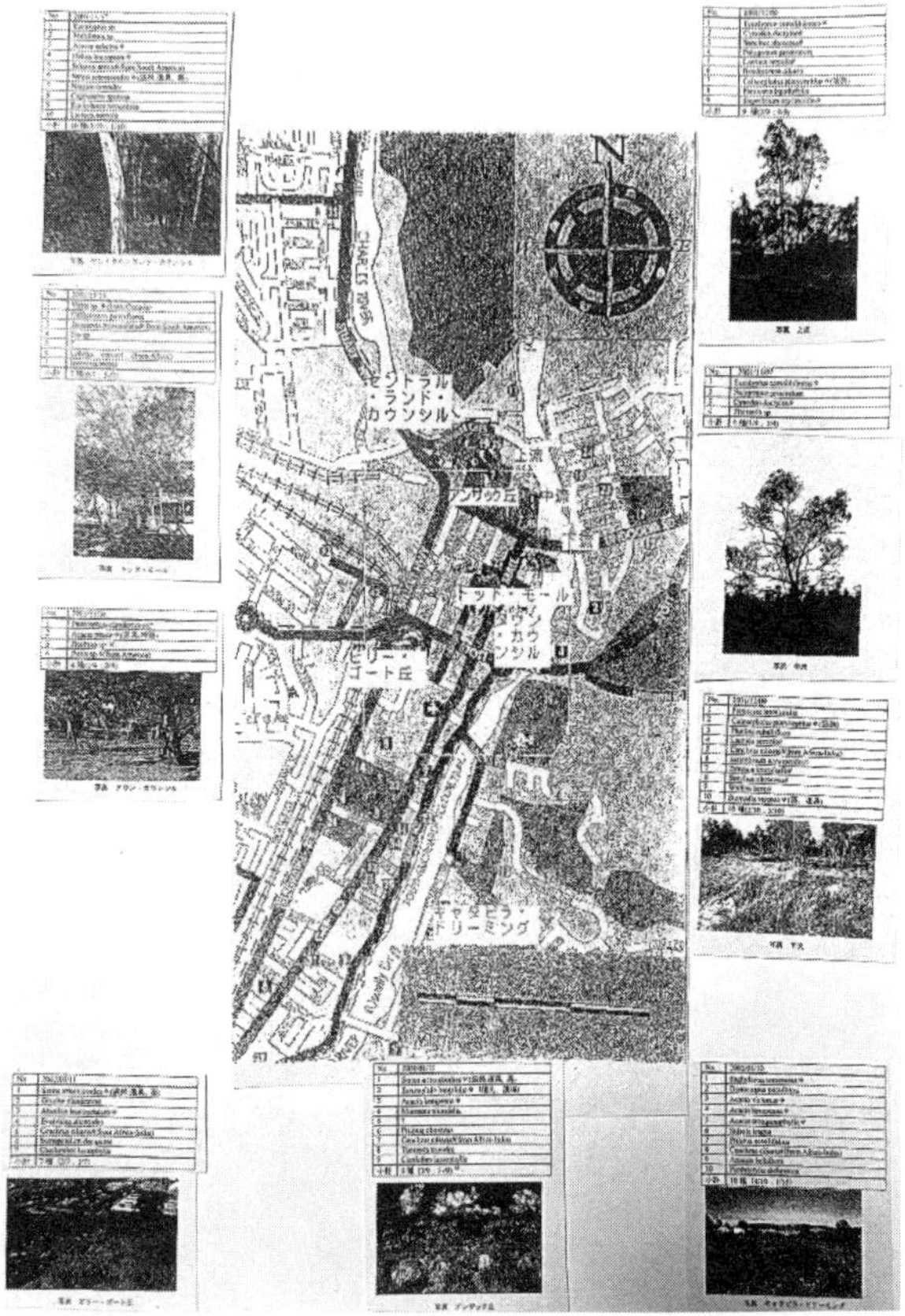

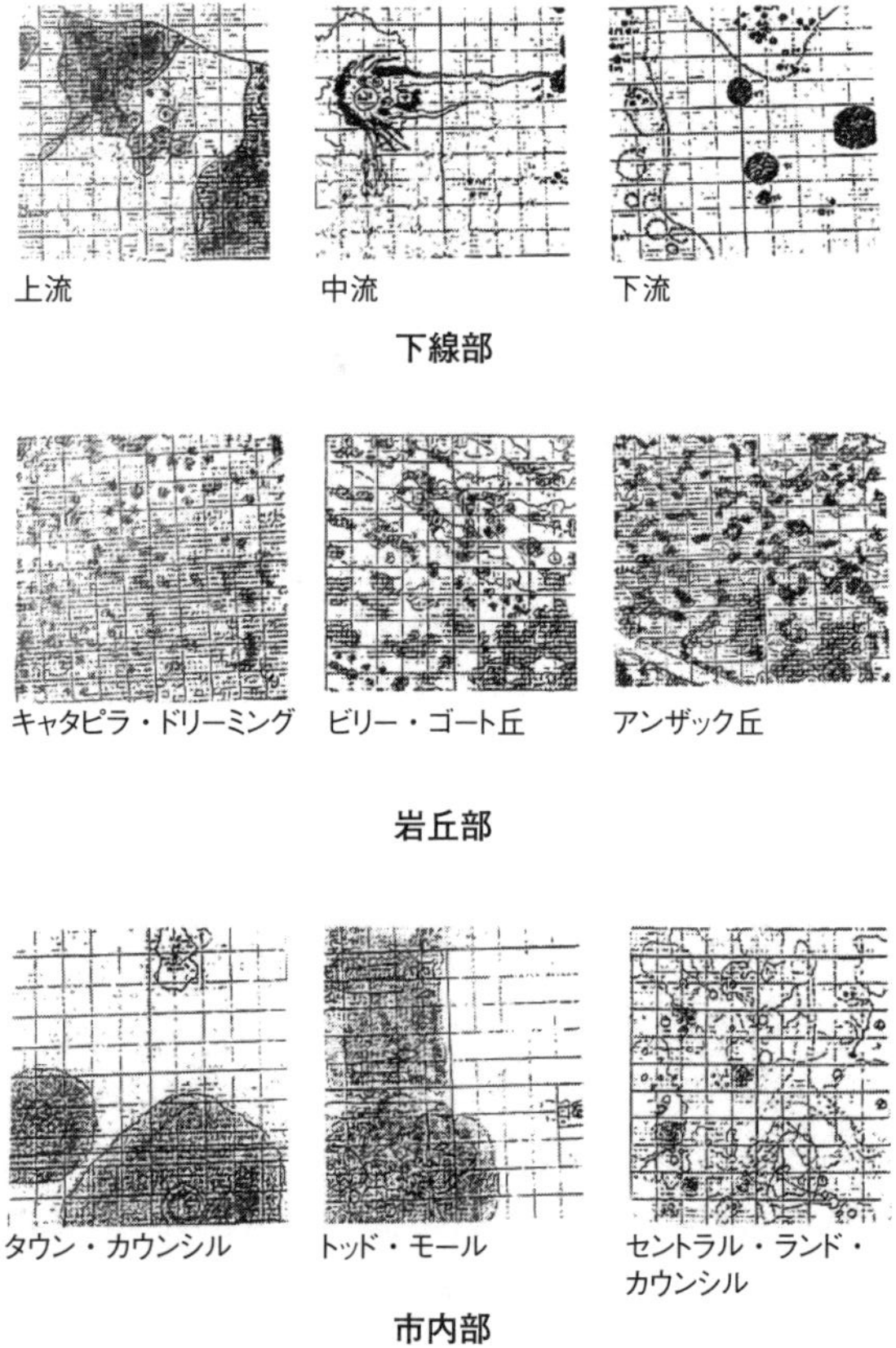

図 2-1　市街地の植生調査

写真2-1　アリスの議会と町役場（town council）の前庭（2012年）

まり移入植物種数からみれば岩丘部が、また被度から見れば河川部が植生景観上は原風景に近く、市内部は被度から見れば新たな移入植物の景観になっている。

特に市内部の景観で目立つのは、日に二回の放水で緑に輝く見た目に美しい芝生（学名:Pennisetum clandestinus）とカラフルな花を咲かせる植物であり、これらは非先住民にとって異質な環境であった砂漠の飼いならし（domestication）のために導入されたものと推測された。

こうした植生に囲まれて、市内部にはアリスの議会と町役場（town council）が存在していた（写真２-１）。またそこを起点にカフェやレストラン、アート・ギャラリーや土産物屋を中心とするモール（商店街）が並んでいた。こうした中心街からやや離れたところには、各種のツーリズムに応えるようにして、数人で一部屋を共有するドミトリー式の安宿もあれば、オーストラリアの中心性を担うことから催される各種の大型国際会議来賓用の高級ホテルまでが準備されていた。住宅地はこれらをさらに取り巻くようにアリスの四方に広がっており、そのなかで市内部からやや離れた岩丘部に近いところに一六の先住民コミュニティ（town camps）が取り囲むように存在していた。

さらにアリスの外には図２-２の色のついた部分にアボリジナル・テリトリー（アボリジニ信託領）がひろがっており、そこでは土地権が認められた先住民が暮らしていた（図２-２）。アリスという都市はこの都市の居住者とそのなかに含まれる約一三％の先住民（約三千人）のほか、機会があるごとにこのアボリジナル・テリトリーから様々な目的（病院訪問、買物、観戦、学校通学等）でアリスを訪問する先住民が行き来していた。特に二週間に一度の年金日には銀行に各種の年金を下ろしに来る先住民の姿をよく見かけた。

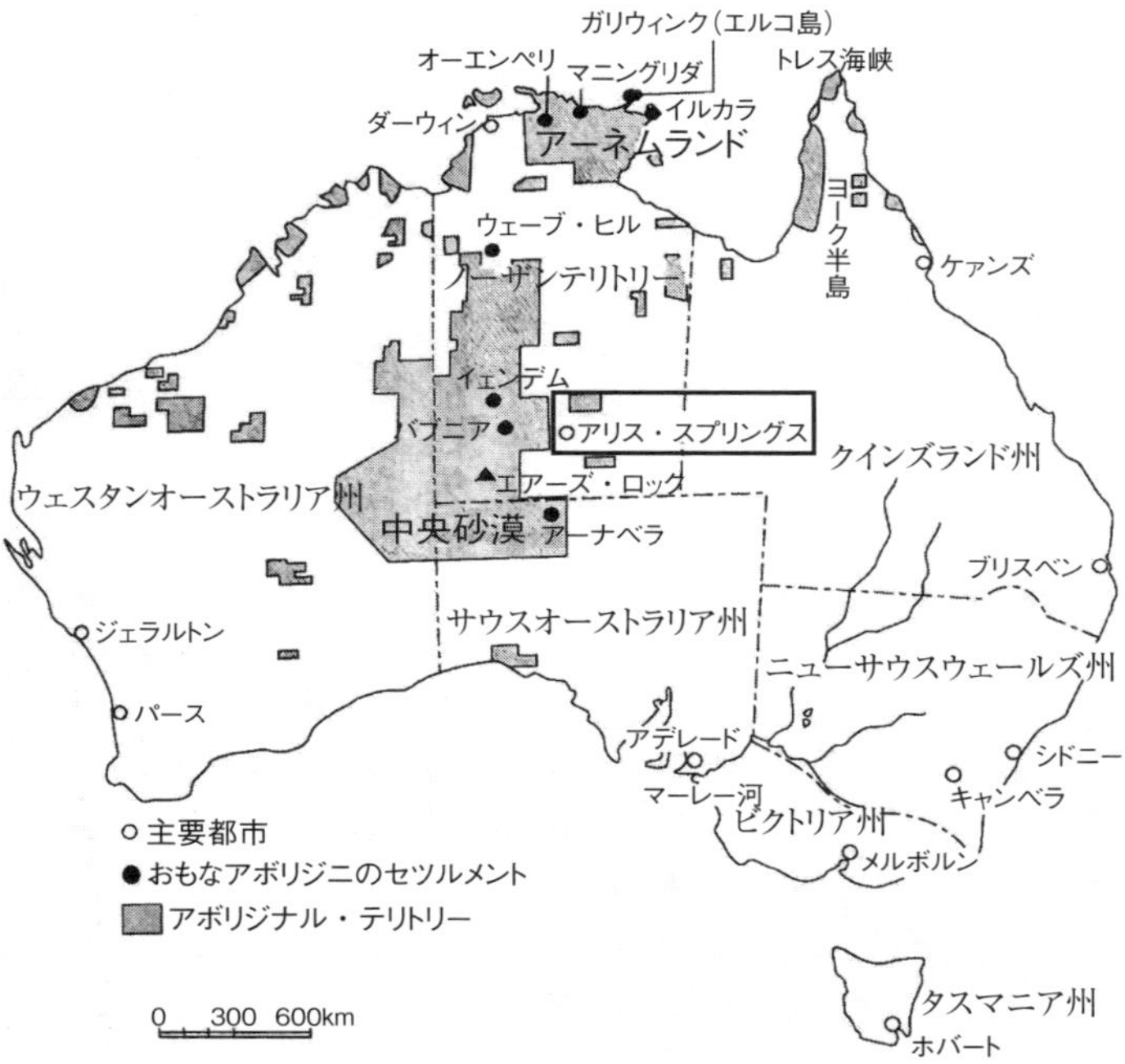

図2-2　アリス・スプリングスの位置
小山・窪田編（2002）を加工。

第三節　社会問題と介入

（一）飲酒問題

さて、こうして第三次産業のツーリズムに過度に依拠した産業構造の都市で、この半世紀ほど問題化していたのが、先住民たちの飲酒問題であった。

私のホスト・ファミリーになったアランタ民族の家族は西方のアボリジナル・テリトリー出身で、彼らは一九九〇年頃からアリスに住むようになっていた。だがアリスの中心街の住宅やその周辺部にある先住民コミュニティにも暮らしておらず、アリスを縦走する水無川周辺で野宿をしていた。こうした先住民の存在はこの町の人間ではない、という意味で先住民からも非先住民からもブッシュ・モブ（Bush mob）と総称されていた(2)。

当時のアリスでは飲めるアルコールは時間帯とその品質が連動して規制されており、一一時からパブで軽いビールが許されるが、彼らの好む二リットルのボックス入りでアルコール度数と糖度

写真 2-2　中心街のすぐ脇にある河床
（2021 年 11 月 7 日 Google Earth より）

の高いポート・ワインは一四時から二一時の間しか購入できない。そこで街の端にあるパブ併設のドライブ・スルー店舗で二リットル・ボックスのワインを購入すると、家族だけで飲める場所へと移動するのだが、アリスの条例で半径二km以内の公の場所での飲酒は禁じられているので、中心街では飲める場所はない。このため、街の周辺部にある先住民コミュニティに親族のいる先住民はいったんコミュニティに戻るのだが、私の兄弟たちはコミュニティに親族はいてもそこに移動すれば一人分の飲酒量も減り、それがトラブルのもとになることは熟知していた。その意味で彼らは一人の飲酒量を多くするため利己的判断をしているといえよう。こうした判断の結果、中心街周辺に散在する岩丘部や、中心街のすぐ東の河川部、水無川トッド・リヴァー（Todd river）が飲酒の場所に選ばれるのである。

この川の横幅は約二〇〇mあり（写真２‐２）、ユーカリの大樹（Eucalyptus camaldulensis）の根で固められた中州等の高低差が一m以上もある。また川と並走した道路が通る中心街から見て川向こうになる東側はホテルの壁が隣接しているため公道がない。この地政を知悉して、ワインを購入した先住民は家族で車座になり、二リットル・ワインを五〇〇ミリリットルのペット・ボトルに半分の量（つまり二五〇ミリリットル）を入れ、数人で分けると残りは木の洞や土手のバッフルグラス（学名：Cenchrus ciliaris）の叢に隠し、ペット・ボトルのワインを水道水や消火栓の水で増量・希釈させ、飲み始めるのである。

もちろんアリスの警察も、この習慣のことは承知している。このため、パトロール・カーで川の西側を走る舗装路を往来するのだが、飲み始める時間帯は一四時以降のため、太陽は峠を越して西に向かいつつある。それゆえ先住民たちは中州や凹凸の激しい河床の東側にできる影の下で車座になる。ところが警察のパトロール・カーが走れる公道は上述したように河川の西側にしか走っていないため、先住民の姿は舗装路からは一m以上も低く物陰に隠れた環境では把握しにくい。加えて、先住民が車座になっていると、飲酒している仲間のお互いの背後を監視する形で三六〇度監視ができるため、警察が舗装路から南北にある橋のたもとに移動して、河床にまわりこもうとしていることを察知すると、ペット・ボトルごとバッフルグラスの藪に投擲したり樹木の洞に隠したりしてしまう。こうして先住民のブッシュ・モブはアリスの生態環境を砦にして、警察の死角と到着のタイムラグを使い、持続可能な酩酊状態を探求できるのであった。

このように二リットルを消費するのに数時間かかると、店が閉まるまでには三度程購入する機会が得られることになる。このため、二度目や三度目に購入する前後、町役場の芝生の上でカード・ギャンブルに興じ、元手の年金を拡大しようとするのである。

(二) ギャンブル

ここでアリス全体におけるギャンブル場の布置をみておこう。

カード・ギャンブルは上述した中心街にあるアリスの町役場前の芝生の上で行われていた。特に年金日をピークにして、昼過ぎから夕方にかけ、車座に座る男女複数のプレイヤーを取り囲み、その背後に多くの場合、プレイヤーの知り合い数十名がそれを見守る形で幾重かの人だかりをつくっていたのである。

この集まりは普段一緒に行動する家族や親族の範囲を超え、アランタ以外の言語集団も混ざっていたが、誰かしらの顔見知りの範囲内である場合が多かった。その周囲で立ち見しているプレイヤーの家族や親族も賭けのなりゆきを見ており、車座の中央にはカードと共に賭けられたカラフルな紙幣があるので、遠くからでもすぐに目についた。

また中心街の端には先住民の出入りするパブがあり、そこには複数のビリヤード台、競馬ゲーム台やスロット台があったし、街の反対の端には宝くじや競馬などを一手に扱う公営賭博場(Totalisator Agency Board:以下、TAB)もあり、先住民と非先住民が出入りしていた。

他方で中心街の周辺に散在する一六のコミュニティ内では、家の屋内や前庭で、朝食後から日がな一日、数名の家族が退屈しのぎに行うのがよく見られた。こうした場合、参加者は主に女性を中心とした家族や親族たちで、金銭は賭けられていないカード・ゲームになる。

先ほど紹介した都市を南北に縦断する水無川トッド・リヴァーを挟んだ東側には、アリスやエアーズ・ロック観光等にやってきた訪問者用の高級ホテルと併設された大型カジノ施設もあり、そこにはディーラーの付くポーカー台やルーレット台を取り囲み、列をなしたスロット・マシンやポーカー・マシンに、小ざっぱりとした恰好の先住民も出入りしていた(3)。

こうしたギャンブル場の機会分散のなかで、私のホスト・ファミリーとなった兄弟姉妹が、なかでも好んだのが上述した町役場の芝生上でのカード・ギャンブルであった。彼らがカードのギャンブルをする目的は、そこで小さな元手を大きくして彼らが嗜好するアルコール飲料を購入することであった。

(三) 酒、カネ、数、カード——予期されざるエリートの創発

さて、こうした町の歴史的文脈、またこうした町の空間的文脈をみてくると、飲酒のためのカード・ギャンブルに興じる兄弟たちの姿の意味が別様にみえてくる。

そもそも一九七〇年代から現在に至るまで社会問題化している先住民のアルコール依存症も、中央砂漠地帯にはもともと発酵を前提とする飲酒慣行がなかったので、これは西欧の非先住民から導入されたものであり、中央砂漠地帯で先住民と非先住民が共住しはじめた頃、非先住民が先住民を自らの仲間に入れるため、先住民に飲酒を教えたものであった。ところが後の一九六〇年代末に先住民がオーストラリアの国勢調査の対象に入り、国民としての最低賃金の保障が求められた時に、非先住民の牧場主から先住民労働者が大量解雇され、この失業状況を克服しようするために、先住民同士がパブでアルコール飲料を奢り合い、次の職場を紹介してもらうなかで出てきたものであった（Collmann 1988）。

カード・ギャンブルについてもこれに似た絡まり合いの歴史がある。カード・ギャンブルを構成するカネも一定数以上の数字認識もカードも、西欧の非先住民からもたらされた物であった。例えば「カネ（money）」を意味するポルタ（pwerte）というアランタ語は、元来「石（stone）」を意味する言葉であった。カネは元来彼らの生活になかったので、日常生活の民俗語彙が転用されて「硬貨（coin）」を意味することになったのである。次にアランタ民族の語彙には、元来数詞は一（anyente）、二（atherre）、三（urrpetye）だけで、日常的な数詞の上限は六（urrpetye ante urrpetye）程度であった(4)。それゆえギャンブル時の賭け金を習得するのも先住民にとっては課題であった。むろん、カード自体が西欧の非先住民からもたらされたのはいう

までもない。実はカードは非先住民によって、先住民の数学教育の道具に用いられた歴史さえあるのである（Holm 1976; Baturo et al. 2004）。

酒、カネ（money）、数（number）、カード（card）等はすべて歴史的に先住民にとって外部からもたらされ、その使用法を自らの慣習に取り込み、言い換えれば、飼いならさなければならないモノたちであった。そして、カード・ギャンブルが行われる場所である街の中央にある町役場の芝生は、非先住民たちが持ち込んだ移入植物で囲まれた場所であった。

だとすれば、私の兄弟たちは、非先住民文化と先住民文化との異文化接触領域（contact zone）に非先住民たちが持ち込んだモノをすべて飼いならしたエリートにさえみえてくる。しかしその飼いならし方は、マジョリティたる非先住民たちにとっては望ましくない、予期せざる形態の創発であったに違いない。

そしてこうした管理不能な予期せざる形態を、この町のマジョリティたる住民たちは嫌ったのであった。

第四節　北部準州緊急介入後（二〇〇七年～）の変化

（一）北部準州緊急対応

二〇〇七年、新たな時代の政策は唐突に始まったようにみえた。北部準州の遠隔コミュニティにおいて、児童性虐待の濃厚な疑いがある、とメディアで報じられたことから、北部準州政府がその真偽を確かめるために何が必要とされるかという調査勧告報告書を刊行したのである。

ところが当時連邦政府の政権末期で危機的な立場にあった自由党の首相ジョン・ハワードがこの勧告を退け、北部準州のアボリジナル・テリトリーを特別州都キャンベラの政策下におくことを宣言したのである。これがいわゆる「北部準州緊急対応（Northern Territory Emergent Response：以下、ＮＴＥＲ）」である。

ＮＴＥＲは複数の対策をまとめた政策であり、その骨子には①アボリジナル・テリトリーの自治権の制限と連邦国家による貸借、②アボリジナル・テリトリーへの警察官の直接派遣による増員、③年金の現金換金をこれまでの半額とし、残りの半額

写真 2-3　モトクロス隊（2012 年）

写真 2-4　自転車隊（2009 年）

写真 2-5　騎馬隊（2007 年）

はストア・カード（store card）による現物交換とする（ギャンブル、ポルノ、タバコ、酒への変換は認めない）等があった。

　アリスはこうした直接投入された警官隊が中央砂漠地帯に出かけ、交代し、休息をとる場所にもなったのである。のみならず、アリス自体がこの潮流に乗って、これまでの飲酒やギャンブルへの介入を強化し始めた。上述したように、それまでは主に警察官によるパトロール・カーでの巡視を主とした警察であったが、このＮＴＥＲ以降、警察はモトクロス隊（写真２-３）、自転車隊（写真２-４）、騎馬隊（写真２-５）までつくり、パトロール・カーが入れない市街地の路地や岩丘部、河川部に積極的に投入し、公道との一m以上の落差や回り込みのタイムラグのギャップをつぶしにかかったのである。

　この結果、先住民たちの創発空間は統治され切ってしまったかのようにみえた。明らかに購入したワインをその場で捨てさせられる頻度が高くなったのである。

　政策施行後、半年程は論争が続き、ＮＴＥＲに批判的な人々はその同化政策の再来であるかのような強圧的な政策に反対した。他方で遠隔地コミュニティの女性たちはこの対策を歓迎する意見も多かった。彼女たちからすれば、児童性虐待に覚えはないものの、酔った先住民男性からのドメスティック・バイオレンスや、女性の育児年金を飲酒のためにむしりとろうとする先住民男性たちの追っ手をかわせるためであり、その評価は賛否相半ばした。このためその後、政権が二〇〇七年末に自由党のハワードから労働党のケヴィン・ラッドに交代しても、このNTERは継続していった。

NTER後のアリスの景観は確かに変わった。町でベビー・カーを押す先住民若夫婦をよく見かけるようになり、また自転車等に乗る先住民青年もよく見かけることになった。消費のパターンが変わったように思われた。私の弟二人はいつの間にか刑務所に入ってしまったが、兄に関して言えば驚いたことに自ら依存症対策用の脱物質関連障害施設に入所していった。

では、カード・ギャンブルは行われなくなったのかと言えば、そうではなく、街中で行われていたギャンブルは場所を変えて周辺部の先住民コミュニティの広場で行われるようになっていった。それぞれの先住民コミュニティ内に入ると、カード・ギャンブルへの参加者はより近縁の親族集団になり、コミュニティ内での福祉年金の再配分の機会のようになっていったのである。

施行から半年後の中間報告の登場では論争状態になったが、この論争はさらに半年後の報告を待つこととなった。こうして一年後の報告では評価されるべき点と批判されるべき点が列挙され、修正案を含んだ形でこのNTERの続行が決まった。しかもNTERの方針は他の諸州でも採用され、同種の対応の広がりを見せていった（塩原 二〇一六）。(5)

（二）ギャンブル研究

こうして国家を二分するような賛否を巻き起こしたNTERが導入された二〇〇七年から五年後の二〇一二年（藤田 二〇一六）、オーストラリア先住民のギャンブル研究がその位置を大きく変えてゆくことになる。その研究の変容を確認するためにも、前史からみてゆこう。

カード・ギャンブルがコミュニティ内の再配分になっているという指摘はすでに、一九七〇年代からあった。一九八〇年前後においては、北部オーストラリア先住民の遠隔地コミュニティを研究していたアルトマンの報告があり（Altman 1985）、経済収入の六四％が自給経済、二七％が諸々の社会保障からくるような社会でもカード・ギャンブルが行われていたが、そこではプレイヤーの組み合わせが親族的に規制され、年長者と年少者が組んでギャンブルをし、平等社会規範があるゆえ、勝った場合、金銭を自動車や狩猟銃のような公共物の購入を宣言しないと賭けから抜けられず、逆にそうした理由なく抜けた場合には親族から配分を要求される姿を描いていた。これは再配分様式としてのギャンブルの指摘であった。

その後、二〇〇〇年代の研究でさえ「北部オーストラリアの先住民のギャンブル実践は管理されたもの（ポーカー・マシン）も、管理されないもの（カード・ゲーム）についても、公的には殆ど何も知られていない」と書いており、それゆえにこそ「本論文では鍵となる発見を報告し、それを北部準州有病率調査二〇〇五年と国立アボリジナルおよびトレス・ストレイト諸島民調査二〇〇二年からの先住民ギャンブルについての情報に組み込む」（Young, Barnes, Stevens, Paterson & Morris 2007: 327）としており、このあいだにギャンブルの社会問題化のまなざしが登場し、量的調査が行われたことがわかる。

例えば教育学のマクミランらは「コミュニティによって組織された伝統的なカード・ゲームは重要な社会的価値をもっていることが見いだされた一方で、ギャンブル・マシン、カジノ、ＴＡＢのような商業ギャンブルは先住民にとって広く諸方面に及ぶ否定的な社会的・経済的危険をもたらす」（McMillan & Donnelly 2008: 397）として、先住民への効果をめぐり、肯定的な「良いギャンブル」と、否定的な「悪いギャンブル」の識別と介入を試みはじめた。他方でギャンブル研究者ヒングら（Hing & Nuske 2011）も論文を書き始め、政府がギャンブルを公衆衛生問題として認識していることを告げ、クィーンズランド州のギャンブル・ヘルプ・エージェンシーで働く四八人のスタッフを調査し「問題ギャンブラー」をいち早く見つける兆候を論じ、問題兆候をみせはじめたプレイヤーへの心理介入の方法を検討しはじめた。

こうしてアリスを含む中央砂漠地帯でのギャンブルは議論の余地なく介入の対象となっていたが全国的な視野でみると、こうしてギャンブルそのものと縁を切るというより、共存の可能性を探っていた。

上述の北部準州のＮＴＥＲは試行事例と目され、他の諸州もこのあり方に学ぼうとしていたことはすでに述べた。一年目には同化政策の再来として批判にさらされた対策であったが、首相が労働党に変わっても止まることはなく、むしろこの五年目の調査と提言を待っていた微妙なタイミングで実に複数のカード・ギャンブル論考が上述の諸専門媒体で刊行されるようになる。二〇一二年以降からのギャンブル研究は、これまでとは異なり他の専門をもつ著者が分散して言及するというより、ギャンブル研究の専門家や専門誌、専門機関が登場してくる。

例えば以下の三論文は、マジョリティの学術誌と一線を画す意味で刊行された『オーストラリアン・アボリジナル・スタディーズ』に掲載された意味が大きいので紹介しよう。

ギャンブル研究者ヒングを筆頭にした、ブリーン、ブルチェンとゴードンの共著論文（Hing, Breen, Buultjens & Gordon 2012）では、ニュー・サウス・ウェールズ州で、二〇一一年の先住民アート＆カルチャー・イベントから二七七名の先住民成人へのサーヴェイ調査を行った結果、危機的な問題ギャンブラーの割合がニュー・サウス・ウェールズ全体の平均値以上であることを報告。またギャンブルの結果は家計問題や親族・知人への依存、一〇分の一以上が住宅問題、うつ、暴力に至るような負の影響もあることから、さらなる公衆衛生調査を要することを主張した。

公衆衛生学でのビルトーサとハーヴェイの共著論文（Bertossa & Harvey 2012）では、オーストラリア先住民では危険なギャンブルに帰結する証拠を検討して、先住民視点からのギャンブル問題を定義したり、調査過程を先住民集団の文化信念や経験に添わせたりすることに失敗してきたことを強調している。

さらにやはり公衆衛生学者でギャンブル研究者のブリーン（Breen 2012）は、カード・ギャンブルが数世紀にわたりオーストラリア北部に取り込まれてきた半面、情報が限られていたことに鑑み、ノース・クィーンズランドでのギャンブラーのプロファイルについて公衆衛生論からアプローチしている。その結果、社交的（social）ギャンブラー、お祭り（binge）ギャンブラー、深入り（committed）ギャンブラーの三類型が現れ、これらが健康的なギャンブラー（ロー・リスク）から不健康なギャンブラー（ハイ・リスク）への連続帯に位置づけられた。

この『オーストラリアン・アボリジナル・スタディーズ』での特集で、オーストラリア六州のうち三州が公衆衛生の観点からギャンブルが量的質的に検討された。また上述の三州以外で、先住民比率の点では突出して高いのが北部準州であり、この北部準州は特別州都キャンベラの統治下にあるが、それゆえにこそ、ＮＴＥＲ等で政治的介入の舞台になる傾向があった。こうした文脈で、公衆衛生学スティーブンスとベイルが同年に公衆衛生誌に掲載した共著論文（Stevens & Bailie 2012）では、ギャンブルがアルコール依存や薬物依存、ポルノとともに先住民コミュニティでの児童虐待やネグレクトに寄与するとされているため、家庭でのギャンブル問題について介護者に報告を求め、六つの児童健康指標との間でその因子分析を行った。その結果、介護者によるが一〇〜七四%の範囲で一〇の遠隔地コミュニティでのギャンブル問題が報告された。特にギャンブルと子どもの疥癬《かいせん》や耳鼻感染と相関があることが報告され、包括的な公衆衛生対策が危害を最小化する、とした。

こうして、ギャンブル研究の専門家たちが、主に公衆衛生の視点から、ニュー・サウス・ウェールズ、サウス・オーストラリア、クィーンズランド、北部準州のオーストラリア先住民をマネジメントの対象として再設定する趨勢が形成されるようになったようである。

(三) 持続可能なギャンブルへ(二〇一三年〜)の帰結

NTERを端緒とした介入政策の続行が決まった二〇一三年になると、これまでの専門誌『ジャーナル・オブ・ギャンブリング・スタディーズ』『インターナショナル・ギャンブリング・スタディーズ』に加え、連邦政府下でオーストラリア・ギャンブル・リサーチ・センター(以下、AGRC)発足の法令が通過し、翌年からはオンライン調査論文も登場するようになる。

上述してきたように、ギャンブルはカジノという形でもともと連邦国家の管轄下にあったとはいえ、これまではギャンブルで問題を抱えていても放置してきたのに対して、国家が再帰的に介入するようになり、問題の「計算」が可能になったと判断したように思われる。

『インターナショナル・ジャーナル・オブ・メンタルヘルス・アンド・アディクション』に掲載されたブリーンとゲインスベリー(Breen & Gainsbury 2012)では、ギャンブル関連問題の調査が、一般オーストラリア人以上にオーストラリア先住民が抱えるギャンブル問題の比率の高さを示唆し、その複雑さが事態の解明を難しくしてきたと指摘する。そのため当該論文では、多元的影響(個人的、環境的、経済的、文化的、社会的)を考察するために公衆衛生の枠組みを用いるが、ギャンブル問題危害を最小化するには先住民との相談のもとに政策と調査が行われることが推奨された。

またこうした専門誌に掲載されたヒングら(Hing, Breen, Gordon & Russell 2014)では、伝統的な先住民のカード・ギャンブラーを量的調査し、一〇〇一名のギャンブラーのうち、四一四名が過去一二カ月内に伝統的なカード・ギャンブルをし、多くのカード・ギャンブラーは、家族や友人もやっていたことから若くしてギャンブルを始めていたことを報告する。カード・ギャンブラーは非ギャンブラーに比べて、より多くの商業ギャンブルに参加する。ギャンブルは一部の参加者の生活に根付いた習慣となり、こうなると問題ギャンブラーに分類される確率がかなり高くなるのだが、カード・ギャンブラーは非ギャンブラーに比べて勝つチャンスについてより現実的な認知をもっていたことが明らかになった。またヒングとブリーン（Hing & Breen 2014）の論文は二〇一二年からの彼らの研究の一つの到達点を示すもので、オーストラリア・ギャンブル・リサーチ・センターのディスカッション・ペーパーとしてまとめられた。そこではメルボルンの二カ所で四四四名のギャンブラーとその周囲の二〇名、一般住民六五名と専門家三〇名へのインタビューで、コミュニティの文脈と地域の環境、場所のスケール、アメニティと雰囲気等の文脈をおさえたうえでストレッサー、家計と危機、健康危害、関係の危害等を把握し、地域コミュニティへの利益を含めた考察を行っている。

さらにコミュニティ・ヘルス専門のマクリーンら(MacLean, Maltzhahn, Thomas, Atkinson & Whiteside 2019)が『ジャーナル・オブ・ギャンブリング・スタディーズ』に掲載した論文では、ヴィクトリア州の先住民もまた同州の非先住民と比べ危害のあるギャンブル経験をしており、二〇一六〜一七年にヴィクトリア州の五〇名の先住民にインタビューし、社会実践論の枠組みで分析したところ、例えばそこがコミュニティ集会の場になると同時にDVや葛藤、孤独や恥の原因ともなるといったかなり矛盾する経験を同定した。

こうしてNTERの施策を背景に、アリス・スプリングスの風景は確実に変わったが、その五年評定前後から、ギャンブル研究はオーストラリア各州で行われるようになり、『アボリジナル・スタディーズ』から公衆衛生問題化されるようになり、『ジャーナル・オブ・ギャンブリング・スタディーズ』『インターナショナル・ギャンブル・スタディーズ』に集約されてきた知見は二〇一三年からはAGRCという連邦国家下での専門機関までが発足して先住民の生の統治を試みるようになっていった。悪しきギャンブルを定義してギャンブルを管理可能・持続可能なギャンブルに変えるため、ギャンブラーを良きギャンブラーと悪しきギャンブラーに分割統治して、グレーゾーンの問題については支援機関を設立することで社会的正当化を果たそうとしつつあるようにみえた。

ここまでギャンブル研究の動向をやや詳しく追ってきたのは、ギャンブル研究の専門誌、『ジャーナル・オブ・ギャンブリング・スタディーズ』は一九八五年、また『インターナショナル・ギャンブル・スタディーズ』は二〇〇一年から刊行が始まっており、これは冒頭で述べた新たな資本主義批判の登場と足並みを揃えているようにみえるためである。NTERも含めこのギャンブル研究の動向は、金融資本主義時代の新たな社会秩序の構成要素にこの学問がなっているかのようにみえるからである。

ところが二〇二〇年前後から、アリスが再び国家的な話題になってくるのである。それは当初アリスではなじみの一部先住民の「犯罪（crime）」シーンとして地元新聞紙（Centralian Advocate）の話題になっていたのだが、一線を越えた「危機（crime crisis）」として全国紙（The Guardian）でも言及され、NTERの連邦警察の介入さえ越えて、軍の介入と首相の視察が決定するに至ったのである（二〇二三年一月三〇日）。こうした事態がどうして生じたのかはいまだ解明されていないのだが、こうした犯罪を犯すのが集団化した先住民の若者たちであるのにはある種の既視感がある。というのも、上述した私のホスト・ファミリーが水無川で飲酒するようになった頃、町の公共物破壊が問題化した事があり（飯嶋 二〇〇八）、この時の先住民の若者たちの行動パターンと酷似しているからである。当時と似た生成メカニズムだとすれば、NTER継続で統治されたかのようにみえたアリスの公共空間は、町の周辺にある先住民コミュニティでの集住とそこでのトラブルを促し、トラブルを避ける者たちが監視の目をかいくぐる夜の町に戻ってくるという事態である。だとすればここでは利己的なギャンブルが年金の再配分を生み出していたのとは対照的に、金融資本主義時代の公共的な統治計画が暴力の再配分を生み出してしまったようにもみえるのである。

第五節　結論――ギャンブルと飲酒による再配分の場の創発

さて、以上に描いてきた中央砂漠地帯の事例を「寄食という生き方――埒外の政治・経済の人類学」という観点から振り返ってみよう。

アリスの中心街にある町役場の芝生上では二〇〇六年までしばしば大枚が賭けられる先住民たちのカード・ギャンブルの姿

が見られた。それは一見すると、国民の税金を年金経由でギャンブルに費やす寄生的反社会行動にみえてしまう。だが、そもそもこの環境が非先住民によってもちこまれたという歴史的文脈や空間的文脈からみるとその姿は非先住民との異文化接触領域でカネ、数、カード、芝生等の見知らぬものを、ただし非先住民にとっては予期できない形態で先住民が飼いならした姿にみえた。それは、特に筆者の先住民家族のような飲酒を好んだ家族においては、一人の飲酒量を多くするため水無川で飲酒し、カード・ギャンブルによってその機会を増やしているだけではなく、アリスというローカルな自然景観を砦にして年金を再配分する場を創出しているようにもみえた。

とはいえ全国平均より四倍も高い一三％の先住民人口をもつアリスにおいても、先住民は少数派である。このため先住民が政治的にも実行力をもつには、非先住民の理解と支援がなければ多数決的な原理にまで影響を及ぼせない。先住民がチカラをもつには、非先住民との連携がどうしても必要なのである。こうした政治生態学のなかで、チカラをふるうのは文字媒体であり、ローカルには地元新聞紙が、またナショナルには全国紙や各種専門誌になる。ギャンブルは公衆衛生的に争点化した研究者たちにより、こうした諸媒体で問題化されたことで、管理外のカード・ギャンブルを問題化するのには成功したように思われた。こうして小集団のスケールでカード・ギャンブルの実践で結果的に年金の再配分というみえない福祉を実現した先住民も、国家スケールの言説では、その生態は不可視化された。その環境を前提として二〇二〇年前後からのアリスの先住民青年たちの夜の暴力的な姿が自明化される。

オーストラリア先住民の飲酒ギャンブラーたちの在り方にはもう一つのつきあい方の様態が提示されている。それは与えられた環境のなかで利己的にふるまっているにもかかわらず、それが再配分の場を創出し、彼らにとっては異質なままにある労働市場と距離をとりながら生きてゆく「土着の秩序」のあり方である（スコット 二〇一七：二章）。

冒頭で述べたように、現在我々の経済は金融資本主義という自らも制御しきれないものを胚胎しているようにもみえるが、本章でみた先住民の飲酒とギャンブルの在り方は、そうした制御しきれないものは前提として様々な絡まりあいを含みこんだ空間を創出していたようにもみえる。この両者の様態のどちらが他者を多く含んだ豊かな生の在り方になるのか、というのはこれからも私たちが問うに値する主題になろう。

注

（1）オーストラリア先住民においては一つの民族が二つの半族に分かれ、それぞれに所属する男女が他方の半族に所属する異性と婚姻する。この半族がさらに世代毎に別れる結果、四つのサブセクション、八つのサブセクション、一六のサブセクション等へと展開する。アランタ民族の場合は八サブセクション体系になるが、ここでは簡便さのために四つの名称で説明している。各セクションにつけられた名前を英語では skin name という。先住民社会に入るとこのサブセクションのどこに所属するのかで、他の先住民へのふるまい方がほぼ決まる。

（2）それぞれの地域で呼称が異なり北部では long glass とも呼称される。

（3）これ以外にも、もちろん、中心街には複数の銀行が存在し、信託投資も行っていたが、詳細は割愛する。

（4）オーストラリアで初の「紙幣（note）」が発行されたのは一九六六年である。当時オーストラリア先住民はオーストラリアの国勢調査にも一部しかカウントされていないので、紙幣が先住民社会に導入されるのはさらに遅れた。オーストラリアに入った日本の研究者で初めて組織的なフィールドワークを行った小山修三は一九八五年の論文で北部オーストラリアでの体験を次のように報告している。［買い物を頼まれ］「わたされたお札をみると黒の一ドル札一枚、ピンクの二ドル札二枚、ブルーの五ドル札一枚、緑の一〇ドル札二枚の組み合わせになっている。彼らは三〇ドルを総数としてではなく紙幣の色で、黒一、ピンク二、ブルー一、緑二と勘定していることがわかる」（小山 一九九二：一二九）。小山は数詞概念の限られている先住民がこうして色彩との組み合わせで民俗語彙以上の世界を取り込もうとしていた、と推定したわけである。貨幣をカウントするにはオーストラリア全土の異文化接触地点（contact zone）でこれに似た様々な工夫がされたと思われる。

（5）二〇一三年から二〇一九年にアリスの南部に住むピチャンチャチャラとヤンクンチャチャラ民族の下で飲酒研究した平野智佳は遠隔地コミュニティの先住民女性の視点からこの事態を描いている（平野 二〇二三）。

文献

飯嶋秀治 二〇〇二「根をはること、翼をもつこと」『アジア都市研究』三（四）：一〇一―一一二。

飯嶋秀治 二〇〇八「暴力問題にまきこまれる――オーストラリア先住民の『トラブルメイカー』たち」武田丈・亀井伸孝編『アクション別フィールドワーク入門』世界思想社、四八―六二頁。
飯嶋秀治 二〇二〇「先住民政策の展開」関根政美・塩原?良和・栗田梨津子・藤田智子編『オーストラリア多文化社会論――移民・難民・先住民族との共生を目指して』法律文化社、四九―六四頁。
小山修三 一九九二『狩人の大地』雄山閣出版社。
小山修三・窪田幸子編 二〇〇二『多文化国家の先住民――オーストラリア・アボリジニの現在』世界思想社
塩原良和 二〇一六「ネオリベラルな『場所（コミュニティ）ベース』のアプローチ――オーストラリアのエスニック・マイノリティ政策の変質」『生存学』九：一六二―一七二。
鈴木直 二〇二三『アディクションと金融資本主義の精神』みすず書房。
スコット、ジェームズ・C. 二〇一七『実践 日々のアナキズム――世界に抗う土着の秩序の作り方』清水展ほか訳、岩波書店。
スティグリッツ、ジョセフ・E. 二〇〇二『世界を不幸にしたグローバリズムの正体』鈴木主税訳、徳間書店。
ストレンジ、スーザン 一九八八『カジノ資本主義』小林襄治訳、岩波書店。
ハーヴェイ、デヴィット 二〇〇七『新自由主義』渡辺治ほか訳、作品社。
平野智佳子 二〇二三『酒狩りの民族誌――ポスト植民地状況を生きるアボリジニ』御茶の水書房。
藤田智子 二〇一六「新自由主義時代の社会政策と社会統合」『オーストラリア研究』二九：一六―三一。
ブルデュー、ピエール 二〇〇〇『市場独裁主義批判』加藤晴久訳、藤原書店。
ベック、ウルリッヒら 一九九七『再帰的近代化』松尾精文ほか訳、而立書房。
Altman, J. 1985. Gambling as a Mode of Redistributing and Accumulating Cash among Aborigines: A Case Study from Arnhem Land. In Geoffrey Caldwell et al. (eds.) *Gambling in Australia*, Croom Helm: 50-67.
Baturo, A. R., S. J. Norton & T. J. Cooper 2004. The Mathematics of Indigenous Card Games: Implications for Mathematics Teaching and Learning. In I. Putt, R. Faragher & M. McLean (eds.) *Proceedings 27th Annual Conference of the Mathematics Education Research Group of Australasia (MERGA): Mathematics education of the third millennium: Towards 2010*. (2004 MERGA CP)

Bertossa, S. & P. Harvey 2012. Measuring problem gambling in Indigenous communities: An Australian response to the research dilemmas. *Australian Aboriginal Studies* 2: 21-30.

Breen, H. 2012. Indigenous Card Gambler profiles in North Queensland. *Australian Aboriginal Studies* 2: 72-86.

Breen, Helen et al. 2012. Meanings of Aboriginal gambling across New South Wales. *International Gambling Studies* 12 (2): 243-256.

Breen H. & S. Gainsbury 2012. Aboriginal Gambling and Problem Gambling: A Review. *International Journal of Mental Health and Addiction* 11 (1): 75-96.

Collmann, J. 1988. *Frindge-dwellers and Welfare: The Aboriginal Response to Bureaucracy*. University of Queensland Press.

Holm, N. 1976. The Mathematics of Card Playing in an Aboriginal Community. *The Aboriginal Child at School* 4 (5): 19-22.

Hing, N. & E. Nuske 2011. Assisting problem gamblers in the gambling venue: Acouncellor perspective. *International Journal of Hospitality Managenment* 30 (2): 459-467.

Hing, N., H. Breen, J. Buultjens & A. Gordon 2012. A profile of gambling behavior and impacts among Indigenous Australians attending a cultural event in New South Wales Australia. *Australian Aboriginal Studies* 12 (2): 1-20.

Hing, N. & H. Breen 2014. Indigenous Gambling and Australia., AGRC Discussion Paper.

Hing, N., H. Breen, A. Gordon & A. Russell 2014. Aboriginal cand gamblers and non-gamblets: Do they differ ?. *International Gambling Studies* 14 (2): 228-250.

MacLean, S., K. Maltzhahn, D. Thomas, A. Atkinson & M. Whiteside 2019. Gambling in Two Regional Australian Aboriginal Communities: A Social Practice Analysis. *Journal of Gambling Studies* 35: 1331-1345.

McMillan, J. & K. Donnelly 2008. Gambling in Australian Indigenous communities: the state play. *Australian Journal of Social Issues* 43 (3): 397-426.

Stevens, M. & R. Bailie 2012. Gambling, Housing Conditions, Community Contexts and Child Health in Remote Indigenous Communities in the Northern Territory, Australia. *BMC Public Health* 12, 377: 1-13.

Young, M., T. Barnes, M. Stevens, M. Paterson & M. Morris 2007. The Changing Landscape of Indigenous Gambling in Northern

Australia: Current Knowledge and Future Directions. *International Gambling Studies* 7 (3): 327-334.

第3章　幸運なすれ違いがつくる場所
――チリの先住民医療の現場から

工藤由美

第一節　医療を通してマプーチェとチリ人のあいだを考える

本章は、チリにおけるマプーチェ医療をめぐる現状について寄食関係に着目し、一時は集団としての存在を抹殺されかけたマプーチェが、その後法的に寄食者として位置づけられた（先住民法の制定）ことをきっかけに、その周囲に複雑な寄食関係が生み出されたことと、そうして形作られている現状がどのように成り立っているのかを明らかにしようとするものである。

マプーチェは南米最大規模の先住民集団で、現在主にチリとアルゼンチンに居住している。二〇〇〇年以降、チリではそのマプーチェの民族医療（以下、「マプーチェ医療」と呼ぶ）が保健省の「先住民保健特別プログラム（PESPI）」[1]の下、公的医療に導入された。マプーチェ医療は、マプーチェ語で「マチ」と呼ばれる霊的職能者による病気の診断・治療・助言と、マチの処方に基づいて薬草から調製される煎薬の提供から成っている。受診者の多くは公的保険（FONASA）[2]の加入者で、無料で受診ができる。このプログラムの開始当初、「先住民文化の保護と先住民に文化的に適切な医療を提供する」（MINSAL y CEPAL 2010: 13）という目的に沿って、受診者枠の七割以上を先住民に割り当てるという制約があった。しかし、首都サンティアゴではマプーチェ医療の受診を希望する患者数の増加に伴い、この制約が廃止され、二〇一四年以降、先住民でないチリ人（chilenos）[3]たちが全体の患者数の約八〇％前後を占めるようになっていった（新しい寄食者の出現）。

こうした一連の変化をマプーチェとチリ国家の関係史からみると、マプーチェが提供する医療に多くのチリ人が押し寄せるという現象はとても奇妙なものに映る。とりわけ、一九七三年のピノチェ軍事独裁政権（一九七三〜一九九〇）樹立以降の五〇年間、チリの先住民は激動の時代を生きてきた。なかでも特記すべきことが二つある。一つは事実上先住民「消滅」の時代を経験したことである。軍事政権が導入した新自由主義経済政策の下、農地改革法が廃止され、農地改革でマプーチェに権原が認められていたわずかな土地も、大半が大土地所有者の下に「返還」されるか、政府に接収された後に格安で競売にかけられた（高橋 二〇〇九：四）。先住民政策はすべて廃止、土地に帰属するマプーチェ共同体も解体を余儀なくされ、彼らの故地である南部の人々は「カンペシーノ（田舎の人、農民）」と呼ばれた。先住民集団としてのマプーチェは絶滅の淵に追い込まれていたのである。

一九九〇年の民政移行後、一九九三年に制定された通称「先住民法」[4]に基づいて、先住民の権利は徐々に回復に向かっていったが、それと同時に特に南部に住むマプーチェの土地回復運動が激化し、地主や警察との暴力的衝突が頻発するようにもなった。その結果、二〇〇〇年以降はピノチェ時代に作られた「反テロリズム法」が適用され多くのマプーチェが投獄されている。これが特記すべき二つ目の点である。国内メディアは南部における暴力的衝突のニュースを報道番組の冒頭で流し、政府による告発を正当化するように、マプーチェは「暴力的で危険な人々」として描かれ、それは多くのチリ人にマプーチェに対する否定的な感情を醸成するものにもなっていた。

多くのチリ人はマプーチェ医療を受診する理由として、彼らの病気に対するマプーチェ医療の有効性をあげるが、同時にマプーチェ医療やマプーチェ文化全体に対しても肯定的な見方をしてもいる。しかし、それは、マプーチェの人々がチリ社会に受け入れられているとか、首都におけるマプーチェ医療の実践や先住民文化の維持に問題がないことを意味するわけでは決してない。本章ではマプーチェとチリ人、先住民組織とチリ国家の接点が露わになるマプーチェ医療の現場で、いくつかの角度からチリ社会におけるマプーチェ、チリ人、チリ国家の関係を探ってみたい。

第二節　許容されたマプーチェと反乱するマプーチェ

一九九〇年代以降、グローバル資本主義と民主主義を結合した新自由主義モデルが世界的に広範に採用され、この「市場民主主義」モデルは、市場開放、貿易自由化、国営企業の民営化とともに、文化面では多様性の許容、社会的包摂を促してきた。新自由主義の支持者たちは、先住民の言語の承認、特定の先住民の領土に対する集合的権利、先住民のための新しい形の政治参加など、「限定的ではあるが実質的な先住民の文化的権利」を積極的に推進したとされる（Fabicant & Postero 2018: 131）。

しかし、二〇〇〇年代以降は、そうした新自由主義的多文化主義が生み出した新たな問題が批判的に議論されるようになった。先住民性が権利主張の基盤として認められはしても、ほとんどの国で、先住民は依然として国家主権による統治の対象であり、グローバル資本主義の不平等な関係に深く巻き込まれている（Fabicant & Postero 2018: 131-132）。アメリカの人類学者ヘイルはラテンアメリカでの研究を通して、新自由主義的多文化主義がグローバル資本主義の論理を逸脱しない主張をする者には支持を与え、国家やその資本主義的事業に異議を申し立てる者は退けるという、先住民統治の新しいやり方を生み出す「脅威」にもなっていると示唆している（Hale 2002: 485）。

社会学者のリチャーズは、そうした二面性が露骨に表れているのがチリであるという。チリでは「許容された先住民（Indios permitidos）」に対しては開発や保健面での支持が与えられるが、「反乱する先住民（Indios Insurrectos）」に対しては国家による暴力が最も過酷な懲罰の形で適用されていると指摘している（Richards 2013: 102-108）。

本章で取り上げるマプーチェ医療はまさにリチャーズのいう「許容された先住民」の活動に他ならない。事態を俯瞰的、「客観的」にみれば、リチャーズの指摘は「その通り」である。しかし、それはチリで起こっていることのほんの一側面をみているに過ぎないのではないか。

「許容された先住民」たちの活動は、本当に資本主義に適合的な仕方で成り立っているのだろうか。先住民の文化的な活動を遂行する際には、多かれ少なかれ彼らのコスモロジカルな、または哲学的な論理が、チリ人やチリ国家との対話や交渉のなかに顔を出してくる。言い換えれば、許容された先住民の要求や活動には、彼ら固有の価値観に由来したり、「先住民」の権利や立場に基づいていたり、個別的な思惑から発したりしたものなどが混在し、それに基づいて国家との間でさまざまな駆け引きが演じられている。マプーチェ医療の現場で、マプーチェとチリ人、先住民組織とチリ国家の間でどのような関係が繰り広げられているのか、具体的な場面から考えてみる必要がある。

以下、本章では「許容された先住民」の具体的な活動としてのマプーチェ医療を取り上げ、そこに生じる相互作用がどのような理解、非理解（理解放棄）、あるいは誤解の上に成り立っているのかを検討する。①文化活動が医療である理由、②土地との関係とその意味、③マプーチェとチリ人の異質な論理との付き合い方、④マプーチェとチリ人の間の自然観の比較を通して、そこから立ち上がってくる関係がどのような違いを表しているのかに着目してみていく。

第三節　文化活動が他でもない医療である理由

公的医療下のマプーチェ医療は、どの地域でも先住民組織を母体に実施されている。先住民保健特別プログラムが先住民保健に関する組織活動を募集し、先住民組織が提出した企画書についてそのアイデアや具体的な実現可能性が検討される。そして、企画書が採択されれば、活動内容に相応の資金や場所が提供される。(5) 先住民組織の活動は他にも、マプーチェ語教室や織物教室、踊りや民具を紹介する活動などがあり、活動資金が必要であれば、同様の企画書を各自治体の先住民局(6)に提出し、採択されれば資金が提供される。

首都で活動するあるマプーチェ組織は、自文化の維持・保存のための活動としてマプーチェ医療の実施を重要視する。医療は先住民のみならずチリ人にも必要不可欠なものだからである。この組織のリーダーは、「マプーチェ語教室や、文化教室も我々の文化を守っていくためには重要だが、継続させていくことは難しい。なぜなら、チリ人には必要のない、なくなっても困らない、チリ人を巻き込めない素材だからだ。一方、マプーチェ医療は必要とするチリ人がいれば、この社会で必要不可欠なものになっていく」と語っている。必要不可欠になれば、この社会に継続的にマプーチェ医療という場を露出していくことができる。首都という圧倒的に近代化され、先住民ではないチリ人が多数の環境で、マプーチェ医療の提供場所そのものが、マプーチェの存在を主張するものになる。自分たち固有の文化を維持していくうえで、国家から継続的に資金を得て、およそ半世紀前には事実上の民族消滅を経験した国の首都で、自民族のための場所（マプーチェ医療の場）を新たに獲得するということ、それは文字通り生存を可能にしてくれる場所（土地）の再獲得が目指されているということなのである。

場所（土地）のもつ意味は、所有者である国と借り手であるマプーチェでは根本的に違っている。次に、マプーチェ組織がどのように首都で活動のための場所（土地）を獲得してきたか、彼らの土地との関係についての考え方に着目しながらみていきたい。

第四節　土地利用と土地との関係——空き地・国有地・所有

都市研究を専門とするコルキンズは、チリ国家による南部の「平定」と近年のマプーチェ組織による活動地の獲得を比較しているが、そこにはチリ国家とマプーチェの土地の考え方の違いがみてとれる。コルキンズはチリ国家が平定を正当化した根拠を、「一八〇〇年代後半、チリ国家はビオビオ川以南の土地に対して『無主地（terra nullius）』の原理を適用し、チリ国軍により強制的に占拠した。（中略）マプーチェの住んでいた南部の土地は、法的フィクションにより『空いている（empty）』とみなされた」（Caulkins 2018: 77）と指摘する。

それとの比較で、一九九〇年代後半以降の、マプーチェ組織による首都での活動の場の獲得の仕方には一つの類似性がみられるという。彼らは「空き地（vacant）」となっている国有地を探し、そこを「無主地」として利用してきたというのである（Caulkins 2018: 83）。それらの土地は、国有地であるため、法的には借地になる。マプーチェの人々にとって「空き地」は誰も利用していない土地を意味する。彼らにとって「空き地」の見極めは容易で、「ゴミのある場所」だと言う。コルキンズも「不幸なことにチリでは、使われていない土地はたちまちゴミの山になる」、「ゴミの山はその土地が誰にも使われていないという印である」と述べている（Caulkins 2018: 83）。

写真 3-1　マチによる患者の診察風景（2010 年）

マプーチェ医療を提供する組織のリーダーは「マプーチェ的な見方をすれば『無主地』はどこにもない。大地そのものが一つの主なので、私たちはそれに住まい、利用し、でも悪用はしない。さまざまな機会に、土地というのは意味のある出来事を通して満たされていく」と主張している。土地の主は、その土地に住まう人々が土地の資源を利用すると同時に、それに対する返礼も行うという互酬関係の当事者であり、その過程でその土地で生起した出来事の記憶を蓄積していく主体でもあるという。

では、チリ国家は、当時の「無主地」をどう利用したのだろうか。それは「土地の生産性を上げるというフィクションでマプーチェの土地を奪い、ヨーロッパからの移民に分配したが、彼らの大半は農業経験のない都市の貧困層だった。彼らに与えた農地の多くは、その後、その地域の大地主に売却された」（Caulkins 2018：80）。土地は農作物の生産手段であるだけでなく、所有し、売買できる財物なのである。

一方、マプーチェ医療が実施されている場所はどうか。そこに診療や煎薬の調製と提供以外の用途が何かあるだろうか（写真３‐１）。マプーチェの考え方によれば、マチが病気の診断や治療に能力が発揮できるためには、マチや患者のその土地との関係性が重要である。マプーチェは、その土地で生きるために祭壇を立て、共同体共有の家屋を建て、儀礼をはじめさまざまな文化活動を遂行する。マプーチェ医療はそうした文化活動の一つだが、マチが患者に適切な診断や助言ができることは、祈願儀礼で土地に作物や家畜を供犠することと無関係ではない。土地の安寧がそこに住まう人々や生物の生命の質に大きく影響するからである。

このマプーチェ組織は年一回、六月の冬至の時期に新年儀礼を行っている。この儀礼はマプーチェの人々や近隣に住むチリ人のみならず、併設された公立診療所の医療スタッフや保健省の官僚、区長や区議会議員、区役所の役人なども招待客として出席する大イベントとなっている（写真３‐２、写真３‐３）。マプーチェがこれらさまざまな文化活動によってその空間を満たすことは、その土地に差異化された意味を蓄積していくことに他ならない（Caulkins 2018: 84; Anigstein 2006: 7）。新年儀礼はその空間を差異化しつつ、空間を差異化されたものとして表象する、チリ人たちに向けたパフォーマンスでもある。

チリ国家にとって土地は物理的な財物であり、売買の対象である。したがって、所有者、居住者との関係によって財物であることを止めるわけではない。一方、マプーチェにとって土地（マプーチェ語で「マプ」）はそれ自体が「主」であり、売買できるものではなく、祭壇を立て儀礼を行うなど、友好的な相互作用を通じて構築される互酬関係の相手という存在である。良好な関係が保たれれば、その土地の恵みを享受できるが、土地を傷つければ必ずその代償を払うことになる。人々の健康や病気も、そうした土地との関係性を基盤に生起し、変化していく。

写真 3-2　マプーチェの新年儀礼の様子。例年先住民組織のメンバーのみで行われていたが、この年は保健省からの資金提供を受け、マプーチェ医療活動の一部として行われたため、地域住民や役人らの姿がみられる（提供：マプーチェ組織）

写真 3-3　マプーチェの新年儀礼前の開会式。先住民組織のリーダーが、招待した地域住民や保健省の官僚・区長・区役所職員等に挨拶を述べている（提供：マプーチェ組織）

第五節　わかり合えない論理にどう対処するか

前述の新年儀礼にかかる費用が保健省のマプーチェ医療の活動費から、新年儀礼用として支出されていることは注目に値する。新年儀礼には土地への多くの供物や、当日二〇〇人以上の来客に振る舞う儀礼食などが準備される。西洋医療の文脈では、新年儀礼の費用は医療に関する費用ではありえないが、マプーチェの論理では、前述の通り医療の根幹を支えるものである。こうしたまったく異なる医療体系を互いに理解するには、どのような態度が必要なのだろうか。

（一）マプーチェ医療とインターカルチュラルヘルス

チリの公立診療所とマプーチェ医療を実施する先住民組織との間では、西洋医療とマプーチェ医療がそれぞれ対等に相互補完的に医療を提供するインターカルチュラルヘルスという概念（SIC : Salud Intercultural）が重要視されている。首都のマプーチェ医療の調査をしたレボジェドは「インターカルチュラルヘルスとは、異なる文化医療システム間で、対等の敬意をもって、情報を共有し、対話し、協働することによって人々の健康な生を実現すること」（Rebolledo 2020: 355）と定義している。例えば、一人の患者を互いにそれぞれの方法で診断し、それに基づく治療方針を提示しあい、すり合わせて共通の方針を確立し、それぞれの役割分担を決定する。その後、フォローアップの所見も共有しながら、協同で治療方針を調整していく。こうした実践には、文化的医療システムについて十分な相互理解が必要になる。

しかしながら、両者の間に患者に関する情報の共有、対話、協働は存在しないともレボジェドは指摘している（Rebolledo 2020: 358）。また、患者の一人は「ここで提供されているマプーチェ医療がインターカルチュラルヘルス」と言い、別の患者は「ここではインターカルチュラルヘルスは行われていない」という（Rebolledo 2020: 358）。さらに、マプーチェ医療のスタッフは「私たちが提供しているのはマプーチェ医療」であると言い、マプーチェのリーダーは「相互にリスペクトしているが、インターカルチュラルヘルスは実現できていない」と述べている（Rebolledo 2020: 358）。

西洋医療とマプーチェ医療の間のインターカルチュラルヘルスに対する向き合い方は、両医療スタッフが同席する会議の場面でも表面化する。筆者は、総合病院の院長や、地域の診療所の医師らと五つの先住民組織のリーダーらが参加した、首都圏州南東部保健局のインターカルチュラルヘルス部門の会議に出席したことがある。会議の進行役であった総合病院長が、インターカルチュラルヘルスに関してどのようなアイデアを持っているのか出席者に尋ねると、マプーチェ医療を提供する組織のリーダーは将来的な協働のあり方について展望を述べたが、医師側が対応するアイデアや展望を提示することはなかった。他の先住民スタッフが医師らに見解を促すと、最終的に医師はマプーチェ医療を「レスペート（尊重・敬意）している」と言って、場がまとめられた。この会議からの帰路、前述の先住民スタッフは「会議は形だけで、中身が伴っていなかった」と会議内容の不十分さに不満を表した。

（二）「レスペート[7]」という表現

「レスペートしている」という表現と関係性は、保健省とマプーチェ医療スタッフ・組織とのあいだにもみられる。マプーチェ医療を提供する先住民組織は、毎年、保健省に年次報告書を提出する必要がある。報告書記載の実績に応じて、次年度の予算も決まってくるからである。その内容は、何人くらいのどのような患者に、どんな医療を提供したかといった、受診患者側の諸属性の集計や提供した医療内容の集計などを含むものと想定される。しかし、筆者が年間の患者数の詳細（性別やマプーチェか否かなど）、煎じ薬の提供量などについて、スタッフから説明された際、そこに薬草に関する詳細な報告は含まれていなかった。どの症状にどんな薬草をどれくらい使ったかを記載しなくても、報告書が保健省に受理されるのかと尋ねると、そのスタッフは「大丈夫だ」と答える。その理由は、「彼らがマプーチェ文化をレスペートしているからだ」という。筆者は二〇〇七年に現地調査を開始以来、ほぼ毎年の報告書の内容を確認しているが、その内容は一五年後の二〇二二年にも変わっていない。

二〇〇七年、二〇〇八年の調査初期には、年次報告書に医学診断名別の集計患者数を提示しないことの見解をさまざまな活動場面で耳にした。先住民組織内での議論の場や、地域住民を対象にしたマプーチェ文化教室、公立診療所の医療スタッフを対象にしたマプーチェ医療研修の場などである。その際マプーチェ医療のスタッフらは、「マプーチェ医療におけるマチの診断は、西洋医療の論理で診断名がつけられているのではない」ということを繰り返し説明していた。例えば、ある患者の糖尿病や高血圧は数年前の離婚がすべての原因で、それを自分自身のなかで解決できずに過食してしまった結果生じているとマチは診断する（工藤 二〇一九b：二八七―二八八）。また、別の患者の関節痛は、数年前に亡くなった実母に対する怒りが原因であるなど、マチの診断は個々の患者の人生に沿って下される。マプーチェ医療における「診断名」は、個々の患者に固有のものであり、そうした主張が、保健省への年次報告書にも反映されているのである。西洋医療の論理を基準とすれば、マプーチェ医療にも、どのような医学診断名の患者にどのような種類の薬草が有効だったかといった情報が求められる。けれども、報告書を提出する際の交渉で、先住民組織側がこれまでの活動の場でしてきた同じ見解を繰り返し主張した結果、保健省と先住民組織との間で現状の形に折り合いがつけられたのである。マプーチェ医療スタッフが「（保健省は）マプーチェ文化をレスペートしているから」というときの表情に誇らしさが垣間見えるのは、こうした経緯にもよるのであろう。

（三）インターカルチュラルヘルスにおける「レスペート」の現実

保健省や診療所医師たちをはじめ西洋医療側の人々が「レスペート」という言葉を楯に、マプーチェ医療の論理に踏み込むことを回避しているのは明らかである。では、この態度とそれによって生じている状況をどのように考えればよいだろうか。

マプーチェ医療には科学と相容れない要素がいくつもある。マチの霊的能力もそれに基づく診断の内容と根拠も、また、その診断から具体的な薬草の処方がどう導かれるのかも科学的に評価することは不可能である。そもそも、マプーチェ医療では、患者に付けられた西洋医療の診断名は意味をなさず、症状のとらえ方も異なり、西洋医療的診断名と処方される薬草の内容の間にもまったく相関がない。処方は基本的に個別の患者に対応する個別のものである。それゆえ、マプーチェ医療についての報告を、西洋医療的な診断別、症状別あるいは処方別などの基準に沿ってまとめることは、マプーチェにとってはまったくの誤りであり、意味をなさない。その結果、報告書には男女別診療件数や使用した薬草の総量（煎じ薬を何リットル提供したか）のみが記載されることになる。

これらの要素はマプーチェ医療の根幹をなすものだが、西洋医療の論理をベースにしてはそれらを理解することも翻訳することも無理である。そこに登場するのが「レスペート」である。理解も翻訳もできないのなら、「そっとしておく」のが一つの賢明な選択になる。インターカルチュラルヘルスは実現しないが、それが「レスペート」という言葉の現時点では最も重要な意味だと思われる。

インターカルチュラルヘルスの実現のために必要なのは、西洋医療とマプーチェ医療の両者に適用可能な科学的基準の確立という不可能事ではなく、両者をそれぞれに文化的実践として理解し合うための対話である。しかし、その対話では、保健省をはじめ西洋医療側に、マプーチェ文化の全体的な理解だけでなく、マプーチェ医療の将来における資格や規制に関する展望も求められる可能性がある。後者について、マチの資格問題など科学で議論を主導できないという問題もあるが、前者をめぐっては、マプーチェ医療の根幹である土地との関係という問題が浮上してしまう。そこからマプーチェ全体の土地問題など先住民の他の権利にまで議論が及び、「反乱する先住民」の土地問題に結びつく可能性も皆無ではない。政府・保健省にとってインターカルチュラルヘルスの推進はリスクもあり、ここでも「踏み込まない」が賢明な選択といえそうである。

マプーチェ医療が政府の資金によって維持され、それを利用する多くのチリ人患者がその恩恵を受けているという寄食の連鎖を成立させているのは、異文化理解ではなく、西洋医療と政府側のマプーチェ医療を「レスペート」し「踏み込まない」（＝理解の放棄）態度であるといえる。さらにその背景には、「許容された／反乱するマプーチェ」と分断されているようにみえても、マプーチェ総体と国家間の土地問題がある。

マプーチェ医療側の受け止めを見ると、この「レスペート」がインターカルチュラルヘルス推進の障害であると感じてはいるようだが、それを否定的に評価しているようでもない。「レスペート」によって、マプーチェ医療は彼ら自身のイニシアティブで自由に実施できており、マプーチェ医療で培った信頼関係を基盤に、新年儀礼だけでなく共同体の祈願儀礼も実施できる場所を獲得できたと考えてもいるからであろう。それは、彼らが土地（マプ）との関係を再構築するための拠点の獲得に他ならないからである。

第六節　薬草を通して語られる二つの「自然」の出会い

（一）チリ人がマプーチェ医療を選好する理由

チリ人患者にマプーチェ医療を受診する理由を聞いて真っ先に返ってくるのは、「マプーチェ医療は自然だからいい」ということばである（工藤 二〇一九ａ：三七九）。彼らのいうマプーチェ医療の「自然」とは「薬草」のことである。その表現の裏には、彼らが長短問わずに付き合ってきた西洋医療薬との関係がある。「西洋医療薬には副作用がある」と彼らは言う。チリ人患者へのインタビューでは「うつ病の薬を飲むとひどい頭痛に悩まされた」、「交通外傷後の長引く慢性痛のために鎮痛薬を飲むと、ひどい眠気で普通の生活が送れない」など、西洋医療で処方された内服薬の副作用への不満が多い。それとは対照的に、薬草は副作用が少なく、からだに優しいと認識され、安全な薬であると評価されている。

彼らの語りは西洋医療薬が化学合成物であることの延長上で、しばしば食品にも話が及ぶ。首都のスーパーで売られている野菜や肉も、化学的な合成物質で汚染されていると指摘する人が多い。それゆえ、有機野菜、水耕栽培で育った野菜は体によいものとして関心を集めることになる。

チリ人患者の多くには、化学的な合成物には問題があり、それに対して「自然」なものは安全であるという対照的な評価が存在する。この評価の存在ゆえに、「危険な」合成医薬は忌避され、マプーチェ医療で使用される薬草には好意的な反応がかえってくるのである。

（二）マプーチェにとっての自然・薬草

マプーチェにとって、自然や薬草はどう捉えられているだろうか。四〇代の先住民組織のリーダーは「ウィンカ（マプーチェ語で「チリ人」のこと）のいう『自然』はおかしい。オーガニックこそ人工的で、水耕栽培はもっと人工的だ」と主張する。また、五〇代の薬草師は、薬草の製薬化について「基本的に製薬化というのは、人の手が多く加わるということ。多くの機械を通過するということ。それが、果たして自然なものであるといえるのか」と述べている。マプーチェにとっての「自然」は人工的ではないことであり、動植物に機械や人間の手を加えないことなのである（工藤 二〇一九a：三八〇）。

彼らにとって植物は、それ自体霊的側面を持ち、野生のときに最も自然に賦与された力を有している。薬草の場合、採取する季節や時間帯によってもその効力は変化する。それゆえ、マプーチェ医療で使用する薬草も、その土地に生えた野生の薬草を、患者の状態に合わせて適切な時期と時間帯に採取することで、最も効能の高い薬になるとされている。

しかし、首都におけるマプーチェ医療では、使用する薬草のほとんどを薬草問屋から仕入れているのが実情である。首都でマプーチェ医療を提供するマチや薬草師は、従来の薬草の扱い方を考慮して、薬草の採取から販売までのルートで可能な限り人手に触れない配慮を惜しまない問屋を選んでいる。ただし、各々の薬草が野生かどうか薬草問屋が把握しているものもあれば、海外から輸入された薬草でまったく把握できないものもある。

首都でマプーチェ医療が開始された当初は、この薬草とマチと土地の関係への懸念から、ときに批判もされた。マプーチェ医療の基盤は、マチと土地（マプ）の間の互酬関係である。この互酬関係を基盤に、その土地に帰属するマチが患者を診断し、その土地の薬草の力を借りて治療する。患者はその返礼としてマチに謝礼を渡し、マチは土地に対して儀礼を行う。首都でマプーチェ医療が始まった二〇〇〇年代当初、マプとの関係を十分に築けているマプーチェ組織はないと考えられ、その医療に効果が出ないのではないかと懸念するマプーチェもいた（Anigstein 2006: 7-8）。

だが、いくつかの先住民組織は、首都でマプーチェ医療を一〇年以上続けているだけでなく、同じ場所で儀礼や文化教室などの文化活動も行ってきた。マプーチェの文脈でみれば、それは「空き地」のマプとの関係の再構築に他ならず、薬草の問題はまだ残るものの、それら諸活動でマプーチェ組織とマプの関係が再構築され、医療の効果をもたらしたといえることにもなる。

チリ人の思い描く「自然」と、マプーチェの人々のそれには明らかな相違がある。チリ人にとって、「自然」とは何よりも化学合成物質に汚染されていない物質的世界であるのに対し、マプーチェにとっての「自然」は、人手が加わっていないだけでなく、マプ（土地）に属する霊的側面も備えた世界である。マプーチェ医療は、この二つの「自然」が出会う場になっている。

だが、その相違は問題や葛藤を生み出してはいないし、マプーチェ患者とチリ人患者の間に治療効果の差を生じさせてもいないようである。

第七節 相互理解は必要か――「心地よい」寄食のための一考察

ここまで、①チリ国家とマプーチェの土地利用と土地との関係②文化的医療システムとしての西洋医療とマプーチェ医療の相互理解のありよう、③チリ人患者とマプーチェの「自然」について論じてきた。これらのことから見えてきたのは、マプーチェ医療がその有効性だけでなく、チリ国家、マプーチェ、チリ人患者という三者の共通の対象(土地・「レスペート」・自然)に対する異なる理解や相互理解の棚上げの上に成り立っているということである。そうはいっても例えば、先住民らによる法的な「所有」のもとにマプーチェ医療のための土地の利用ができれば、マプーチェ医療がよりチカラを発揮できるのかもしれない。以下、マプーチェ医療のさまざまな場面でみえてくるカネとチカラを持つ者と持たぬ者との関係について考えてみる。

一つは立場の逆転である。資金も土地も持つ国家が、それらをマプーチェ先住民組織に提供することで、公的医療制度下のマプーチェ医療は成立している。一方、マプーチェ医療の受診患者の約八〇%前後がチリ人であるが、提供者と需要者との関係は、チリ国内のマプーチェ人口が総人口の約九%[8]に過ぎないこと、また、経済レベルにおいても、歴史的な背景からも、ここには少数者の持たぬ者が多数者の持つ者に便益を提供するという構図がある。マプーチェ医療が始まった時、マプーチェは政府から資金を援助される寄食者として歩み始めたが、チリ人患者の増加とともに新たな寄食者が登場する。それはチリ人患者たちだけではない。格安の医療費によってチリ政府もまた寄食者に名を連ねた。

ところで、「持たぬ者から持つ者へ」というこの構図は、マプーチェ語のある言葉から解釈すると、「持つ者から持たぬ者へ」の行為として意味が逆転することになる。「ウルメン(Ülmen)」というマプーチェ語の言葉は、一般的にはマプーチェのリーダーを表す「ロンコ(lonko)」と同様に使われることが多いが、言葉の本来の意味は、「富」を表す。マプーチェの人々にとって「富」

とは、財でもあるが、同時に土地であるマプから与えられるすべてのものであり、作物や家畜、医療に関わるものでいえば、薬草やそれらの知識全般までも含む。そして、その富は常に富を持たぬものに分け与えることを前提としており、「富」そのものは「人との交渉（ビジネス）を通して獲得されるものではない」というマプーチェの人々の生き方に通ずる概念的な言葉である。

マプーチェにとって彼ら固有の医療の知識や経験を持つ者が、それを持たない人（ここではチリ人）に提供することは当たり前のことである。実際に、チリ人の受診患者数が増加した際も、診療日数を増やして対応し、それを当然のこととして受け入れてきた。ウルメンの文脈で、逆の例を挙げれば、医療の必要経費として新年儀礼にかかる費用を保健省に請求することがある。医療活動に必要な資金を、資金を持つ国家が分け与えるのは当然のことなのである。患者の八〇％前後がチリ人であればなおさらである。宿主と寄食者は、状況と誰から見た視点かによって変わってくる。チリ国家と先住民組織は、マプーチェ医療をめぐって共依存、あるいは相互寄食の関係にあるが、それは単に「資金を得たから医療を提供する」といった需要と供給の関係のみで成立しているわけではない。

分かり合えない異質の考えに対して「レスペート」する、と表現する態度についても考えておこう。科学とは異なる論理を持つ医療は、これまでもさまざまな地域で代替・補完医療として制度化されてきた。けれども、西洋医療の論理が卓越する社会に生きる多くの人々にとって、マプーチェ医療のような医療を制度化することには乗り越えがたい困難があると考えられる。そうした状況への対処を考えたとき、本章の事例のように理解を放棄することも一つ許容し得る態度といえないだろうか。その際、それを「レスペート（敬意）」という言葉で表現すると、許容とも保留とも取れる態度を示せるが、否定のニュアンスは表現されない。少なくとも言葉そのものが、相手への尊重を表すからである。チリ国家と先住民組織の間では常にカネとチカラがせめぎ合う。そのなかで、対面する当事者たちが「レスペート」と表現することは、たとえその場では双方が期待する合意に至らなかったとしても、同意できる部分に基づいて関係が築かれることにより、対等で友好的な関係が立ち上がってくる可能性は否定されず残ることになる。

ファビカントの枠組みに戻ってみると、「許容される先住民」に位置づけられるマプーチェ医療の活動は、先住民組織が自らの論理を投げ出してチリ社会に都合よく巻き込まれているわけではない。それは、彼らが彼らの方法で「祖先の土地」の回復を諦めていないことに端的に表現されている。同時に、チリ国家がマプーチェ医療の制度化や規制といった流れに入り込まないこともまた、先住民統治の一環ではないとも言い切れない。薬草をめぐる国家の動きには懸念がないわけではないからだ。彼らが国家に「許容されている先住民」と見える現在とは、先住民組織と国家、マプーチェとチリ人それぞれの二者間における現場での幸運なすれ違いの上に一時的に現れているだけのことなのかもしれない。

［謝辞］本章は科学研究費助成事業（学術研究助成基金助成金）若手研究、研究課題「チリのマプーチェ先住民組織における民族医療に関する文化人類学的研究」（課題番号20K13296、二〇二〇～二三年度、研究代表者、工藤由美）の助成を受けて可能となった研究成果の報告である。

注

（1）PESPIの正式名称は「Programa Especial de Salud y Pueblos Indígenas」。

（2）FONASAの正式名称は「Fondo Nacional de Salud」。

（3）「チリ人」は現地で「チレーノ（chileno）」と呼ばれており、一般的にチリの先住民法で規定された先住民に該当しないチリ国籍を持つ人々を指す。先住民法の規定によるマプーチェは「マプーチェの姓をもつ者」である。首都におけるマプーチェ医療の受診者の多くは、マプーチェかチリ人がほとんどで、マプーチェ以外の先住民の受診はきわめて少ない。近年、ラテンアメリカ域内から移住してきた移民らの受診が少しずつ増えてきている。

（4）正式には先住民の諸権利を保障する法令一九二五三号（Ley N°19.253）のことであり、「先住民法（Ley Indígena）」と俗称されている。

（5）多くのマプーチェ組織は、近隣の公立診療所や病院と連携しながら、通文化医療（salud intercultural）の取り組みとして活動している。そのため、診療所のスタッフや近隣の住民を対象としたマプーチェ医療教室やマプーチェ文化教室などの講座も開講し、マプーチェ医療のしくみやその背景にあるマプーチェ文化の考え方などの普及を組織活動として進めている。

（6）先住民組織の活動にチリ政府からの資金援助を申請する場合は、各省庁が募集しているプロジェクトに応募する必要がある。医療に関しては保健省、言語教室や織物教室などであれば先住民開発公社（CONADI）や社会家族開発省（Ministerio de Desarrollo Social y Familia）などが応募先である。

（7）スペイン語の「レスペート（respeto）」は日本語で「敬意、尊敬、配慮、尊重」の意味。

（8）チリの国勢調査によると、二〇一七年の総人口一七五七万四〇〇三人に対し、マプーチェ人口は一七四万五一四七人であった（INE-1; INE-2）。

文献

工藤由美 二〇一九a「文化遺産としてのマプーチェ医療――国家・先住民関係を映すもの」青山和夫・米延仁志・坂井正人・鈴木紀編『古代アメリカの比較文明論』京都大学学術出版会、三七三―三八五頁。

―― 二〇一九b「一四章 マプーチェ医療とチリ人患者――サンティアゴの先住民医療の現場から」森明子編『ケアが生まれる場――他者とともに生きる社会のために』ナカニシヤ出版、二七七―二九六頁。

高橋恒 二〇〇九「チリ先住民族マプーチェによる土地回復運動――その歴史的背景」『ラテンアメリカ・カリブ研究』一六：一―一一。

Caulkins, M. W. 2018. Indigenous Belonging in the City Recreating Mapuche Spaces in Santiago de Chile, *Remaking Cities: Urban History Planning History Conference*. 2018, pp. 77-87.

Fabicant, N. & N. Postero 2018. The indigenous studies turn. In J. Poblete (eds.) *New approaches to Latin American studies*. New York: Routledge, pp. 128-144.

Hale, C. R. 2002. Does Multiculturalism Menace ? Governance, Cultural Rights and the Politics of Identity in Guatemala, *Journal of Latin American Studies* 34 (3): 485-524.

Rebolledo, J. Manríquez, M. Lagos F, C. Figueroa H, V. & Gómez L, J. 2020. Ethnicity and Health: Experience with an Urban

Mapuche Health Program from the Perspective of Key Actors, *Journal of Racial and Ethnic Health Disparities* 7: 355-364.

Richard, P. 2013. *Race and the Chilean miracle*. Pittsburgh: University of Pittsburgh Press.

Anigstein, María Sol y Álvarez López, Valentina 2006. Medicina mapuche en la ciudad: Resignificaciones de la práctica médica mapuche en el siglo XXI, *Gazeta de Antropología* 22: 1-9.

INE-1（Censos de Población y Vivienda）https://www.ine.gob.cl/estadisticas/sociales/censos-de-poblacion-y-vivienda（最終閲覧：二〇二三年三月二三日）.

INE-2（Censo 2023: conoce las dos vías por las que los pueblos originarios y afrodescendiente chileno pueden sumarse a la Participación Intercultural）https://www.ine.gob.cl/censo/contenidos/noticias/detalle/2020/11/02/censo-2023-conoce-las-dos-v%C3%ADas-por-las-que-los-pueblos-originarios-y-afrodescendiente-chileno-pueden-sumarse-a-la-participaci%C3%B3n-intercultural#:~:text=De%20ellas%2C%20la%20mayor%C3%ADa%20respondi%C3%B3,y%20Diaguita%20（88.474%20personas）（最終閲覧：二〇二三年三月二三日）.

MINSAL y CEPAL（Ministerio de Salud y Comisión Económica para América Latina y el Caribe）2010. Atlas: sociodemográfico de la población y pueblos indígenas Región Metropolitana e Isla de Pascua. Chile.

第4章 排除された人々が生み出す社会
——新宿の段ボール小屋集落に注目して

北川由紀彦

第一節　かつて存在した野宿者の街

一九九〇年代の中盤から一九九八年まで、東京の新宿駅西口の地下道には、数百人の野宿者——いわゆる「ホームレス」の人々——が段ボールを用いて寝床や仮小屋を作って生活し、さながら集落（以下、「集落」と略）の様相を呈していた。この「集落」については、当時新宿を拠点として結成された野宿者支援・当事者運動団体の一つ(1)（以下、運動体と略）が行政による野宿者排除への異議申し立て（および各種支援策の要求）活動を展開していく過程においてその価値が「発見」されるとともに「新宿ダンボール村」と命名され、当時の運動の象徴の一つと位置づけられていった。この運動の展開過程においては、運動体が意図的・積極的に段ボール小屋の設営・再建を推進していくという局面もあったが、もともと「集落」は、野宿者たちが自身の生存のために、新宿駅周辺の繁華街で廃棄された段ボールを拾い集めて自発的に小屋を作り始め、その様式が野宿者間で伝播・拡大していくことで形成されていったものであった。そしてこの「集落」は、運動体による上記のような「発見」と命名、さらにはそれを象徴的に活用した運動の展開により、広汎な社会的関心を惹起した。同時に、この「集落」を拠点とした運動は、運動体が当事者団体としての公的な承認を行政から獲得する契機の一つになったという点で、東京におけるホームレス問題の展開の転機の一つとなった(2)。

ただ、後にも触れるように、「集落」の住人のすべてが運動にコミットしていたわけでもなく、野宿者たちの生存のためのさまざまな実践[3]があり、その中からさまざまな共同・協力関係が創出されていた。多様な野宿者たちの生存のための実践と支援者・活動家との協同関係の現れの一つとして運動が存在した、という方が適当だろう。

この「集落」自体は、一九九八年二月七日未明に発生した火災でその大部分が焼失し、運動体の「自主退去」決定により二月一四日に消滅した。それから二〇〇〇年代半ばまでは東京二十三区内の野宿者数はほぼ五千人台で高止まりしていたが、それ以降は減少を続けている[4]。また、こうした野宿者数の減少と並行して、再開発や公園の改修工事などにより、おおぜいの野宿者がテントや小屋を設営できるほどの空間的な隙間も削減されてきている。

とはいえ二〇二四年現在でも、都庁周辺の道路や一部の公園や河川敷などでは、野宿者達が数人規模で小屋やテントの集落をつくって生活している光景を見ることはできる。野宿者達のこうした集住生活自体は、それぞれの時代における福祉制度などの社会的制度から排除された（あるいは制度の網の目から漏れ落ちた）人々が路上という過酷な環境下で生きていくために作り上げる普遍的な現象であるようにも思われる。だとするならば、そのような生活が生成される条件、機序や可能性について考察しておくことには一定の意義があるのではないか――本章では、こうした問題意識をもとに、「集落」が存在した当時の新宿駅周辺における野宿者に関する各種の資料と筆者による観察記録を主たるデータとして、路上の人々の営みを可能にした条件や、そこに内包されていた可能性についてあらためて考察を試みたい。

なお、本章で用いる筆者による観察データは、一九九四年五月の五日間の新宿駅西口地下での参与観察および一九九五年から一九九八年にかけての、ボランティア団体「スープの会」の「訪問活動」（週一～二回、夕方に新宿駅周辺で野宿者を個別に訪ねクラッカーや味噌汁を配布しながら会話するという活動）への参加時の観察記録に基づいている。

第二節　「集落」をめぐる基本的な事実経過[5]

なぜ一九九〇年代という時期に新宿において「集落」が形成されるにいたったのか。本節では、「集落」が形成される以前の状況——いわば「前史」から、一九九八年二月に「集落」が消滅するまでの基本的な事実経過を提示しておく。

もともと新宿駅周辺は、安定した住居をもたない日雇労働者にとっての生活・就労の場——寄せ場でもあった。新宿駅南口の、現在「新宿四丁目」とされている地区には、戦前から日雇労働専門の職業紹介所（東京市立新宿労働紹介所、戦後は渋谷職業安定所新宿分室に改組）が立地するとともに、日雇労働者向けの簡易宿泊所が立ち並び、周辺路上には、日雇労働者と雇用者（あるいは手配師）が早朝に対面で就労の交渉をする青空労働市場も成立していた（北川 一九九七）。また、新宿から一駅ほど離れた大久保地区周辺にも小規模ながら簡易宿泊所街が存在し、日雇専門の職業安定所（新宿職業安定所高田馬場労働出張所・二〇〇七年に廃止）も立地し、その周辺にも青空労働市場が存在してきた（いわゆる「高田馬場の寄せ場」）。さらに新宿駅西口の地下広場周辺も、仕事を求める日雇労働者と手配師とが交渉を行う寄せ場としての側面をもっていた。[(6)] 例えば、一九七〇年代後半からもっぱら新宿駅西口で手配師を介して飯場に入り日雇労働者として働いていたAさんは次のように語る。

（一九七七年頃に銀座のキャバレーのボーイを辞めた後）仕事探すべぇって感じで、仕事〔を〕、なんか、探してるうちに、ひょっと、つかまったのが、新宿の手配師だったんですよね。〔北川：その頃には、新宿に手配師はけっこういたんですか？〕ええ、もう、いっぱいいいました。クマさんだとかトラちゃんとか、個性的でいい人がいっぱいいいましたからね、その頃は。〔なじみの人も？〕ええ。そんな、いま騒がれてる変な〔賃金不払いをする悪質な〕飯場なんか無かったですから。賃金は安かったですけどね。ちゃんと〔就業契約の期間が〕満期になれば、また二日ぐらい休んで、遊んで、なくなったらまた来いよ、なんて〔飯場から〕出してくれましたから。そういう、要するに、一五日働いたら、お金、七、八万の金もらって、二日ぐらい遊んで、それから金〔が〕なくなったらまた〔飯場に〕戻れるっていう世界があること自体俺知らなかったですから。だから、こーりゃいい世界だなーと思って、三年か四年か五年ぐらいずーっとそういう、なんていうんですか、そういう生活してたんですよ。それで、その、いつもの手配師がいなかったら、他の手配師に言って、他の会社にっていうか他の飯場に入ってみたり。そんなようなあれでうろうろうろうろしてたんですよね。

（Aさん、聞き取り当時四六歳男性・新宿駅西口地下で野宿・一九九六年一月一四日）

いっぽう、新宿駅周辺において野宿者への関心が最初に高まった契機となったのは、一九八〇年に発生した「新宿西口バス放火事件」である。これは、当時新宿駅周辺で野宿していた一人の人物が駅前に停車していたバスに放火したという事件である。この事件の発生を受けて新宿区は「環境浄化対策会議」を設置し「環境浄化対策パトロール」と「街頭出張相談」を開始している。これらの活動については、一九八三年に新宿区に着任し一九九三年に新宿区福祉部生活福祉課長となった武山稔穂がオーラル・ヒストリーを残している。それによれば、「環境浄化対策パトロール」は、区役所、警察、地元の商店街、「ホームレスに対するボランティア活動をしていた少数のグループ」(詳細不明)によって構成される「環境浄化対策会議」が、夜の六時ごろから新宿駅周辺や地下道を一時間ほど、制服の警官も同行して「パトロール」し、「地下道等にたむろする、居座っているホームレスの人たちに対して、『ここにいてはだめだよ』という形の、いうなれば追い出し」を行うというもので、「基本的には環境パトロールの内容といったら、排除以外の何物でもない。とりあえず移動させるという形で、占拠状態をつくらせないということが目的になっていました」という。また「街頭出張相談」は、夏と冬の年二回、福祉事務所が新宿駅西口地下街に相談所を開設し、野宿者を呼び込んで医師による健診を行い、要治療と診断された人については簡易宿泊施設に収容しそれ以外の「ほとんどの人はそこ〔相談所〕でカップ麺を食べて終わりというのが実態」であったという(特別区協議会編二〇一七:三二一—三二三)。

そして一九八九年に、新宿駅西口の地下ロータリーから現在の都庁へと伸びるおよそ三〇〇mの二本の地下道(都道四号街路)の歩道と車道との間に隔壁が設置される(図4-1)。

これによって、歩道は自動車の排気ガスから遮断されるとともに密閉度も高まり、一九九一年頃から野宿者が増え始めていった。主に山谷で日雇労働者/野宿者を支援していた団体は、一九九二年一二月三〇日の深夜に「新宿西口地下一帯」で巡回活動を行った際に二七六人の野宿者を確認したと報告している(山谷九二—九三越年・越冬闘争実行委員会人民パトロール班一九九三:三五)。

それから一年ほど後の一九九四年二月一七日に東京都は、四号街路の一部から野宿者を強制的に締め出し、臨時宿泊施設「大田寮」に一一八名を収容した。このとき、南北二本ある四号街路のうち南側のA通路の車道側の歩道はフェンスで封鎖された

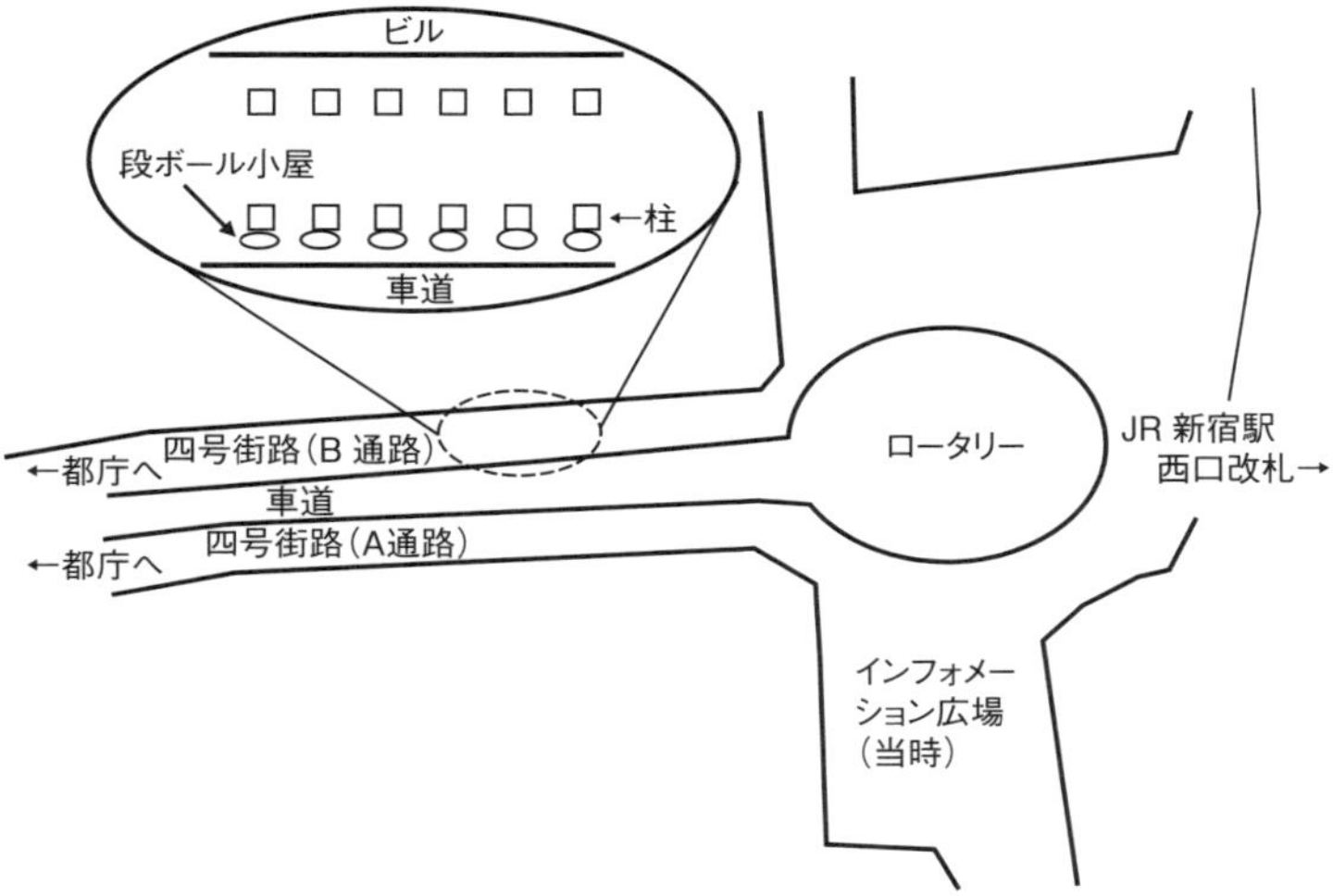

図 4-1　1995 年頃の新宿西口の地下（北川由紀彦作成）

が、北側のB通路の車道側の歩道はそのまま残された（のちにこのB通路には段ボール小屋が林立するようになっていった）。

この強制締め出しを受けて野宿者・支援者は二月二一日から東京都等への抗議行動を開始し、一九九四年八月に運動体「新宿連絡会」を結成する。さらに運動体は、四号街路に「動く歩道」を設置するという計画があることを一九九五年に察知し、計画への反対キャンペーンを開始する。しかし運動体と東京都との交渉は決裂し、一九九六年一月二四日の早朝に東京都は四号街路から野宿者を強制排除して封鎖し、芝浦に設置した臨時保護施設に四三人（最終的には七九人）を収容した。この強制排除に際して運動体は、「インフォメーション広場」と呼ばれる広場――前年から運動体の物資倉庫・活動拠点となる段ボール小屋を設置し、また毎週の炊き出しの場としても活用していた――に、四号街路から締め出されながらも施設に入所しなかった人の「緊急避難所」を設営する。これ以降、インフォメーション広場周辺には段ボール小屋が再度増加していく。この時期の状況について、当時運動体のメンバーであった稲葉剛は次のように述べている。

> 「緊急避難所」開設から一、二週間を過ぎると、徐々にその周辺にダンボールハウスを自力再建する人が出始めた。あっという間にインフォメーションセンター《ママ》周辺はダンボールハウスで埋まり、第一

期の「村」以上の人々が暮らすようになった。東京都は新しくできた「村」を認めないという姿勢を堅持していたが、強制排除を世論から批判された手前、すぐに手を出すこともできない状況であった。／ダンボール村が再建されたことにより、「緊急避難所」は閉鎖されたが、ダンボールハウスは「インフォメ前」にとどまらず、西口地下広場全体に増えていった。夜間のみダンボール一枚を体の下に敷いて眠る人を加えると、西口地下広場だけで三〇〇人近い人が路上生活をしていたこともある。（稲葉 二〇一三：八四―八五）

その後は、東京都と運動体との間で現在のホームレス対策の柱の一つである「自立支援センター」の原型となる施設の開設の是非をめぐってのせめぎあいが続いたのち、一九九七年一〇月の団体交渉において、開設する施設を「排除の受け皿」にはしないことなどで合意し、運動体は自立支援事業を積極的に評価する方針へと転換した（本田 一九九八：一五〇）。それからまもない一九九八年二月七日未明に、インフォーメーション広場裏手の段ボール小屋を火元とした火災が発生した。この火災により野宿者四名が死亡し、焼け出された人の多くは行政が用意した臨時施設に被災者として入所した。そして同年二月一四日、運動体は新宿西口地下より「自主退去」し、段ボール小屋の集落は姿を消した。(7)

第三節　集落の成立・存続を可能にした条件

前節でみたように、数年という限られた期間であったとはいえ、新宿という東京の一大都心地区における数百人の野宿者による段ボール小屋集落の形成は、物理的・地理的・社会的なさまざまな条件が絡み合う中で可能となった出来事であった。本節では、そうした条件についてあらためて整理する。

（一）壁と柱

まず、物理的な条件としては、地下空間であるがゆえに雨露をしのぎやすい、ということに加え、一九八九年に四号街路に車道と歩道を隔てる壁ができたことにより密閉度が高まったことや、柱の存在を挙げることができる（先の図4-1参照）。一九九六年一月二四日に強制排除が行われるまで、野宿者の段ボール小屋の多くは四号街路に集中していた。この四号街路は、両脇二・五mほどの側道と中央通路を隔てるように約一m四方の柱が六一本ずつ並んでおり、通行人の多くは柱と柱の間の中央部分を通っていた。この柱と車道側の隔壁との間の側道は人通りがまばらであったため、柱に段ボールの壁を立てかける形で寝床や小屋を作りやすい構造になっていた。さらに、この柱には一本一本にナンバリングが施されており、そうした番号は、例えば「俺の小屋はBの二八番」という具合に、野宿者が互いの小屋や寝床の場所を特定する住所のようなものとして活用されてもいた。

(二) 利便性

また、地理的にも新宿は野宿者が生きていくうえでも利便性の高い空間であった。就労面では、前節でも述べたように、新宿は高田馬場の寄せ場にも近く、また新宿駅等でも手配が行われていたという条件から、日雇労働者の就労場所であると同時に、簡易宿泊所やカプセルホテルの宿泊費を捻出できなくなった人々にとっての野宿場所でもあった。さらに、JRおよび私鉄の鉄道路線が多数乗り入れているターミナル駅であるという交通の便の良さは、各地の日雇仕事等へ向かう際にも好都合であった。

また、一九九〇年代には、都心部の野宿者の間では、収入源となる雑業として「本集め」がある程度の広がりをもって行われていた(8)。これは、通勤通学客が駅のホームのゴミ箱等に捨てていった新品同様の週刊コミック誌等を拾い集め、そうした雑誌を格安で売る露店に買い取ってもらう、という仕事である。当時、新宿駅周辺にはそうした露店がいくつも存在しており、鉄道に乗って各地の駅のホームをまわって雑誌を拾い集めそれを露店に持ち込む上でも、ターミナル駅である新宿を生活の拠点とすることには大きなメリットがあった。

さらに、新宿駅は東口の歌舞伎町や西口の繁華街にも隣接しているために、さまざまな生活物資の調達も相対的に容易であった。特に西口は、飲食店などに加え、家電量販店やパソコン専門店がいくつも立地していたため、毎日大量の段ボールが廃棄されており、寝床や小屋の材料として段ボールを入手することが容易であった。また、当時は駅周辺のファストフード店などから、調理から一定の時間が経って売り物にならないとされた（まだ食べられる）食品が日々大量に廃棄されており、そうした食品をもらったり拾ったりすることで日々の食事をまかなっている人もいた。

（三）段ボール小屋の進化と可視性の高まり

一九九〇年代の新宿においては、野宿する人の数が増加しただけでなく、段ボール小屋も増加し、その大型化や常設化、さらに製作技法の高度化も進み、その可視性も高まっていった。

例えば、一九九四年五月に筆者が四号街路に五日間寝泊まりして観察した際にみられた段ボール小屋の多くは、「小屋」とはいっても、路面に寝床程度のサイズになるように段ボールを二、三枚敷き、その周囲を腰の高さ程度までの段ボールで囲い、就寝する際に屋根代わりに段ボールの蓋をかぶせる程度の小ぶりな物だった。その製作技法も、ＰＰバンド（家電量販店などで段ボールを縛る際に用いられる幅一㎝程度のプラスチック製の帯）にハサミで切れ込みを入れて裂いて紐状にし、一枚では長さが足りない段ボールを複数枚つなぎ合わせるために、段ボールを重ねた部分にハサミで穴を二カ所開け、ＰＰバンド紐を通してつなぐという比較的シンプルなものであった（図４・２）。

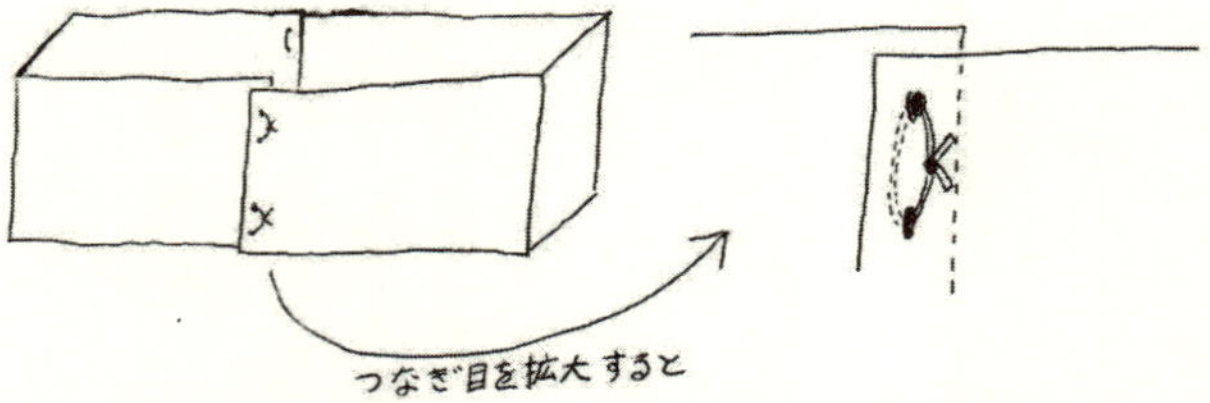

図 4-2　1994 年 5 月時の段ボール小屋の構造（北川由紀彦記録）

また、その設置形態も、夜間のみ組み立てて小屋・寝床として使い、日中は畳んで束ねて駅周辺の植え込みなどに隠しておくという移動型[9]の小屋が少なくなかった。しかし時間の経過とともに、終日小屋の形態を保ったままにしておく常設型のものが増えていった。また、複数人が中でくつろげるほどの広さをもち、壁の高さも、胸あるいはそれ以上の高さでプライバシーがある程度保たれるような大型の小屋も目立つようになっていき、その製作技法も進化していった。例えば、運動体が支援者等に向けて発行していたリソグラフ刷りのニューズレター『新宿ダンボール村通信』の第三号（一九九七年三月三〇日発行）

の特集「ダンボール村のイエづくりムラづくり」での解説によれば、小屋の素材として、段ボールに加え、板、釘、ビニール紐が、また道具としてノコギリ、菜箸（段ボールに開けた穴にビニール紐を通す際に縫い針のようにして使用）が挙げられており、その構造もより頑丈なものへと進化している。このことは野宿が長期化する中で住居としての小屋の構造・工法が高度化していったことと同時に、板、釘、ビニール紐など、「段ボール小屋を作るため」に必要な素材や道具の幅が、運動体あるいは「名人」等による支給や貸与あるいは購入が必要な物にまで広がっていったことを意味してもいる。さらにこの「特集」で示された「ダンボールハウス」の工法への反応として「あんなのは単なる規格サイズ」「俺のハウスはまた違う」などの「クレーム」が野宿者たちから寄せられ「臨時のダンボールハウス講座があちこちで開かれ」たことが一九九七年七月三一日発行の『新宿ダンボール村通信』第五号に記されている。このように、段ボール小屋はもともとは、野宿という状況を少しでもましなものにするために野宿者間での見様見真似で発明されていったものであったが、それが大型化・常設化・高度化され、また運動体を触媒として加速されていくことによって、多くの野宿者を新宿の地下に呼び寄せる要因の一つとなっていった。

（四）社会的関心の惹起

そのような野宿者の増加と「集落」の可視性の高まりは、「道路や地下広場の不法占拠であり追い出しもやむを得ない」といった否定的な反応を呼び起こしもしたが、一方で、野宿者への幅広い社会的関心も惹起した。例えば、野上亜希子の整理によれば、新宿周辺で野宿者の支援等を行う団体は一九九七年一月時点で九団体となっており、そのうち八団体は食料や日用品の提供活動を行っていた（野上 一九九七：五五）。各団体が配布していた食料等の種類や量はさまざまであるものの、こうしたさまざまな物品が野宿者達の生活資源の一部となることで、野宿者が新宿に集まる（決定因とは言えないまでも）一因ともなっていた。さらに、画家の武盾一郎は一九九五年頃から、段ボール小屋をキャンバスとして二〇〇点近い色とりどりの絵画を描いていった。[10] そのことは結果的に、「集落」の可視性をいっそう高めると同時に、通行人をはじめとしたさまざまな人々の注目をさらに集めることにも寄与した。

（五）運動の生成と持続

前節でも触れたように、野宿者の段ボール小屋あるいは寝床は行政による定期的な撤去の対象とされてきた。そうした状況にある程度の歯止めがかかる契機となったのが、一九九四年二月の大規模な強制撤去（および野宿者の強制排除）である。これを受けて行政への抗議行動が野宿者・支援者によって開始され、運動体が結成され、抗議行動が継続されていき、強制撤去には一定の歯止めがかかるようになり、B通路には段ボール小屋が林立していくようになった。一九九四年末に運動体は、ある野宿者の発案でホウキとチリトリを大量に購入してB通路の各小屋に配給し、「追い出しの口実を作らない」をスローガンとして、集落の住人たちによる段ボール小屋周辺の清掃活動などを積み重ねていった（笠井 一九九九：一六九）。さらに一九九五年秋には、「動く歩道」設置計画への抗議行動を展開していく過程で、運動体は「集落」について対外的に発信していく際に「新宿ダンボール村」という呼称を用いるようになった。また、一九九六年一月の四号街路からの強制排除後に運動体が「インフォメ前」に「緊急避難所」を設置し、それが「集落」の再建の母体となっていったことは前節で触れたとおりであるが、それから一九九八年二月の火災発生までの間も運動体は、行政に小屋の強制撤去をさせない状況を作り出していった。例えば、東京都による西口地下広場の「全面清掃」の際には、運動体は清掃に協力する姿勢を示し清掃時に小屋をいったん清掃に支障がないように移動させる一方で、清掃後に段ボール小屋を元の場所に戻すことを東京都に黙認させ、さらに小屋を追加で新築していった（本田 一九九八：一四六―一四七）。運動体の支援者向けのニューズレターの名称は一九九六年一一月に『連絡会通信』から『新宿ダンボール村通信』に改称されたが、このこともまた、運動体にとって「集落」（を通じた野宿者の共同性の形成と発現）が重要な意味をもつようになっていったことを象徴している。

第四節　多様な集団の簇生と活動

前節の最後では、運動体にとっても「集落」が重要なものとして位置づけられまた意図的にその維持・再建・拡充が図られていったことについて触れた。当時の新宿において野宿者達が紡ぐ社会関係の一部として運動体という組織があったことは確かだが、それはあくまでも「一部」であって、野宿者達はさまざまな社会関係——集団と呼べるほど明確な外縁をもつものもあればそうでないものもあった——を紡いでいた。支援者が参入することによってフォーマルな運動体が結成されるのは一九九四年二月の強制排除を受けてのことだが、それ以前の時点においてすでに、野宿者間での自発的な協力関係は生まれていた。例えば、新宿駅西口地下の状況について報じた一九九三年一二月二日の新聞記事「年の瀬ここで過ごさせて下さい　路上生活者が『越冬隊』東京・新宿」によれば、四号街路等で野宿する人々は「食べ物を分け合ったり、段ボール小屋の作り方を教えたりするだけではなく、通行の邪魔にならない小屋の作り方や、立ち小便禁止のルールを決めたりし」ていたという。具体的には西口地下のある地下道では「午前六時、通勤客の現れる前にIさん（五四）ら数人が周辺のゴミ集めをする。段ボールを通路にはみ出すようにして寝ている人には「壁沿いになってくれ」と注意して回」り、別の地下道では「Yさん（五八）らが、毎朝、置きっ放しになっている段ボールの後片付け」をするなどしていて、「追い出しムードの高まりと、新たな〔引用者注：路上〕生活者の増加の板ばさみで、越冬隊の活動を始めたIさんらは『いること自体が迷惑と言われるが、せめて迷惑がひどくならないようにしないと……。取り締まりが強まると、行き場がなくなる。この季節、もう野宿は無理だ』と話す」（『朝日新聞』一九九三年一二月二日夕刊、人名は引用にあたり仮名とした）。

また、運動体が結成されて以降、西口地下を含む新宿駅周辺ではさらに多くの野宿者が段ボール小屋を構えるなどして生活するようになっていったが、運動体の積極的な担い手として関わった野宿者はそのうちの一部であった。まず、他の野宿者と関わりをもつことをできるだけ避ける生活を志向する人々がいた。例えば山口恵子は、西口地下の段ボール小屋を生活の拠点とはしながらも「本集め」で独力で生計を立て周囲の野宿者との関わりは最小限に保とうとする「一匹狼」の野宿者の姿を描き出している（山口　一九九九）。またその一方で、特定の野宿者と持続的な関係を築くことで生成・維持される集団も、新宿駅周辺のあちこちに簇生していた。それらは例えば、ある人は「本集め」、ある人は日雇労働といった具合にそれぞれに異なる仕事に従事しながらその収入や食料を持ち寄ることで生計を共にする集団であったり、野宿場所を同じくし、就寝前のひとときには談笑しつつも互いの収入源などについては秘匿し合うことで注意深く相互の社会的距離を調整することで維持可能となるような壊れやすい集団であったりもした（北川 二〇〇一、山口 一九九八aなど）。

またそうした野宿者の集団の中には、親分・子分のような垂直的な関係のもとで組織的に古雑誌の露店を経営するようなものも現れていた。こうした集団は、経済的共同体としての側面も持つと同時に、その内部においては親分格の者から子分格の者への暴力の行使と庇護とが混在しており、野宿者間の水平的な関係を志向する運動体に対してはしばしば敵対的な姿勢を示してもいた（北川 二〇〇一、山口 二〇〇六）。

一九九〇年代の新宿駅西口地下に段ボール小屋集落が形成され存続し、そのことがさらに多くの野宿者を集めていった過程において、運動体の結成とその活動の展開が果たした役割は大きい。ただし、当時の新宿において野宿者がその生存のために行っていたさまざまなレベルでの共同の営みは、必ずしも運動体の活動や理念に共鳴してなされたものでもないし、運動体に完全に包摂されるような性質のものでもなかった。個々の野宿者が野宿という状況の中で個別の利益を追及する過程で生じた共通の必要が、段ボール小屋という住居の発明・共有やそれを守るための活動、集団の形成といったさまざまな共同行為を生み出し、そのような共同行為の一部が、運動体を通じて運動へと水路づけられていった、というほうが適切であろう。

第五節　結果的に生み出される協力

ここまで述べてきたことをまとめよう。一九九〇年代から一九九八年二月にかけて、新宿駅西口地下という空間には、野宿者による段ボール小屋の集落が形成され、それは日本における「ホームレス問題」の黎明期にさまざまな社会的なインパクトを与えた。この「集落」の形成と存続を新宿において可能にした条件としては、まずその地理的・物理的な条件を挙げることができる。それは、地下道であることによる屋根の存在や、車道との隔壁や柱が存在することによる空間的な空隙の存在であり、ターミナル駅であることによる就労上の高い利便性や、繁華街に隣接していることによる食料や段ボールなどの生活物資へのアクセスのしやすさであった。また、段ボール小屋の生成と進化は、それ自体が野宿者の可視性を高め、新宿への野宿者のさらなる集積をもたらす呼び水となっただけでなく、強制排除を契機とした運動体の結成をもたらすとともに、広汎な社会的関心を惹起し、運動それ自体にとっての象徴ともなり、そのことがさらに集落の再建・維持を可能とするような社会的条件を作り出してもいった。そうした状況は、運動体によってのみ作りだされたものではなく、個々の野宿者が路上での生存のためにさまざまな形で作り出してきた共同行為——運動体の形成や活動もその一部であるような——によって生み出されたものであったといえよう。

二〇世紀前半に社会学的都市研究を推進したシカゴ学派の第二世代の中心人物であるR・E・パークは、当時の動植物の生態学のアナロジーから「人間生態学（human ecology）」を提唱した。そこでは、人種や民族が異なる多様な諸個人の社会的交渉を伴わない無意識的な相互作用である「競争（competition）」が最も基礎的な相互作用の形態と定義され、競争に基礎づけられた共生状態である「コミュニティ（community）」から、社会的接触によって生じる「闘争（conflict）」「応化（accomodation）」「同化（assimilation）」という過程において社会統制への合意形成がなされ「ソサイエティ（society）」へと社会が移行していくことが想定されており、こうした立論はのちに「均衡論的変動論」へ収斂していく議論であるなどとして批判されていく（吉原・桑原 二〇〇四）。筆者としては、こうした「コミュニティからソサイエティへ」という社会進化論的で予定調和的な社会観を踏襲するつもりはない。しかしながら、こうした議論を提唱する中でパークらが言及した「競争的協力（競争的協同 competitive co-operation）」（Park & Burgess 1921; Park 1936）という概念がもつ可能性を再度見直してみたい。パークらによれば、「競争は常に、非人格的社会秩序——その中では、個々人は自己利益を自由に追求でき、そしてまたある意味、そのようにすることを強いられる——を創出し、他の個々人をそのための手段とする。しかしながら、その過程を通じて個人は必然的に、相互に尽力し合うことによって共通の福祉を生み出すことに寄与する」（Park & Burgess 1921 = 2009: 280 北川訳）。私たちが社会的な「協力」ということを考えるとき、しばしば、私的利益の追求を抑制して妥協し協力する、ということを想定しがちである。しかし、パークらがいう「競争的協力」は、個々人が私的利益を追求し競争しあうことを通じて結果的に個々人が得られる利益が総体として増加する、という現象を指している。本章で考察した一九九〇年代の新宿の段ボール小屋集落の形成過程においては、野宿から抜け出すために利用可能な支援策等がほとんどない当時の状況下において、法の埒外におかれ路上に放置された人々が、少しでもましな寝場所や生活物資の獲得などの自己利益追及のために新宿という空間に集まっていた。そこでは、野宿者同士が協力することそれ自体が目的として共有されていたわけでは必ずしもない。しかし、多くの野宿者が集まったがゆえに、野宿場所の確保・維持のための協力の必要を生み出すとともに、段ボール小屋の発明と進化によってその存在の可視性が高まったことにより外部からのさまざまな支援を呼び込み、結果的にある程度の「共通の福祉」を生み出してきたということなのではなかったろうか。

そして段ボール小屋集落の消滅から四半世紀あまりが経過した。現在、都心の歩道橋の階段下には野宿者が小屋などを構えられないようにフェンスが張られ、公園のベンチには人が横になれないように仕切りが設置され、地下道の空き空間にはプランターやさまざまな「排除型オブジェ」(五十嵐 二〇〇四、二〇二二)が設置されるなどして、公共空間の中で野宿者が身体を休められるような空隙は減少している。本章で取り上げたような野宿者の巨大な集落が都心部において再度形成される可能性は非常に低いかもしれない。またその一方で、いわゆるホームレス支援策も多様化した。本章では詳しくは踏み込まないが、自立支援センターなどの施設に入所したり生活保護を申請・受給してアパートに入居したりすることは、一九九〇年代よりも相対的に容易になった。いったん野宿に至っても短期間で野宿から抜け出す社会的な機会はかつてより増大している。それでも、そうした支援策がアパート生活の獲得や維持につながらなかったり、「自分で働けるうちは世話になりたくない」と支援を受けること自体を拒否したり留保したりする人々は絶えず生み出されてもいて、野宿者の小規模な集落が完全に消滅したわけではない。路上で生きることを余儀なくされる人が「いなくなる」ことは、これからもおそらくない。そうした人々が生存のために路上や河川敷で小規模ながら作り上げている社会を手がかりとして、私たちは〈社会〉をどうアップデートしていけるだろうか。

注

(1) 具体的な団体名としては「新宿連絡会」(正式名称は「新宿野宿労働者の生活・就労保障を求める連絡会議」)。「山谷労働者福祉会館・人民パトロール班」、「渋谷・原宿生命と権利をかちとる会」、「新宿闘う仲間の会」の三団体によって一九九四年八月に結成された。

(2) この時期のホームレス問題の展開過程について新宿に注目して論じたものとしては、Hasegawa (2006)、北川(二〇〇二a)、山口(二〇〇六)、山本(二〇二〇)など。

(3) この点に関しては山口恵子の一連の論考を参照(山口 一九九八a、一九九八b、一九九九、二〇〇一、二〇〇六)。また筆者もこの点についてかつて集団形成の観点から論じたことがある(北川 二〇〇一、二〇〇二b)。

(4) 東京都が一九九〇年代より年二回定期的に実施している野宿者概数調査に基づく。減少の要因としては、「自立支援センター」や「地域生活移行支援事業」(路上からアパートへ入居させる事業)などの「ホームレス対策」の枠内で実施されている施策の拡大と、民間団体が運営する「無料低額宿泊所」や無届けの施設(大半は入所者が受給する生活保護費から徴収する施設利用料等によって運営)の増加により、野宿からの受け皿が拡大したことを挙げることができる。ただし、この東京都による概数調査は日中の目視調査が中心であるため、野宿者の中でも、テントや小屋を構えずに日中はあちこちを移動していて夜間にビルの軒下や公園などで野宿をしているいわゆる「移動層」はカウントから漏れる傾向にあるため、実態よりも少なく計上される傾向にある。例えば、NGO団体ARCHが二〇一六年から夜間に都内の一部の区で実施している目視調査では、東京都の調査結果よりも多くの人数(例えば二〇一六年八月の五区での調査では東京都概数調査の二・七九倍)が計上されている(ARCH 二〇一六)。

(5) 特に注記がない部分については、新宿連絡会編(一九九七)、笠井和明(一九九九)に依拠した。

(6) 「飯場」とは建設業者が保有する作業員宿舎の俗称で、労働者は数日、数週間あるいは数ヵ月の単位で業者と就業契約を結んで飯場に寝泊まりし、そこから業者が受注している工事現場などに通う。

(7) この自主退去時に際し「集落」の住人で施設入所をしなかった人々は、新宿中央公園に移動しテント村を作るなどした。

(8) 二〇〇〇年に東京都区内で行われた野宿者調査では、新宿を含む西部エリアでは回答者二三四人中三五人(回答者全体の約一五%、収入の入る仕事をしている人のうち約二五%)が「本集め」を行っていた(都市生活研究会 二〇〇〇:資料一五)。露店での雑誌の売価はおおむね一〇〇円、買取価格は五〇円だった。詳細については、山口恵子(一九九九、二〇〇一、二〇〇六)を参照。

(9) 「移動型」「常設型」という段ボール小屋の種類の呼称は、二〇〇〇年前後に野宿者を対象に行われた大量調査の報告書などで用いられるようになった言葉であって、野宿者の間でそうした表現が使われていたわけでは必ずしもない。

（10）武は段ボール小屋に絵を描き始めた動機については「特に自分自身でもはっきりしていたわけじゃなくて、何か後ろから押されてやり始めてしまった感じがある。何かここ（ダンボールハウス）に絵が有るべきなんじゃないか、という『予感』だけがあった。〔……〕新宿のストリートの風景の中でも特にあそこ（ダンボールハウス村）にひきつけられてしまったということなんです」と語っている（武・小倉 一九九七）。

文献

ARCH（Advocacy and Research Center for Homelessness）二〇一六「二〇一六年東京ストリートカウント・プロジェクト報告書《簡易版》」https://docs.wixstatic.com/ugd/e65dfe_afb81ed127b7464195f168cb46ecb853.pdf（最終閲覧：二〇一九年七月一日）。
五十嵐太郎 二〇〇四『過防備都市』中央公論新社。
―― 二〇二二『誰のための排除アート？――不寛容と自己責任論』岩波書店。
稲葉剛 二〇一三「新宿ダンボール村の歴史」迫川尚子『新宿ダンボール村――迫川尚子写真集一九九六―一九九八』DO BOOKS、八一―八八頁。
笠井和明 一九九九『新宿ホームレス奮戦記――立ち退けど消え去らず』現代企画室。
北川由紀彦 一九九七「新宿四丁目旅館街の形成と変容――非定住的日雇労働者との関連において」『現代日本社会に於ける都市下層社会に関する社会学的研究』（平成七～八年度文部省科学研究費補助金総合研究（A）成果報告書［課題番号：〇七三〇一〇六八］・研究代表者田巻松雄）：九一―一〇六。
―― 二〇〇一「野宿者の集団形成と維持の過程――新宿駅周辺部を事例として」『解放社会学研究』一五：五四―七四。
―― 二〇〇二a「〈ホームレス問題〉の構成――東京を事例として」『解放社会学研究』一六：一六一―一八四。
―― 二〇〇二b「野宿者の貧困と集団形成――新宿駅周辺部を事例として」小馬徹編『くらしの文化人類学 五――カネと人生』雄山閣、二四五―二六七頁。
山谷九二―九三越年・越冬闘争実行委員会人民パトロール班 一九九三『路上から撃て――山谷九二―九三越年・越冬闘争人民パトロール報告集』。
新宿連絡会編 一九九七『新宿ダンボール村――闘いの記録』現代企画室。

武盾一郎・小倉虫太郎 一九九七「路上画家武盾一郎氏に聞く——新宿駅西口ダンボールハウス村より」『現代思想』二五（五）：五六—六四。
特別区協議会編 二〇一七『特別区政研究 八——路上生活者問題に関する都区検討会（平成二九（二〇一七）年度調査研究報告書）』。
都市生活研究会 二〇〇〇『平成一一年度路上生活者実態調査』。
野上亜希子 一九九七「『社会的弱者』をめぐるサポートシステムのあり方——新宿・路上生活者をめぐる支援を事例として」『環境文化研究所 研究紀要』七：四一—六八。
本田庄次 一九九八「新宿ダンボール村の闘い——焼失から自主退去を決断した根拠」『寄せ場』一一：一四四—一五五。
山口恵子 一九九八a「新宿における野宿者の生きぬき戦略——野宿者間の社会関係を中心に」『日本都市社会学会年報』一六：一一九—一三四。
—— 一九九八b「『こじき』と『こつじき』の間にて——新宿における野宿者のアイデンティティ構築過程」『社会学論考』一九：一—二〇。
—— 一九九九「見えない街の可能性——新宿で野宿する一人の「おじさん」の語りから」青木秀男編『場所をあけろ！——寄せ場／ホームレスの社会学』松籟社、一六五—一九五頁。
—— 二〇〇一「現代社会における都市雑業の展開——新宿、隅田川周辺地域の事例より」『広島修大論集』四二（一）：一二九—一五二。
—— 二〇〇六「都市空間の変容と野宿者——九〇年代における新宿駅西口地下の事例より」狩谷あゆみ編『不埒な希望——ホームレス／寄せ場をめぐる社会学』松籟社、五六—九八頁。
山本薫子 二〇二〇「貧困をめぐる社会運動——ホームレス・生活困窮者にかかわる支援運動を中心に」長谷川公一編『社会運動の現在——市民社会の声』有斐閣、二五三—二七六頁。
吉原直樹・桑原司 二〇〇四「都市社会学の原型——R・E・パークと人間生態学」宝月誠・吉原直樹編『初期シカゴ学派の世界——思想・モノグラフ・社会的背景』恒星社厚生閣、一〇五—一一九頁。
Hasegawa, M. 2006. *"We Are Not Garbage!": The Homeless Movement in Tokyo, 1994-2002*, New York: Routledge.
Park, R. E. & E. W. Burgess 1921. *Introduction to the Science of Sociology*. Chicago: University of Chicago Press. (= 2009, Blackmask Online.)

Park, R. E. 1936. Human Ecology. *American Journal of Sociology* 42 (1): 1-15.（ロバート・E・パーク 一九八六『実験室としての都市――パーク社会学論文選』町村敬志・好井裕明訳、お茶の水書房、一五五―一八〇頁）

第5章 物音と逃奔、そして帰還
――ハウジング・オンリーの抑圧

山北輝裕

J：あんときは…音がどんどんする…して…だんだんそれが気になるようになって…（中略）たぶん隣の人かな…そんなこと言うとあれだけど…（中略）自分が悪い。最初…きっかけを作ったのは自分なんだろうと。テレビの音をうるさくしてたから…朝っぱらから。たぶん向こうの人が怒ってかなと…たぶんそれで…ようするにドンドンが始まったから…嫌になっちゃって出ちゃった（中略）。

――：まあ単純にうるさいからもう嫌になったみたいな？ そんな感じ？ なんか直接言われたりとかではなく？

J：直接は言われなかったですけど……うーん…そういうやら、やら、やられるのが嫌なんですよね、ドンドンやら…ようするに嫌がらせじゃないけど…ドンドンやられていくと…嫌になっちゃうじゃないですか人間へへ…いなくてもいいやって思って…はい。[1]

第一節 ノイズ#1――デテイク・デテイケ・デテイイヤ

消え入りそうな声で語られた冒頭の引用は、ホームレス状態の際に、支援団体（東京プロジェクト）[2]と出会ったJさん（五〇代：男性）が、支援を受けてアパートへと入居した後に、そのアパートから退去した際の経緯について語られたものである。人がすれ違うことも難しい急な階段を上がった先に、向かい合わせの部屋がある木造の古いアパートの一室。持ち物がほとんどないJさんの室内は、外観に反して思ったよりも広く感じた。Jさんはある日、その部屋から支援者に告げることなく出ていった。

ホームレス状態の人々に対して、施設入所ではなく適切な住まいをまず提供するハウジング・ファーストという支援策が欧米先進国で採用されている（Padgett et al. 2016; Tsemberis 2010）。従来の施設収容型の政策と比べて、ハウジング・ファーストは当事者が住宅に留まり、住み続ける期間が長く、リカバリーにも有効であることが指摘されている（Tsemberis et al. 2004など）。ハウジング・ファーストは住宅を権利とみなし、施設の管理体制を批判し、当事者の選択と決定権を重視する。東京プロジェクトもこのアプローチを日本で実現するべく、日々の支援活動を行なっている。

ホームレス状態の人々を支援するにあたって、住まいを重視する支援観からすれば、冒頭のJさんは「家を提供したにもかかわらず自ら出て行く利己的な人」としてうつるだろうか。あるいはもっと適切な住宅であればこうしたことは起こらないと想定して、支援者たちは住宅のさらなる充実を社会に訴えるだろうか。

とはいえ、Jさんは隣人からあからさまな批難や追い出しを受けたわけではない。またそもそもその隣人の物音の原因は、Jさんに起因するかどうかも定かではない。Jさんは「独り相撲」をしているだけかもしれない。おそらくJさんにかかわった多くの支援者はこう思ったに違いない。「なぜ自分が悪いと決まったわけでもないのに、わざわざ自分から出て行くのか……」と。

しかし他方で、Jさんは「ドンドン」という物音を「嫌がらせ」の声として、確かに聞いている。実は筆者が知るかぎり、Jさんがこのような理由で住居から出て行った経験は三度目であり、この時の部屋の隣人がたまたまというわけでもなさそうだ。

ホームレス状態の人々の支援にあたっては「まずは住宅」というハウジング・ファーストの理念や、住宅が入居者の安心を高めるというエビデンス（Padgett 2007）に挑戦するかのように、Jさんにとってアパートは安心できる空間ではないのだろうか。いや、いうまでもなく住宅はホームレス状態の人々にとって最も高いニーズであり続け、住宅と移行した後の生活の安定との相関は揺るぎない事実として報告されている（Tsemberis et al. 2012）。この事実は何度でも繰り返し強調されていい。

実際に日本全国の支援団体も、アパート入居後の利用者の安定した生活を報告している（稲月 二〇二二、山田 二〇二〇）。[3]

他方で、しばしば利用者が施設に入った後に自ら退所することは一定程度あり、そうした事態は運営者から「自主・無断退所」としてカウントされることが明らかにされている（後藤 二〇一七）。[4] また施設入所・退所を繰り返す人々の「施設たらいまわし」の状況に対して、そのコストが問題視される（Hopper et al. 1997）。ハウジング・ファーストの支援の文脈に、この観点が滑り込んでしまうと、たちまちJさんの家出も「自己都合」の「失踪」として埋もれてしまいかねない。施設から出ることと、アパートから出ることは寸分違わず重なる性質のものではないにもかかわらず、「部屋を提供すれば、そこで支援は終わり」といった施設収容型のハウジング・オンリーの想定が自明視されてしまうとき、入居者にとって「定着して住まう」という理想は重圧に転化しないだろうか。その時、まるでその部屋が重圧を加える主体のひとりとなるかのように。

そこで本章では個人の主体的な失踪（デテイク）でもなく、他人から強いられた退去（デテイケ）でもない、人間と非人間（本章は「音」と「住まい」に着目する）の関係のもとで生成している逃奔（デテイイヤ）とはどのような経験なのかを考察したい。そのことで、その選択すべてをJさん個人に起因させる視点からも、そして環境決定論的な視点からも距離をとり、人とモノを含めた状況的なあり方が人の行為とモノの意味を決定していく（三上 二〇一九）、その様相を描きたい。

第二節　日本の「仮住まい」

日本の戦後の住宅政策は「持ち家」に特化したものであるといわれている。一九四一年の持ち家率は二二・三％（二四都市）にすぎないが、二〇一八年には六一・二％におよぶ（平山 二〇二〇ａ）。「標準家族」モデルと住居構造（nLDK, nDK）の結びつきが強化される一方、他方で賃貸層への政策はほとんどなかった（平山 二〇二〇ｂ）。賃貸の「仮住まい」は、「標準」からはずれた一時的なものとみなされてきた。[5]

齊藤誠ら（二〇一八）は都市の人口の高齢化と住宅の老朽化が重なる現象を「都市の老い」として実証的に検証している。宗健によると、旧耐震物件である一九八一年以前に建築されたものを老朽化物件とした場合、東京二三区の賃貸共同住宅の老

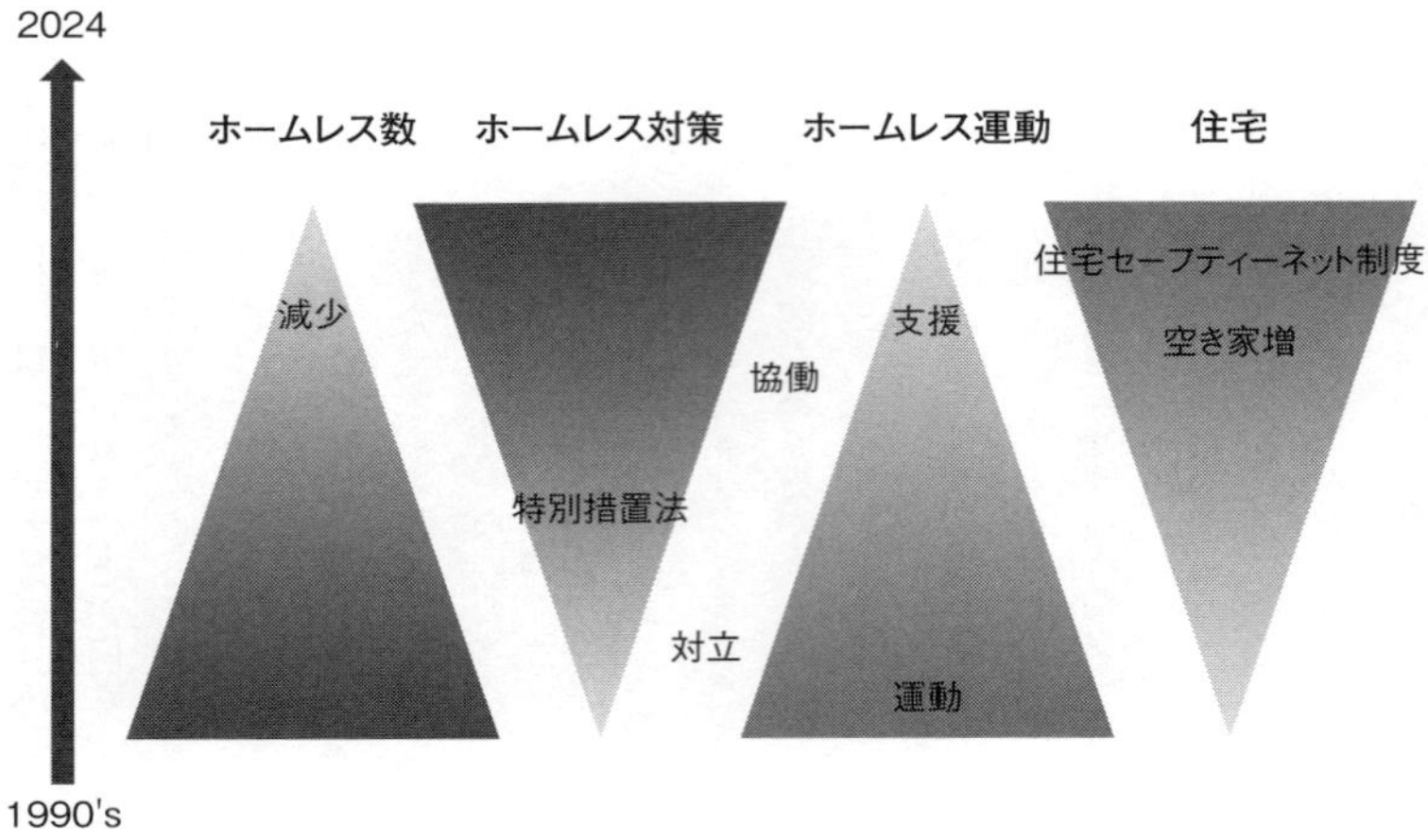

図 5-1　市場の論理とケアの論理のもつれ

朽化率は高く、なかでも一九五〇年代から急激に増加した木賃アパート[6]が集中したいわゆる「木賃ベルト地帯」である環状七号線の内側で老朽化率が二〇%を超える場所が多いとされている（宗 二〇一八：一五八―一五九）。また首都圏は一九六〇年代の人口集中によって建設が進んだ共同住宅が、建て替えられないまま多数存在しているが、その背景として、建築基準法の改正により既存不適格となった物件の更新が抑制された可能性が指摘されている（宗 二〇一八：一六四）。

ホームレス状態を経験し、現在は生活保護を受給する人たちの多くが、こうした老朽化した低家賃住宅で生活しているといわれているが、そこには低質であっても、低所得者にとっては入居可能な住宅としての意義があるというジレンマが存在する（岸岡ほか 二〇一三：一〇九）。

なかでも二〇〇四年から二〇〇七年に東京都で実施された地域生活移行支援事業[7]の移行先の住宅の検証を行った岸岡のり子らによると、物件は一九七〇年前後の建築年がピークであったとされている。また一九八一年の新耐震基準以前の物件が使用され、専有面積は平均一九・六㎡にとどまり、一般的な流通市場と大きく異なることが指摘されている（岸岡ほか 二〇一三：一一五）。

まさに日本の住宅政策と「都市の老い」、そしてホームレス対策[8]の三つのプロセスの重なりを背景に、これまで出会わなかった人とモノが出会い、再配置されることとなった。そしてさらに、「空き家を使う」という市場の論理と（「平成三〇年住宅・土地統計調査」によると、なかでも豊島区の空き家率は一三・三％）、民間の野宿者支援団体が訴える「住宅は権利」という理念が重なっていく。また同時に、支援団体は路上での野宿を「非人道的」と考え、アパート生活への移行を支援するが、他方で、路上で野宿するホームレスの人々をゼロにしたい社会の意図が重なる（図５‐１）。

Ｊさんが出会った支援団体、東京プロジェクトも生活保護基準の限度額（一級地単身の場合五万三七〇〇円）やオーナーの意向を背景に、現時点では低廉な民間の住宅を採用せざるをえない。こうした事態を前に、規制されていない民間賃貸の市場はアフォーダブルかつ長期の住宅を提供できない（Parkinson & Parsell 2018）というハウジング・ファーストへの危惧も交差する。(9)

したがって、Ｊさんの退去を「利己的な失踪」とみなすことで見えなくなってしまうのは、むしろこのような「都市の老い」の状況下で、「市場（選択）の論理とケアの論理（Mol 2008 = 2020）が意図せずもつれるなかに、生活困窮者やホームレス状態の人びと、そして支援団体が置かれているという事実である。(10)

第三節　ノイズという準‐客体

二〇〇七年のバルセロナの大停電の中で起きたカセロラダ（caceroladas）。人々はバルコニーやバーなどの開放的な空間から音をたてて抗議した。暗闇の都市に声が響く。停電になったことで、視覚よりも聴覚が突出する。こうして音の領域（soundspheres）が創造される。この事態をイザベル・ロドリゲス・ジラルトらは、音を単に実態のない包みではなく、都市空間の構成要素であるとし、音の領域への着目によって、他者や私たち自身、そして自分が住む空間や場との関わり方を再考することをせまっている（Giralt et al. 2010: 180）。

実際、都市空間には音がある。音は、私たちと都市空間との関係における永遠の主人公であり、その空間と住民の物語と理解に不可欠な要素なのだ。ノイズは音楽のように、都市の日常生活の音の一部、まさにその表現の一部を形成している。それは、その場所独自の居住方法の特徴であり、必然的に都市のライフスタイルに組み込まれている。各アパートは固有かつ認識可能な要素や特徴をもつ音の空間を構成している。目覚まし時計やトースターの音、潤滑油が必要なドアのきしみ音。そこに住む人々の声や口調、そして叫び声、それに足音も。ベルが鳴らされる音。好みのラジオ局、シャワー中の独特の歌い声といった固有の音である。しかしながら、この即時的な共鳴、即時的なつながりは、必然的に隣人やストリートのノイズと共存する。上のアパートの排水管の音や、引っ越してきたばかりの家族の言い争いや夜のパーティーの音、通り過ぎるタクシーのクラクション、ストリートでの挨拶、エンジンの音、予期していなかったデモの音など。総じて、こうした音は、私たちが耳を傾けることもなく、むしろその中に私たちが包まれていることに気づくような、都市特有の音の領域を形成している（Giralt et al. 2010: 180）。

これまでにも聞こえていた都市の〈音〉にもかかわらず、暗闇の中で突如〈音〉が前景化するとはどういう事態だろうか。Jさんの聞く物音は隣人が出すものだろうか。確かにそうだが、独り変わらぬ天井の下で、Jさんにとって姿形のみえないこの物音は積極的に働きかける。そして〈音〉と結びついた住まいは、Jさんが完全にコントロールできるものではなくなっていく。

J：普通に住めるんだ、いいなぁ！ なんてこっちはイヤホンだぜ。だからアパートそこでもそうだったけどイヤホンですよ…おかしくなって住めなくなっちゃって普通に住めなくなっちゃって……アパートに、普通の生活じゃないけど普通の音が出せなくなっちゃった……。ドンドンやられるから、それがトラウマみたいに……。アパート住むのおっかないんだよね…………。またやられるんじゃないかと思うとね…………。
―：なるほど、そうか……。
J：なんかされるんじゃないかと思って、だんだん怖くなっちゃうんですよね…………。全然知らない人だし………。
―：確かに東京ってそういう怖さありますよね。
J：怖いですよ、よく住めるなと思って。

Jさんはイヤホンをつけてテレビを視聴し、次第にあらゆる物音を立てないようにひっそりと部屋で暮らすことになる。そこではおそらく自身の身体の動きと部屋の中にあるモノを見つめながら、測量するかのように常に音の大きさを予期し、そしてそのうえで、隣人がもつ音量の許容範囲をも、まったく手さぐりのなか自身で予期するという日々をおくることになる。次第に〈音〉はJさんにとってその住まいの主人となり、〈音〉と部屋は客体ではなく、Jさんをそこから追い出す準 - 客体(Serres 1980 = 一九八七)となっていく。

この部屋の借り手はJさんであるにもかかわらず、次第にJさんのものではなくなっていく。そしてJさんにとって、「仮住まい」からの退去は、居場所がなくなることを意味するにもかかわらず、「住んでいられない」、飛び出すべき空間となってしまう。(11)

第四節　ノイズ#2――日本海の風と支援者たちの声

「この家にはもう二度と戻るまい」と決心し、扉を閉めるとき、そもそも人はどこに行こうと思うのだろう。最初はどこに向かうだろう。街を行き交う人たちは、自分のことなど知っているはずもなく、だんだんと彼らは風景として映りはじめ、店の看板や、ビルの輪郭がくっきりと浮かびあがってくるにちがいない。誰もいない場所に行きませんでしたか。それでも、タバコの煙をたどった先にきっと街灯があったでしょう。そういえば、しばらく誰とも話してませんでしたね。煙を上にふきながら、その光に向かって何か話しかけませんでしたか。どうすればまたあの家に戻れるのか。もう戻らずに、新しい場所で暮らしていくのか。答えの出ないまま、今日の寝床を探しませんでしたか(ある日の筆者のノートより)。

Jさんがアパートから出たと支援者から聞いて、私は彼が野宿になるたびに立ち寄っていた地域を徘徊してみた。「インタビューでJさんが話していた図書館はここかな。ここでビデオを見てたのか」。「どのパチンコ屋だろう。Jさんの話では漫画がたくさん置いてあると言ってたな。おそらくここだろう。ここで時間をつぶすんだな」。場所はだいたい特定できたものの、

写真 5-1　Ｊさんが野宿していた駅近くの繁華街（2019 年）

Jさんは見つからない（写真5 - 1）。

過去にもJさんは、アパートを出て、「なんとなくあっちのほう行ったら、なんかあるんじゃないかな」と、自転車で新潟方面や恐山まで行ってしまう。Jさんはかつて運送業でも働いていたので道には精通していたのだろう。ちなみに恐山ではまったく音が聞こえなかったらしい。

J：まあー、まあ言えば、暇つぶしでしょうね、簡単に言えばね……だからぐるぐるまわってるのと要は変わんないでね、気持ち的には……。あの、ま、そ、金持って出てってその●●のほう北のほう行ったのは、まあどうでもいいやっていう思いもあったし、まあ先に行って何かあればあったらでいいかっていうのもあったから、出てったってのもあったし、で、自転車買ったのは、お金がかかるからね、それだったらまあチャリンコでくるくるまわってるうちに、野垂れ死んでもいいかなってのが、はは、思いもあったし、まあ死んじゃっていいかなっていう思いもあったし、まあなんだろ。

語りだしの部分では、この自転車による移動を「暇つぶし」としていたJさんが、「どうでもいいや」、「何かあればあったらでいいか」、「まあ死んじゃっていいかな」と、「逃奔中」の思いが目まぐるしく多元的に語られていく。ただし最後に「なんだろ」と締めくくるように、どれもこれも確信をもったものではない。まるで状況がJさんを動かしていくかのように。

Jさんはこの「逃奔中」も、偶然知り合った農家の仕事を手伝ったり、教会に避難したりしつつも、土地勘のある関東地域で再び野宿をしていた。しかし再びJさんは東京プロジェクトが活動する池袋へと戻ってきた。どうしてJさんは戻ることを決意したのか。

J：なんかね、そんときはね……走ってるうちにね、なんだ…ぜんぜん知らない所にぽつんとひとりでいるのもなんか寂しくなっちゃったんだねちょっとね。

――：あ。

J：知らねえところぽつんとひとりで走ってるわけだから。

――：ふーん。

J：うーん日本海側を走って、こう道、ばあーっとこうなってるんだけどさ、こっち側、海でさ、そんなところを、はは、チャリンコで走って風が強い中走ってるとさ、だんだんなんかね、嫌になってきちゃったね、ははは。

――：ははは。

J：なんで、なんでだっていうのが、なんか、こう俺は何も知らない土地で死んじゃうのかと思ったらさ、ちょっと寂しくなっちゃったっていうかね…やっぱり違う土地のね、こう生まれたところの土地じゃないからさ、やっぱりさ、どこ行っても誰もいないしさ…うん、んなこと考えたらだんだん、だんだん〔関東圏に〕下がってきて、うん……なんかくじけちゃったんだね途中で、へへ。

日本海側の風の音はJさんをくじけさせ、自身がまったくのひとりであることを思い知らせることになった。Jさんは落ち着いて路上で寝ることができないなか、東京プロジェクトの支援者たちをふと「いまどうなってんのかなぁなんて」と、思い出す。そして、Jさんは再び東京プロジェクトの事務所へひょっこりと顔を出す。支援者たちはJさんを怒ることもなく「あ、よかったよかった」、「戻って、来てくれたほうがよかったんだよ」と無条件で歓待したという。Jさんは、支援者たちが怒ると思っていたが、予想をこえて支援者たちは会うたびに「よかった、よかった」「よく電話くれた」と口にしたという。

そうした支援者たちの反応からJさんは、「出ていった先で途中で亡くなるよりは、どこかで出てきてくれたほうがいいと彼らは思っている」と感じ、「なんか、迎え入れてもらったような、ね、逆にね」と、自身を受容してもらったと語っていた。

第五節　ノイズ#3――彼女とお母さんの声

Jさんには昔付き合っていた彼女がいた。Jさんによると、当時世間知らずの自分をその彼女が親身になって怒ってくれたという。誰にも「思いやり」を教わってこなかったというJさんは、三〇歳まで他人の気持ちがそもそもわからなかったと語っていた。そうしたJさんに、いろいろなことを教えてくれたのがその彼女だったという。

Jさんはある仕事を辞めて日雇いをしていた頃、その給料を彼女に渡していた。ただその頃のJさんは、車で生活をしていた。「たぶん別れてたんだろうけど、会ってたんですよね」という期間も含めて、彼女とは六年付き合ったそうだ。そして彼女に別の男性ができたことで、「いなくてもいいや」と自分から去ったという。

J：完全に別れてしばらくたって、自分がふらふらふらふらしてるときに、その、（他の）人と会ったときに、その子が言ってたことがでてくるわけですよ、あのときのあれはこうだったんだっていう、あっなるほどこういうことだったんだつって、こういうことだったんだ。それ四〇いくつんとき、五〇いくつかになってから…。

彼女の声は今もJさんの生活の中で繰り返し聞こえている。「あのときのあれはこうだったんだ」とあるように、彼女と別れた後のJさんの日々の中で、Jさんは彼女の言っていたことは「正しかった」と実感していく。Jさんは「あの数年は財産」と言うほどに、他人とコミュニケーションをとる時は、特に彼女の教えを守るそうだ。

Jさんへのインタビューのある日。ふとJさんは、「先生（＝筆者）は戻るところがある」と私を諭すように呟いた。Jさんは「ひとりぼっち」になったという。

お父さんは病気で五歳の頃に亡くなり、後妻であるお母さんは実家に帰った。その後、お母さんは生活保護を受けてJさんと二人で暮らしてきた。二人は藁葺き屋根の家に住んでいたそうだ。Jさんが三〇代後半の頃に、お母さんも亡くなり、Jさんは家族が誰もいない独り身だという。

お母さんの葬式は自分で手配して、あの彼女も手伝ってくれたという。お母さんは本家のお墓に入った。

J：ちゃんとはしてきた。自分の思いのなかではおふくろはちゃんとお墓にはいってるから、いちおう自分なりにはちゃんとはしてきたから、その点はすごくよかったかなっていうか。

Jさんはお母さんを看取り、葬儀を執り行えたことに胸をなで下ろしていた。他方でJさんは「あとは何もない」という。

J：どこいってもいいわけなんですよ。俺自身はもうどこいってもいいんですよ。どこいっても。ひとりしかいないからさ。どこで過ごそうが何してようが。

Jさんの「どこいってもいいわけなんですよ」という言葉が、Jさんが家を失った後にめまぐるしく日本全国の会社の寮や施設、車や路上、そしてアパートといった「仮住まい」を転々とした来歴と重なっていく。

J：うーん、なんだろやっぱり、行くところもねえしね、ようはね。だから…ぐるぐるまわってても、ま、その（野宿の）ときはX（市）にいたんだけど、結局……ぐるぐるまわってるだけだからね。

Jさんはひとりになり、どこに行くのも自由だと言う。しかし行くところがないとも言う。そして、「仮住まい」に滞在し、逃奔と帰還を繰り返す。この循環をJさんは「ぐるぐるまわっているだけ」だと言う。

逃奔の間際、Jさんは隣人のことを考えて、どこかで日々がはりつめているという。音への恐怖と同時に、そうした隣人の音は「ものすごく響いちゃう」という。その音は単なる物音ではなく、「そこに自分がいると相手は嫌なんだろうと、敏感に思ってしまう」というように、明確なメッセージとしてJさんは受け取っていく。そして「(自分は)いねえほうがいいんだろうな」と思い詰め、後先を考えずに出て行くという。

アパートでひとりになったJさんは、隣人の物音で切羽詰まった状況に陥ると、あの彼女の声がまったく聞こえなくなってしまう。「いなくなってもいいや」と、自分から出て行ったり、離れたりすることに対して、Jさんは「昔に何かあったのかな」と振り返りつつも、こうしたことが多かったという。

自宅の扉を開けて逃奔が始まる瞬間は、誰も止めることのできないものであり、Jさん自身でも、ほとんど抑えることができないものだそうだ。

J：もうでちゃったときは、どうしよう、どうしよう、どうしようっていうのと……いっそ北のほうでもいって、このまま野垂れ死んじゃおうかなって、だいたいそういうもう切羽詰まって、気持ち的にはね切羽詰まってるから、それでどんどん北のほういっちゃうわけですよ、北のほういったり南のほういったり……自分の気持ちが収まるまではどこまでもどんどん行って、気持ちを収めなくちゃいけない、それは誰にも、誰に言ってもおさまんないし……自分でおさめないと……ちょ、なんていうのかな、こう、ぎゅーってなっちゃってるから……こ、もう、怖い、怖いってなってるわけですよ、なにかしてくるんじゃないか、これからきっとずっとなんかあるんじゃないかとか、いればいたなりになんかしてくるわけですから……いないほうがいんだろうなって、それどんどんどんどんそういう気持ちになっていくから、それでぱーんって飛び出しちゃって……その気持ちのまんまずーっと飛び出してるから……どうしようっていうのと……もういなくなったほうがいんだろうなっていうのと………いろいろ、気持ちがごちゃまぜになってるわけです、その飛び出した、とき、だからそれ誰に言っても解消されないんですよそれ、多少はおさまるけども、でも、落ち着くのには、い、ま、何週間じゃないけど、一カ月くらいかかるかな……気づく、気づくまでにね…………そのまんまだから、そのときは遠くのほうに、千葉のほうに行ったり、それからどんどん先行って、まあ野垂れ死んじゃおうとか、そういう気持ちになっちゃってるから、怖いものがないんですよね、どこで寝てようが平気なんで……駅で寝てようが、怖いけども真っ暗の中走ってるから、怖いんだけど、走って寝ちゃうんですよね………でも、結局、生きようとしてるわけですよ、体は。死のうっていうのにはならないんですよ、なぜか……だから生きながらえて、どんどん、いっちゃって生きながらえて。ここまできてるわけですよ、ははは。

Jさんの切羽詰まった逃奔とは「野垂れ死に」の衝動によって突き動かされながらも、結果的には「生きながらえる」ための衝動を自身の体の〈声〉から確認する時間でもあった。Jさんが聞こえてしまう〈音〉を出しているのは特定の「誰か」ではなく、また住宅の壁が薄いといった単なる環境決定論的な音の発生の議論にも還元できない。「都市の老い・住宅政策・ホームレス対策」に関連した「階層」の集合体の中で、そこに歴史的個人としてのJさんが、この時代に支援団体と出会い、援助を受けつつ、人間によって作られた「仮住まい」に入居した、という配置において、はじめて準‐客体としての住宅と〈音〉が「動き出す」。この〈音〉が「動き出す」配置から逃れるかのように、Jさんは自転車をこぎだしたのだった。

写真 5-2　J さんからいただいた竹籠（2023 年）

第六節　逃奔と帰還

現在、Jさんは東京プロジェクトの紹介で、東京から離れた閑静な住宅街にあるグループホームで農業や竹細工をしながら暮らしている。他の入居者や、訪問看護師との日常的な交流の際、以前に付き合っていた彼女の教えをいかし、コーヒーを渡すこともあるという。そしてJさんの部屋は彼らの「休憩所」のようになっているそうだ。「やっとこういうのに巡り会えた」と言うほどに、いま竹細工はJさんの支えとなっており、いつか四つ編みの籠を東京プロジェクトのメンバーに送りたいそうだ（写真5‐2）。

Jさんは今の居場所でも、たまに他の入居者に不平を感じることもあるが、ここに居るしかないと思っている。他の入居者に堂々と「おう」と挨拶しながら、気をまぎらわし日々を過ごしているという。そうした日常が続きつつも、「だいぶ（自分は）ずうずうしくなってきた」そうだ。東京のアパートにいた頃のかつてのJさんの部屋とは違い、テレビの前にはアニメのフィギュアが並べられ、壁にはユニークなTシャツが飾られている。少しずつ、少しずつJさんの物が集められることで、Jさんの空間へとなったかのように。

ハウジング・ファーストの支援実践には、まず住宅を提供すると定着につながるという想定がある。しかし、日本の都市における生活困窮者が入居する低廉な住まいの状況下では、しばしば〈音〉は大きな存在となる。Jさんにとって、そうした〈音〉は耐えられないものとなり、そこから退去すべき空間となってしまった。確固たる決意にもとづく主体的な「デテイク」でも、他者からの強制にもとづく「デテイケ」でもなく、〈音〉が動きだした状況下でのJさんの「デテイイヤ」という逃奔は、Jさん自身が「自分から出て行く」ことを抑えきれず、自身でもそれを困ったこととして捉えられていた。

しかし、Jさんは帰還した。日本海の冷たい風の音はJさんに「（死ぬのは）ここではない」と感受させ、かつての東京プロジェクトとの日々がJさんに踵を返すよう「池袋はどうなってるのかな」と想起させる。そしてJさん自身の体の〈声〉は、Jさんに「生きながらえる」ことを知らせた。こうして、いろいろなノイズがJさんを帰還へと導いた。

では、Jさんのような「ぐるぐるまわっているだけ」という思いをそのまま含みこんだ定着のあり方を成立させうる転換点はどこにあるだろう。

隣り合わせの部屋の恐怖から逃れたかにうつるその家出は、Jさんの語りをふまえると、ちがったかたちで見えはじめる。すなわち、Jさんは〈音〉に振り回されながらも「自分はいなくてもいいや」と他者を慮って路上へと出て行ったのだと。そしてその逃奔は、「もうひとりだから」という自由の逆説的な発源から行われていたと[12]。

一見「利己的な選択」に見えた「失踪」は、相手を慮った「いなくてもいいや」という利他的な選択から始まっていたという理解に至ること。そしてこの理解を転換点とするならば、〈孤独な利他性〉ともいえる逃奔には、帰還を支える〈声〉が必要であり、そのことが逃奔を含みこんだ定着をはじめて成立させうるということがいまや明らかである。すなわち、Jさんと支援者たちが「家を提供すれば解決」といった「ハウジング・オンリー」の支援観の抑圧を回避しながら、都市の「仮住まい」

の中で引っ越しを繰り返しつつ、定着を日々確かなものにしていこうとしていたのだった。

そうであるならば、ふだん我々が耳にする「失踪」は、帰還を支える〈声〉の欠如のもと、利己的な行為として錯覚していただけなのかもしれない。

注

（1）これらの聞き取りは二〇一八年から二〇二三年にかけて行われたもの（二〇二二年までは基盤研究（C）18K02043の助成あり）をもとにしている。

（2）東京プロジェクトは、「医療・福祉支援が必要な生活困難者が地域で生きていける仕組みづくり・地域づくりに参加する」ことを理念とし、「池袋周辺と他の地域でホームレス状態にある人の医療・保健・福祉へのアクセスの改善、そして精神状態と生活の回復」を目的とし、TENOHASIと世界の医療団、浦河べてるの家（東京オフィスべてぶくろ）の三団体によって二〇一〇年から活動を開始し（TENOHASIのホームページより）、二〇一六年より「ハウジングファースト東京プロジェクト」と改称し、さらに訪問看護や住まいの提供などを支援する複数の団体が参加し活動している（世界の医療団のホームページより）。なお実践者による活動の報告としては、特集が組まれている『精神医療』第四号（二〇二一年）や『賃金と社会保障』第一七七五号、第一七八七号（二〇二一年）などを参照。

（3）稲月正は、NPO法人抱樸の支援を受けた人々を調査している。この調査では、六カ月の入居期間で生活支援プログラムつきの自立支援住宅に入居した元野宿者が、退所して地域へと移行した後もボランティアとの関係が続いていることから、社会的孤立感が低いと指摘している（稲月 二〇二二）。また山田壮志郎らは、NPOさされしまサポートセンター（旧笹島診療所）へ委託し、二〇一二年から二〇一八年の間に、地域移行したホームレス経験者のべ六二三人にパネル調査を行っている。アパートの居住期間は二〇一八年時点で「五～一〇年未満」が四四・四%、「一～三年未満」が二八・九%とされている（山田 二〇二〇）。

（4）一四カ所の自立支援センターを調査した後藤広史によると、本来は就労による自立を支援するセンターでは対応できない層（障害・依存症・高齢）が一定程度入所していることも、退所や再利用の背景にあると指摘したうえで、センターの再利用を個人のモラルの欠如に起因する行為として断定するべきではないと指摘する。むしろ制度が本格的に支援してくれないことを見抜いた利用者が、一時的に体を休めるためだけにセンターを再利用することは利用者にとって合理的であり、こうした再利用のあり方は制度の側が促した結果として解釈できる可能性を示唆している（後藤 二〇一七）。

（5）戦後の日本の住宅政策は「三本柱」と言われ、階層別の施策が進められてきた。一九五〇年に住宅金融公庫が設立され、住宅を購入する中間層世帯に住宅ローンを供給した。一九五五年に設立された日本住宅公団は中所得者層に向け賃貸住宅団地の開発を行ない、供給を行った。一九五一年の公営住宅法施行以降、地方公共団体は低所得者層向けに低家賃の公営住宅を供給してきた。しかし一九七〇年台はじめをピークとし、以降は供給が減少しているが、一九九六年の公営住宅法改正を経て、令和四年の新設公営住宅は八三六九戸となっている。これは全新設住宅八五万九五二九戸の〇・九％である（住宅着工統計 二〇二二年調査の表一一）。

（6）『東京の住宅問題』（一九七一年）によると、木賃アパートは昭和二〇年代後半から建設され、三〇年代には爆発的に建設が進行したとされている。山手線の西半分と京浜東北線の沿線にできあがった木賃アパート地帯は、当時巣鴨・水上では全世帯の五〇％以上、池袋、戸塚、新宿、原宿、品川、下谷では四〇％以上、赤羽から蒲田に至る部分は三〇％以上の木賃密集地を形成していたとされる（東京都住宅局 一九七一：一三〇）。こうした木賃アパートが急増した背景には、「昭和三〇年代、神武景気、岩戸景気を経て大量の人口流入が始まったが、この地域の住宅は建てかえの必要な時期に来ており、拡大する市街地の中で相対的に有利な立地条件をもつ地域となっていた。住宅のたてかえを契機にして、また庭先を埋める形で、また平屋の現住宅に二階のアパートを上のせする形で木賃アパートが、大量の住宅需要層に支えられて建設されはじめ、たちまちブームとなっていった」（東京都住宅局 一九七一：一三六）とされている。ただしこの頃、木造アパートは「人を殺す住居」と記されるように「過密居住の悲劇」を引き起こす重大なモノとして問題視されていることがわかる。例えば狭小な住居が当時の母親を追い詰める様子が記されている。「子供が泣いたり騒いだりすると隣近所から『静かにしてくれ』と抗議される。夫の勤める中小企業の安い給料では子供二人いる一家の移り住む適当な家はない。ひとり悩みつづけた母親は『皆さんに大変ご迷惑をかけました。上の子供をつれてゆきます』と走り書きを残し、長女を背負って国電に飛び込んだ」（東京都住宅局 一九七一：二九）といったケースまで記述されている。住居環境が母親の精神を悪化させるという当時の環境決定論的な論理展開のもと、母親が「蒸発」（東京都住宅局 一九七一：三〇）することが強調されている。

（7）域生活移行支援事業では、東京都が公園で起居する野宿者に対して、借り上げ住居を低家賃で貸し付け、入居移行の支援を行った。平成一六年から一九年で一九四五人が利用したとされている（サポートセンター事業組合二〇一〇）。

（8）ホームレスの自立の支援等に関する特別措置法は二〇〇二年に施行し、概ね就労希望者と福祉受給者に分類し、前者は自立支援センターの入所を通じて仕事を探し、後者は施設を含む生活保護等による措置をとる。東京都も自立支援センターを核とした「自立支援システム」を推進し（東京都二〇一九）、中間施設を経てアパートへの入居を目指す「ステップアップモデル」、「トリートメント・ファースト」の政策をうちだしている。なお路上・公園等で留まると場合によって同法一一条によって、行政代執行のもと強制排除の対象となる。

（9）もちろんこの危惧は、ハウジング・ファーストのアプローチを批判するためではなく、住宅政策自体に向けられるべきであろう。シャロン・パーキンソンとキャメロン・パーセル（Parkinson and Parsell 2018）は、パーマネント・サポーティブ・ハウジング（PSH：住宅のアクセスビリティ・アフォーダビリティ・サステナビリティといった点における市場の失敗を乗り越える実践）の再集合（reassembling）についてグローバル化したハウジング・ファーストの運動や当事者主権のレジームの登場といった文脈のもとで検討している。国家・市場・市民社会を主な集合体（assemblage）の要素と規定し、ハウジング・ファーストの実践がベルギー、アメリカ、オーストラリアでどのように導入され普及したのかを比較分析している。なかでも「支援の場としては施設よりもコミュニティがよい」、「長期の野宿経験をもつ人や精神障害をかかえる人も住宅で自立を維持できる」といったエビデンスの翻訳を使った、アメリカでの民間賃貸を中心とするハウジング・ファースト運動を通じて、以前のパーマネント・サポーティング・ハウジングの社会住宅の集合体をめぐる脱コード化と再領土化が発生したとされる（Parkinson & Parsell 2018: 46）。

（10）Jさんが野宿状態になってから東京プロジェクトと出会うまでの概略を記しておきたい。Jさんによると、野宿状態になってからさまざまな場所を転々としていたが、路上で知り合った同じ野宿状態の男性とともに、東京の支援団体を訪ね相談したという。その後、Jさんは支援を受けてドヤからアパートへと転居し、しばらくホテルの仕事と生活保護を受給するいわゆる「半就労・半福祉」の生活を送っていた。しかし、職場の人間関係や役所からのプレッシャーに耐えられずアパートを出て野宿となる。その後、工場で勤めつつ寮生活をしていたが、再度野宿となる。その後、立ち寄った本屋で、東京プロジェクトのスタッフの著作を立ち読みし、池袋へと向かったという。その著者である支援者本人が本当に公園で支援活動をしていたため、「本物だ！」とJさんは感動したそうだ。東京プロジェクトの支援者によると、Jさんとは二〇一四年くらいからの付き合いとのことで、そこから一度ほど東京プロジェクトが支援した個室のアパートから退去しているという。そして退去後に、無料低額宿泊所に入所したこともあったそうだ。筆者がJさんと出会ったのは二〇一八年からであり、それ以降にJさんがアパートを退去したのは二回である。

(11) アパートへと移行した元野宿者のパネル調査を行った先の山田らによると、地域生活移行後の人間関係の困りごとの回答として、いずれの年も「同じアパートの住民との関係」を選択した人が二〇～二五％存在することを指摘している（山田 二〇二〇：四三）。

(12) このような「逃奔」の理解を後押ししたのは、小澤祥司による「ミツバチの失踪」の議論である（小澤 二〇一六）。捕食寄生されたミツバチは巣の集団感染を防ぐために（きわめて「利他的」！）、巣には帰らず自ら失踪すると一部では考えられている（小澤 二〇一六：六五）。

文献

稲月正 二〇二二『伴走支援システム——生活困窮者の自立と参加包摂型の地域づくりに向けて』明石書店。
小澤祥司 二〇一六『ゾンビ・パラサイト——ホストを操る寄生生物たち』岩波書店。
岸岡のり子・中島明子・大崎元・鈴木浩 二〇一三「東京都特別区における低質低家賃住宅の実態と社会住宅化の可能性」『住総研研究論文集』三九：一〇九—一二〇。
後藤広史 二〇一七「ホームレス自立支援センター再利用者の実態と支援課題」『日本大学文理学部人文科学研究所』九三：一—一五。
齊藤誠編著 二〇一八『都市の老い——人口の高齢化と住宅の老朽化の交錯』勁草書房。
齊藤誠 二〇一八「はじめに」齊藤誠編著『都市の老い——人口の高齢化と住宅の老朽化の交錯』勁草書房、i—xii頁。
サポートセンター事業組合 二〇一〇『ホームレス地域生活移行支援事業終了報告書』。
世界の医療団　https://www.mdm.or.jp/project/103/（最終閲覧：二〇二三年二月一三日）。
宗健 二〇一八「共同住宅の遊休化・老朽化と家賃形成——首都圏と地方中核都市を事例として」齊藤誠編『都市の老い——人口の高齢化と住宅の老朽化の交錯』勁草書房、二二四—二六七頁。
TENOHASI　https://tenohasi.org/activity/hftp/（最終閲覧：二〇二三年二月一三日）。
東京都 二〇一九『ホームレスの自立支援等に関する東京都実施計画（第四次）』。

東京都住宅局 一九七一『東京の住宅問題』。
平山洋介 二〇二〇ａ『マイホームの彼方に――住宅政策の戦後史をどう読むか』筑摩書房。
―― 二〇二〇ｂ『「仮住まい」と戦後日本――実家住まい・賃貸住まい・仮設住まい』青土社。
三上剛史 二〇一九「「社会」の学とアクター・ネットワーク理論――モナドロジーとモノの理論」『追手門学院大学社会学部紀要』一三：一一―二九。
山田壮志郎 二〇二〇『ホームレス経験者が地域で定着できる条件は何か――パネル調査からみた生活困窮者支援の課題』ミネルヴァ書房。
Giralt, R. I., D. L. Gómez & N. G. López 2010. Conviction and Commotion：On Soundspheres, technopolitics and urban spaces, In I. Farías & T. Bender (eds.) *Urban Assemblages: How Actor-Network Theory Changes Urban Studies*. New York: Routledge, pp. 179-195.
Hopper, K., J. Jost, T. Hay, S. Welber & G. Haugland 1997. Homelessness, Severe Mental Illness, and the Institutional Circuit. *Psychiatric Services* 48 (5): 659-665.
Mol, A. 2008. *The logic of care：Health and the problem of patient choice*. New York: Routledge.（＝二〇二〇『ケアのロジック――選択は患者のためになるか』田口陽子・浜田明範訳、水声社）
Padgett, D. K. 2007. There's No Place like (a) Home: Ontological Security Among Persons with Serious Mental Illness in the United States. *Social Science & Medcine* 64 (9): 1925-1936.
Padgett, D. K., B. F. Henwood & S. J. Tsemberis 2016. *Housing First: Ending Homelessness, Transforming Systems, and Changing Lives*. New York: Oxford.
Parkinson S. & C. Parsell 2018. Housing First and the Reassembling of Permanent Supportive Housing: The Limits and Opportunities of Private Rental. *Housing, Theory and Society* 35 (1): 36-56.
Serres, M. 1980. *Le Parasite*. Paris: Grasset.（＝一九八七『パラジット――寄食者の論理』及川馥・米山親能訳、法政大学出版局）
Tsemberis, S., L. Gulcur & M. Nakae 2004. Housing First, Consumer Choice, and Harm Reduction for Homeless Individuals With a Dual Diagnosis. *American Journal of Public Health* 94 (4): 651-656.
Tsemberis, S. 2010. *Housing First: The Pathways Model to End Homelessness for People with Mental Illness and Addiction*.

Minnesota: Hazelden.

Tsemberis, S., D. Kent & C. Respress 2012. Housing stability and Recovery among Chronically Homeless Persons with Co-Occuring Disorders in Washington, DC. *American Journal of Public Health* 102 (1): 13-16.

第Ⅱ部　寄食がつくる経済

第6章　寄食者《パラジット》の共生
——東京都北区における障害者運動とだめ連の遭遇《であい》について

深田耕一郎

第一節　障害者の「介助」とだめ連の「交流」

(一) 障害者運動とだめ連の遭遇

日本の障害者運動が東京都北区において「だめ連」と遭遇していたことをご存じだろうか。障害者運動とは、障害をもつ当事者によって展開されてきた社会運動であり、施設や病院に入所するのではなく、また家族の介助を受けて暮らすのでもない、地域で他人の介助を受けながら、自分らしく生きるための諸実践のことをいう。

一方のだめ連は、一九九〇年代初頭に生まれた「新しい生き方」を模索する集団、ムーブメントである。自身もその活動にコミットした外山恒一によれば、だめ連とは「周囲と上手くやっていけない、仕事が長続きしない、モテないなど、さまざまな意味で〝ダメ〟な若者たちが、『都合の悪いことはすべて社会のせいにした方がいい』(ぺぺ) との信念に基づき、資本主義的な能力主義を批判する〝まったりトーク〟を繰り広げるグループ」である (外山 二〇一八：三八二)。九〇年代後半には、複数の書籍を刊行し、マスメディアにも取り上げられるほど大きな反響を呼んだ (だめ連編 一九九九a、だめ連編 一九九九b、神長・ぺぺ 二〇〇〇)。二〇〇〇年代以降も各地のオルタナティブ・スペースなどでイベントを開催したり、ＹｏｕＴｕｂｅでだめ連ラジオ「熱くレヴォリューション！」を配信したりするなど、独自の活動を展開している (神長・ぺぺ 二〇二四)。

障害者運動とだめ連が遭遇したとはどのような意味か。それは、だめ連界隈の人々の多くが障害者介助にかかわった／かかわっている、という事実を指している。[1] しかも、東京都北区で、わりと深いところに「食い込んで」いる。例えば、だめ連の中心人物だったぺぺ長谷川[2]は、養護学校義務化反対闘争の象徴的存在として知られる金井康治の介助に入っていたし、[3] 同じく中心メンバーの神長恒一[4]も、地域自立生活の確立を求めて介護保障運動に取り組んだ新田勲[5]の介助者だった。また、だめ連にかかわりつつ、交流スペース「あかね」を運営した究極Q太郎[6]は、金井の介助にも新田の介助にも入った。こうしただめ連・あかね界隈の人々には障害者介助にかかわる人が少なくない。

では、この「遭遇」の背景には何があったのだろうか。そこには障害者運動とだめ連が惹かれ合う不思議な何かがあった。それは必ずしも「不思議」な何かであるだけでなく、それなりに合理的な理由がある。本章ではその理由が何であるかを探ってみたい。

（二）帰らないぺぺ

その理由の一つに「介助」という現象があると思う。介助の持っているコミュニケーション特性が、両者を出遭わせた。具体的にいうと、障害者の「介助」がだめ連の「交流」に似ているのである。ここで少し、だめ連の主要な社会実践である「交流」を紹介しながら、障害者介助との接点に触れてみよう。

ぺぺ長谷川が、だめ連とは「自薦他薦問わず、だめな人が集まり、だめをこじらせないように、トーク、交流、諸活動するグループ」と語り、それを受けた神長恒一が「そう。『人生サークル』です（笑）」と述べるように、だめ連の活動の中心は「交流」である。交流のテーマは「人生全般」であり、「仕事、性、恋愛……その他もろもろの日頃の生活の中で個人が日々直面するさまざまな課題、困難を、自分の能力を高めることで解決するのではなく、共通の問題としてトークしあう。そしてそこからさりげなく現代社会批判、あわよくば変革」をめざす実践である（神長・ぺぺ 二〇〇〇：五六）。だめ連の「交流」は、それまでの左翼的な「ダサダサの運動を想起させて、やはりとても恥ずかしいものとして忌避されていた〝交流〟の語が、先鋭的な若者たちの間に、〝ダサかっこいいもの〟として浸透」するきっかけになったという（外山 二〇一八：三八三）。

この「交流」のルーツが障害者介助にあるという証言がある。ぺぺ長谷川は二〇二三年二月に亡くなってしまったのだが、ぺぺの死を悼む人々の文章のなかに、ぺぺの介助と交流が記されている。例えば、究極Q太郎は一九九〇年代前半に金井康治の介助を通じてぺぺと親しくなったころのエピソードを述懐している。金井の介助の日は、ぺぺが夜勤で、その翌朝に究極が日勤に入った。朝の交代の時間にふたりは顔を合わせることになる。しかし朝、究極が来ても、ぺぺも寝ている。夜中までふたりして痛飲していたからだ。その日、金井が目を覚ましても、ぺぺはそのまま寝続けた。介助が終わっても帰らない。そんなことがよくあった。このころは行政の介助料も少なく「そこで行われることは、仕事というより、『交流』という言葉によく似た活動」だったのだという（究極 二〇二三）。

また、早稲田大学のノンセクトサークル時代からぺぺとつきあいのあった宇井寿千和夫（ういすちわお）も、ぺぺの追悼文のなかで「交流」に触れている（なお、ぺぺに金井の介助を誘ったのは宇井寿だという）。ぺぺが築いた交流のスタイルは、学生時代から確立されていたが、運動の作法としての「交流」は、金井らの介助で培われたものではないかと宇井寿はいう（ぺぺは交流の達人で「こうりゃー」と呼ばれた）。金井を介助した経験が、ぺぺの「『共に生きる』というスタイルに強い確信を与えたのだと思う」と宇井寿は書き、金井とぺぺとのあいだには「精神的な深い絆」があったと述べている（ういす 二〇二三）。

介助が終わっても帰らない、その気分というか雰囲気は、よくわかる。実は私も障害者介助を東京都北区でやっていたのだが[7]、介助が終わっても帰らないのには理由がある気がする。一つには帰るのが申し訳ない気がするのだ。それまで親密で楽しい経験を共有していたのに時間が来たら、はいさようなら、と帰っていくのが何か寂しい。二つには、同じことかもしれないが、ここにもっといたいと感じるのだ。だから、介助が終わっても帰らない。次の介助者が来たのに、なぜかそこにいる、いたくなってしまう。そうやって、いなくてもいいのに、そこにいて、雑談したり、テレビを見たり、飲んだり食べたりして帰らない。これはだめ連的な「交流」の雰囲気に通じると究極らはいうのだが、私にもわかる気がする。

本章では、こうした障害者の「介助」とだめ連の「交流」を、フランスの思想家M・セールがいう、「寄食《パラジット》」として理解してみたい。セールは著書『パラジット』のなかで、いくつもの寓話や生物学の知識を用いながら、「宿主と食客の関係」を語る。力のない「弱者」でありながら、どういうわけか他者（宿主）をうまく利用して、他者との関係のなかで自分（食客）を生かす存在がある。それが寄食者（Parasite）である。

寄生生物と宿主との関係は、サナダ虫やシラミやペスト菌がそうであるように、宿主との恒久的あるいは準恒久的な接触を前提とする。宿主を食いものにするという関係のみでなく、宿主のなかで生きるという関係である。宿主によって生存でき、宿主とともに生存し、宿主の内で生存するという関係なのである。（セール 一九八〇＝二〇二一：八）

自分だけでは生きられないので、他者を必要とするのだけれど、他者に呑み込まれるのではなく、あくまで自分を生きる。かといって、自分が強大化して他者を食いつぶすのでもない。こうした絶妙な共存のあり方をここでは「寄食者（パラジット）の共生」と呼ぼう。障害者運動とだめ連の遭遇は、「寄食者の共生」の風情を湛えている。本章ではその内実を見ていこう。そして、この共生のあり方が何を伝えているかを考えよう。

第二節　だめ連が障害者介助に遭遇して

（一）東京都北区の障害者運動

東京都北区における障害者運動の特徴に触れておこう。北区では障害者運動、とりわけ地域自立生活を志向する介護保障運動が活発に展開された。そのため、障害当事者だけでなく彼らを支援する介助者が北区に集まった。そのルーツをたどると、それは一九七三年に新田勲が、入所していた府中療育センターを退所し北区の都営王子本町アパートに入居したことが契機だろう。新田はここを拠点にして「在宅障害者の保障を考える会」（在障会）を結成し、行政に対する公的介護保障の要求運動に取り組んだ。同じアパートには府中療育センターを退所して自立生活を始めた猪野千代子がおり、猪野も自身で「障害者の足を奪い返す会」を組織するなどして、交通アクセスに関する行政交渉を行った。(8) こうした明確な意図のもとに障害者運動に取り組む当事者が北区にはいた。

彼らの運動の成果により、北区では介助者に手渡す介助料の支給が伸び、他の自治体に比べて他人介助の利用が進んだ。そのため、地域生活を志向する障害者が介助保障を求めて北区に転居することが増えた。その一人に沖縄から東京に移り住んだ古波蔵《こはぐら》武美《たけみ》がいた。一九五三年生まれの古波蔵は、脳性まひ者であり、沖縄整肢療護園（現・沖縄南部療育医療センター）に入所したのち、一九八八年に地域生活を志して上京する（古波蔵 二〇〇〇）。このときまで沖縄県で自立生活を送る者はおらず、沖縄から初めての自立生活者として注目された。最初、国立市のかたつむりの会のもとに身を寄せ、その後、新田をたより北区に移って地域生活を開始する。このように、新田勲が北区で地域自立生活を確立し、その介助保障を制度化したことで複数の障害者が集まった。並行して、彼らを介助する介助者が不可欠となり、多くの若者たちが集うことになったが、一九九〇年代にその介助の一部を担ったのが「だめ連界隈」の若者たちだったのである。

（二）拍子抜けのたたずまい

では、だめ連界隈の若者たちはどのように障害者介助に出会ったのか。金井、新田、古波蔵の介助に入った究極Q太郎の場合を見てみよう。究極は明治大学の学生時代に「社会科学研究会」というノンセクト系のサークルに出入りしていた。このサークルの伝統で学生は、世田谷区の障害者介助への参加が求められた。究極は初めて先輩に連れられて介助に行った日のことを振り返りながら、「最初はまったく乗り気ではなく、サークルの取り組みだからやってごらんよと促されて渋々見学に行った」のだと語る（究極 二〇〇四）。究極のいた明治大学では多くの党派系サークルが障害者介助に取り組んでおり、これは一九八〇年代前半に、自立生活を送る障害者が大学に「乗り込み」、党派系サークルに対して、障害者介助に取り組むよう突きつけたことがきっかけだという。その後、各サークルの「自己批判」によって「障共闘」が作られ、各サークルはみなそこに所属し、介助を分担することになった。

究極は初めて介助に訪れた日のことを次のように記述している。当時、世田谷の障害者らは武闘派として知られ、学生運動に傾倒していた究極は、いささか緊張の面持ちで訪問した。

けれども私が初めて彼の家を訪ねた時、大柄な彼は、萎えた小さな足をひよこの翼みたいに畳んで、ペタッと床に尻をついた状態で、介助者が口元の高さにかざしたコップのストローを啜りながら、アニメの『Dr.スランプ』を見ていた。そうして私たちが来たことさえも何気ないようだった。その様子が幾分か肩肘張って構えていた私を拍子抜けさせたのだと思う。いざ障害者と向かい合ったとき、私は自分がどう反応するのか分からず不安だった。自分の中の差別意識が見透かされるのではないかと自意識過剰な心配をしたりした。別段何もありはしなかったが。(究極 二〇〇四:一六六)

この描写は自立生活の介助場面をよく表している。当時、自立しようと思えば障害者は無条件に障害者運動に取り組まなければならなかった。介助、住宅、交通アクセスなど、あらゆる面で障害者自身が声をあげなければ、自分の生活を築き得なかった。その意味で、公的な場面で障害者が見せる表情は厳しく、闘争的だっただろう。しかし、生活という私的な場面に入れば、「ペタッと床に尻をつい」て『Dr.スランプ』を見ているような雰囲気であり、究極らがやってきたことさえも「何気ないよう」だった。こうした肩の力の抜けた「拍子抜けのたたずまい」が介助の基本形なのだが、ここではその事実を確認するに留めよう。

次にだめ連の主要人物である神長恒一が介助を始めた経緯をみよう。神長に声をかけたのは究極だった。一九九〇年代に入ると、究極は北区の新田と古波蔵の専従介助者となっていた。神長が卒業後入社した百貨店を一〇カ月で退職してぺぺらと遊んでいたころ、究極が神長に介助の仕事を紹介したのである。新田の専従介助者がひとり辞めることになり、その後任者を探していた。その後任となったのが神長であり、神長は新田と古波蔵ふたりの介助に入ることになった。

そもそも神長と究極の出会いは、ノンセクト系の学生運動サークルを通してだった。早稲田大学の八号館地下の部室をぺぺらと「たまり場」にしていたころ、宇井寿がよくそこに金井康治を連れてきていた。介助というよりは遊びに来ていた感じだったが、あるとき、近くに住む究極の家に遊びに行くことになった。金井と宇井寿とぺぺと神長と、連絡もせずに究極の家に押しかけた。それが最初の出会いだった。

その後、神長は金井と「友だちの感じで遊んで」いて、金井の足立区の家には何度か行き、引っ越しの手伝いもした(金井は九七年に北区に転居)。それまで神長は障害者と接したことがなく、金井の存在は「ちゃんと重度の障害者の人と出会った、きっかけのひとつ」と述べていた。当時二〇代半ばの彼らにとって、介助の意識は薄く友人の感覚が強かったという。

こうして一九九三年の春ころ、神長は新田と古波蔵の介助を始める。このときまで自立生活や障害者のおかれた状況を何もわかっていなかっただけでなく、働く気がなかった神長にとって介助の仕事はとても独特に感じられた。初めて知る世界で「楽しかったですね」と振り返りつつ、「仕事っぽくないなって思った部分と仕事っぽいなと思った部分」と両方があった。というのは、自立生活には一九七〇年代のボランティア時代の雰囲気が残っており、「これでお金もらっていいのかなみたいな感覚」があった。一方で、「独特の大変さ」として、自分の意思を出さず「黒子」であることの「つらさ」はあったという。ところで、会社を辞めたときのことをふり返ると、次のようなエピソードが記憶にあるという。

神長:百貨店の仕事を辞めるときに、最後、朝礼で挨拶しろっていわれて、「どうもお世話になりました。これからは人の役に立つ仕事をしたいと思います」っって辞めたんですよね。そしたら、その後、上司に「おまえあんなこというもんじゃないよ」って怒られたんだけど。なんか百貨店で働いているときに、服を売ってたんだけど、朝の朝礼で部長とかが購買意欲を煽って「いっぱい売りましょう」みたいに言うんだよ。そういうのよくないんじゃないかって、おれ思って。みんな服なんかいっぱい持ってるし、そんな無理やりさ、売りつけてさ、環境も汚すだろうしさ、悪いことばっかりっていうか、ろくなもんじゃないっていうか。そういう仕事やるのってよくないんじゃないかって、そういうのもあったんですよね。

会社を辞めるときすでに、「人の役に立つ仕事をしたい」と話したのだという。もちろん、具体的なイメージはなかったが、購買意欲を煽るような仕事ではなく、「人の役に立つ仕事」がしたかった。すると結果的に「福祉のちょうど真ん中」のような新田や古波蔵の介助をすることになった。思いがけず、潜在的に自分が望んだ仕事に出会ったのである。

（三）寄食者としての介助者

これは神長に声をかけた究極も同様だった。自立生活の介助は「渋々見学に行った」はずなのに、実際に介助に行き始めると、次第に障害者運動の醍醐味を知り「それは観念的な文学少年に、うってつけにあつらえられたような場所だった」と気がついた。その後も介助は彼の人生の大きな部分を占めるライフワークとなっている。あるインタビューで究極は次のように語る。

ぼく自身は一九歳のときに、家出をしていたので、自分の家がない。障害者の家に行くとご飯も食べられるし、お風呂にも入れるし、そういうメリットがあるから介助に行くということがありました。それから先ほど言ったように私は本当に生活力がまったくなかった。自分でご飯をつくったこともないし、何一つ自分ひとりでやったためしがなかったんです。だから境遇としては、自立障害者の人々と同じだった。彼らに生活の仕方を教えてもらった、仕込んでもらったのです。だから、私にとって障害者の人たちは恩人なんですね。（究極 二〇一八：一九）

障害者を「恩人」と語るように、自立生活は究極自身の生活を支えた。家出して帰る家を失った彼が、障害者とともにものを食べ、風呂に入ることで、生活力を身につけ、生活の仕方を学んだ。同様に介助を通して料理を覚えたことを、神長もインタビューで語っていた。

神長：新田さん、料理教えてくれて。おれ料理やったことなかったんで。だからね、味噌汁とか作ったのもね、コメを研いだのもね、新田さんちで教わった。新田さんが教えてくれた。

このように神長も障害者に文字通り「食わして」もらい、料理などの生活する力を教えてもらったと話す。ここに「寄食者の共生」が見られるだろう。障害者からすれば、介助者は自身の生活を支える欠かすことのできない重要な他者である。他方で、介助者も障害者の家でご飯を食べたり風呂に入ったりして、自身の生活を支えてもらった。「寄食するとは、すなわち、誰かのかたわらで食べるという意味である」というが（セール 一九八〇＝二〇二一：九）、介助者にとっても障害者は重要な他者であり、文字通りそこで「寄食」している。

第三節　障害者運動とだめ連の〈交流〉――グループもぐらと古波蔵武美の〈コク〉について

（一）〈交流〉としての介助

介助という「寄食者《パラジット》の共生」について、さらにその内実を見てみよう。ここでは、沖縄から転居し北区で自立生活を始めた古波蔵武美が彼の介助者であった神長や究極たちとともに創った「グループ・もぐら」（以下、もぐらと表記）の活動に注目しよう。

古波蔵がもぐらを結成したのは一九九三年である。この時期は日本でも自立生活センター（以下ＣＩＬ）が各地で創設されるなどして[9]、障害者運動がそれまでの糾弾・闘争型の運動から提案・事業型の運動へと質的な転換を見せる時期だった。そうしたなか、もぐらは、どのような性格を持った集団だったろうか。

彼らは『もぐら通信』という機関誌ををミニコミ誌の形態で発行した。その第二号（一九九四年七月五日発行）に、もぐらの「要項」が掲載されている。それによれば、《地域で障害者がよりよく生活を楽しむために！》とあり、「『なんでもぐらなのー』障害者はもぐらだった？ そろそろ日の当たる場所にもこもこと出たいな。みんな一緒にエンジョイしようよ!!」とある。そして、もぐらの「目的」は以下のように書かれている。

> **【目的】** 本グループは、北区を中心とした「障害者」と健常者の交流と学習、将来的な「自立生活センター」の人的、組織的基盤作りを目指すものとする。

①目的達成に即して、学習・交流会を定期的に持ち、課題を組織的に取り組み、各方面に働きかける。
②文化活動・レクレーションを通して、メンバーの親睦とグループの拡大をはかり、地域の理解を求めていく。

北区の障害者と健常者の学習と交流、また「自立生活センター」の人的・組織的な基盤作りと明記されている。そして、それを並行的に進めるために「文化活動・レクリエーション」などの「交流」を活動の柱にした。これがもぐらの特徴だろう。『もぐら通信』の第一号（一九九三年一一月一四日発行）はもぐらの雰囲気をよく伝えている。例えば、その表紙には古波蔵を中心にもぐらの男性メンバーの集合写真があり、その下に「明星」の文字がある（むろん「明星」とは集英社発行の男性アイドル雑誌）。しかし明星に「×」がつけてあってその下に「グループもぐら通信No.1」とある。また第一号の内容は「独占 男の六〇分 北区自立障害者古波蔵武美氏インタビュー」（聞き手は究極）に始まり、もぐらの長野旅行を記録した「介護ぇ日記」などのエッセイが掲載されている。また「通信発刊にあたってなんとなく思うこと。」として介助者の相蘇道彦が書いているのは、「この団体ははっきりいって、まじめな団体ではありません」と断って、神長や究極を紹介しつつ、「そもそも『決意』とか『団結』、『学習』という言葉が、本来的に適合しないメンバーで構成されている集団」と宣言している（相蘇 一九九三：一五）。

相蘇に「シャイなアルピニスト」と紹介されている小谷全弘が書いた「介護ぇ日記」からももぐらの人間模様がよくわかる。それによれば、九三年一〇月二九日のよく晴れた日に、古波蔵と介助者たちが、社協でリフト付きワゴン車を借りて、長野県の小諸、上田を旅したらしい。車中のカラオケ大会、林道のガタガタ道がユーモラスに語られ、そして小諸のペンションでの入浴場面がこう記述されている。

夕食後、酒を飲んだり、トランプをしたりと盛り上がった。男ども全員で深夜にフロに入り、古波蔵氏をみんなでとり囲むようにして目茶苦茶に洗い泡立てる。たわむれる間もなく、のんびりする間もなく入浴は一切終わった。（小谷 一九九三：一二）

古波蔵と男性介助者たちが風呂で遊んでいる。『もぐら通信』第三号にも「グループもぐら八丈島ツアー」と題された記録がある。この書き手も小谷で、それによれば二泊三日の八丈島旅行に古波蔵と金井康治、のちにＣＩＬ北の代表になる小林高文らが参加した。介助者も究極や神長、小谷など男性ばかり総勢一三名。ここでも入浴シーンの記述がある。

再び車を走らせ着いた、汐間温泉というここは、小さい漁港の脇にあり、コンクリートで固められた掘立て小屋の中に温泉はあった。温泉には一人だけしかおらず、ほとんど我々の独占状態であった。車イスの三人を湯船に放り投げ、もみくちゃにし、去年の別所温泉同様、またしても男どもは温泉でたわむれるのであった。（小谷 一九九四：九）

これはどう見ても仲がよい。「車イスの三人を湯船に放り投げ、もみくちゃに」するのは、一見、いじめにも取られかねないが、当然いじめではない。小谷の「たわむれ」という言葉にあるように、これは「遊び」である。「遊び」はだめ連独特のコミュニケーション技法であり、援助や支援といった非対称な関係を生むのではない、人と人がフラットに出会うための作法である。『もぐら通信』に何度も登場する神長は、インタビューのなかで、もぐらでは明確に「遊び」を意識して「交流」したと語っている。

神長：基本的には自立生活している重度障害者じたいが珍しいみたいな、そういう時代だから、そういう意味では、いろいろ交流して知ってもらおうっていうような感じで。だから、あとまあ古波蔵さんを囲んで仲良く遊ぶみたいな。そういうのが基本で。でも重要ですよ。新田さんのところは遊ぶって感じはないですよね。大御所だしさ。でもなんか古波蔵さんとところはみんなで遊ぶって感じで。けっこうみんなで遊ぶっていうのも重要なんじゃないかなって。遊ぶってね、あんまり価値を置かれないけど。でも、それこそ「交流」と同じで基本っていうかね。基本の重要な大切なことの一つ。

障害者と「遊ぶ」こと、「交流」すること、これがもぐらの活動の中心だった。また、ある介助者が、古波蔵を「必殺遊び人（仕事人でなく！）」と形容していたが、もぐらの活動の特色は古波蔵のキャラクターによるところも大きい。神長によれば、古波蔵が得意としたのがパーティーの企画だった。確かに『もぐら通信』を見ると、花見やクリスマス・パーティーの記録が複数残っている。第二号では「パーティーの仕掛人、古波蔵武美！この人なしにパーティーはもりあがらない⁉」と題して花見の報告がある。また、同じ記事に「毎年恒例のクリスマス・パーティーは楽しいデスよ。部屋のかざりつけをはじめとして、ゲーム、バツゲーム、プレゼント交換などなど、ちみつな演出で場を盛り上げ、飽きさせません。たった一曲のＢＧＭにもこだわりをみせる、これぞ必殺！パーティー仕掛人。古波蔵武美の本領デス。」とある。神長は古波蔵のパーティー企画についてこう語った。

神長：古波蔵さんはいつも忘年会に異様に気合いを入れてて。はははは。クリスマス・パーティーか忘年会だったかな。だいたい秋ぐらいになると「一二月の何日はあいてるかな？」みたいなのが秋ごろになると始まる。「あけといてください」って。その日に向けてすごいんですよ、構想が。いろんな友だち呼んで、介助者も一堂に集まって。料理作って、プレゼントもってきて、プレゼント交換とかやるんですよ。ラジカセで曲を流して、まわしてこうやってね。で、「ストップ！」とかいって。で、「もう一回まわしまーす！」とかいって。みんな「なんだったんだ」とかいって。はははは。そういうわけのわかんない、急にグラサンかけだしたりして。
本番になるとプレッシャーのあまり、昼間から飲みまくっちゃって、酔いつぶれちゃって、クライマックスのところでこんなになって（首をもたげて）寝ちゃって。だいたい本番に弱い。本番になると酔いつぶれちゃう。はははは。

秋ぐらいから準備していたのに、パーティーの佳境になると、プレッシャーのあまり、古波蔵は飲んだくれて寝てしまう。本番に弱い。これはなかなかの「だめ」さだ。しかし古波蔵の「だめさ」がもぐらの活動を生んだ。こうした古波蔵だからこそ、介助者たちは彼と遊び、交流することができた。このように見ると、古波蔵の介助自体がだめ連的な意味での〈交流〉だった。彼らは介助のなかに、交流する・遊ぶというコミュニケーションを生成させ、介助の経験をより豊かにした。支援や援助といった目的を設定せず、ゆえに非対称な関係を生むこともなく、とことんフラットな関係でいようとした。それを可能にしたのが、遊びと交流だった。

(二) あのひとコクがあるなぁ

もう一つ、古波蔵的な人物を形容する「だめ連用語」がある。それは「コク」だ。だめ連の実践を私なりに解釈すると、それは「だめをだめなまま輝かせる」というコミュニケーション形式だと思う。その事態を表現する言葉が「コク」だ。神長はこう述べる。

神長：クラスとかあるとさ、明るい目立つ人気のあるやつとさ、人気のないやつ、だれも注目しない人とかいるじゃないですか？おれも子どものときからそういう人を好きだったっていうか、注目してたんだけど。ふふふふ。わりとぺぺとかおれとかも交流してて、そういう人を見出すっていうか。そういう人に注目するっていうか。みんなが、「あの人、わぁ〜」ってなるんじゃなくて、どっちかっていうと、「困ったやつだ」っていうか、馬鹿にされるような人に目が行って、そういう人、みんなが嫌がるような、その人のふるまいを、むしろおもしろがっちゃう。そういうのりがありましたね。ぺぺと交流しているとね。

例えば、だめ連が発行したミニコミ誌『にんげんかいほう——二七年の孤独』の座談会に出た田中という人物は、フリーの編集者として初めて預かった原稿を新宿ゴールデン街で飲み歩いて失くしたエピソードを披露している。座談会で彼は「私、歯がないんですよ」と話し、そのせいで面接を受けられず「自分でどうやって一〇年も生きてこれたか分からないんですよ」と語った（編集部 一九九四）。神長によればこれは正真正銘の「だめな人。だめなんすよ。ははは」ということである。しかし、こうした人物を神長とぺぺは無性におもしろがった。

神長：おかしくてしょうがない笑。誰にも相手にされてない。おれとぺぺだけおもしろがる。一緒に遊ぶっていうね。そういうなんか、だめな人でね、味のある人でね。あと、目立たなくて暗い人なんだけど、なんか話すと、独特の味わいがあるとかね。そういう人のマニアっていうか。そういうなんか「交流」の楽しみっていうか。ええ。初期の「交流」で「性、コク、意義」っていって、交流の三大要素「性、コク、意義」っていってて。

交流の三大要素とは、性・コク・意義の三つのうち、どれかが充実していると「きょうはいい交流だったな」と思える要素のことだという。「性」はみな若かったこともあり、男女間の友情の可能性など性に関する話題をおもしろおかしく語りあうことを指した。「意義」とは運動的に意義のある話や人的なつながりができたときを指す。そして、「コク」である。

神長：これがけっこうメインだったんですよね。「あのひとコクがある」っていうね。「コク」っていう意味っていうね。なんの価値もないんですよ。経済的には。あってもなくてもいいんだけど、だいたい何の価値もないんだけど、他の人はその人に何の価値も見出せないんだけど、おれとかぺとかは「あのひとコクがあるなぁ」っておもしろみを感じる。

そうすると、古波蔵には「コク」があったのだろうか。神長に聞くと「そうですね、コクがあったですね。味わいがあったですね。みんなそう思ったんじゃないかな。さわやかな人とかではないから。ははは」ということで、古波蔵には「コク」があったようだ。

神長：古波蔵さん、やっぱりみんなに親しまれてたと思うんだよね。介助者たちに。人気あったっていうか。おもしろい人なんだよ、なんか。ちょっと偏屈なところあるんだけど、それもおもしろいっていうか。みんな好きだったと思う。だから仲良くて。

＊＊：おもしろいというのは、何がそう思わせるんですか？

神長：基本やさしい人だしね、おもしろいし、もちろんたいへんな思いして出て来てるから、やっぱみんなで応援しようっていうのはね、あったと思うんですよね。

生産性や経済合理性など、ある基準から見ると「だめ」と価値づけされる特性であっても、その基準と価値を取っ払ってみれば、独特なものがある。独特だからおもしろい。そのおもしろさに光をあてて、蔑むのでもなく、持ち上げるのでもなく、独特さを独特なままおもしろがる。これがだめ連的な「コク」を味わう作法である。

以上のような交流の作法、コクを味わう作法は、介助というコミュニケーションがもつ特性を、より豊かにしていると思う。介助とは生活そのものに携わる仕事であり、それは何かの価値基準に縛られて実践するものではない。生産性や能力主義といった資本主義の価値観に縛られているかぎり、その基準を満たさなければ「だめ」というレッテルが貼りつけられてしまう。しかし、介助では、食べること、寝ること、風呂に入ることといった営みが淡々と繰り返される。その淡々とした生活を味わう作法をだめ連は介助のなかから見出し、その経験を通して新しい生き方の具体像を確かなものにしていったのだと思う。

第四節　介助者になっただめ連

（一）介助のたたずまいの意味

さて、グループもぐらは、その後どうなったか。一九九〇年代後半、東京都北区では障害者とその介助者が集まって、自立生活センター（ＣＩＬ）を創設する機運が高まる。これは一つには、新田勲の介助者であった加辺正憲がＣＩＬの設立を呼びかけたことに由来するが、もう一つは、もぐらの活動を通して、障害当事者や彼らを支える介助者が集団化したことが大きい。古波蔵や小林高文、その介助者ら総勢一二名が参集し、一九九九年六月二七日にＣＩＬ開設準備会が持たれた。以後、毎月第四日曜日に定例会を開き、開設の準備が進められる。そして、二〇〇〇年一〇月一五日に「自立生活センター・北」が発足した。

その後、二〇〇三年に支援費制度が始まるのにあわせて、ＣＩＬ北は介助部門を独立させ「ＮＰＯ法人ピアサポート・北」を立ち上げる。これは介助派遣専門の事業所であり、設立の背景には、支援費制度の公費支給によって、安定的に財源が確保されたことがある。その結果、介助の利用者数も伸び、それだけ介助者を必要とすることになった。すると、だめ連やあかね界隈の人々が、ピアサポート・北の介助者として働くようになった。神長によれば、彼らは経済的には「たいして生産性がないっていうか、そういうところから、排除されちゃうタイプの人たち」だが、介助がそうした人たちに居場所をもたらした。

神長：いっぱい介助に入ってってたですよね。だから、あかねとかだめ連とかやっててていっぱいいろんな人が来て、普通の職場ではね、ちょっと働けないっていうか。ハードル高いじゃないですか、企業の職場って。採用されないし、されてもたいへんっていうか。殺伐とした競争社会で、相当の労働能力が要求されるでしょ。でも、そこで、じゃどうするかって、けっこう「あかね」とかに来て、いろんな人に紹介されて、介助者になってった人がすごいいっぱいいましたよね。すごくいっぱいいた。それはおもしろいなって。

二〇〇三年以降だめ連界隈の人々が多数、介助者になった。これは、神長が述べるように、資本主義の競争原理のもとで生産性を高めることに躍起になったり、自身の能力を顕示し続けなければならなかったりする職場とは違って、介助の「たたずまい」が、それとは別様の働き方・生き方を提示するからだろう。

障害者介助とだめ連的なたたずまいはよく似ている。それを究極は「なぜか、そこに」と表現する。介助者のたたずまいは、そこにいるのにどこかよそよそしく、余所者のようだ。しかし「余所者でありながら『なぜか』そこにいるということが重要なのだ」と究極はいう（究極 二〇〇四：一六九）。これはだめ連のたたずまいそのものでもある。

究極によればデモや集会に参加してもどこか余所者で、なぜそこにいるのかわからない、いても何のためにいるのかよくわからない、そうしたたたずまいが、だめ連だった。しかし、こうしたたたずまいこそが介助には求められる。つまり、介助では、能動的なかかわりよりも、受動的にそこにいるあり方に意味がある。なぜなら、そこはパーソナルでプライベートな生活の空間である。障害者にとって介助者は、いてもらわないと困るが、「存在感」むき出しでいられても困る存在だ。究極が初めて出会った障害者のたたずまいが「拍子抜け」だったように、介助に求められるアティテュードは、肩の力の抜けた、ごく静かなものなのである。

こうした介助のアティテュードが、だめ連を経由して介助現場にやってきた人にはとてもフィットしただろう。無理をして能力を顕示する必要もなく、ただその場所に穏やかにいることに意味がある。またさらに一方で、日々の生活の実践が、だめ連の人々に「ここにいていいんだ」という承認の感覚をもたらしただろう（賃金も得られたので経済的にも支えとなった）。神長は、障害者介助の経験が、だめ連に新たな実践を生んだという。それは例えば「誰も排除しない場所作り」だ。これには障害者運動の影響があったという。

神長：だめ連の交流会もそうだけど、あかねとかやってたとき「出禁」問題とかね、出てくるんですよね。だめ連でも排除の問題が出てきて、なんていうのかな、なんか人が集まるときにさ、なんとなく排除される人っていうかさ、あんまりウェルカムじゃない人がどうしても出てくるじゃないですか。そういうところに、おれもあったけど、ぺぺとか究極さんとか、すごく敏感っていうか。力点を置いてたっていうか。誰も排除しないような場所を作りたいっていうか。そういう集いを作りたいみたいな。だれでも来れるような場所にしたいっていうこだわりはすごいあったと思うんですよね。それはやっぱり障害者運動から。そういうところに目が行くっていうのは、そういう流れがある、影響と思うんですよね。

だめ連の一九九九年の著作『だめ連宣言！』に「こころ系」という表現で書かれているが、ある時期から、だめ連には、メンタルヘルスをテーマにする人々や、精神的な葛藤を抱える人々が集うようになった（だめ連一九九九ａ）。そうした多様な人々を排除せずに、どう居場所を持続させるかという問いを模索した。これはだめ連の中心メンバーが障害者運動の思想を内面化していたことが背景にあると神長は述べている。

（二）自由に生きる

このように見ていくと、障害者運動とだめ連の実践は相互に影響を与えながら、相互に生成変化したことがわかる。実際、究極は障害者運動とだめ連の「問題意識の口振り」がよく似ていると感じたという。例えば、かつて究極が介助に入った障害者の家は毎晩「溜まり場」になっていて、酒を飲んで酔っ払ったが、「障害者運動を語り合う熱い口吻が通奏低音のように響いていた」(究極 二〇〇四：一六六)。障害者と健常者の関係、親ときょうだいの関係、性・恋愛の問題、労働や介助料の問題など、そこにはまさに「交流」があった。こうした世界に触れて、究極は障害者運動もだめ連も「同じように『ミクロ・ポリティクス』というものが俎上に乗せられていた」と振り返る。つまり、小さな権力関係、例えば家族、会社、学校などに見られる微細な権力を問う姿勢、あるいは一見、私的な問題に見えるものが、公的な問題を背景にしていること。彼らが毎晩延々と語りあうのも、個人的な問題に還元できない社会的な問題がそこに横たわっていることを顕在化させるためだった。

神長も、インタビューのなかで、障害者の自立生活がだめ連と似たところがあると当時から思ったと語った。それは自立生活が、施設の管理のなかでレールの敷かれた人生を送るのではなく(新田 一九九四)、地域において「自由に生きる」というライフスタイルを志向するからだという。そうしたレールから外れた生き方は、大変ではあるけれど、おもしろい。それはまさにだめ連が志向するオルタナティブな生き方と通底する。

以上のように、障害者運動は介助者となっただめ連の人々に支えられた。他方、だめ連は障害者介助を通して生活力や経済力を得た。これは決して「他者のため」でなく「自分が生きる」ことを追求しているのだが、結果的に他者のためになり、そして自分が生き延びている。それは文字通り「かたわらにいて食べる」ような「衣食住の寄食」であり、「なぜか、そこに」いるような「存在の寄食」でもあった。さらに両者の「交流」は、「排除」とは異なるコミュニケーションを模索させ、「自由に生きる」ライフスタイルを実践する意味を深めた。障害者運動とだめ連による「寄食者の共生」は、現代の資本主義を生きる私たちに多くのヒントを投げかけている。

注

(1) だめ連には規約も会員資格もない。そのため正式なメンバーかどうかを示すことはなく、「だめ連界隈の人」といった表現をすることが多い。

（2）ぺぺ長谷川は一九六六年、埼玉県生まれ。本名は塚原活。早稲田大学の七年生だったときに神長らとだめ連の活動を開始。二〇二三年二月に胆管がんのため死去した。ぺぺのお別れ会には、三日間に彼を慕う、のべ七〇〇をこえる人々が集まったという。

（3）金井康治は一九六九年、東京都生まれ。脳性マヒ者。足立区立花畑東小学校への入学を求めるが拒否され、その後、同校への自主登校を続ける。一九七九年に実施された養護学校義務化の反対闘争の象徴として運動の先頭にあった。一九九九年、東京都北区の自宅で逝去。

（4）神長恒一は一九六七年、東京都生まれ。大学卒業後、大手百貨店に就職するも一〇カ月で退職。大学の同級生だったぺぺがいたノンセクト系の学生運動サークルに出入りして遊ぶうちにだめ連が生成。二〇二三年七月六日に約三時間のインタビューを実施した。

（5）新田勲は一九四〇年、東京都生まれ。脳性マヒ者。一九六八年に府中療育センターに入所。その管理体制と強制移転に抗議し施設改善運動を展開。その後、東京都北区の都営車いす住宅に入居し、地域生活を支える公的介護保障の要求運動に取り組む。二〇一三年、死去。

（6）究極Q太郎は一九六六年、埼玉県生まれ。詩人・アナーキストとして多くの作品を発表。自身の経験に根ざした介助論も多い（究極 一九九八、二〇〇四）。

（7）私は、新田勲の介助を二〇〇五年から彼が亡くなる二〇一三年まで続けた。他に北区在住の小田政利の介助を小田が亡くなる二〇二三年まで続けた。

（8）猪野千代子は、一九三六年、東京都生まれ。脳性マヒ者。府中療育センター、牛込病院などで入院生活を送る。七三年、北区王子本町の都営住宅に移り地域自立生活を始める。交通アクセス運動の先駆をなした。一九九九年、死去。

（9）自立生活センター（Center for Independent Living ＝ＣＩＬ）は、障害当事者による障害当事者のサポートを目的として、自立生活プログラムやピアカウンセリング、介助派遣を提供する活動拠点。一九九〇年代以降、日本各地に創設され、自立生活の進展に貢献した。

文献

相蘇道彦 一九九三「通信発刊にあたってなんとなく思うこと。」『グループもぐら通信』一：一五。
ういすちわお 二〇二三「ぺぺ長谷川へ」http://freeter-union.org/2023/02/18/（最終閲覧：二〇二三年七月一日）。
神長恒一・ぺぺ長谷川 二〇〇〇『だめ連の働かないで生きるには?!』筑摩書房。
―― 二〇二四『だめ連の資本主義よりたのしく生きる』現代書館。
究極Q太郎 一九九八「介助者とは何か?」『現代思想』二六（二）：一七六―一八三。
―― 二〇〇四「なぜか、そこに」『現代思想』三二（五）：一六二―一七〇。
―― 二〇一八「政治性と主観性――運動することと詩を書くこと」『子午線 原理・形態・批評』六：一二一―五九。
―― 二〇二三「さよならのかわりに」https://poetry2021.webnode.jp/（最終閲覧：二〇二三年七月一日）。
小谷全弘 一九九三「介護ぇ日記」『グループもぐら通信』一：一一―一三。
―― 一九九四「グループもぐら八丈島ツアー」『グループもぐら通信』三：六―九。
古波蔵初枝 二〇〇〇『武美、自立への旅立ち――母の記録』私家版。
セール、M 一九八〇＝二〇二一『パラジット――寄食者の論理（新装版）』及川馥・米山親能訳、法政大学出版局。
外山恒一 二〇一八『改訂版 全共闘以後』イースト・プレス。
だめ連編 一九九九a『だめ連宣言！』作品社。
―― 一九九九b『だめ！』河出書房新社。
新田勲 一九九四「にんげんインタヴュー① 北区の主 新田勲さん」『グループもぐら通信』二：二―四。
編集部 一九九四「だめ連座談会『金』」『にんげんかいほう――二七年の孤独』四。

第7章　聖なる共住の場

――近代ドイツにおける慈善施設のケア空間

中野智世

第一節　慈善から福祉へ？

本章でとりあげるのは、今から約百年あまり前、二〇世紀初頭のドイツに存在したある慈善施設である。ドイツ語で「シェーンブルン」（＝「美しい泉」）という名を持つこの施設は、森と畑の広がる南ドイツ・バイエルン地方の田園地帯に位置し、一七世紀に建立された古城とその周辺の敷地を利用して一八六三年に設立された。一九一〇年頃の建物配置図によると、敷地内には入所者の居住棟として改築された城館のほか、教会、農舎、家畜小屋、鍛冶屋、ビール醸造所、靴屋と仕立て屋の工房、旅籠、演劇ホール、九柱戯場などがあり、城の北側には礼拝堂や霊安室を備えた墓地が、南側には果樹園と庭園が配されている。さらにその周りには、総面積二〇〇ヘクタールを超える農地や牧草地、森が広がっていた（図7‐1、図7‐2）。

一見すると中世ヨーロッパの城館にもみえるシェーンブルンは、しかし、カトリックの女子修道会が運営する慈善施設であった。二〇世紀初頭、ここではゆうに五〇〇人を超える老若男女が共同生活を送っていた。心身のどこかに不自由がある子どもや大人、病気や老齢で世話が必要な高齢者などに加え、農業や畜産、手工業に従事する職人や小作人、さらに、病人の世話や子どもの教育、調理や洗濯などに携わる修道女たちである。この施設をあえて現代的定義にあてはめようとするなら、障害児施設や養護学校、福祉作業所、病院、療養所、老人ホーム、ホスピスなどさまざまな機能を合わせもつ総合医療福祉施設とで

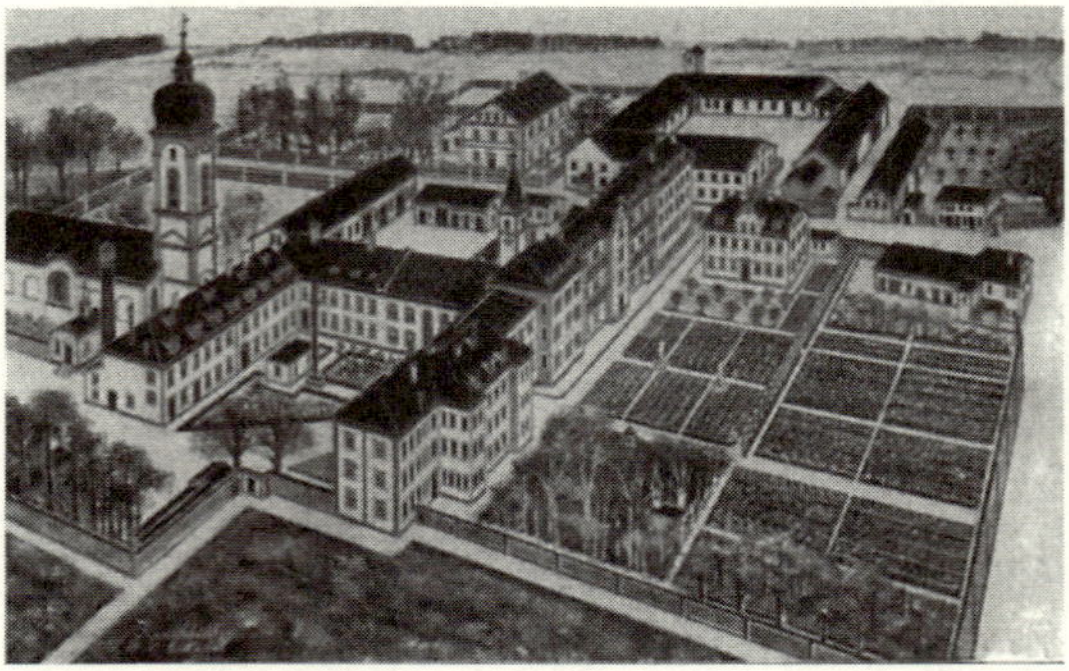

図 7-1　シェーンブルン全景（1910 年頃）
出典：Stritter/ Meltzer（1912: 33）.

もいえようか。ただしシェーンブルンは、現代のこうした施設が目的とするところの教育や治療、リハビリテーション等を提供する場ではなく、宗教的な慈善施設であった。

近代的な福祉制度が確立する以前、こうした慈善施設は、キリスト教圏ではごく一般的な社会的包摂の場であった。孤児や寡婦、病者、障害者、高齢者など何らかの理由で共同体のネットワークからこぼれ落ちた「寄る辺なき人々」の受け皿となったのは、中世以来、教会や修道院付設の救貧院、施療院、あるいは信徒団体が設立した救済施設などであった。近代に入ると、こうした場から学校、病院、福祉施設などが徐々に分離・専門分化していき、それに伴って社会的インフラの担い手は聖から俗へとゆるやかにシフトしていく。いわゆる「慈善から福祉へ」という福祉史の一般的なフレームワークも、こうした前提にたって理解されている。

しかし、「慈善から福祉へ」の流れは、すべての「寄る辺なき人々」に対して均等に進んだわけではなかった。例えば、シェーンブルンにいるような人々は、ながらく近代国家が公的福祉をもって配慮すべき対象とはみなされなかった。本章がとりあげる当時のドイツといえば、新興の経済大国かつ学術や科学技術においても世界をリードする存在で、「障害児教育」や「精神医療」に取り組む先駆的教育者や医師も数多く知られていた。しかし、そうした取り組みの対象となったのは、教育や治療が可能だとみなされたごく一部の障害者・病者で、大半を占めるその他の人々――教育や治療の見込みがないとみなされた人々――への配慮は、二〇世紀半ばにいたるまで、もっぱら伝統ある宗教団体の手に委ねられていた。当時の精神科医が、「社会の負担になるばかり」で「子どものように何もできない」人々の世話は修道者の手に委ねられると述べているように（Kleefisch 1927: 493）、そうした人々の心身の世話を――家族や親族以外に――実際に引き受けたのは、医師や教育者ではなく宗教者のもとで運営される宗教的な慈善施設だったのである。[1]

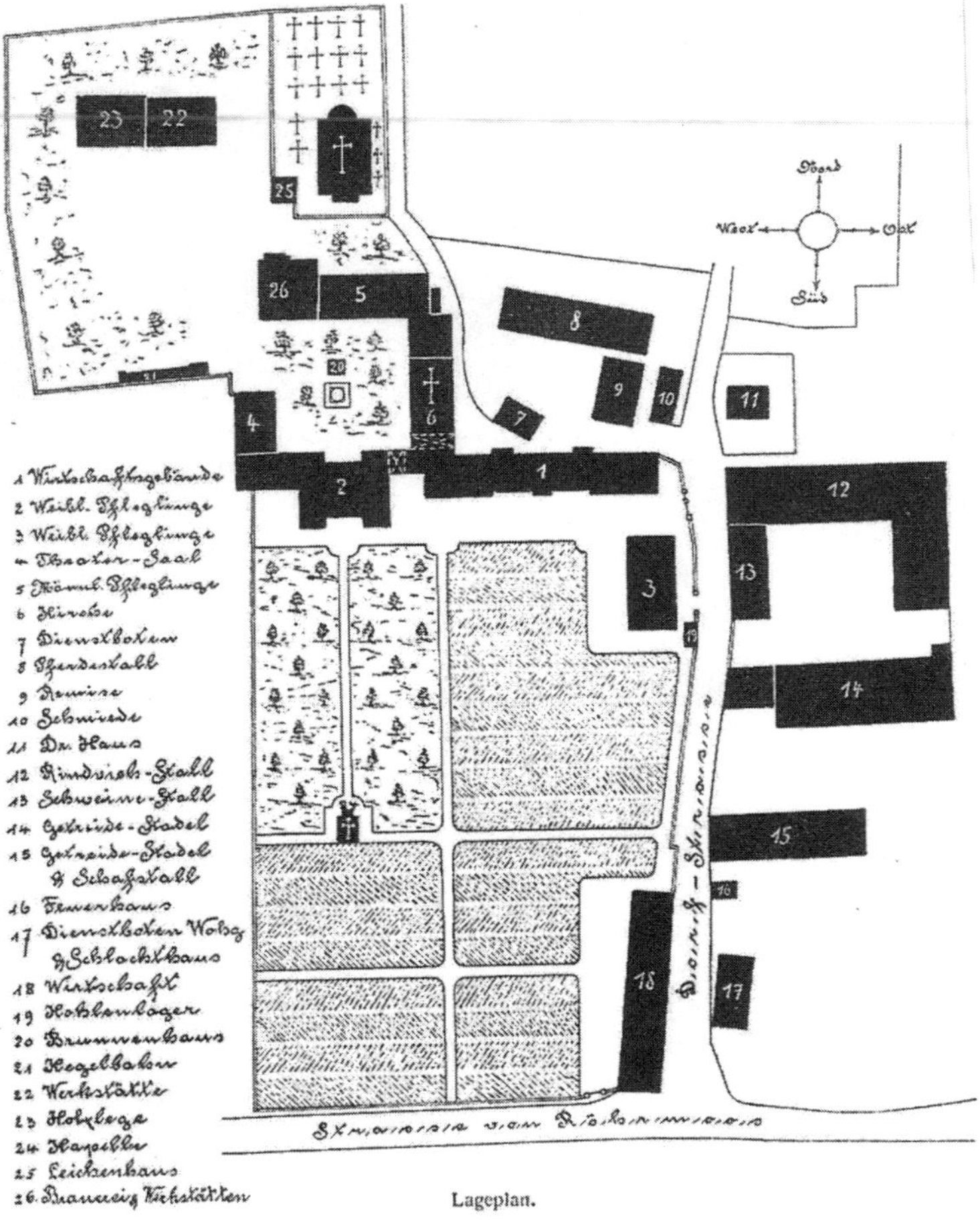

図 7-2　シェーンブルン建物配置図（1910 年頃）
出典：Stritter/ Meltzer（1912：34）.

①　農舎
②　女性入所者居住棟
③　同
④　演劇ホール
⑤　男性入所者居住棟
⑥　施設内教会
⑦　小作人・職人用住居
⑧　馬小屋
⑨　納屋
⑩　鍛冶工房
⑪　施設医住宅
⑫　牛小屋
⑬　豚小屋
⑭　穀物倉庫
⑮　穀物倉庫、羊小屋
⑯　火起こし場
⑰　畜殺場
⑱　飲食店・旅籠
⑲　貯蔵庫
⑳　井戸
㉑　九柱戯場
㉒　職人工房
㉓　木工工房
㉔　チャペル
㉕　霊安室
㉖　醸造工房

図 7-3　シェーンブルン居住棟（1878 年）
出典：Stritter/ Meltzer（1912: 32）.

本章では、近代的な福祉理念や制度が登場しつつある二〇世紀初頭にあって、いわば「埒外」の実践であった宗教的な慈善施設に着目する。一般には世俗化が進むとされる時代に、慈善施設という場はどのような論理で成り立っており、その物質的基盤はどのように確保されていたのか。そこでの生活はいかなる理念と形式の下で営まれ、一般社会のなかでどのように位置づけられていたのだろうか。こうした問いを出発点に、シェーンブルンという場における共棲のありようを観察し(2)、新たな公共性の可能性について考える手がかりを探りたい。

第二節　「心身の憐れなるもの」のための施設

一九世紀も半ばを過ぎる頃、古城シェーンブルンとその一帯に「心身の憐れなるもの（geistig und leiblich arme Individuen）」のための施設を創設したのは、近郊に領地をもつヴィクトリア・バトラー伯爵夫人であった。熱心な慈善・社会事業家だったバトラー夫人は、当初、貧しい少女たちを「きちんとした良い奉公人に」（Kaspar 1980: 362）育てることを目的に、私財を投じて古城と周辺一帯の土地を買い取った。夫人は寄付を募るために慈善協会を立ち上げるとともに、当地のカトリック司祭を施設長とし、少女たちの世話と教育についてはミュンヒェンを拠点とする聖フランシスコ会(3)の修道女たちの手に委ねることを定めた。一八六三年、数名の修道女に伴われて一八人の少女がここシェーンブルンにやってきたのがこの施設のはじまりである（Gierl 1882: 30ff）。

しかし、その後、同施設には次第に「健常な」貧しい少女だけでなく障害や病気を持つ少女も預けられるようになり、数年後、施設の方針をめぐる対立から創始者のバトラー夫人が運営を離れると、男子も受け入れられるようになっていく。施設設立から一〇年後の一八七三年には、六八名の入所者のうち健常者は五名のみで、それ以外は癲癇や「精神薄弱」(4)など何らかの病や障害を抱える人々が大半を占め、入所者の年齢も、少年・少女に限らず、二歳から六九歳までと幅広い層に及ぶようになっ

表7-1　シェーンブルン入所者の内訳（1910年）

疾病・障害名*1)	男性	女性	合計
老衰	6	10	16
盲	4	3	7
聾	2	5	7
クリュッペル*2)（精神的欠陥なし）	5	9	14
神経症	8	17	25
その他の身体の病気	11	26	37
癲癇およびコレラ罹患者	39	44	83
精神遅滞*3)	23	41	64
精神遅滞*3) およびクリュッペル*2)	9	14	23
精神遅滞*3) および身体の病気	14	11	25
白痴*3)	18	29	47
合計	139	209	348

*1) 当時の名称および分類による　*2) 肢体不自由　*3) 知的障害
出典：Stritter/ Meltzer（1912: 35）より筆者作成。

た（Kaspar 1980: 379）（図7－3）。

ここで留意しておきたいのは、シェーンブルンの掲げた救済の対象はあくまで「心身の憐れなるもの」であって、対象を特定の障害や疾病などに限定するものではなかったということである。ここでいう「憐れ」（＝arm）とは「貧しさ」とも訳しうる言葉で、キリスト教の世界観においては肯定的な意味をもっていた。「憐れなもの」「貧しきもの」は神に近い存在、この世におけるイエスの姿であるとされており、彼ら「貧者」に手をさしのべることは「あの世」での自身の救済につながる「善行」であって、信徒の重要な責務であるとみなされていた（ゲレメク 一九九三：二九以下）。こうした文脈における「憐れなるもの」とは、第一義的に信徒に対して慈善の義務を思い起こさせる存在であればよく、実際に、各施設が誰を受け入れるかは創設者の意図や施設側の事情、組織や財源、そして地域社会のニーズに応じてさまざまであった。

設立から半世紀を経た一九一一年、シェーンブルンの入所者は、盲・聾、肢体不自由といった身体的障害、「精神遅滞」「白痴」「神経症」などの知的・精神的な障害のある人々、癲癇やコレラ罹患者、そしてシェーンブルンを「終の棲家」として生涯の「入居権」を買い取った要介護の高齢者など多岐にわたっていた（表7－1）。ここには、さまざまな事由によって家族や親族が世話をすることができない人々が受け入れられていることがうかがえる。二〇世紀初頭の全国施設統計や総覧類では、シェーンブルンは「精神薄弱・癲癇児童養護施設」に分類されているものの[5]、その実態は右記のような「多機能」施設であった。

こうした施設の方針が地元の必要に応えるものであったことは、その後の入所者数の推移にもみてとれる。当初一八人であった入所者は、設立二〇年足らずで一〇〇人を超え、一九一〇年には三五〇人、一九二〇年には五〇〇人を超えた（表7‐2）。それにともなって入所者のケアや各種の作業を担う修道女の数も増員され、建物は増築され、農地や牧草地を含めた敷地の総面積も八〇ヘクタールから二四〇ヘクタールへと、五〇年で三倍近くに及んでいる。こうして、シェーンブルンはバイエルンでも有数の大規模施設となっていった。

表 7-2　シェーンブルン入所者数・従事者数の推移

	入所者	修道女
1863	18	5
1880	116	26
1910	348	約 135
1921	530	165

出典：Gierl（1882: S. 32, 39, 142）（= 1863, 1880）; Stritter/Meltzer（1912: 32, 35）（= 1910）; Duhr（1922: 182）（= 1921）.

第三節　自給自足の経営共同体——労働と生産の場として

冒頭で述べたように、シェーンブルンは女子修道会の運営する慈善施設であった。こうした施設の多くは、近代以降も、中世の修道院のような自給自足生活を旨とする独立した経営共同体であり続けた。シェーンブルンもその一つで、ここは生活と消費の場であるだけではなく労働と生産の場でもあった。そこで以下では、まずはシェーンブルンという場を成り立たせていた物質的基盤について考えてみたい。

まず、シェーンブルンの城館と広大な農地や森林はバトラー夫人の私財、および彼女の働きかけで設立された慈善協会、バイエルン王家や貴族からの寄付によって賄われた。施設運営が軌道に乗ってからは、入所費（後述するように公費、私費負担があった）、慈善協会からの定期的な寄付や自治体からの補助金、個人の寄付や遺贈などに加え、施設で営まれる多種多様な生業、特に農業と畜産から得られる収入が施設の経営を支えていた。例えば、一八八〇年頃の農場経営について、近郊に住む司祭は次のように記している。

二ヘクタールの果樹園に一二〇本の果樹、たくさんのスグリの低木、四五本のワイン用ブドウ、さまざまな観賞用樹木がある。［……］

野菜畑には一般的な野菜類の他にシロガラシ、アニス、コリアンダー、トウモロコシ、サフラン、黄レンゲが栽培されている。［……］六三ヘクタールの標準的地味の畑、三三ヘクタールの緑地があり、緑地内の一ヘクタールの泥炭土から毎年一〇万個の泥炭が採掘される。畑では当地で一般的な穀物・果樹が栽培されている。穀類は［……］小麦、ライ麦、大麦、カラスムギ［……］豆類はえんどう豆、ソラマメ［……］ジャガイモ、麻、ホップ、クローバー［……］である。（Gierl 1882: 49ff）

施設の農場経営には地元の有力農家が相談役として加わっており、こうして生産された農産物はまずは自家消費用に、余剰分は販売されて現金収入となった。また、同施設は馬、牡牛、牝牛、仔牛、豚、羊・子羊、家禽類なども多数保有しており、これらの家畜類は、畑作業や馬車に、食用や乳製品製造にとさまざまな目的のために利用された。施設内ではパンやビール、ワイン、チーズ、マカロニ、パスタ類、あるいはミサで使用するホスチア（イースト菌を使用しない薄型パン）などが製造されており、冒頭の建物配置図にあるように、ビール醸造やパン製造、精肉工房も整備されていた。さらに、主に自家消費用として、織業、染色、洋裁、編み物、製靴、石鹸やレンガ製造などの生業も営まれている（Gierl 1882: 45ff）。このように、施設内で必要な物資は可能な限りすべて自家生産することが目指されていた。

生産労働を担っていたのは、有給あるいは無償で奉仕する農業労働者や職人、修道女、そして入所者であった。むろん、入所者については全員が労働可能ではなかったし、実際の作業においては農夫・職人や修道女の指導・見守りが必要であった。先にあげた司祭は、そうした状況について次のように記している。

このような体の不自由な人々に、本当の意味での労働をさせることが不可能であることは、［……］ちょっとみれば誰にも明らかであろう。そう、彼らのうち四五人は何の作業にも役立たないどころか見守りとケアが必要で、時には小さな子どもを見る以上の注意を払わなければならないのである！ 残りの七一人は、屋内や庭、農地での軽作業ならこなすことができるが、一人ではできないので、絶えず指示を出し監督することが必要になる。彼らは戸外での労働は喜んで行う。こうした作業は精神的な観点からも大きな利点があるようだ。体力的に劣っているものは、裁縫や編み物、糸紡ぎ、リボンつくり、レース編みなどに従事する。何人かの

図 7-4　火災後の片づけ作業に従事する入所者たち（1899 年）
出典：Stritter/ Meltzer (1912: 32).

> 完全なる白痴は、糸ほぐしがやっとである。こうしてほぐされた糸くずは、羊毛を加えてなでつけ、紡ぎ、織って、入所者やその他の人々の衣類に用いられる。（Gierl 1882: 41）

当時の記録によれば、洗濯場では三名の修道女と一〇名の入所者、家畜小屋では三名の修道女と六名の入所者というように両者はともに作業を担っていることがわかる。ことに戸外での重労働には、男性入所者の協力が不可欠であった（図 7 - 4）。こうした施設内の労働は強制ではなかったが、入所者が労働作業に従事することは好ましいことであると考えられていた[6]。その後、入所者数が増えるにつれ施設内における作業の種類もさらに多彩になっていく。一九一二年、当時の施設長は、三五九人の入所者のうち約二七〇人が何らかの労働作業に従事していることを「大きな成功」とし、その内訳を以下のように記している。

> 牛馬舎で働く者二〇名、農作業に三五~四〇名（収穫期は約七〇~八〇名）、果樹および菜園では一〇~一五名、軽度の屋内労働に四〇~五〇名。さらにミサの侍者として九名、合唱隊二名、事務仕事に二名、製本工房に一名、塗装・絵画工房に一名、家具製造二名、錠前製造二名、レンガ製造三名、籠細工三名、製靴六名、織業二名、仕立て業四名、裁縫一五名、機械編み二名、ブラシ製造二名、洗濯場一六名、脱水機操作二名、アイロンがけ三名、パン製造三名、調理五名（日に一時間のみ六~八名）、レモネード製造手伝い一名[7]。その他、編み物、糸紡ぎ、網細工、糸のこ細工、ロザリオ製造、使い走り、薪割り、下働きなどに四〇~五〇名。（Duhr 1922: 181）

このように、シェーンブルンはそこに共住するすべての人々——農民や職人、修道女、何らかの作業可能な入所者たちなど——の労働によって支えられる、経済的に独立した共同体であった。すでにみたようにその経営規模は一貫して拡大を続け、一八九九年と一九〇五年には二度の火災――農舎や家畜小屋を焼失し、家畜類も被害を受けた――を経験しながらも、一九〇七年にはさらなる居住棟の改修・増築や給水施設の整備、一部の生産設備の電化も実現している（Stritter/ Meltzer 1912: 33f)。同施設は、経済的にも大きな成功をおさめた経営体であったといえる。

第四節 「祈り、働く」信仰共同体――日々の生活の営み

次に、生活の場としてのシェーンブルンに注目してみよう。まず、留意しておきたいのは、ここではカトリックの生活様式が施設の隅々にまで――建物の配置から衣食住、日々の日課や日常的なふるまいまで――及んでいたという点である。例えば、施設の中心にある鐘楼つきの教会、施設内外の宗教建築や装飾の数々、修道服をまとった修道女たちは、ここが修道会運営による施設であることを目に見える形で示していた。また、施設の年間スケジュールは降誕祭や復活祭をはじめとする宗教的祝日に沿って組まれており、そうした日には特別な儀式や祝祭が催された。さらに、施設内の生活は中世来のベネディクト戒律に沿って規則正しく営まれ、修道女のみならず入所者も「時を告げる打鐘」に沿って「祈り働く」生活を送ることが求められていた（表7‐3)。

生産労働から入所者のケアまでを中心的に担う修道女は、清貧・貞潔・服従の誓願を立てて同修道会の一員となった女性たちであった(8)。彼女らは、文字通り分刻みの聖務と労働で一日を過ごし、日曜・祝日のミサや宗教的儀礼に参加し、定期的な断食や瞑想、告解などの宗教的勤めを負っていた。一切の私財を放棄し、外界との接触や外出を控え、生涯を祈りと奉仕に捧げる修道女たちは、その存在自体が宗教的であったともいえる。

入所者の生活規則は修道女のそれに比べればはるかに緩やかであったが、それでも、毎日決められた日課に沿って生活し、毎朝のミサに出席し、夕刻には「当施設の恩人たる生者・死者」――生前寄付や遺贈によって施設を支える慈善家たち――にロザリオの祈りをささげることが入所者の「宗教的勤め」であった。また、入所者のほとんどを占めるカトリック教徒(9)は、定期的に秘跡に与ることも推奨されていた。むろん、労働作業と同様にこれらの宗教的な勤めも心身の状態が許す限りにおいて

表 7-3　シェーンブルン平日の日課（1880 年）

3 時 15 分	修道女、起床
3 時 40 分	礼拝堂にて朝の祈り（晩課）
3 時 45 分～ 4 時	黙想
4 時～ 4 時 15 分	第一時課、第三時課、その後、労働作業
4 時 15 分	入所者起床、着替えの後、そろって朝の祈り
5 時半（夏期、冬期は 6 時）	礼拝
6 時（夏期、冬期は 6 時半）	朝食。その後、修道女と労働可能な入所者は労働作業。就学年齢で学習可能な入所者は施設内学級へ
8 時半	軽食
11 時 15 分	修道女ら、そろって六時課、九時課
11 時半	全員で昼食。その後、修道女と労働可能な入所者は労働作業、就学年齢の入所者は施設内学級へ
午後 3 時	軽食
午後 3 時半	修道女ら、そろって夕べの祈り（晩課）、終課。夕食まで労働作業
午後 5 時 45 分（夏期、冬期は 5 時半）	入所者による、神の摂理の栄光と当施設の恩人（慈善家・寄進者）へのロザリオの祈り
午後 6 時半（夏期、冬期は 6 時 15 分）	夕食。その後、入所者は自由時間。修道女らは残りの作業片付け。聖堂に行ってもよい
午後 7 時 15 分（夏期、冬期は 7 時）	入所者、夕べの祈り。その後、就寝。翌日の礼拝まで可能な限り沈黙し黙想すること。
午後 7 時半（夏期、冬期は 7 時 15 分）	修道女ら、夕べの祈り。夜の祈り（朝課）、朝の祈り（賛課）。翌日の黙想の準備。
午後 8 時 15 分（夏期、冬期は 8 時）	修道女就寝
午後 9 時	消灯

出典：Gierl (1882), Beilage Nr. 3. „Tagesordnung der Pfleglinge und Schwestern 1880“, S. 146-147 より筆者作成。

ではあったが、ここに入所することはこうした生活様式に従うことを意味していた（Duhr 1922: 180）。

とはいえ、入所者の生活は労働と祈りのみに尽きるわけではなかった。例えば一九〇六年に施設長に就任した司祭ゲオルグ・ネッシャー（Georg Nöscher 1871-1921）は、入所者の余暇、娯楽・文化生活の充実にも積極的に取り組んだ。一九一〇年の年次報告では、その年の「成果」を自ら次のように記している。

入所者の休養のためには、戸外で気持ちよくすごすごとができるよう、木陰に数多くのテーブルやベンチをしつらえた大きな公園がある。良い天気の日には、公園で食事をすることもあり、若い入所者がさまざまな遊びに興じる場となっている。聖フランシスコの彫像の記念碑が今年新たに設置され、公園の素晴らしい飾りとなった。男性入所者の居住棟にはテーブルとベンチを備えた庭がついており、今年はここに新しく屋根付きの九柱戯場が設置され、多くの男性入居者に娯楽を提供した。若い人たち向けには、さらに回転木馬やブランコを設置した。蓄音機や手回しオルガンも若い人々には人気である。天気の良い日曜日や祝日には、施設付きの神父やシスターの引率でしばしば大規模な日帰り遠足を企画した。雨の日や冬の午後には、蓄音機や鉄道模型やさまざまなゲームが娯楽と気晴らしになった。今年は新たにスライド上映機器を用意し、ためになる楽しい写真に神父が説明をつけながら上映し、冬の夜の大きな楽しみと有益な娯楽となった。(Duhr 1922: 180)

このように、単に「祈り働く」だけではなく、生活の場として気晴らしや楽しみにも配慮があったことがうかがえる。また、入所者は娯楽を享受するだけでなく自ら参加することもあった。クリスマスや新年、カーニバルなどさまざまな機会に催される祝祭では、入所者も加わって芝居や詩の朗読が行われたという。ことに同施設が熱心に取り組んできたのは合唱である。右記の引用からは少し時代がさかのぼるが、一八八一年、ある音楽雑誌には次のようなシェーンブルン訪問記が掲載されている。

ダッハウ郊外のシェーンブルンにある［……］見捨てられた人々のための施設を訪ね、第三会のシスター[10]と一〇人ほどの施設の人たちによる歌唱曲を聴きました。［……］なんと素晴らしかったことでしょう！ ダイナミズムや発音の美しさ、一日中働きづめで夜しか練習の時間がとれない人々の演奏の美しさ。テノールは農家の下男で、バスは二〇代の施設の男性でした。普段は頼りなげで、ほとんど何の役にも立たないのに、よい耳と声をもっているのです。どれだけ苦労して練習したことでしょう！［……］驚いたことに、日曜日のミサには、ここに住む約一二五人（？）［ママ：筆者注］の人々のうち、歌える人はすべて合唱に参加しているということでした。皆が聖歌を歌っているのです！(Gierl 1882: 37f)

聖歌の歌唱は宗教的勤めと文化・娯楽活動双方の側面をもつが、ともすると単調な施設の生活に彩りをもたらすものであったことは推測できる。

総じて、シェーンブルンの生活環境や施設内の処遇は同時代の類似施設に比して恵まれていたものと思われる。例えば閉鎖型の精神病院などに対して同施設は開放型であり、入所者はいつでも自由に退所することができ、家族はいつでも入所者を引き取ることができた。施設からの「脱走」は毎年数件報告されているものの、「精神薄弱」か「躁鬱の発作」などによるもので、多くが数日のうちに自発的に、あるいは修道女や地域の警察官に付き添われて戻ってきたという（Duhr 1922: 181）。そもそも歴史ある古城を改修したシェーンブルンは、その建築物としての価値や立地・環境の良さがしばしば賞賛されており、当時の施設総覧においても、緑豊かな田園のなかの城館や手入れの行き届いた庭園は、「最寄りの鉄道駅から三〇分ほどの散策にちょうど良い」観光名所とも紹介されている（Gierl 1882: 1, 50; Stritter/ Meltzer 1912: 30）。こうした評判は、同施設が心身を病んだ聖職者の静養の場として好んで利用されていたことからもがうかがえよう（Kipfelsperger 2021:92）。

第五節　身体と霊的ケアの場として

最後に着目するのは、入所者に対するケアの体制やその実態である。宗教的慈善施設におけるケアは、どのように営まれていたのだろうか。

冒頭でも述べたように、同施設は入所者に対する治療や教育を目的とした場ではなかったため、医療的ケアや教育の提供は限定的であった。医療に関して、開設当初は外部の官医が、のちには専従として雇用された医師が、施設で居住するすべての人々——修道女らも含む——の検診や治療にあたった。入所者への特別な治療——例えば癲癇の治療など——は行われず、むしろ「規則的な生活と戸外での運動により困難な症状を可能な限り緩和すること」が重視された（Gierl 1882: 42）。

教育については、子どもの入所者のうち、「平易で、もっとも必要とされることだけなら学ぶことのできる子」のために施設内特別学級が設けられ、教師の資格をもつ修道女が教育にあたった。一八八〇年にシェーンブルンを視察した視学官によれば、「この学校には中程度の学力をもつ児童すら一人もいないことを鑑みると、その成果は大変満足のいくものであった」という（Gierl 1882: 43）。こうした教科教育よりはるかに充実していたのは実務的な職業教育である。すでにみたように施設内ではさまざまな労働作業が営まれており、入所者のなかには、マイスター資格を持つ職人らの指導をうけて徒弟試験に合格するものもあったという（Kipfelsperger 2021: 109）。

入所者の生活上の世話を担ったのは修道女たちである。彼女らは「修練女」と呼ばれる見習い期間に施設内で一通りの教育を受け（一九〇八年より看護師の養成教育については外部に委託）、その後、さまざまな作業を割り当てられた[11]。実際のケア業務についてはあまり記録が残されていないが、入所者の性別や年齢、障害や病状の種類に応じたグループごとのケアが行われていたと思われる[12]。

修道女のケア業務に関して留意しておきたいのは、ケアという行為に付与された意味づけである。修道女規則（一九一一年）によれば、このシェーンブルンは「隣人愛の実践を通して神と隣人に仕える場」であり、ここでの修道女の義務とは、「施設に居住する貧しきもの、病めるものを守り世話すること」を通して「キリストの完徳」をめざすことであった。ケアという「善行」は、徳を積むことによる修道女自身の霊的救済と結びつけられているのである。それゆえ、修道女は「労苦を惜しまず、昼夜を問わず」、「彼ら［入所者：筆者注］の病や障害、気分や必要に気を配り、愛情をもって彼らの望みや頼みに応え」、献身することが求められた（*Regeln* 1911: 23f）。

また、こうした世話は入所者の身体のみならず、精神面にも及ぶものであった。同規則によれば、修道女は「入所者の苦しみを少しでも和らげ、その生を美しいものとし、天国への道へと送り出す」義務を負っており、「愛と柔和さをもって入所者を祈りに導き」、「秘跡に与ることを勧め」、必要な時には「司祭を呼ぶこと」も重要な義務の一つであるとされていた。そして、修道女は入所者へのケアを通して「主その人に仕え」ているのであり、「彼らに対する行いはいつの日か主によって報いられる」ことを常に思い起こすように、と同規則は説いている（*Regeln* 1911: 23f）。このように、日々のケア業務もまた、キリスト教の精神と結びつけられていた。

こうしたシェーンブルンで提供されるケアは、当時の社会においてどのようにうけとめられていたのだろうか。史料的に確認できることは、一九世紀末以降、同施設はほぼ常に満床で入所希望が絶えない状況であったということである。一九一〇年当時、シェーンブルンでは毎年三〇～四〇人を新規入所者として受け入れる一方、毎年二〇〇件あまりの入所希望者を定員超過により断らざるを得なかったという（Stritter/ Meltzer 1912: 36）。シェーンブルンへの入所は、原則として地元住民が優先されていたことからも、同施設が、病や障害のある人々を委ねる場として地域社会に認知されていたことがうかがえる。

そもそもシェーンブルンは、当地の行政とも相互補完的な協力関係を結んでいた。例えば、同施設は、救貧法が自治体に課した扶助義務——家庭でのケアが不十分な病者・障害者の施設保護——の委託先でもあった。こうした人々がシェーンブルンに入所する場合、入所費はすべて公費によって負担された。上記に該当しないケースであっても、完全に自己負担で入所している人はごくわずかで、ほとんどの人々がさまざまな理由によって何らかの減免措置をうけているか、あるいは全額を免除されていた。(13) 例えば、一九一〇年当時、三五〇人近いシェーンブルンの入所者のうち、入所費を全額自己負担で支払っている人は一六人のみで、二一人は無償、二四〇人は何らかの減免措置を得ており、四八人はそれぞれ別個に契約を結んで終生の居住権を得た人々となっている（Stritter/ Meltzer 1912: 36）。このように、シェーンブルンは、典型的なカトリック農村である地域社会に根を下ろし、地域のさまざまな物的・人的資源によって支えられる場であったといえよう。

第六節　近代社会のなかの「異空間」

シェーンブルンの創設者バトラー夫人は、同施設を「キリスト教の精神に基づく救済施設」と位置付け、中世の修道院さながらの慈善施設の基礎を築いた。ここシェーンブルンを成り立たせているのは、まさにこの「慈善の論理」であったといえる。そもそも慈善（caritas［ラテン語］、charity［英語］）という言葉は、「神の愛」を意味するギリシア語、アガペーを語源とする。慈善施設とは、その語義に立ち返ってみれば、神と隣人への愛、すなわち隣人愛の実践の場を意味していた。

慈善の世界観によれば、「憐れなるもの」はこの世の神の似姿であって、彼らに手を差し伸べることは、いわば「神への愛」の表現であり、霊的救済への道であった。王侯貴族による多額の寄付のみならず、農民、職人の労働奉仕、遺贈や工具類の寄付は、こうした文脈から理解できよう。また、修道女の存在は、それ自体が慈善の精神を体現するものであった。彼女らは、生涯かけて「神と不幸な人々に忠実に奉仕する」ことを通して徳を積み、来世での救霊をめざした。こうした慈善の場における「憐れなるもの」、すなわち入所者は、いわば「あの世」での救済を媒介する存在であったといえる。例えば、彼らが毎夕に捧げるロザリオの祈りは、施設を支える慈善家たち——生者であれ死者であれ——の来世における救霊を「とりなす」という、中世以来の伝統的な宗教実践の一つであった。彼らの存在なくして、この慈善の場は成り立たないのである。

注目すべきは、こうした近代社会の論理から見れば「埒外」の実践が、当時の世俗社会から完全に孤立した小宇宙であったわけではなく、地域社会と有機的に接続していた点である。すでにみたように、施設の物質的基盤は地域社会のさまざまな資源に支えられており、シェーンブルンは公的扶助の対象となる「要支援者」の受け皿にもなっていた。世俗社会においては「何の見込みもなく」、「子どものように何もできない」人々は、まさにそれゆえに「憐れなるもの」として宗教的慈善施設の手に委ねられた。しかし、彼らはここシェーンブルンでは共同体の一員として、それぞれ可能な範囲で何らかの労働作業に従事し、相対的に恵まれた環境で娯楽と余暇の時間を過ごした。慈善の共住空間においては、入所者も修道女もそれぞれ何らかの役割や作業を割り当てられ、ある種の共同性のなかで生きていた。シェーンブルンは、個人の自由や自立といった近代社会の論理とは異なる、いわば聖なる共住の論理によって成り立つ場だったのであり、その近代社会の中の「異空間」は、二〇世紀初頭ドイツの地域社会における不可欠な部分を形成していたといえよう。

［付記］本章は、JSPS科研費（課題番号18H00730）および二〇二一・二〇二二年度成城大学特別研究助成による成果の一部である。なお、後者の研究課題名「キリスト教系民間福祉の実践についての歴史学的検討——近代ドイツにおける障害者ケアを中心に」は、本書および本章の趣旨にあわせて変更されている。

注

（1）近代ドイツにおける慈善・福祉の歴史的概観については中野（二〇一二、二〇一六）。

（2）シェーンブルンについては、Gierl（1882: 30-54）; Stritter/ Meltzer（1912: 30-36）; Kaspar（1980: 360-389）; Eder（1997: 127-134）; Kipfelsperger（2021: 81-113）。なお、本章の分析対象は第一次世界大戦勃発前までとする。戦争動員やその後の政治・経

済状況の混乱は同施設の状況をも一変させ、別の分析枠組みでの検討が必要になるためである。
(3) 中世のアッシジの聖フランシスコに倣って救貧・医療・慈善活動に従事する修道会の総称。当時のドイツにおける慈善修道会については中野（二〇二三）。
(4) 現在でいう知的障害。なお本稿では現代では使用されない用語も文脈に応じて用いている。この事象に対する当時のまなざし、負のニュアンスを可視化するためである。
(5) 例えば、一九一二年に刊行された『ドイツ精神薄弱、癲癇・精神病児童青少年施設一覧』は、バイエルンを代表する施設の一つとしてシェーンブルンを取り上げている（Stritter/ Meltzer 1912）。
(6) 労働の対価として賃金が支払われることはなかったが、特に重労働に従事する入所者には食事の上乗せ、飲み物やタバコ、小遣い程度の金銭が提供された（Stritter/ Meltzer 1912: 35）。
(7) 同施設ではアルコール摂取が制限されており、そのかわりとして自家製レモネードが提供されていた（Duhr 1922: 181）。
(8) シェーンブルンの修道女についての詳細は、中野（二〇二三）。
(9) 一九一〇年の年次報告によれば、入所者三四八人のうち大半はカトリック教徒で、プロテスタントが二名、ユダヤ教徒が二名であった（Stritter/Meltzer 1912: 35）。
(10) 当施設で従事する聖フランシスコ会の修道女のこと。第一会が男子修道会、第二会は女子修道会を意味するのに対し、第三会は教皇庁の認める正規の修道者ではなく平信徒による修道会を指す。とはいえ、第三会に集う平信徒は実質的には修道者と変わりがなく、教皇庁の規制から自由であったゆえに、慈善や看護などの社会活動が可能であった。当時、社会活動に従事する修道会はそのほとんどが第三会であった（Meiwes 2000: 52ff）。
(11) 例えば、一八八〇年に同施設に従事していた修道女・修練女三二名のうち、入所者の世話を担当したのは五名であった。農場では八名、厨房では五名が従事していたことをみると、ケアは彼女らに課された業務の一部にすぎなかったことがわかる（Gierl 1882: 141f）。
(12) 後のインタビューによれば、二〇世紀初頭にはすでに「小舎制」（小グループごとのケア）がとられていたという（Kipfelsperger 2021: 102f）。
(13) このように無償の定員枠を一定数用意することは、当時の慈善施設においてはごく一般的なことであった。

文献

ゲレメク、ブロニスワフ 一九九三『憐れみと縛り首――ヨーロッパ史のなかの貧民』早坂真理訳、平凡社。

中野智世 二〇一二「福祉国家を支える民間ボランタリズム――二〇世紀初頭ドイツを例として」高田実・中野智世編『近代ヨーロッパの探求 一五 福祉』ミネルヴァ書房、一九七―二三六頁。

―― 二〇一六「カトリック慈善の近代――ドイツ・ヴァイマル福祉国家におけるカリタス」中野智世・前田更子・渡邊千秋・尾崎修治編『近代ヨーロッパとキリスト教――カトリシズムの社会史』勁草書房、二九三―三二一頁。

―― 二〇二三「近代を生きる修道女たち――ドイツの慈善修道会施設にみる信仰・労働・生活」中野智世・前田更子・渡邊千秋・尾崎修治編『カトリシズムと生活世界――信仰の近代ヨーロッパ史』勁草書房、六七―九六頁。

Duhr, B. 1922. Georg Nöscher, ein Varer der Ärmsten. Eine Skizze. *Frankfurter Zeitgemäße Broschüren*, XXXXI. Band, 7. Heft, S. 171-190.

Eder, M. 1997. *Helfen macht nicht Ärmer. Von der kirchlichen Armenfürsorge zur modernen Caritas in Bayern*. Altötting.

Gierl, J. v. G. 1882. *Schönbrunn*. Freising.

Kaspar, F. 1980. *Ein Jahrhundert der Sorge um geistig behinderte Menschen, Bd.1, Die Zeit der Gründungen: Das 19. Jahrhundert*. Freiburg.

Kipfelsperger, T. 2021. *Die Associationsanstalt Schönbrunn und der Nationalsozialismus*. München.

Kleefisch, C. 1927. Fürsorge für Schwachsinnige und Epileptiker. In A. Gottstein/ A. Schloßmann/ L. Teleky (Hg.) *Handbuch der Sozialen Hygiene und Gesundheitsfürsorge, Bd. 4, Gesundheitsfürsorge, soziale und private Versicherung*. Berlin, S. 432-511.

Meiwes, R. 2000. *„Arbeiterinnen des Herrn". Katholische Frauenkongregationen im 19. Jahrhundert*. Frankfurt/ N. Y.

Regeln für die Schwestern des III. Ordens an der Assoziationsanstalt Schönbrunn, 1911, o. O.

Stritter, [P.]/ Meltzer [E.] 1912. *Deutsche Anstalten für Schwachsinnige, Epileptische und psychopathische Jugendliche*. Halle.

第8章　布施がつくる『開発』
――タイの仏法センターにおける移民・難民の出家について

岡部真由美

第一節　出家して生きる

タイ北部の都市チェンマイで仏教寺院を訪ねると、ミャンマー・シャン州から移住してきたシャン人の未成年の出家者すなわち沙弥《しゃみ》によく出会う。彼らの多くは、ミャンマー国内での紛争を逃れ、就労や教育の機会を求めて越境してきた移民・難民の子どもたちである。歴史的に、現在のシャン州とタイ北部とのあいだでは人の往来が盛んであり、チェンマイにはシャン人にゆかりの深い「シャン寺」もいくつか存在している（Amporn 2015）。しかし近年、シャン人の沙弥が多く集まるのは、こうした「シャン寺」に限ったことではない。週末や、主要な仏教行事の日には、寺院の境内がシャン人沙弥の家族・親族や友人の集団で埋め尽くされるという光景は、「シャン寺」以外の寺においても、今や珍しいものではない。

出家すれば、衣食住の心配もなく、また概ね無償で教育を受けることができる。タイの場合、寺院附属の教学学校を修了することで、世俗の中学校や高等学校の卒業資格と同等の資格を得ることもできる。それゆえ、タイにおいては、上座部仏教社会で伝統的に行われてきた「出家教育」（*buat rian*）に一定の需要がある。また、出家教育を受ける沙弥に付随して、沙弥の家族や親族が寺院の空いた土地に住み着いたり、出家していない子どもたちを寺院に預けて出稼ぎ労働で各地を転々としたり、といったケースも散見される（岡部 二〇一九a）。

これらの一連の現象は、先行研究を手掛かりにすれば、移民・難民というマイノリティが、移住先で主流の宗教的制度をつうじて、社会に包摂されるとともに、社会に自らの居場所を創出しているのだと理解できる（Wyatt 1966; Horstman & Jung (eds.) 2015）。しかし、タイの仏教をめぐる今日的な状況をふまえるならば、移民・難民の出家は、上座部仏教社会の伝統的な慣習に基づく主体的な生存戦略という枠組みに回収して理解するだけでなく、それを可能とする布施のロジックや価値観と結びつけて理解する必要があるだろう。というのも、グローバル資本主義の進展に伴って、他者にモノとりわけカネを差し出す布施という仏教的な贈与の価値観は多様化し、布施によって支えられた出家という生き方も見直しを迫られるようになってきたからである。西洋由来の近代的な規範との絡み合いのなかで伝統的な贈与が再編される様態を民族誌的に描く研究もあるが（Bornstein 2012; 藏本 二〇二一など）、タイの布施に関しては、伝統的な贈与から近代的なフィランソロピーへの移行という単線的な説明にとどまっている（Sciortino 2017, 2022; Phaholyothin 2017）。

グローバル資本主義が広がるタイとミャンマーという二つの国家のはざまにおいて、今日、移民・難民の出家はいかに成り立っているのだろうか。本章は、この問いに対する答えを探るために、具体的に次の三つの点に着目したい。第一に、今日のタイにおいて布施のロジックにはどのような特徴が見られるのだろうか、第二に、布施によって支えられる移民・難民の出家はどのように価値づけられているのだろうか、第三に、移民・難民の出家は社会にどのような作用を及ぼしているのだろうか。タイ北部のミャンマーとの国境近くに設立された「仏法センター」[1]は、これらの点を考察するのに適した事例である。「仏法センター」では、ミャンマー・シャン州からの移民・難民が出家生活を送っているそれだけでなく、この仏教組織は、より良い布施を探求する社会的プロセスの産物であると同時に、このプロセスを構成するアクターでもある。本章は、この仏教組織の内外で生じている出来事を、布施が構成する人・モノ・自然の関係性という観点から記述することによって、問いに対する答えを探ることとしたい。

第二節　出家は依存か？

（一）出家を支える布施

上座部仏教では、出家者の救いは律（*vinaya*）を遵守し、教義的な理想を追求することにあるが、在家者の救いは、そうした出家者の衣食住を支えるなどの善行に励み、功徳（*puñña*）を積むことでより良い転生を願うことにある。出家者の経済的支援をはじめ、自ら持てるものを他者に与えることを布施（*dāna*）と呼ぶ。これには、困窮者や病人を助けること、他者のために言葉をかけること、時間や労力を割くことなど、幅広い行為が含まれる。布施は、慈悲や自己放棄を訓練する修行であり、持戒（*sīla*）と瞑想（*bhāvanā*）に並ぶ、三つの主要な修行の一つとして位置づけられている。在家者にとって、布施は欠かすことのできない実践であるから、人々はさまざまな機会に布施を行う。なかでも出家者の衣食住の世話は、最も身近な布施の機会である。

布施は、在家者から出家者へ一方的に与えられる純粋贈与である。理念上、在家者は贈与の見返りは期待せず、また出家者は返礼の義務もない。布施をつうじて得られる功徳は、贈与を受けた出家者からの反対給付ではない。功徳は、行為の結果として生じるものだと考えられているのである。つまり出家は、布施によって支えられているが、互酬性を基本とする世俗社会の贈与＝交換の論理を否定して成り立っている（藏本 二〇一四）。

（二）布施に対する「返礼の義務」

古代インドにおいて、成人の出家者すなわち比丘（*bikkhu*）とは、「乞う人」つまり乞食を意味する言葉だった（石井 一九七五）。比丘らは、瞑想修行のために森を遍歴し、人里を訪れて托鉢し、日々の食糧を獲得していた。出家という、一切の生産活動を放棄し、他者からの支援によって成り立つ生き方が、非難されるどころか尊敬されてきたのは、出家者が、布施の最もふさわしい受け手だと考えられてきたためである。出家者は、布施の与え手に、行為に先立つ「喜び」（*śraddhā*）を生じさせるという。それゆえ、出家者の集団すなわちサンガは、伝統的に布施の「価値ある器」（*pātra, supātra*）とみなされてきた（Heim 2004）。

しかし今日のタイでは、出家を、依存あるいは寄生する生き方だとみなす考えも生じている。そのため、出家者のあいだには、経済的に支援してくれる在家者たち、ないし世俗社会に返礼しなければならないとの規範が強く働いている（岡部 二〇一四：三〇六―三〇八）。これは、近隣の他の上座部仏教社会と比較しても、タイに顕著な点である。

布施によって支えられた出家という生き方に懐疑的なまなざしが向けられるようになった背景には、タイ社会における政治的経済的な変化がある。一九六〇年代より、政府主導でインフラ整備をはじめとする開発政策を大規模に推し進めたタイは、一九八〇年代半ばに、自動車や電子機器分野において外資系企業を誘致して工業化に勢いをつけ、産業構造を大きく変化させた。一九九〇年代から二〇〇〇年代にかけて、複数回にわたる経済危機や政変に直面しながらも高い経済成長率を維持した結果、二〇一〇年には世界銀行の基準でいう「上位中所得国」に分類されるに至った（末廣 二〇〇九）。このように、開発主義国家から、グローバル資本の影響を色濃く受けるポスト開発主義へと移行する過程で、タイは次第に統治手法も変容させていった。

経済発展がもたらす物質的な豊かさを享受したのは、在家者だけでなく、出家者でもあった。出家者が守るべき律は、自ら財を獲得する手段を放棄し、必要を超えて所有しないよう規定している（ショペン 二〇〇〇）。財のなかでも特にカネは、出家者の日々の生活の糧になるほか、寺院や仏塔の建立・修復など、さまざまな使途に利用可能であるがゆえに、受領や使用の方法が厳格に定められている。(2) しかし、タイにおける急速な経済発展は、功徳を積みたい在家者による布施の量的な増加と、一部の出家者による布施の不適切な使用を招いている。三宝（仏・法・僧）に対する不信感が募ることで「価値ある器」は揺らぎ（Chhina, Petersik, Loh, & Evans 2014）、知識人や研究者らが「仏教の危機」論を展開するに至った（Satha-Anand 1998; Sun Manutsayawitthaya Sirinthorn 1999 ほか）。

サンガが運営する仏教大学学長であった学僧パユットー師は、早くも一九六〇年代末～一九七〇年代にかけて、上座部仏教の聖典である三蔵に根拠づけ、互酬性の論理を強調して出家者の「返礼の義務」を説いた（Phra Rajavaramuni 1968）。同師の解釈は、仏教大学という制度をつうじて地方へも広がり、仏教大学を卒業した出家者たちの日々の実践に取り込まれていった。

「村の衆には借りがある」という東北タイの開発僧ナーン師の有名な言葉が端的に示すように、「返礼の義務」は、一九八〇年代以降、貧困などの課題に取り組む「開発僧」が自らの活動の正統性を主張する際にもしばしば言及されるようになった。出家者が「返礼の義務」を負うことを当然視する潮流はまた、出家者に経済的な「自立」をも志向させつつある。とはいえ、露骨に利益追求を志向する経営戦略は「仏教ビジネス」(*phuttha phanit*)として批判される。タイ北部チェンマイ近郊の寺院で住職を務める、ある出家者(七〇歳代)[3]は、「これからは、僧侶は自立し、寺院は自ら収入源を確保しなければならない。そのためには寺院を観光地にする必要がある」と筆者に語ったことがある。[4]観光収入を得て、布施に依存することなく経済的に自立することこそが、サンガの自律性を維持するために必要なのだという。この出家者の寺院では、敷地内で近年発見された仏足跡[5]の参拝施設や、珍しい動物を集めた動物園「Mercy Land」などが次々と整備され、観光地として「寺院開発」(*phatthana wat*)が進められている(岡部 二〇一四:三三一)。

(三)「布施のゆくえ」を可視化する

従来、タイの寺院では、受け取った布施に対して、独自の方法で説明責任を果たしてきた。例えば、誰から、いくらの布施を受け取ったのかという情報を、儀礼時に大音量のマイクで読み上げたり、窓や扉あるいは大きなボード板に書き出したり、といった方法である。これらの方法はいまなお一定の役割を果たしているが、不正な土地買収や大規模な資金洗浄疑惑など、「仏教とカネ」をめぐるスキャンダルが頻繁に報道される現在、布施の使用・管理の説明には透明性がより強く求められている(岡部 二〇二三)。それはまた、タイで最多数の非営利組織である仏教寺院が、NGO/NPOにアカウンタビリティを求めるグローバルな潮流に飲み込まれた結果でもある(Jordan & van Tuijl 2006)。

今日では、宗教行政が主導で、会計学や経営学の知識を取り入れた寺院会計の制度化が進められている。ところが、個々の寺院は会計報告の義務を負ってはいるものの、報告内容は一般的な会計基準を満たすほど厳格ではなく、また行政による監視も弱いことが指摘されている(Sciortino 2022)。また、サンガ内外で、寺院会計は非公開であるべきだとする意見や、世俗権力の過度な介入によって仏教組織の自律性を喪失することへの抵抗感も根強い。現時点では、行政主導の寺院会計の制度化は、

「監査文化」が浸透したと言えるほどの効果をまだ発揮してはいない（ストラザーン二〇二〇）。

他方で、個々の寺院では、ＦａｃｅｂｏｏｋをはじめとするＳＮＳ上にアカウントを開設し、いつ、どこで、誰から、いくらの布施を受け取り、何に用いたのかを写真付きで頻繁に投稿することが一般化している。[6] またコロナ禍を経て、朝夕の勤行の様子を動画で撮影し、ライブ配信することも増えた。これらの投稿や配信に対して、閲覧者はこぞって合掌マークの絵文字付きのコメントを書き込み、随喜（*anumodana*）を表現する。随喜とは「教えを聞いて心に大きな喜びを感じること。また、他人が善行を修めるのを見て喜ぶこと」である（中村ほか編 二〇一四：五八七）。スマートフォンの普及やＳＮＳというメディアテクノロジーの発達こそが、布施のゆくえを可視化し、布施の与え手・受け手の関係を越えた不特定多数の人々による監視を助長しているのである。

第三節　移民・難民の出家

仏法センターは、これまで述べてきたような、現代タイの文脈のなかで、より良い布施を探求する在家者と、そうした在家者の要望に応えようとする出家者がともに作り上げてきた場所である。ミャンマー・シャン州に近接する、タイ北部チェンマイ県ウィエンヘーン郡内の農村に二〇〇六年に出現した。設立の経緯の詳細は、別稿（岡部 二〇一六、二〇二三）を参照していただくこととして、以下では、この仏教組織において移民・難民がどのような出家生活を送っているのかを検討することとしよう。

（一）仏法センターでの出家生活

仏法センターは、主宰者であるタイ・ヤイ人[7]の出家者Ｔ師（四九歳）が、チェンマイ中心部で学業に専念していた時期に築いた、都市住民とのネットワークに依拠して設立・運営されている。当初、都会の喧騒を離れた地域に「瞑想施設をつくりたい」と希望していた都市住民は、Ｔ師に土地を寄進し、その管理・運営をＴ師に託した。ところが、設立以来これまでずっと、仏法センターはシャン人沙弥の出家教育施設として機能してきた。常時約二〇名の沙弥が出家生活を送っている(8)。シャン人の多くは、ミャンマー国内の民族紛争を逃れ、タイ国内で賃金労働に従事するため、とりわけ一九九〇年代以降に、移民・難民として大量にタイ側に流入している。沙弥のほとんどは、こうしたシャン人移民・難民の子どもたちであり、なかには親元を離れてシャン州から直接やってきた子どもたちもいる。彼らの家庭は、経済的に困窮していたり、ケアの担い手が不足していたりする。彼らが語る出家のインセンティブとは、出家が積徳行であることだけでなく、「親の負担になりたくなかった」ことである。沙弥のなかには、仏法センターで受け取る布施を貯蓄し、少額ながらも、離れて暮らす家族・親族に仕送りする者もいる（岡部 二〇一九b）。

写真 8-1　教学学校の授業後に仏法センターで建設作業をおこなう沙弥たち（2013 年 3 月 14 日、仏法センターにて）

ここでの出家生活の第一の目標は、無償でタイ国内の中学校や高等学校の卒業資格と同等の資格を得ることにある。沙弥は、早朝に起床して勤行（読経と瞑想）を行った後、朝食を摂り、九時頃には仏法センターの車に乗って、郡内の寺院附属の教学学校へ登校する。学校では、タイ語、数学、英語、コンピューターなど、世俗科目を中心としたカリキュラムが組まれている。昼食は学校の給食で済ませる。日中のほとんどの時間を学校で過ごした後、沙弥は、一六時頃には迎えの車に乗って仏法センターに戻り、数時間、農作業や建築作業に汗を流す。水浴びの後、夕の勤行（読経と瞑想）を行う。夜は、学校の宿題をしたり、おしゃべりやゲームに興じたりして過ごすうちに、あっという間に就寝時間となる。沙弥のほとんどは、こうした生活を数年間送り、中学校・高校の卒業資格を得ると還俗していく。

卒業資格と同等の資格を得ることが出家生活の目標に設定されることは、タイ国内でかなり一般化している。しかし、沙弥が毎日のように農作業や建設作業に従事することは、仏法センターに特徴的である。センターで採れるコメ、野菜、果物、ハーブ類や、敷地内に自生するキノコやタケノコなどは、沙弥の日々の食事で消費される。これらの収穫物は、約二〇名の沙弥の食糧としては必ずしも十分ではないため、あくまで補助的に消費されるが、余剰が生じるときは近隣の在家者にも分配される。また、センター内の各種建造物のほとんどは、沙弥が協力して完成させたものである。作業に不可欠な工具や資材の使い方は、センターに一時的に滞在する在家者が伝授し、沙弥は在家者から学んだ知識や技術を後輩の沙弥へと受け継ぐ。電気配線工事、排水管敷設、トイレや宿泊用コテージの建設なども、沙弥の協力で概ね完成させられるため、これらの作業を外注することは稀である。

(二) 自律/自立

農作業も建設作業も、仏法を実践し、それを継承する出家者として、自律的に生きるための修行である。しかし、仏法センターでは還俗後の生活を見据えて、それらは経済的な「自立」(*phueng ton eng*) のための訓練として意味づけられている。こうした意味づけは、T師の次のような考えによるものである。今日、タイの出家教育では、カリキュラムにおける仏典学習の時間が極限まで削減され、世俗科目の学習に重きが置かれているものの、技能訓練の時間までは十分な用意がない。沙弥は、家族・親族のもとを離れて生活しており、身近な大人の背中を見て知識や技能を習得する機会を欠いている。このことは、還俗後すぐに仕事を探すうえで不利となりかねない。仏法センターでの出家生活において農作業や建設作業が重視されるのは、出家と在家という二つの世界の間隙を埋め合わせようとの狙いがある。

仏法センターにおける奨学金プロジェクト「出家の父母」(*pho ook/ mae ook*) もまた、沙弥の還俗後の「自立」を見据えた方策である。「出家の父母」とは、シャンの伝統的な慣習においては、出家する男性のために、出家式やその後の饗宴などのスポンサー役を引き受けてくれる親族や知人を指す。生物学上の父母とは異なる人物が務める。T師は、この慣習に着想を得て奨学金プロジェクトを考案したのである。毎月一定金額の教育費を支援してくれる在家者を「出家の父母」として募り、沙弥とマッチングする。どの沙弥にも一人の「出家の父母」がつくが、そのほとんどがチェンマイやバンコク周辺に暮らす都市住民である。沙弥は、ビデオ通話や手紙などの手段を用いて近況報告を繰り返しながら、地縁も血縁も持たない都市住民とのあいだに疑似的な親子関係を築いていく。奨学金プロジェクトを通じて、出家者が特定の在家者と関係性を深めることは、執着を手放すという出家の理想に反するかもしれない。しかしこのプロジェクトは、還俗後に頼ることのできる依存先（*thi phueng*）を複数化することを意図しているのである。

（三）還俗後

モン（仮称）は、仏法センター設立当時からT師のもとにいた三名の沙弥のうちのひとりである。ミャンマー・シャン州出身のモンは、幼少期に国内の民族紛争を逃れて、国境に面したタイ側の「難民キャンプ」[9]で両親とともに暮らしていた。T師は時折このキャンプを訪問し、シャン人に食料、衣料品、文房具やカネを分配していた。二〇〇六年のある日、キャンプを訪問したT師が帰ろうとしたとき、モンが同世代の男友達二名とともにT師に駆け寄り、仏法センターへ連れて行ってほしいと願い出たという。理由は出家して教育を受けるためである。T師は快く了承し、そのままモンたちをピックアップトラックの荷台に乗せて山を下りた。

モンははじめから、学業を終えたら還俗するつもりで出家した。日中は教学学校で勉強し、夕方は仏法センターで農作業と建設作業に明け暮れる生活を六年ほど送った。高等学校卒業と同等の資格を得ると、チェンマイ近郊の国立大学に入学することもできた。仏法センターから大学までの移動は、片道だけでも車で四時間近くかかるため、毎日通学することは難しい。そのため、週末のみチェンマイに滞在して集中的に授業を受けた。晴れて大学を卒業した後は、ごく短期間ではあるものの、ドイツのタイ系寺院に滞在する経験も得た。ドイツから帰国するやいなや還俗し、仕事を見つけ、あっという間に結婚して子どもにも恵まれた。誰の目にも順風満帆な人生を送っているように映るモンは、後輩の沙弥にとっても憧れの存在であった。

ところが、二〇二二年八月のある日、深夜に筆者のスマートフォンが鳴った。モンがSNSのダイレクトメッセージを送ってきたことを知らせる通知音だった。短いメッセージが複数件届いたが、その内容を要約すると、「日本で働きたい」、「カネが必要だ」、「何かいい仕事はないか？」ということだった。筆者が、還俗後のモンに面会できたのは数回に過ぎなかったが、それでもSNSや共通の知人をつうじて、モンは幸せに暮らしているだろうと考えていた。そのため、日本語もまったく解さず、日本に知り合いも持たないモンが、二〇代後半に差し掛かった今、単身で来日しようと考えていることに驚いた。よほど経済的に困窮しているのだろうか。家族の了承は得ているのだろうか。そんな心配を抱えながら、筆者は、知りうる範囲で在日タイ人をめぐる現状についてモンに伝えた。すると、当初の想定よりも厳しい現実を察知してのことか、モンは次第に会話から遠のいていった。

それから約半年が経過した二〇二三年二月、筆者はコロナ禍以来、初めて仏法センターを訪問する機会を得た。筆者がT師とセンター内を散歩しながら、この三年間の出来事について話をしていたところ、幼子を遊ばせながら、仏法センターの車を洗っているモンに遭遇した。モンは、筆者らには軽く挨拶を交わしただけで、黙々と洗車を続け、作業の手を止めることはなかった。T師は、モンが現在、仏法センターに設立されたばかりの財団の職員となり、事務仕事や、T師の運転手などの仕事を担っていることを教えてくれた。

還俗後の沙弥のなかで、仏法センターで財団の職員として働いているのはモンだけである。モンと同時期に出家していた他二名も大学卒業後に還俗し、一名は郡内の実家に戻って農業を手伝い、もう一名は郡内やチェンマイ市内で職を転々としているという。モンの後輩にあたる沙弥も、卒業資格を得たほぼ全員が還俗し、この二人と似通ったライフコースを歩んでいる。(10)

第四節　仏法センターという場所

(一)「返礼の義務」としての「開発」

移民・難民の教育施設として機能する仏法センターの土地は、もともと近隣の村人たちが野菜を植えるなどして細々と利用するに過ぎなかった。仏法センターの設立にあたり、T師は、当時教鞭をとっていた郡内の教学学校から沙弥を引き連れ、まず水道・電気の整備や道路の敷設などのインフラ整備に着手した。僧坊や講堂や食堂など、出家生活に必要な施設を建設し、敷地内には水田や畑や果樹園も造成した。その後、穀母神の塑像、ナレースワン王の銅像、古農具や太鼓を展示する櫓、写真撮影用の看板など、必ずしも出家生活に必要ではないモノが配置され、敷地はいまでは手狭になりつつある。

これらのことから想像できるように、設立当初から、仏法センターが明確な理念や一貫したデザインのもとで運営されてきたわけではない。むしろ、T師は常に在家者のニーズを汲み取りながら運営してきた。というのもT師は、このセンターを、布施に対する「返礼の義務」を果たす場所だと意味づけている。ここでの返礼は、特定の在家者のみならず、在家者たちの集合体である世俗社会に向けられたものである。その具体的な方法が、仏法センターに集まるモノやカネを用いて、ミャンマー・シャン州を含む周辺地域の人々の生活向上に取り組むことであり、「開発」（*kan phatthana*）なのである。

仏法センターを支援する在家者の多くは、地理的に遠く離れて暮らす都市住民であるから、彼らは日常的に仏法センターで出家者の衣食住の世話をすることも、仏法センターを拠点とする「開発」の恩恵にあずかることもない。それでも彼らは遠路はるばる仏法センターへやって来て、布施を行うのである。それは、彼らが自ら差し出した布施が、辺境の困窮者を支援し、仏教の繁栄に貢献できるということを、仏法センターが彼らに実感させるからである。都市住民の多くは布施の使用・管理に透明性を求める価値観を持っているが、実際にT師がどのように布施を使用・管理しているか、その詳細を知り得ているわけではない。それでも都市住民は今のところ、日々のSNSの閲覧や時どきの現場訪問により、沙弥の成長ぶりや「開発」の進み具合を目にすることで、T師が布施のふさわしい受け手であると認識している。彼らにとって、布施を私益ではなく、公益のために用いてくれるT師は、「徳」（*bun*）が高く、「威光」（*barami*）をもつ出家者なのである。

（二）制度の外縁で

仏法センターは、長らく法的な位置づけが不明瞭な、インフォーマルな組織だった。サンガ統治法が規定する「寺院」としても、宗教局が認定する「宗教施設」としても分類されないため、出家者はセンターを正式な所属先として登録することはできない[11]。サンガに提出する年次報告書では、T師も弟子の沙弥も、郡内の別の寺院が所属先となっている。このような「からくり」を使ってでも、仏法センターが長らくインフォーマルな組織であり続けたのは、あえて寺院にならないという選択の結果だった。T師は、「我々の目標は仏法センターを寺院にすることではない」と言う[12]。

しかし、「布施のゆくえ」という課題が前景化しているタイで、寺院にしないという選択は、仏法センターが公共の利益に与する組織であることを担保する、別のロジックを要求する。長らく、仏法センターを献身的に支えてきた女性W（タイ中部サムットプラカーン県）は、T師が布施を私益に使用していると、外部から疑われることのないように、仏法センターのしくみを整える必要性を強く訴えていたが、二〇一八年に病気で急逝してしまった。彼女の死後、他の在家者の働きかけも手伝い、T師がようやく決心したのは、仏法センターに財団を設立することだった。このことは、仏法センターが、宗教制度の外縁に位置するインフォーマルな組織から、非営利組織に関する法にのっとったフォーマルな組織へ移行したことを意味する。

T師の説明によると、二〇二〇年に財団を設立した理由は次の三点である。[13] 一つ目は、T師の還俗や死といった不測の事態に備えて、財産を継承し、持続的に運営できる組織にしたいという、先述の在家者女性Wの遺言に従うためである。二つ目は、会計を制度化し、カネの使用・管理の透明性を高めるためである。三つ目は、布施に対する在家者のニーズを充足するためである。布施を行う在家者のなかには、税額控除を受けるために「寄付金受領書」（*bai anumothana or anumothana bat*）を必要とする人たちもいる。この文書を発行するために、仏法センターは法人格を必要としていたのである。

第五節　布施の余剰がつくりかえる環境

（一）人・仏塔・森

仏法センターに集まる布施は、出家者の日常的な衣食住を支えるには十分な量であり、少なからず余剰が発生する。その一部は、仏法センターの周辺地域の「開発」にも用いられている。近隣のカレン人の村で発動した仏塔修復プロジェクトもその一例である。

仏法センターのあるウィエンヘーン郡一帯は、テーン川の源流域の盆地を形成し、水田とニンニク畑が広がる農村地帯である。チェンマイからは約一五〇㎞、首都バンコクからは約八五〇㎞も離れている。チェンマイへ通じる道路は、途中に険しい坂や急なカーブが続き、雨季にはしばしば土砂崩れが発生するなど、物流や交通に不便も多い。また、ミャンマー国内での民族紛争が激化して以来、郡内の検問所が閉鎖され、ミャンマー・シャン州へと続く道路は往来できない状態が続いている。しかし、郡内に数多く点在する貴重な遺構や仏塔などは、現在のミャンマー・シャン州とチェンマイとのあいだの交易がかつては盛んであり、またウィエンヘーン郡はその交易ルート上の重要な地点であったことを示している（Krisnajuta 2007）。

仏塔とは、仏舎利（ブッダの身体の骨格部分）をはじめとする聖遺物（他に歯、髪、鉢、袈裟など）を納める建造物のことで（Gabaude 2013）、仏教が伝来した地域には無数に広がっている。タイ国内では、ストゥーパ、プラタート、チェディー、プラーンなどと呼ばれる。呼び方は、仏塔に納められている聖遺物の種類によっても、また地域の慣習によっても異なっている。一般的には、タイ北部では中部地域に比べて仏塔への信仰が篤いが、ミャンマーで見られるパゴダ管理委員会[14]のような、在家者による仏塔の管理組織は十分に発達しなかった。一般的に、タイでは、多くの仏塔が寺院空間の一部に取り込まれて、住職を中心に寺院委員会の管理のもとにある。しかし出家者は移動性が高く、特に森林部の寺院には出家者が常駐しないため、仏塔の管理を持続できず、仏塔は次第に朽ちていく。稀に訪れる遊行僧や、信心深い在家者が修復に乗り出せば、仏塔は再び輝きを取り戻す。ただ一定期間を過ぎるとまた朽ち果てる、といった具合である。仏塔は、常に荒廃と修復の循環サイクルのなかにある。[15]

仏法センター近くのプラタート・シーカムクーンもまた、森のなかで朽ち果てていた仏塔の一つである。この森に隣接する村のカレン人は、仏塔の荒廃を認識しつつも、仏塔の神聖性を畏れ、森の悪霊を恐れるがゆえに、仏塔にも森にも不用意に近づくことはなかった。仏塔が放つ光線「ジェー・ゴー・ジャー」[16]についての村人の語りは、彼らが仏塔の神聖性を信じてきたことをよく表している。例えば、八〇歳代の女性は、かつては夜になると、仏塔から光線が見えたり、砂が浮き上がる音が聞こえたり、石の破片が落ちてきたりすることがあったという。[17]四〇歳代の男性もまた、仏塔から緑色の光線が非常に速く真っ直ぐ進み、その後紫色に広がっていくのを見たことがあるという。[18]この男性は、「ジェー・ゴー・ジャー」が時空間を超えて他の仏塔との間を往来できることや、それは仏塔が強い呪力を持つがゆえに可能なのだということを筆者に教えてくれた。その場に居合わせた他の村人たちも皆、この説明に深く頷いていた。

（二）仏塔修復プロジェクト

しかし、仏塔や森とともにあるカレンの人々の暮らしは、仏法センターに集まる布施が余剰を生み出すことによって、次第に変容していった。きっかけは、仏法センターで開催されるカティナ儀礼[19]に必要とされる綿が不足していたことだった。

カティナ儀礼は、雨安居《うあんご》（雨季の約三カ月間の特別な修行期間）明けに、出家者に新しい黄衣を奉納するために行われる儀礼である。例年、雨安居明けの一カ月以内に一度だけ開催される貴重なこの儀礼では、参加者は多くの功徳が得られると考えられている。一年で最も多くの参加者が集うこの儀礼は、仏教組織にとっては、最も重要なファンドレイジングの機会でもある。特に、仏法センターのカティナ儀礼は、参加者が共同で黄衣を製作し、奉納する形態を取っている。「ヂュンラ・カティン」(*chula kathin*) と呼ばれる、この形態のカティナ儀礼では、参加者が糸紡ぎから、機織り、縫製、染織までの全工程を二四時間以内に完了する。

ところが、儀礼の主たる参加者である都市住民は、伝統的な布づくりのやり方を知らない。そこで、T師は近接する村のカレン女性たちを頼ったのである。女性たちは、年に一度の儀礼に向けて、綿を栽培・収穫し、糸車と腰機を用いて糸紡ぎや機織りを行い、完成の一歩手前の布を仏法センターへ届けるようになった。都市住民は、儀礼時に縫製と染織という最後の工程だけを担い、完成した黄衣を奉納する。これを数年間やり続けているうちに、カレン人の村の寺院では、仏法センターから布施の余剰が分配されたり、都市住民が別途カティナ儀礼を実施したりするようになっていった。

仏法センターにおける不足を発端として、一方で、カレン人の村からのモノ、技術、労力が提供され、他方で、仏法センターからカネが提供されることによって、両者の結びつきが深まってきたところ、T師は二〇一六年に、森のなかで朽ち果てた仏塔の修復を村に提案した。村には瞬く間に、仏塔修復の賛成派と反対派の分断が生じたが、最終的には賛成派が主導して、経済的な発展と仏教の繁栄を目指すことになった。村の寺院の住職からも賛同を得たうえで、翌年には仏塔修復プロジェクトが始動した。仏塔の周りの樹木は伐採され、道路が建設され、電線が敷設されるなどして、急ピッチで工事が進められていった。修復された仏塔は金色に輝き、離れた場所から森を眺めても、そこに仏塔があることが一目瞭然である。また、電気も使えるようになった仏塔の周りでは、仏教上の主要な行事日に瞑想会が組織されるようにもなった。（写真8-2）

村には、少数ながら仏塔修復に反対派の人々もいた。彼らは、「開発」によって、仏塔の神聖性や呪力が失われることを恐れていた。先述の四〇歳代男性も反対派の一人で、彼曰く、修復された仏塔には、すでにかつてほどの呪力はないという。村人たちは、新年に仏塔に参拝してナム・ソムポーイ（ソムポーイという名のマメ科植物を混ぜた水）を振りかけ、仏塔の周りの土から弾け出る「ヂョー・モー・ディ」（色とりどりの米粒大の小石）を大切に保管してきた。しかし、修復によって仏塔の土台部分はコンクリートで固められ、周りはレンガが敷き詰められたため、もはやヂョー・モー・ディが弾け出ることはなくなったという。また、仏塔の参拝者は、仏塔を写真の被写体として扱うに過ぎず、以前のように仏塔に対して敬虔な信仰心をもてなくなっているという。外部から見知らぬ観光客がたびたび訪れることもまた、カレンの人々の伝統的な暮らしを脅かしかねないと、不安を隠せない様子だった。

写真 8-2　森のなかに輝く修復後の仏塔（2019 年 1 月 12 日、ウィエンヘーン郡内のカレン人の村にて）

第六節　布施を用いた「開発」の風景

これまで、仏法センター内外で生じている出来事を、布施が構成する人・モノ・自然の関係性という観点から記述してきた。ここでは、グローバル資本主義が広がるタイとミャンマーという二つの国家のはざまにおいて、今日、移民・難民の出家はいかに成り立っているのかという問いに立ち返り、記述の内容から答えを探ることにしよう。

一九八〇年代半ば以降の政治的・経済的な変化を経験したタイにおいて、伝統的に出家という生き方を支えてきた布施のロジックは再編を迫られてきた。急速な経済発展に伴う布施の量的増加は、出家者が受け取る布施をどのように使用・管理するべきかという課題を顕在化させた。タイでは、早くも一九六〇年代には、聖典に根拠づけられた「返礼の義務」という言説が流布し、出家者がその義務を果たすことが当然視されるようになっていた。この素地のうえに、近年、寺院をはじめとする仏教組織にも、NGO/NPOなど他の非営利組織と同様のアカウンタビリティを求める「監査文化」が浸透しつつあることは、タイに特徴的な文脈を形成してきた。

より良い布施を探求することと、より良い社会を探求することとが表裏一体に進行した結果、誕生したのが仏法センターだった。都市住民の多くは、布施の見返りは求めていないものの、そのゆくえには関心があるという。その彼らが、ふさわしい布施の受け手を求めて辿り着いたのが仏法センターであった。なぜなら、仏法センターが、ミャンマーから流入するシャン人移民・難民の出家教育施設として機能しており、都市住民はここにおいて、自ら差し出す布施が辺境の困窮者を支援し、仏教の繁栄に貢献できることを実感できるためである。

ボーンスタインは、現代インドにおけるヒンドゥー的な贈与の伝統と人道支援との連続性/非連続性について論じるなかで、孤児は孤児であり続けることが求められており、また孤児に対する贈与は人道主義の非経済性を象徴するものであることを指摘している(Bornstein 2010)。もし、孤児を養子として引き受ければ、それは交換の論理にのっとった取引になり、贈与の実践ではなくなってしまう。贈与する側にとって、孤児は見返りを求めない純粋贈与を可能にする理想の受け手なのである。また、孤児院での贈与が好まれるのは、それが自発的に訪問できる場所であり、贈与の成果が可視化されやすいからなのだという。

ボーンスタインのこの議論は、現代タイにおける移民・難民の出家がどのように価値づけられているかを考えるにあたり、示唆に富んでいる。布施の与え手にとって、シャン人移民・難民の沙弥は、純粋贈与を可能にする理想の受け手であり、不可欠な存在でもある。しかし、沙弥は、中学校・高等学校の卒業資格と同等の資格を得ることを目的に出家しているため、数年間の出家生活の後に還俗していく。彼らにとって、出家は長い人生のなかで一時的な状態に過ぎない。布施の与え手にとって重要なことは、特定の沙弥が沙弥であり続けるかどうかにあるのではなく、出家のコミュニティが存続しうるかどうかである。沙弥数が減少し、出家のコミュニティの存続が容易ではない今日、移民・難民の出家は、それが短期間であったとしても、仏法を継承し、仏教の繁栄を実現するために必要とされているのである。

シャン人移民・難民の沙弥は、還俗すれば布施の与え手と受け手の関係を離れ、世俗社会のなかで経済的に「自立」して生きることが求められる。ここでいう「自立」とは、寄生や依存に否定的であり、かつその真逆の状態として想定されている。仏法センターでは、仏典の学習や瞑想の修行に専念することと同等に、あるいはそれ以上に、農作業や建設作業に比重を置いていたのは、出家のコミュニティを離れた後のこうした「自立」に備えるためであった。都市住民は、間接的であれ、シャン人移民・難民の「自立」を支援することを良い布施と価値づける傾向にある。

出家のコミュニティには、従来、移民・難民だけでなく、障がい者、高齢者、離縁した者、仕事のない者など、さまざまな背景をもった人々が寄り集まり、ともに生活してきた。セールは、「パラジット parasite とは食客、居候、寄食者、要するに他人のそばにいて他人のふところでメシを食うもの」（セール 一九八七：四四九）と説明する。上座部仏教の出家のコミュニティは、そこに寄り集まった人々が、セールのいう「パラジット」としての生き方を可能にする空間であった。ところが、これまで述べてきたとおり、現代タイでは、寄生や依存に否定的な価値観が支配的になるにつれて、「パラジット」を「パラサイト」と見なす風潮が強まっている。出家といえども、パラジットのような生き方が許容されにくくなっている今日、タイでは、サンガ組織も、個々の出家者も、社会を覆い尽くすネオリベラルな言説を、異質なものとして排除するよりも、むしろ積極的に取り込むことによって、逆説的に自律的な出家のコミュニティを維持しようとしているのである。

うまく時流を読む組織運営によって、仏法センターには「布施のゆくえ」に関心の高い都市住民から多くの布施が集まっている。そこには、主宰者T師であれば、布施を私益ではなく、公益のために使ってくれるはずだ、という信頼に基づく信仰がある。そもそも仏法センターは、明確な理念や一貫したデザインを持たず、その時々のニーズを読み取りながら、「返礼の義務」を果たす場所であった。それゆえ、移民・難民の出家教育施設として機能するだけでなく、組織内外で、常に何かしらの「開発」が行われている。布施を用いた「開発」がさらなる布施を惹きつけ、そうして集まった布施がさらなる「開発」を駆動するという相乗効果が生まれてもいる。

布施を用いた「開発」は、与え手と受け手が作り上げてきた仏法センターという場所を越えて、社会に新たな作用を引き起こしてもいる。一つは、本章第四節で検討したように、これまで、宗教制度の外縁に位置づけられていた仏法センターが、財団という法的根拠をもった非営利組織になったことである。また、もう一つは、第五節で検討したように、仏法センター近くの森の仏塔修復プロジェクトが始動し、仏塔と森とともにあるカレンの人々の暮らしを変容させていることである。修復された仏塔は、かつてのように森のなかで静かに荒廃と修復の循環を繰り返すことも、またカレンの人々に、自然とのあいだのつかず離れずの距離を導くことも、もはやない。

これらの一連の「開発」は、布施すなわちカネが余剰を生むほどに集まることによって、また、カネがさまざまなに転用可能であることによって引き起こされている。しかしそれはまた、人と人、人とモノ、人と自然とのあいだの特定の結びつきを要求するという点において、スケーラブルなものである。チンによると、「スケーラブル／スケーラビリティ」とは、規格不変性と訳され、「プロジェクト内要素間の出会いに内在している不確定性を無視することを要求する」特徴をもつと説明される（チン 二〇一九：五八―五九）。これまでに記述してきたように、布施を用いた「開発」もまた、そのスケーラビリティゆえに、人と人、人とモノ、人と自然の別様のあり方を想像することを困難にしている。仏法センター内外で生じている出来事は、布施＝善行をアプリオリを前提として、その正統性の根拠づけが問われることのないまま展開している。以前の仏塔が有していた神聖性や呪力が損なわれることを懸念するマイノリティの声は、隅に押しやられている。タイ－ミャンマー国境地域の森では、本章の事例以外にも、複数の仏塔修復プロジェクトが同時に進行しており、一帯が布施を用いた「開発」のホットスポットであるかのような風景を形成している[20]。

グローバル資本主義が広がるタイとミャンマーという二つの国家のはざまにおいて、出家という生き方は、シャン人移民・難民にとって生存を維持し、教育を得る手段として、重要な選択肢の一つであることは確かである。しかし、それがいかに選択肢たりうるのかという点については、これまで十分に焦点が当てられてこなかった。本章が明らかにしたことは、今日のタイにおいて、移民・難民の出家を成り立たせる機序としての、布施のロジックと価値観であり、また布施が構成する人・モノ・自然の関係性であった。

仏法センターでは、出家生活においても、還俗後の「自立」を見据えた規律化が行われ、グローバル資本主義の「例外」を認める余地が残されていないかのように映るかもしれない（cf. オング 二〇一三）。しかし、モンが、還俗後しばらくして再び仏法センターに舞い戻ってきたように、経済的な「自立」が思うように立ち行かなくなったとき、出家のコミュニティがもつ自律性は、移民・難民が社会の周縁に生きる居場所をつくることを可能にしてくれる。移民・難民の出家が我々に改めて問うているのは、困難な状況を生きるなかでどのようにして希望を見出すことができるのかということである。

［謝辞］本研究はＪＳＰＳ科研費18K12603および22H00766の助成を受けたものである。

注

（1）「仏法センター」（*sathan tham*）とは、本章が事例に取り上げる特定の仏教組織で用いられている名称であって、一般的な名称ではない。タイ語の名称を直訳すれば「仏法所」となるが、そのままでは日本語として意味が通じにくいため、筆者が便宜的に「仏法センター」と訳語をあてている。

（2）今日のタイでは、出家者が直接的に貨幣に触れたり、出家者個人の名義で銀行口座を開設したりすることは、一般的には生活上の必要と認識されており、律違反と告発されることはない。

（3）「開発僧」の一人として知られてきたこの出家者は、貧困やＨＩＶ／ＡＩＤＳの課題解決などの社会開発と、寺院内のインフラ整備や出家教育の拡充などの寺院開発の双方に取り組んできた（岡部 二〇一四）。

（4）二〇一〇年二月、筆者による出家者へのインタビューより（岡部 二〇一四：三三一）。

（5）仏足跡は、仏法を説いて遍歴したブッダの足跡を石などに刻んだもので、ブッダの存在を示すものとして信仰の対象となってきた。この寺院の仏足跡は、二〇〇〇年代初め頃に、寺院に隣接する山の中で新たに発見されたものである。その頃から、この山も寺院の敷地として接収され、インフラ整備などが開始された。

（6）これは在家者個人のアカウントでも同様で、いつ、どこで、誰と、何のために、どのような布施を行ったのかが写真付きで頻繁に投稿される。

（7）ミャンマー国内でシャンと呼ばれる人々は、タイ国内ではタイ・ヤイと呼ばれることが多い。いずれも他称であり、ターイ（*Tai*）を自称する同じ民族集団である。

（8）二〇二三年二月の訪問時には、沙弥は三名しかいなかった。沙弥数の減少の背景は、T師の説明によると、一つは新型コロナウィルス感染症による移動制限を発端として、移動が減少傾向にあるためであり、もう一つはそれ以前から全国的に沙弥の出家数が減少傾向にあるためである。

（9）郡内にはタイ国内で唯一のシャン人難民キャンプがあるが、モンが暮らしていたのはそこではなく、公式には王室プロジェクトとして運営される農業公園である。そこにはシャン人越境労働者とその家族が暮らしており、郡内の地元住民もこの公園を「難民キャンプ」と呼ぶ。

（10）学業を終えた後も出家を継続している、モンの唯一の後輩は、T師の甥である。この出家者は、沙弥の頃から英語の勉強が得意で、その能力を活かして欧米の国へ渡りたいという希望を持っていた。彼は大学卒業後、数年間は仏法センターで出家生活を続け、ようやく二〇一九年からサンガとタイ政府の協力のもとで実施されている海外仏教布教プログラム（*khrongkan phra thammathut*）に参加して渡米を果たした。現在はアメリカ国内のタイ系寺院に滞在中である。

（11）タイでは二〇世紀初頭に制定されたサンガ統治法にのっとり、サンガの正式な成員としての出家者は、必ずどこかの寺院に居場所を登録し、寺院はその情報を毎年サンガに報告する義務がある。

（12）二〇二三年二月二四日、仏法センターにて筆者によるT師へのインタビュー。

（13）二〇二三年二月二四日、仏法センターにて筆者によるT師へのインタビュー。

（14）ミャンマーでは通常、仏塔のことをパゴダと呼ぶ。

（15）住職のいない寺院では、仏塔も国家仏教庁によって管理される。

（16）「ジェー・ゴー・ヂャー」はカレン語で、富や宝物を守る精霊を意味するという。

（17）二〇一八年二月二五日、カレン人の村における女性Yへのインタビューより。

（18）二〇二三年二月二五日、カレン人の村における男性Sへのインタビューより。

（19）この儀礼には、各地から二〇〇〜三〇〇名ほどの支援者らが一同に会し、約一五〇万〜四〇〇万バーツ（約五二五万〜一四〇〇万円）の布施が集まる。郡内の他の寺院の数倍〜数十倍にも及ぶ金額が一日にして集まるのは、支援者らのネットワーク「法縁」（*yati tham*）が広範におよぶためである。

（20）ウィエンヘーン郡内だけでも仏塔や寺院の修復プロジェクトが複数の村で行われているし、同様のプロジェクトは他地域でも確認される（速水 二〇一五、土佐 二〇一五）。

文献

石井米雄 一九七五『上座部仏教の政治社会学――国教の構造』創文社。

岡部真由美 二〇一四『「開発」に生きる仏教僧――タイにおける開発言説と宗教実践の民族誌的研究』風響社。

―― 二〇一六「仏教僧による「開発」を支えるモラリティ――タイ北部国境地域におけるカティナ儀礼復興に関する考察」『コンタクト・ゾーン』八：二九―四四。

―― 二〇一九a「都市に生きる場所――タイにおける「寺住まい」の実践からみる社会編成」森明子編『ケアが生まれる場――他者とともに生きる社会のために』ナカニシヤ出版、一九一―二一八頁。

―― 二〇一九b「出家からみるケアの実践とその基盤――タイ北部国境地域におけるシャン人移民労働者に焦点をあてて」速水洋子編『東南アジアにおけるケアの潜在力――生のつながりの実践』京都大学学術出版会、四七三―五二〇頁。

―― 二〇二三「「布施のゆくえ」に向き合う仏教組織――現代タイにおける布施、会計、アカウンタビリティ」藏本龍介編『宗教組織の人類学――宗教はいかに世界を想像／創造しているか』法藏館、七九―一二三頁。

オング、アイファ 二〇一三『《アジア》、例外としての新自由主義――経済成長は、いかに統治と人々に突然変異をもたらすのか？』加藤敦典・新ヶ江章友・高原幸子訳、作品社。

藏本龍介 二〇一四『世俗を生きる出家者たち――上座仏教徒社会ミャンマーにおける出家生活の民族誌』法藏館。

―― 二〇二二「「善行」が想像／創造する組織――ミャンマーのダバワ瞑想センターを事例として」『文化人類学』八五（四）：七三〇―七四九。

ショペン、グレゴリー 二〇〇〇『大乗仏教興起時代――インドの僧院生活』春秋社。

末廣昭 二〇〇九『タイ――中進国の模索』岩波書店。

ストラザーン、マリリン 二〇二〇（二〇〇〇）「序論――さまざまな新しいアカウンタビリティ――監査、倫理、学術界についての人類学的研究」ストラザーン、マリリン編『監査文化の人類学――アカウンタビリティ、倫理、学術界』叢書《人類学の転回》、丹羽充・谷憲一・上村淳志・坂田敦志訳、水声社、一五―三九頁。

セール、ミシェル 一九八七『パラジット――寄食者の論理』叢書ウニベルシタス二二一、及川馥・米山親能訳、法政大学出版局。

チン、アナ 二〇一九『マツタケ――不確定な時代を生きる術』赤嶺淳訳、みすず書房。
土佐桂子 二〇一五「布教としてのパゴダ建立と「仏教繁栄」事業」『東南アジア研究』五三（一）：一三七―一六四。
中村元ほか編 二〇一四『岩波仏教辞典』岩波書店。
速水洋子 二〇一五「仏塔建立と聖者のカリスマ――タイ・ミャンマー国境域における宗教運動」『東南アジア研究』五三（一）：六八―九九。

Bornstein, E. 2010. The Values of Orphans, In E. Bornstein & P. Redfield (eds.) *Forces of Compassion: Humanitarianism between Ethics and Politics*. Santa Fe: School for Advanced Research Press, pp.123-147.

—— 2012. *Disquieting Gifts: Humanitarianism in New Delhi*. California: Stanford University Press.

Bowie, K. A. 1998. The Alchemy of Charity: Of Class and Buddhism in Northern Thailand. *American Anthropologist* 100 (2): 469-481.

Chhina, S., W. Petersik, J. Loh and D. Evans 2014. *From Charity to Change: Social Investment in Selected Southeast Asian Countries*. Singapore: Lien Centre for Social Innovation and Research, Singapore Management University.

Gabaude, L. 2013. A New Phenomenon in Thai Monasteries: The Stupa Museums. In Pichard, P. & F. Lagirarde (eds.) *The Buddhist Monastery: A Cross Cultural Survey*. Chiang Mai: Silkworm Books, pp. 169-186 (originally EFEO 2003, pp. 169-186).

Heim, M. 2004. *Theories of the Gift in South Asia: Hindu, Buddhist, and Jain Reflections on Dāna*. New York: Routledge.

Horstmann, A. & J. Jung (eds.) 2015. *Building Noah's Ark for Migrants, Refugees, and Religious Communities* (*Contemporary Anthropology of Religion*). New York: Palgrave Macmillan.

Jordan, L. & van Tujil, P. (eds.) 2006. *NGO Accountability: Politics, Principles & Innovations*. New York: Routledge.

Phaholyothin, N. 2017. Moving Beyond Charity to Philanthropy ? The Case of Charitable Giving in Thailand. *Austrian Journal of Sout - East Asian Studies* 10 (2): 185-203.

Phra Rajavaramuni. 1968. Status, Duties of the Sangha in Modern Society. *Visakha Puja* B.E. 251: 58-71.

Sciortino, R. 2017. Philanthropy in Southeast Asia: Between Charitable Values, Corporate Interests, and Development Aspirations. *Austrian Journal of South - East Asian Studies* 10 (2): 139-163.

—— 2022. *Diversity and Change in Charitable Giving in Thailand*. Bangkok: Khonthai 4.0 Program.

Wyatt, D. K. 1966. The Buddhist Monkhood as an Avenue of Social Mobility in Traditional Thai Society. *Sinlapakon* 10（1）: 41-52.（タイ語）

Amporn, J. 2015. *Phuenthi satharana kham chat: Kan mueang rueang phuenthi khong raengngan opphayop Thai Yai nai changwat Chiang Mai*. Chiang Mai: Sun wichai lae borikan wichakan khana sangkhomsat, Sun wichai lae borikan wichakan.（『国家を越えた公共空間――チェンマイ県内におけるタイ・ヤイ越境労働者の空間をめぐるポリティクス』チェンマイ大学社会科学部学術研究サービスセンター）

Krisnajuta, S. 2007. Wiang Haeng: Sathan thi haeng khwam kliatchang rue phuen thi khong khwam wang. In Buadaeng, K. & A. Fuengfusakun（eds.）*Kham khorp fa: 60 pi Shigeharu Tanabe*（*Crossing the horizon: sixty years of Shigeharu Tanabe*）. Bangkok: Princess Maha Chakri Sirindhorn Anthropology Centre, pp.45-88.（「ウィエンヘーン憎悪の場所あるいは希望の土地」）

Satha-Anand, S. 1998. *Ngoen kap Satsana: Thep yut haeng yuk samai*. Bangkok: Samnakphim Munlanithi Komonkhimthong.（『カネと宗教――時代を戦う神』ゴーモンキームトーン財団）

Sun Manutsayawitthaya Sirinthorn 1999. *Wikklit Phutthasatsana*. Bangkok: Sun Manutsayawitthaya Sirinthorn.（『仏教の危機』シリントーン人類学センター）

第9章　うろんな歓待
――フィンランドのフードバンクにみる「公正」な分配のエコロジー

髙橋絵里香

第一節　フードバンクの歓待論

フィンランド南西部の自治体「群島町」[1]では、毎週水曜日にフードバンクによる食料の提供が行われる。「みんなのカフェ」[2]を訪れた人々は無償でスーパーマーケットからの廃棄食品を受け取るだけではなく、無料のコーヒーとパンを飲食しながら交流することができる。興味深いのは、主催者側が精いっぱいのもてなしをする努力をしている点だ。

群島町のフードバンクを運営しているのは、福音ルーテル派教会の教区職員（一人の司祭と二人のディアコニ[3]）と数名のボランティアたちであり、会場も教区集会所である。水曜日の朝、スタッフは教区集会所のテーブルを美しくセッティングする。キャンドル・スタンドにろうそくを置いて火をともし、自宅の庭から切ってきた花を生ける。コーヒーと一緒に食べる甘いパンやケーキを銀色のお盆に美しく盛りつける。

一〇時半になると、集会所の前に並んで待っていた人々が待ちかねたように入ってきて、コーヒーを受け取る。ディアコニが訪れた客の一人ひとりに丁寧に挨拶し、歓迎する。やってきた人たちは堂々と飲み食いし、歓談し、大きなビニール袋に入った食料を受け取って帰っていく。喫茶や持ち帰る食品はすべて代金はかからず、利用者は受取証も書かなければ自分の名前を告げる必要もない。もちろん常連であれば素性は知られているが、まったく見知らぬ人も飛び入りで訪れる。教区が主催しているとはいえキリスト教徒である必要もなく、スタッフ全員がよく見知っているムスリムの利用者などもいる。

慈善と歓待の場が交錯するフードバンクにおいて印象的なのは、食べ物を受け取りにくる人たちの恐縮しない態度である。気が引けた様子の人や感謝の言葉を何度も口にする人がいないわけではないが、くつろいだ様子でコーヒーを飲みながら長々とお喋りに興じる人も珍しくない。ボランティアたちが会場の片づけを始めたころにようやく重い腰があがるといった具合である。

居座って帰らない客。それは、アメリカの画家エドワード・ゴーリーの代表作『うろんな客（*The Doubtful Guest*）』（ゴーリー 二〇一〇）に登場するモチーフである。この絵本では、ある一家のところに突然押しかけてきた謎の生物が、家の中でいたずらをしたり、食事の輪に勝手に加わったりと傍若無人の限りを尽くす。そして、一七年経った今もその謎の生物は家を出ていく気配はないのです、と物語は不条理に締めくくられる。

写真 9-1　教区集会所で開催される「みんなのカフェ」（2022 年）

勝手にやってきて、名乗らずに好き放題食べていく客とは、まさにデリダが言うところの「歓待の掟のアポリア」（デリダ 二〇〇九）を喚起する存在であると言えよう。デリダによれば、歓待とは本来、訪れる異邦人の素性を問わず、無条件で受け入れる行為（「絶対的ないし無条件の歓待」）であるが、それは実際には不可能事でもある。なぜなら、「主人としての私の主権を侵害するものは誰でも、好ましからざる異邦人として、そして潜在的には敵としてみなされ始める」（デリダ 二〇〇九：九〇）からだ。ギリシャ語で「食客」を意味する「パラシトス」はパラサイト＝寄生虫の語源でもあるように、主人の食事をくすねとる存在でもある（星野 二〇二三）。こうして、無条件の歓待は主人が客を選抜して束縛するような「法的な＝権利上の歓待」へと「堕落（＝倒錯）」（星野 二〇二三：六六）していく。

確かに群島町のフードバンク活動にも「無条件の歓待」が掟として通用するように思われる。活動において、スタッフは訪れる客がどれくらい困窮しているかということを一切問わないし、客が名乗る必要もないからだ。一方で、新型コロナウイルス感染症の拡大時には幾つかのルールが課されるようになったし、そもそも廃棄食品は無尽蔵にあるわけではないため、誰でも幾らでも食料を要求できるわけではない。権利上の歓待に変質する機会はいくらでもあり、歓待をめぐる二つの掟の間で活動が揺れ動き続けることは予想に難くない。

ただし、ゴーリーの絵本において、「客」は家族の困惑をよそに居座り続けたことを思い起こす必要がある。『うろんな客』では、客の受け入れにも排斥にもつながらないような宙ぶらりんの状態が一七年にわたって続いた。こうした歓待のアポリアからはみ出していくような実践は、現実においても見出されうるのだろうか。主人と客のやり取りにおいて、積極的な歓迎と強制的な排除の間には、どのような可能性があるのだろうか。

本章は、冒頭にも登場するフィンランドの自治体「群島町」(4)の福音ルーテル派教会が主催するフードバンク活動を題材とし、この問いへの答えを模索していく。群島町は人口約一万五千人の自治体で、名前の通り多くの島々からなっている。フィンランド南西部において一般的であるように、スウェーデン語とフィンランド語の二言語使用が法的に定められている。筆者は二〇二〇年八月から二〇二一年六月まで毎週このフードバンクにボランティアとして加わり、その活動を手伝ってきた(5)。また、二〇二二年六月に追加調査を実施し、その後も活動の推移についてモニターし続けている。

フードバンクではどのように食料が分配されるのか。活動の主催者である教会のスタッフは、食料を受け取る者たちをどのような態度で迎えるのか。本章では、そうした記述に「歓待の掟のアポリア」とも異なるような作法を見出していきたい。

第二節　流通の末端で

フードバンクという活動は世界中で展開されており、社会科学の広範な領域において研究されている。特に活動の発祥地でもある北米のフードバンクはかなり制度化・大規模化が進んでおり(田中 二〇二〇)、これは貧困問題よりもフードロスをなくす消費社会の問題系として機能してきたことが理由である(小林 二〇一八)。例えば、小売店、生産者、あるいは食品製造業者にとって、傷物の野菜や賞味期限切れの食品、あるいはパッケージの損傷した食品をフードバンクに提供することには廃棄コストを削減するというメリットがある。あるいは、北米では政府が農家からの余剰作物を買い支えし、それをフードバンクに卸すという仕組みもある。フードバンクは流通の仕組みの余剰部分を活用する制度として受容されてきたといえよう。それはいわゆる「ＳＤＧｓ」に合致し、消費社会の陥穽を補う機能を持ち、なおかつ低コストの貧困対策にもなると理解されてきたのである。

もちろん、こうしたフードバンクが「良いことずくめ」であるという解釈がある一方で、本来であれば国家が保障するべき国民の食料への権利を民間のボランティア活動にゆだねるという制度そのもののいびつさに対する批判も存在する（角崎二〇一八：五一―五五、Riches & Silvasti 2014）。フードロスを問題視するならば、正攻法の解決手段はあくまでも食料生産・流通システム自体の効率化であり、フードバンクへ廃棄食品を下げ渡すことは問題解決に繋がらない仕組みであるといえるからだ（Riches & Silvasti 2014）。食品産業で働く人々の労働条件が劣悪であること、提供される食品が必ずしも適切な栄養を備えていないことなども批判の対象となっている（ibid.）。フードバンクを組み込んだ食料生産・流通のシステム自体が、食品製造業者という強者が得をする仕組みであるともいえるのである。

ただし、日本のフードバンク活動はより直截に貧困対策としての側面が大きく、特にコロナ禍においては生活困窮者に対する食糧支援ニーズの大きさが顕在化したことも軽視すべきではないだろう（稲葉二〇二一、佐藤二〇二〇）。さらに、近年は「子ども食堂」という独特の名称が広まり、孤食の防止や居場所づくりといった目的を伴う活動が急拡大してきた（成・牛島二〇二〇）。子ども食堂もフードロスを削減するための再活用先となっており、コロナ禍においては食材の配布やフードパントリーの実施へと活動内容が転換されていたという意味で、フードバンクと重複する活動であるといえる。

こうした北米や日本におけるフードバンクやそれに類する活動と比べた場合、フィンランドの群島町における実践はどのように位置づけられるだろうか。他国とは異なり、フィンランドには全国規模のフードバンク組織は存在しないため、各地のＮＧＯやＦＢＯ（信仰基盤組織）がそれぞれ活動を続けている。シルヴァスティとティッカ（Silvasti & Tikka 2020: 19）によれば、二〇一七年の時点で欧州困窮者援助基金（ＦＥＡＤ）からの食糧提供を受け、国全体で二七万一七二三個の食糧小包と五万五七五四食の食事が提供されたが、これはＦＥＡＤのパートナー組織で提供された全食料の二三％に過ぎないという。実際、群島町のフードバンク活動はＦＥＡＤからの食料提供はほぼ受けておらず、ボランティアとスタッフが町内の四軒のスーパーをまわって引き取った廃棄品を選別して配布するというごく小規模なものである。また、困窮者の救済という意味においても、食料品を受け取るための資格要件はなく、フードスタンプ等も求められない。そもそも統計上でフィンランドの相対的貧困率は五・七％と、ＯＥＣＤ加盟国の中でデンマークに次いで二番目に低い（OECD 2023）。二〇二二年時点で群島町にはホームレス状態にあると報告されているのは四名であり、ヘルシンキ等の大都市と比べれば圧倒的に少ない（ARA 2023）。[6]

つまり、アメリカの大規模な食品流通システムと比較した場合、群島町の「カフェ」が引き取るのはスタッフの自家用車に搭載できる程度の量の廃棄品であり、週に一回という頻度を考えれば、フードロス対策のコストを大幅に改善するほどのインパクトはないと推察される。また、日本のような野宿者を優先した炊き出しやフートバンク活動の切実さと比べれば、困窮者支援としては補足的な位置づけにあるといえるだろう。だが、フィンランドにおける社会扶助給付額は適切な生活を送るためには低すぎることがこれまでも指摘されており（Silvasti & Tikka 2020）、食糧援助の必要があることも明らかである。群島町の「カフェ」が生活の苦しい人々にとって大きな助けになっているのは確かであるし、困窮状態の統計的な軽重をもって人々の主体的な「苦しさ」を測ることはできない点は認識しておきたい。それでも、アメリカや日本と比べれば恵まれた状態にあるからこそ、「カフェ」は冒頭で述べたような歓待の掟を適用できていると考えることもできるだろう。

第三節　分配の手順

では、実際問題として、「カフェ」を訪れる客が求める食料は十分なだけ与えられているのだろうか。まずは、食品流通システムの末端における草の根的なフードロスの活用が具体的にどのような過程をたどっているのかを記述していきたい。

群島町において「カフェ」がフードバンク活動を開始したのは二〇一八年である。フードバンクが始まった当初は、自治体に雇用されたソーシャルワーカーたちが主催しており、開催場所も就労支援所の施設であった。現在活動の主体となっているフィンランドルーテル派教会のディアコニはあくまでも活動の協力者という形をとっていた。その後、二〇一九年に多忙を理由にソーシャルワーカーから教区へと活動が引き継がれ、会場も教区集会所に移された。現在の「カフェ」は、教区スタッフとボランティアが主体となって運営されている。ボランティアの多くは教区活動に積極的にかかわってきた人々であるが、フードバンクの元利用者や、良心的兵役忌避により教区組織で社会奉仕活動を行う若者が一時的に参加したこともある。

「みんなののカフェ」という名前の通り、元々はコーヒーと甘いパンを無料で提供し、人々が飲食しながら会話を楽しむ場所を提供することが活動の主眼であった。しかし、二〇二〇年に新型コロナウイルスの感染が拡大してから二〇二一年の秋口まで、教区施設内での飲食を伴う活動は廃止され、ハンパー（食料の入った袋）を受け取るだけの活動へと縮小された。筆者が「カフェ」の活動にボランティアとして開始するようになったのは、こうした簡素化した活動が定着して以後のことである。

「カフェ」は毎週水曜日の一〇時半からと決まっている。群島町には三カ所に計四軒のスーパーマーケットがあり、車を所有するボランティアやディアコニが分担して訪問し、廃棄食品を受け取る。特に重要な拠点が群島町最大のスーパーであるKマートである。八時半に二人のボランティアと牧師のパウラが集合する。裏口の暗証番号は知らされていて、フードバンクのスタッフは自由に出入りすることが許されている。半屋外のような倉庫に山のような廃棄食品が積まれており、自由に持ち帰ることができる。ただし、廃棄食品はプラスティックのケースに入っているが、これはスーパーの所有品であるため、そこから取り出して段ボールに詰めなくてはならない。この時点で、野菜、パン、牛乳パックなど同じカテゴリの食品はまとめておく。これをボランティア男性が所有しているバンの荷台に積み上げていく。荷積みが終わったら、そのまま教区事務所まで車を走らせる。到着してから立ち去るまで、彼らがスーパーの店員と会話をする機会はまったくない。

まとめた廃棄食品を教区事務所へ運び、九時半ごろから仕分けしてハンパーを作っていく。スーパーから渡される食料はすべて廃棄品であり、まだまだ食べられるものがある一方で、捨てるほかないものも多い。そこで、古すぎる食べ物、容器が壊れている液体、カビが生えていたり腐っていたりする生鮮食品を捨て、大きすぎるパッケージは小分けにする。例えば甘い菓子パンなどはビニール袋に大量に詰め込まれているので、これを五～六個ずつ小分けにしていく。スイカやメロンなど、大きすぎるものは切って包む。イチゴや蜜柑は腐ったものを選り分ける。パンはライムギ入りの黒パンとそれ以外の白パンに分ける。乳製品、お菓子など、同じ種類のものは一カ所に集める。

仕分けが終わったところで部屋を見渡し、ボランティアが目分量でその日のハンパーに入れる食料を決める。例えば二〇二一年九月一五日は、黒パン二袋・白パン二袋・包装された菓子パン一袋・小分けにされた菓子パン一袋・牛乳などの乳製品一個、卵一パック、野菜一種、果物一種、レトルト二個（大きいものなら一個）、スウェーデン語で「上に乗せるもの（pålägg）」と呼ばれるパンの付け合わせ（ハム、フムスなど）一個、ソーセージ一個が一袋分と定められた。これらを青いビニール袋に詰めていく。ハンパーに入れられる分量はおおむね一定だが、内容はまちまちである。例えば、大きな牛乳パックが入っている場合もあれば、その代わりにオーツミルクが入っている場合もあって、ハンパーはランダムに渡されるので選ぶことはできない。ただし、事前に交渉すればヴィーガン用、ムスリム用、病気による食事制限がある人用といった、特定の食品を避けたハンパーを準備してもらうことができる。

毎回、四五袋のハンパーが用意され、一〇時半に配布が開始される。一〇時ごろから人々の行列ができ始め、配布開始からだいたい一〇分くらいで配り終わってしまう。一一時過ぎくらいまでは遅刻してくる人々もいるので、一〇時四五分頃からはスタッフもコーヒーを飲みながら、廃棄食品の中から取り分けておいたホールケーキや甘いパンをお茶請けとして食べるなどして休憩し、遅れてやってきた人々に対応する。配り切った後で遅れてやってきた人に余った食料を詰めて渡すこともよくあるので、出荷数は五〇袋近くまで膨らむことが多い。

ただし、すべての食物をハンパーに入れて配りきることはできない。例えば、前述の日はパンの廃棄品が非常に多かったので、袋に入りきらなくて余った分は段ボール箱に入れて屋外に置き、訪れた人々が幾らでも好きに持って行っていいことになった。また、いつもやってくるムスリムの人々向けに白パンだけを集めた箱を用意して取り置いた。スタッフによると、彼らは黒パンを食べないし、大家族だから沢山の食料が必要であるためだ。フードバンクを訪れた人々で集まり、これからみんなでコーヒー飲みながらお喋りするというお婆さんにも甘いパンの詰まった袋を渡した。さらに、フィンランド語教区の児童福祉担当者や、スウェーデン語教区のオルガン奏者がやってきて、子どもたちの集まりや合唱団で提供するためのパンを貰っていった。日によっては、失業者の就労支援団体が余った食料を貰いに来ることもある。

他の日にも、例えば鳥の餌のように誰もが必要とするわけではない製品、トイレの芳香剤のように臭いがつくためハンパーに入れられない製品、スーパーの貯蔵庫が屋外にあるために凍りついてしまった製品（屋内に入れると溶けてだめになる）などは屋外に置かれ、誰でも自由に持ち帰ってよいとされていた。それでも食品が余った場合、日持ちがするもの（お菓子など）は棚にしまっておいて食料が少ない日に使うし、賞味期限前のパンはディアコニのオフィスにある大型冷蔵庫で凍らせておく。フランスパンは硬すぎて食べられないので、群島町内の乗馬クラブへ持っていって馬の餌にする。それでもまだ残るようであればゴミとして廃棄される。

このようにさまざまな対象へ食品が再配分されていき、一一時過ぎには食料が配り切られる。会場の片付けを終えたスタッフは、それぞれが特別措置の対象となる人々（体調が悪い人、障害者など）にハンパーを配達するために解散する。これが毎週水曜日に繰り返されているルーティンである。

ここまでみてきたように、フードバンクで配布される食料はパンを中心として構成されており、そこにパンに載せるものや乳製品が加わっていく。多くの人が朝夕に食べる一般的なメニューを実現できる一方で、ハンパーだけで十分な栄養が摂れるような内容ではないことも確かである。(7) 一方で、利用者以外にもさまざまな関係者が廃棄食品を受け取り、最終的に再利用可能な製品をほぼすべて再配分しきっている点は興味深い。群島町のフードバンク活動は、食品流通制度の末端において、さまざまな経路をたどって廃棄品を消費／再分配していく過程でもあるのだ。

第四節　歓迎されない客

前節で描写したように、フードバンクにおける廃棄食品の再分配対象は生活困窮者に限らず、広義の社会福祉にかかわるさまざまなアクターに与えられている。最初に配られる四五袋のハンパーについては全員が平等な分量を受け取れるように配慮されているが、余った分については申し出れば与えられる状況にあるといえるだろう。もちろん、廃棄される食品が配り切れないほど大量にあるからこそ、こうした鷹揚な態度が許されていることは確かである。

こうした鷹揚さが無条件の歓待という「カフェ」に通底する倫理と繋がっている一方で、スタッフが諸手を挙げて歓迎するわけではない客がやってくることもある。彼らの存在は、コロナ禍におけるマスク着用の義務化をきっかけとして顕在化した。「カフェ」ではそれまでもマスクの着用が推奨されていたのだが、二〇二一年二月に明文化され、着用の義務を通知する文章が全ハンパーに挿入された。コロナ禍におけるマスク着用の推進は、フィンランドにおいては経済的格差に基づく不平等への配慮をともなっていた。スーパー等で安価なマスクが大量に販売される一方で、教会教区、赤十字、高齢者向けインフォメーションセンターといったさまざまな場所で無料のマスクが配布された。「カフェ」でも行列に並ぶ利用者はマスクを受け取ることができるため、着用義務化による経済的負担はない。それでも、マスクという習慣が東アジア諸国ほど一般化していなかったフィンランドにおいて、コロナ禍におけるマスク着用の義務化に否定的な反応をする人々は多かった。

実際、「カフェ」にもどうしてもマスクを付けようとしない常連客がいた。マスクを付けられない個人的な理由があるわけではなく、どうしても嫌だからつけたくないということだった。マスク着用が明文化される前から、この常連客がやってきてマスクをせずに行列へ並ぶたびに、スタッフは「またあの人ね！」と文句を言っていた。群島町の教会教区は新型コロナウイルスの感染拡大当初から様々な活動の休止・規模縮小を余儀なくされてきた。「カフェ」でも飲食がとりやめられ、利用者のマスク着用を推奨することによってようやく集会が許可されたという経緯を考えれば、スタッフとしては自発的にルールを守ってほしいところだったのだろう。ハンパーを受け取るのは屋外であり、距離を取って並ぶことが推奨されているとはいえ、会話をしているうちに行列する人々の距離は縮まってしまう。寒い時期になれば人々の呼気が可視化されるから、余計に不安になるところもあるようだった(8)。

結局、マスク着用が義務化されたことでだんだんの常連客が行列に並ぶことは許されなくなった。並んだ人々へのハンパー配布が終わるまで行列には近寄らずに待ち、最後にハンパーを受け取るのであれば、マスクを着用していなくてもよいという条件が提示された。常連客はそれを受け入れ、行列から少し離れた場所で他の人々への配布が終わるのを待つようになった。

一度だけ、廃棄食品の量が少なかったためにすべてのハンパーが配られてしまい、常連客は受け取ることができなかった日があった。その時、この人物は不満をあらわにしてスタッフに何度も食い下がった。しかし、スタッフも引き下がらず、また来週に来てちょうだいと繰り返すだけで、同情は示さなかった。この人物が明日の食事にも困るような状態であれば、「カフェ」以外に臨時の援助を受け取ることのできる場所が設けられていたこともあり(9)、スタッフとしてはこれだけマスク着用を頑強に拒んできたのだから自業自得だという思いがあったようだ。

このように、一見すると鷹揚な饗応が行われているように思われる「カフェ」にも歓待を受けるための条件は付けられている。マスク着用の他にも、受け取るハンパーは一人につき一つであること、他の人の分のハンパーも受け取りたい場合は事前にディアコニへ連絡すること、配達はしないことなどが明記されており、歓待のための最低条件として提示されているのである。こうしたルールは、少しでも多くの食料を受け取りたい人がいるという認識と、しかし食料は平等に配分すべきであり、誰かを贔屓すべきでないという意識に基づいている。

「カフェ」にはこうした平等な分配のルールを乱しかねないとみなされている利用者がいた。それはスタッフが「小さいおばさん」と呼ぶ人物である。彼女もまた常連の一人であり、足の悪い友人のお婆さんと連れ立って車でやってくる。お喋りで威勢がよいのだが、「チン・チョン」とアジア人を差別するような蔑称で筆者を呼んだこともある。悪気はないのだろうが、横で聞いていたディアコニは呆れていた。

実際、「小さいおばさん」は配慮の行き届かない人物だった。クリスマスの時期にヒヤシンスの小さな鉢植えを日ごろのお礼として持ってきたことがあった。だが、鉢植えにつけられたグリーティングカードの宛先が間違っており、町内の就労支援施設宛てになっていたことで、スタッフの間では感謝よりも「まったくあの人は……」という呆れた感想が先に立ってしまった。

スタッフは小さいおばさんを警戒していた。おそらく、彼女が「カフェ」を無償の食料を得る都合のいい機会とみなしているのではないかという懸念があり、彼女をあまり優遇しないようにしようという暗黙の合意があった。小さいおばさんが町内のスーパーで大量にアルコールを購入する姿を見かけることもあったから、他の利用者と比べれば深刻な困窮状態にはないだろうと推測されていたのだろう。彼女が他の人のためにハンパーを二つ受け取りたいと申し出た時も、誰のために受け取るのかを念入りに確認し、その後に複数のハンパーを受け取るためには事前予約が必要であることが明文化された。それでも、愛称で呼ばれていることからうかがわれる通り、スタッフは彼女を積極的に嫌っていたわけではなく、小さいおばさんの言動はいつも苦笑交じりに許容されていた。

また、「カフェ」のスタッフは利用者全員に対して警戒心を抱いていたわけではない。例えば「小さいおじいさん」と呼ばれる常連客については、いつも食べ物の配布時間に三〇分ほど遅れてくるのだが、スタッフは「小さいおじいさんの袋を用意しておいて」と遅れてくる彼に渡すための袋を前もって用意していた。小さいおじいさんが妻を介護する親族介護者[10]であることは周知の事実だったので、スタッフは彼の苦労に同情的であったし、その朗らかで謙虚な人柄によって好かれていた。小さいおばさんと小さいおじいさんに対する態度の対照性は、それぞれの状況や人格によって特別な配慮が与えられたり与えられなかったりすることを示唆している。

第五節　廃棄食品のアウラ

さらにいえば、「カフェ」のスタッフ自身も厳正で公平な分配の監視者であるわけではない。彼らもまた、廃棄食品の中から自分の欲しいものを分け前として貰っていくからである。

スーパーマーケットからの廃棄品は、誰でも食べるような一般的な品目が多い一方で、食料以外のものや高級品も含まれる。珍しいチーズやヘラジカのハム、鮮やかな色のスムージー、箱入りのチョコレート、花束などは、おそらく値段が高すぎて完売できるようなものではないのだろう。廃棄された花束は数が多くないので「カフェ」では分配せず、スタッフ内で分け合うのが慣例だった。高級な食品はスタッフにとっても物珍しく感じられるようで、しばしばハンパーへの配分から外され、スタッフの分け前として確保された[11]。

例えば、時おり廃棄される鮮明なターコイズ・ブルーのスムージーは、その色合いから味の想像がつかないため、ハンパーを詰めるボランティアたちの間でたびたび話題となった。そのたびにスムージーを飲んだことのある人がとくとくと味を解説し、未経験の人に持ち帰って試してみるようにと薦めるのだった。

あるいは、ティーンエイジャーのスタッフ（良心的兵役忌避のため教会でのボランティア活動を選択した若者）はドイツ系のスーパーであるリドルからやってきた「インフェルノ」というスナックに興味津々だった。これは地獄という名前通りの激辛味で、大半が高齢者である利用者には人気がないことが予想された。そのため、インフェルノをもらってもいいかとボランティアのリーダーに尋ねると「もちろんよ、三つでもいいわよ！」と快諾され、彼は嬉しそうにスナックを持ち帰った。

印象的だったのは、分配する食品が十分になかった日の出来事である。その日は、リドルからバクラヴァ（トルコのお菓子）が一箱だけ廃棄されていた。ハンパーに食品を詰めながら、今日は余剰品が出なさそうだということを皆が予感していたが、お菓子のコーナーに置かれたバクラヴァの箱については、なんとなく誰もハンパーに入れずにいた。やがてリーダー格のボランティアが、これはあとでコーヒーと一緒に食べましょうとキッチンへ持っていったのだった。バクラヴァを食べてみたいというスタッフの願望が言外に共有され、リーダーの主導によって自分たちの分け前として確保されたのである。

「カフェ」において、廃棄された商品は強い魅力を放っていた。ターコイズ・ブルーのスムージーもバクラヴァも、スーパーの陳列棚に置かれている時はそこまで人々の関心を惹きつけなかったからこそ捨てられたはずである。それは大量生産され、他の品々と共に陳列されている時点では「アウラ」（ベンヤミン 一九九九）を失っていたと解釈できるだろう。

ところが、食品はひとたび捨てられると強い魅力を放ちだす。もちろん、それが無料であることの魅力、タダであることのお得感でもあることは否めない。だが、ベンヤミンが芸術作品の唯一無二性（ベンヤミン 一九九九：五九四）、届かない場所に一回的に現れているもの（ベンヤミン 一九九九：五九二）をアウラと呼んだことを考えあわせれば、廃棄品の別の側面が見えてくる。たまたま売れ残った品々は、次にいつやってくるかわからないものでもある。店頭にあふれた商品はいくらでも複製可能であるが、大量生産という仕組みから切り離されることでアウラを取り戻すのである。

また、廃棄品の魅力は、再配分のために小分けされる過程においても新たに発見される。例えば、廃棄される食料の中には、パンやチーズなど年間を通じて変化がない品目の他に、季節によって増減するものがある。クリスマスを過ぎると、人々が他家を訪問する際に持参する箱入りのお菓子類が大量に捨てられる。二月になるとルーネベリ・タルト（国民的詩人ルーネベリの日に食べるジャム入りの焼き菓子）が、復活祭にはマンミと呼ばれるライムギのペーストが、夏至の時期になるとイチゴが廃棄される。

これらの食品は店頭にも大量に並べられて季節の風物詩となっているからこそ、廃棄される量も圧倒的に多い。そこで、「カフェ」のスタッフはこれら季節の廃棄食品を全部で四五袋のハンパーにできるだけ平等に分配していくことになる。大箱に入ったイチゴは、腐ったものをより分けて捨てたうえで、できるだけ等分してビニール袋に詰め直した。その作業には長い時間がかかるが、夏至の祝いには欠かせない食物でもあり、運のよい者だけが受け取るというわけにはいかないのである(12)。

それぞれの季節を特徴づける食品を分配するとき、スタッフの間には祝祭的な空気が漂う。ハンパーを受け取る利用者にとっても、パンや乳製品といったいつもの品々の間に特別な食品を発見することは喜びである。大量生産され、しかも売れ残った商品には、もはや何の魅力も残っておらず、利用者にとってもそれは仕方なく受け取るもの、惨めな「残飯」であると想像される。だが、「カフェ」における廃棄された食品をめぐるやり取りからは、商品に対する新鮮で尽きることのない興味の復活や、季節に応じた食品と向き合うことの喜びを見て取ることもできるのである。

第六節　アポリアの手前

ここまでみてきたように、群島町のフードバンクは厳密な公平さに基づいて運営されているわけではない。ちょっとした贔屓をうけたり、他よりも多くの配慮を受け取ったりする人がいる。緩やかなサービス設計につけいろうとする者もいるが、そうした人々が積極的に排除されることもなく、困惑と共に看過されている。スタッフもまた完璧に寛大で無私の主人ではなく、廃棄食品を楽しんでいる(13)。そうした人々の間で繰り広げられる歓待の様相をどのように解釈すればいいだろうか。

デリダは歓待論においてフランスの移民・難民政策を取り上げているが、そこでは歓待のアポリアが移民・難民を排除する言説へと繋がっていく様子が分析された。絶対的な歓待は常に条件付きの歓待へと「堕落」する可能性をはらんでおり、この無条件／条件付きという軸によって浮かび上がるのは異邦人と自集団の境界、つまり他者性の根源であった。こうした歓待論において、国家は法律や制度を課すことで歓待を条件付のものへと堕落させる実践だと理解されている。人類学的な歓待研究においても、無条件の歓待という理念は、主人が歓待の対象を限定するベクトルを伴いつつ、国家からは自立したミクロな実践として記述されてきた（cf. 佐川 二〇一一、寺尾 二〇二〇）。国家による統治とその手先としての官僚機構は、無条件の歓待とは根源的に異質であると受け止められてきたのである。

だが、ネオリベラルな言説が福祉制度のフリーライダーを極力排除すべきであると主張することから察せられるように、福祉国家とはむしろ歓迎せざる利用者を抱え込む機構である。フリーライダー問題を提起したオルソンは、「大規模な集団において、合理的で利己的な個人は、その集団的利益の達成を目指して行動しない」（オルソン 一九八三：二）と指摘した。福祉制度はサービスを受給する大多数の人間の節度によってなりたっている一方で、コストを支払わずに便益だけを得ようとする個人は常に存在する。そのためにニーズよりも過大な配慮を受け取る人が出てきてしまうことは避けられないが、それに対して民営化・効率化という名のもとに厳密さが導入されていくことは、福祉国家よりも新自由主義的なイデオロギーに基づく動きとして理解すべきであろう。

群島町のフードバンクもまた北欧型福祉国家という統治機構の一部でもあるが、その活動は条件付きの歓待に「堕落」する手前でおおむね踏みとどまっていた。コストを支払わずに便益だけを得る者をフリーライダーと呼べば、それは福祉国家の失敗を示唆するだろう。だが、その者を「客」と呼ぶとき、歓待の論理はアポリアに到達する手前の宙ぶらりんの状態に置かれうる。実践の場において、主人はしばしばうろんな客を完全に拒否することができず、愚痴を言いながら、渋々客を受け入れる。完璧な主人も、品行方正な客も、そこにはいない。

それでも、ゴーリーの『うろんな客』が長年にわたって支持され、キャラクターとしても愛されてきたように、社会が多くの煙たい存在から成り立っていることは、それほど絶望すべき事態ではない。うろんな客とは、そもそも、家族のもとにある日突然やってきて、迷惑をかけながら居座る存在としての子どものアナロジーであるとも言われているのだから（Lurie 2000）。人間は誰しもうろんな客として誕生するのだとすれば、社会を存続させる公正な分配のエコロジーもまた、「ほどほど」のうろんさを抱え込むところに成立しているのである。

注

(1) 本章に登場する固有名詞は、人名・地名などすべて変名を用いている。「群島町」という地名も実際のものではない。片仮名表記ではなく日本語の名称を用いているのは、スウェーデン語／フィンランド語を併記する煩雑さを避けるためである。

(2) 本章では、群島町のフードバンク活動を「みんなのカフェ」という仮名で呼ぶ。以下の文章では略して「カフェ」と表記している。

(3) ディアコニ（教会奉仕職）は、フィンランドの福音ルーテル派教会に所属し、人々の身体的・精神的な手助けをする役職である。医療制度が発達する以前には地域の看護「婦」としての役目を担っていたこともあり、現在も女性が担うことの多い職業となっている（cf. 髙橋 二〇一三）。

(4) フィンランドでは、二〇一一年に多くの自治体が合併を経験した。群島町でも五つの自治体が合併したが、今回のフードバンク活動は五つの旧自治体の中でも最も人口の多い旧群島町を舞台としている。

(5) 夏季はフードバンク活動も休止されるので、実質的に一年間の活動を参与観察したことになる。

(6) フィンランドではホームレス状態にある人々に対するハウジング・ファースト・アプローチがとられてきた（Benjaminsen et. al. 2020）。また、フィンランドの統計では、友人や親せき宅に身を寄せている人もホームレス状態にあると見做す。統計上ホームレス状態にある人々の半数以上がこのカテゴリに属するため、実際の野宿者はさらに少ない。

(7) ただし、フィンランドでは困窮状態にない人でも食事のバリエーションは大きくない点には注意が必要である。例えば、高齢者向けの買い物代行サービスの購入内容や、訪問介護サービスによる朝食・夕食の献立は、ハンパーで配られるものと大差ない。

(8) 一方で、フィンランドではコロナ禍においても屋外でのマスク着用は義務化されなかったため、外ではマスクを外す人が多かった。その意味で、「カフェ」でのマスク着用の義務化は例外的な要求であったといえるだろう。

(9) ディアコニの事務所では、困窮状態にある人々への緊急の援助を行っており、金銭や食料を渡すという活動を行っている（cf. 髙橋 二〇一三）。

(10) 親族介護者については（髙橋 二〇一九）を参照のこと。

(11) 一方で、誰も欲しがらない食品もある。リドルからやってきた大量の味噌や米酢は、まだまだ日本食が一般的ではない群島町では扱いに困るものだったらしい。フードバンクの利用者に配っても誰も使い方がわからないのではないかというスタッフの意見により、日本人である筆者がすべて引き取ることになった。オーツミルク、ソイミルク、ベジミートなどの菜食主義者向けの食品も好まない人が多いが、無駄にすることはできないので、こちらは無差別にハンパーに詰められていった。おそらく、それらの袋はくじ引きでいうところの「はずれ」となっていったのだろう。

(12) その他にも、大きなメロンやスイカは大きな包丁で大胆に切っていく。ポリ袋に詰められた大量の甘い焼き菓子も小分けにされる。おそらく、こうした作業は日本であれば衛生の観点から行われないのではないだろうか。だが、人よりも大きな廃棄食品を受け取る人が現れれば不平等感が生じるというジレンマがある。

(13) もちろん、鷹揚な態度が許されているのは、それだけふんだんに食料が集積しており、利用者に行き届いているからだろう。実際、二〇二二年の夏に「カフェ」を再訪した際にはウクライナ情勢を受けた物価の高騰によって、スーパーからの廃棄食品も大幅に減少していた。こうした状況では、スタッフも自分が欲しい商品を取り分けておいたりはしない。利用者たちも、普段ならば廃棄するような半分枯れた鉢植えのハーブやイーストまで根こそぎ貰って帰っていった。

文献

稲葉剛 二〇二二「コロナ禍における生活困窮者支援の現場から」『社会デザイン学会学会誌』一三:一三—一六。
大原悦子 二〇一六『フードバンクという挑戦——貧困と飽食のあいだで』、岩波書店。
オルソン、マンサー 一九八三『集合行為論——公共財と集団理論』依田博・森脇俊雅訳、ミネルヴァ書房。
角崎洋平 二〇一八「社会保障システムにおけるフードバンクの意義と役割」佐藤順子編『フードバンク——世界と日本の困窮者支援と食品ロス対策』明石書店、四三—六八頁。
ゴーリー、エドワード 二〇一〇『うろんな客』柴田元幸訳、河出書房新社。
小林富雄 二〇一八「世界の食品ロス対策とフードバンクの多様性」佐藤順子編『フードバンク——世界と日本の困窮者支援と食品ロス対策』明石書店、一五—四一頁。
佐川徹 二〇一一『暴力と歓待の民族誌——東アフリカ牧畜社会の戦争と平和』昭和堂。
佐藤順子 二〇二〇「フードバンクと食品ロス——生活困窮者支援の立場から」『廃棄物資源循環学会誌』三一(四):二九四—三〇〇。

成元哲・牛島佳代 二〇二〇「食卓をめぐるソシアビリテの誕生と変容」『中京大学現代社会学部紀要』一四（二）：一一三—一二六。
髙橋絵里香 二〇一三『老いを歩む人びと——高齢者の日常からみた福祉国家フィンランドの民族誌』勁草書房。
—— 二〇一九『ひとりで暮らす、ひとりを支える——フィンランド高齢者ケアのエスノグラフィー』青土社。
田中俊弘 二〇二〇「カナダにおけるフードバンクの展開と現状」『麗澤レヴュー』二六：五—一一。
寺尾萌 二〇二〇「歓待と親密性——モンゴルの草原におけるゲルと訪問者の迎え入れについての考察」『文化人類学』八五（一）：九二—一〇九。
デリダ、ジャック 二〇一八『歓待について』廣瀬浩司訳、筑摩書房。
ベンヤミン、ヴァルター 一九九九『ベンヤミン・コレクション１ 近代の意味』浅井健二郎編訳、久保哲司編、ちくま書房。
星野太 二〇二三『食客論』講談社。
Asuminen Rahoitus - ja Kehitämiskeskus（ARA）2023. Asunnottomat 2022（Retrieved https://www.ara.fi/Document/Asunnottomat_2022).（Accessed on 4 November 2024).
Benjaminsen, L., H. Dhalmann, E. Dyb, M. Knutagård & J. Lindén 2020. Measurement of Homelessness in the Nordic Countries. *European Journal of Homelessness* 14 (3): 159-180.
Lurie, A. 2000. On Edward Gorey (1925-2000). *The New York Review of Books* May 25, 2000.
OECD 2023. Poverty rate (indicator). doi: 10.1787/0fe1315d-en（Accessed on 30 May 2023)
Riches, G. & T. Silvasti 2014. "Hunger and Food Charity in Rich Societies: What Hope for the Right to Food?" G. Riches & T. Silvasti (eds.) *First World Hunger Revisited : Food Charity or the Right to Food ?* London: Palgrave Macmillan pp. 191-208.
Silvasti, T., & Tikka, V. 2020. "New Frames for Food Charity in Finland." In H. Lambie-Mumford, & T. Silvasti (eds.) *The Rise of Food Charity in Europe*. Bristol: Policy Press. pp.19-48.

第10章　これといった用のない「訪問者」
――ブッシュマン観光ロッジを行き交う人々

丸山淳子

第一節　「ノイズ」としての「訪問者」？

夕暮れの少し前、透明感の増した青い空の下。薄茶色が一面に広がる草原のなかを、皮の衣装に身を包んだブッシュマンが五人歩いている。突如、先頭を歩いていたブッシュマンの青年が立ち止まり、砂を掘り返し、大きめのイモを取り出した。それを手近な小枝ですりおろし、集めて軽く絞ると、一気に水分があふれでた。その水を飲む姿を見せる青年の横で、若い女性が「私たちは、カラハリ砂漠で、こんなふうに水を手に入れてきました」と解説をした。その姿に、観光客たちが、いっせいにカメラを向ける。ブッシュマンの言語でなされた解説が、英語に通訳され、観光客たちは、また一様に感慨深そうに頷いた。こうして原野の散策ツアー「ブッシュ・ウォーク」は進む。

南部アフリカに位置するボツワナは、豊かな生態系を誇り、観光を主要産業の一つとする国である。この国のなかで、最も周辺化された少数民族であるブッシュマンとよばれる人々は(1)、古くからこの地域で狩猟採集生活を営んできた。今日では、政府による開発政策も進み、その大半が開発拠点として設けられた定住地で農耕や牧畜、賃労働などに従事しているが、最近できた観光ロッジのいくつかでは、「ブッシュマン観光」として狩猟採集生活のなかで培われた知識や知恵を観光客に披露している。

そんな観光ロッジの一つ、ここロッジGBには、連日、国外からの観光客が数多く訪れる。夕食を終え、あたりがすっかり暗くなると、今度は大きな焚火の周りに人々が集まる。ブッシュマンの踊り子が、野生動物を模した踊り、野生スイカを投げ合う踊り、儀礼に用いる踊りなどをいくつか披露し、最後には観光客も交じって輪になって踊る。踊り疲れた観光客たちはロッジで眠りにつき、ガイドや踊り子を勤めたブッシュマンたちも、ロッジの近くに設けられた従業員用キャンプに帰っていく。

ところで、この「ブッシュマン観光」の場には、ここで働いているわけでもなく、これといった用があるわけでもなさそうなブッシュマンたちが、出入りしている。存在感もたいしてないので見落としてしまいそうだけど、気をつけているとそこかしこで見かける。ブッシュ・ウォークで案内はしていなかったけれど、戻ってきたガイドたちとは親しく話して、観光客にももらったタバコを回し飲みしたりしていた。踊り子として踊ってはいなかったけれど、少し離れた木の下でステップを踏んでくすくす笑い合っていた。そういえば、従業員用の賄い飯が配られる列にも堂々と並んでいたし、従業員用キャンプでは我が物顔でたっぷりミルクをいれた紅茶を飲んだり、チップの山分けの場に参加したりしていた。

本来なら従業員用キャンプにいるはずのない人たち。本来なら観光客の目に触れる場にいるべきではない人たち。この人たちは、なんなのだろうか。本章で焦点をあてたいのは、この人たちである。

「あなたたち／あの人たちは何をしに、ロッジGBに来たのか」疑問に思った私がさっそく、そして幾度となく本人や周りの人に繰り返した質問に、返ってくる答えは決まって「(親族や友人を) 訪問している」であった。躊躇することなく、みなが潔いほどきっぱりとそう答える。「訪問している」といえば、まるですべての疑問が解消されるとでも言いたげなその態度に圧倒されながら、それでも私は、まだ違和感が拭えない。

ここは観光ロッジだ。本来なら、お金を払ってやってくる観光客のための場所で、従業員を訪ねてくる「訪問者」を歓迎する場所としてふさわしいといえない。ここは従業員にとって職場のはずで、少なくとも近代産業社会においては、公的領域であるはずの職場と、私的領域である家族や友人とのつきあいは分離されているものではないのか。それを越境しようとすることは、公私混同と非難される。「子連れ出勤」でさえ後ろめたく思わされる社会から来た私には、職場への私的な「訪問者」の存在は、理解しがたく思えた。

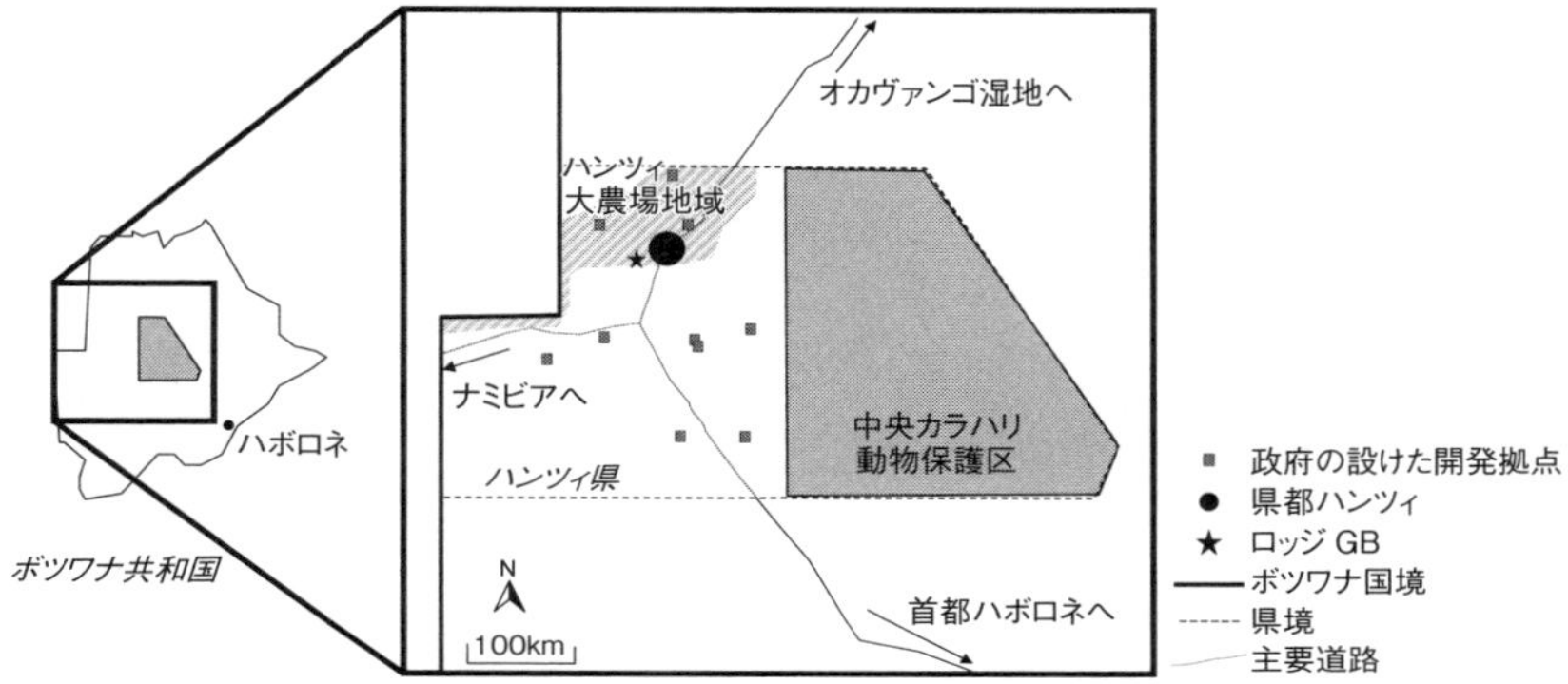

図 10-1　調査地とその周辺の地図

ましてやここは「文化ロッジ（Cultural Lodge）」である。「文化ロッジ」とは、いわゆる「文化村」に宿泊施設を併設させたもので、ボツワナで最近、増え始めた形態である（Monare et al. 2016）。文化村や文化ロッジは、特定の民族の伝統的な文化が、ときに演出をともないながら提供される「体験型劇場」であり、そこで観光客は一定の物語に沿った「観光リアリズム」を経験する（ブルーナー二〇〇七）。そのような場で、物語を乱す「ノイズ」（内藤 序章）となりうる「訪問者」の存在があたりまえのように受け入れられているのはどうしてなのか。どのようにして、これといった用もなさそうな「訪問者」がロッジGBにいることが可能になっているのだろうか。本章では、観光ロッジという場の特徴を踏まえて考察したうえで、ブッシュマンにとって「訪問」とはどのようなものなのか考えてみたい。

第二節　「文化ロッジ」としてのロッジGBの成り立ち

ロッジGBは、南部アフリカのボツワナ共和国ハンツィ県に位置する。ハンツィ県は、ボツワナのなかで、ブッシュマン人口比率の最も高い県で、県都のハンツィ市街および周辺地域には「ブッシュマン観光」を提供する宿泊施設や、ブッシュマンの工芸品やアートを扱う店舗や博物館などが集まっている。ブッシュマンあるいはサンとは、南部アフリカに古くから居住し、コイサン系の言語を話し、移動性の高い狩猟採集生活を営んできた人々の総称であり、その文化を体験する「ブッシュマン観光」は、南部アフリカの民族文化観光において、最もよく知られたものの一つになっている。

しかし、この地が観光地になったのは、ごく最近のことである。南部アフリカは長らく武力紛争や人種差別政策が続いた地域で、一九九〇年代後半になってから政治が安定し、辺境の地までインフラ整備が進んだ結果、観光業が主要な産業になった。この時期以降、ボツワナへの観光客も急増したが、特にハンツィの「ブッシュマン観光」は、二〇〇〇年に国内最大の観光地であるオカヴァンゴ湿地につながる道路が舗装されたことを契機に活発化した。これにより南アフリカのケープタウンとザンビア・ジンバブエのビクトリア滝をつなぐアフリカ観光の黄金ルートが完成し、ハンツィは途中泊に都合のよい場所として観光客が頻繁に訪れるようになった。

ロッジGBも、この機会をとらえて、一九九九年に設立された（丸山 二〇一七）。設立者は、一九世紀以降にハンツィ地域に入植し、代々大農場を経営してきた、いわゆる「地元白人（Local White）」の男性であった。彼は、ハンツィ市街地の郊外に三五〇〇ヘクタールの大農場を所有していて、農場経営の多角化を模索するとともに、同じ地域に暮らすブッシュマンの文化継承や貧困削減に向けた活動にも熱心であった。そこで、ブッシュマンの伝統文化の維持と経済的自立を目的に、観光ロッジを設立することを考案したのである。

「地元白人」である彼が「ブッシュマン観光」を始めたことへの批判もあったが、彼自身はブッシュマンが自ら観光業を営むことを目指していたという。設立当初より、ブッシュマンが暮らす開発拠点のチーフや代表者と雇用条件に関する協定を結んだり、ブッシュマンの住民組織とのジョイント・ベンチャーの可能性を模索したりしていた。二〇〇三年ごろには、宿泊施設も整い、ブッシュマンの従業員の数も増えた。二〇一〇年には、南部アフリカ周遊型の団体ツアーと契約し、雇用も拡大した。二〇一一年に、設立者が病死し、その遺族が経営を引き継いでからは、マネージャーにブッシュマンの青年が就任し、雇用管理、観光コンテンツの管理、経理、通訳ガイドなどを中心的に担うようになった。以来、ガイドや踊り子をつとめるブッシュマンの従業員とともに、観光アクティビティの内容の検討や雇用のルールなどの大部分を、彼ら自身が決めるかたちで経営されている。

私が調査を開始した二〇一五年以降は、ロッジGBには、宿泊施設として、ブッシュマンの伝統的な家屋を模した「ブッシュ・

ハット」、一般的なダブルルーム、キャンプサイトが用意されていた。目玉のアクティビティは、原野を歩きながらブッシュマンのガイドから野生の動植物の知識を学ぶ「ブッシュ・ウォーク」と、ブッシュマンの踊り子が披露する「伝統ダンス」である。宿泊費はボツワナの標準程度、「ブッシュ・ウォーク」や「伝統ダンス」の参加費は一人一〇ドルで、手軽な価格設定となっている。

観光客の大半は、周遊型の団体ツアー客で、一泊すれば次の目的地へ向かう。その多くは夕方、ロッジに到着し、「ブッシュ・ウォーク」に参加する。宿泊施設から一㎞程度の範囲のブッシュを、毛皮の衣装を身に着けたブッシュマンのガイドに連れられ、一時間ほど歩きながら解説に耳を傾ける。ガイドは、辺りの野生植物を採集しながら、食用や薬用などの用途を表現力豊かに解説する。「伝統ダンス」は、夕食後の焚火の周りで、実演される。男女一〇名程度の踊り子によって、約一〇演目が解説付きで披露される。いずれも、観光客には、ガイドや踊り子への質問や写真撮影が推奨され、交流を楽しむ人も多い。到着が遅い客は翌朝にアクティビティを楽しむこともある。

これらの仕事を担うガイドや踊り子などの従業員は、県内にある複数の開発拠点の出身であり、「出稼ぎ」のかたちで働いている。ボツワナ政府は一九七〇年代後半から、都市部から遠い地域を「遠隔地」と呼び、そこに住む人々を対象に、インフラや学校、病院などを整えた開発拠点を設けて、開発計画を進めてきた。ハンツィ県には九つの開発拠点がつくられ、かつては原野で狩猟採集をしていたブッシュマンの大半が、現在では、そのいずれかに住むことになっている。いずれの開発拠点も、ロッジGBとは距離が離れているので、従業員は住み込みで働いている。

従業員用キャンプは観光客の宿泊施設からは五〇〇mほど離れたところに設けられており、「ビレッジ」と呼ばれている。ここには、ブッシュマンの伝統的な家と水道設備が備えてあり、従業員どうしは一緒に食事をとったりくつろいだりと、まさに一つの「村」のように生活している。ビレッジの存在は、観光客には知らされず、オーナーやマネージャーがここでの生活を指図するようなこともない。

従業員は、開発拠点で提供されている賃金労働の月給が五四〇プラであることに比べると、高額の給与を得ている。マネージャーは月給四五〇〇プラ、ガイドや踊り子も月給七五〇プラに加えて、観光客からのチップや、ロッジの宿泊施設の修繕や掃除などの臨時報酬を合計すると、月に二〇〇〇プラ程度は手にすることになる。さらに定期的に食料や日用品が支給され、ときに賄いとして夕食が提供されることもある。

二〇一五年八月には、ガイド兼踊り子が九人、通訳ガイドが一人、マネージャー一人、清掃一人、キッチン二人、家畜の世話係一人の計一四人のブッシュマンが働いていて、うち一二人がビレッジに住んでいた。清掃やキッチン担当は日中の業務だが、ガイドや踊り子は、夕方と翌朝のアクティビティの時間帯に、動物の皮でつくった伝統衣装に着替え、出勤していた。

第三節　寄食する「訪問者」

同じ二〇一五年八月のとある一週間、この従業員を「訪問」していたのは、日帰りが七人、泊まり込みの「訪問者」は一一人にのぼった。この一一人のうち、従業員の夫が五人、妻が一人、成人したキョウダイ／イトコが二人、ムスコが一人、オイが一人であった（図10‐2）。夫や妻であっても、従業員の「帯同家族」とは考えられておらず、「訪問者」とみなされていて、数日から数週間の滞在の後に帰っていった。二〇一六年の九月には、一一人の従業員がビレッジに暮らし、九人の泊まり込みの「訪問者」がいた。季節や状況によって変動はあるものの、何人かの「訪問者」が滞在しているのが常態といえる。

「訪問者」はみな、明確な目的や滞在期間も決めず、ふらりと現れる。到着後、数時間で去ることもあれば、そのまま夜になり、気づいたら数週間にわたって滞在していくこともある。「訪問」のきかっけも「ハンツィ市街に来て、ロッジの看板を見たので寄ってみた」「買い出しに来ていたロッジの車に便乗した」「従業員が休暇を終えてロッジに戻るというからついてきた」といったもので、あえて理由を聞こうとすると「従業員の誰某に会いたかったから」「以前からロッジに行ってみたいと思っていた」「また来たくなったから」などといったあいまいな返答がなされる。むしろ「訪問」こそが目的であり、なにか別の目的のために「訪問」しているわけではないというようである。

滞在中の「訪問者」は、従業員にあてがわれた家屋やその近くの小屋などに寝泊まりし、基本的には食事も分けてもらう。従業員が観光客から得るチップやたばこ、酒、ジュース、菓子、古着なども分け与えられ、ときに従業員の隣にいて一緒に観光客から直接何かもらってくる。そして「訪問者」が多い週には、オーナーが従業員らに支給する食料を増やすように指示することさえある。こうして「訪問者」は、親族や友人である従業員に、観光客に、そして「地元白人」であるオーナー家族にも、まさに「寄食」して過ごしている。

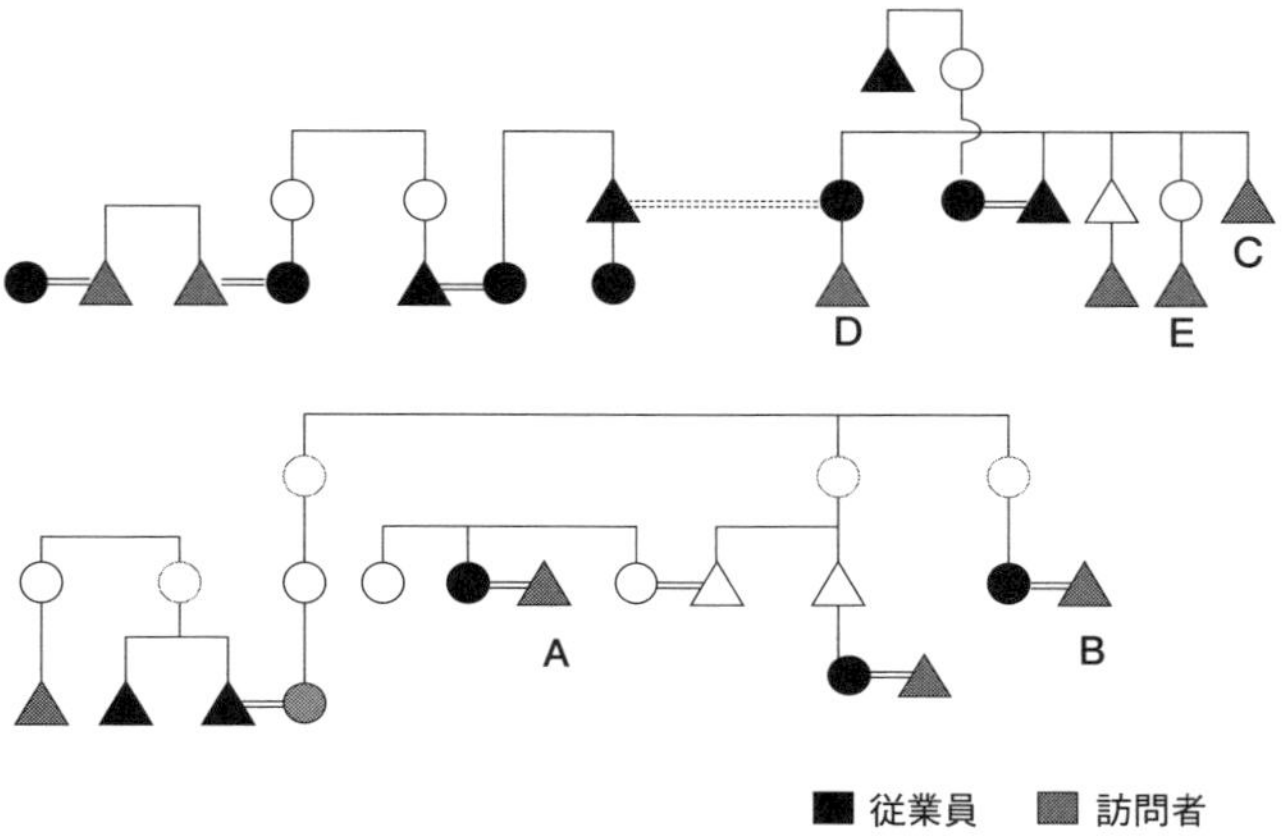

図10-2　ロッジGBの従業員と訪問者の親族関係（2015年8月）

ロッジＧＢで「訪問者」が過ごす場所は、主に四つである。一つ目はビレッジで、ここでは寝食以外にも、おしゃべりをしたり、酒を飲んだり、ラジオを聴いたり、木陰で昼寝をしたりしている。二つ目は、ロッジＧＢに隣接する大農場で、ここで家畜の様子を見たり、辺りを散策したり、こっそり狩猟採集をしたりすることもある。三つ目はハンツィ市街で、一〇km近い道のりを歩いたり、ロッジの車に乗せてもらったりして出かけていく。市街では、酒場や商店を練り歩いたり、知人と会ったり、役場などに行く。そのまま、市街に残ったり、さらに別のところへと移って、ロッジＧＢに戻らないことも多い。そして四つ目として、観光客のいる場所、すなわちロッジの周辺部、伝統ダンスの会場となる庭、ブッシュ・ウォークにつかうブッシュなどが挙げられる。ここでは、従業員たちに交じって、観光客の様子を眺めたり、偶然に観光客と交流をすることがある。そして、後述するように、さまざまな条件が重なったときには、ロッジの仕事を手伝ったりする。

第四節　「訪問者」と従業員のあいだ

「訪問者」の存在は、ロッジのオーナーにもマネージャーにも、さして問題にされることはない。むしろ、気まぐれであっても、ロッジで生じるこまごまとした仕事を、「訪問者」が日雇いのかたち引き受けてくれることがあり、その意味では重宝しているようにもみえる。このような仕事は、英語で「ピースジョブ」すなわち「かけらの仕事」と呼ばれていて、その回限りで雇われ、即賃金が支払われる、日雇い形式である。

まず、「訪問者」は、観光客の多い日や従業員が欠勤した時などに、臨時でガイドや踊り子を務めることがある。野生動植物の知識も伝統ダンスの技術も、ほとんどの「訪問者」は日常生活のなかで身につけており、それを他の従業員の様子を見よう見まねで観光向けにアレンジすることは、それほどむつかしいことではないようだ。観光客が興味を持つように、魅力的に話したり、わかりやすく実演したりするためには、それなりの経験が必要だが、「ピンチヒッター」として、他のガイドらに交じって従事するぶんには、そこまでは求められない。また客用の温水シャワーのための薪取り、庭などの清掃、食事の配膳など、ロッジ経営の「裏方仕事」を請け負うこともある。一日にツアー客が三団体も集中すると、従業員だけでは回らなくなり、「訪問者」の手伝いは欠かせないものになる。

ときには「訪問者」の側の都合で、小遣い稼ぎのために、なにか仕事がほしいと申し出ることもある。観光客も少なく、たいして忙しそうでもない日にも、頼まれたマネージャーが仕事を作り出して対応していたこともあった。あるいは従業員から「訪問者」に、仕事の一部が委譲され、従業員が月給の一部を、報酬として「訪問者」に渡すことも珍しくない。従業員が「今日は疲れているから、代わりに掃除をしてほしい」「市街に行って酒を飲むから、代わりに踊っておいて」などと言って頼んだり、「ちょっとやってみたい」と「訪問者」のほうから言い出すこともある。ときどきではあるが、若く経験のない「訪問者」が「単に手伝っているだけ」として、特に報酬を得ずに、なんとなくロッジの仕事を手助けすることもあった。

二〇一五年八月には、「訪問者」（図10-2）のうち二人、AとBが、週に二、三回の頻度で薪取りや掃除などの「かけらの仕事」を請け負っていた。しかし「訪問者」は、気が向かなければ、あっさりと仕事を断る。実際、同じ時期に「訪問」していたCは、「踊りは好きだけど、それ以外は好きじゃない」と言って、踊り以外の「かけらの仕事」をすることは一切なかった。また「訪問者」のうち、残る八人は、少なくとも私が調査した一週間のあいだは、なんら仕事を引き受けることはなく、過ごしていた。

従業員名		a	b	c	d	e	f	g	h	i	j	k	l	m	n	o	p	q	r	s	t	u	v	w	x	y	z	α	β
2015	8月	✔	✔	✔	✔	✔	✔	✔	✔	✔																			
	9月	✔	✔	✔	✔	✔	✔	✔	✔																				
	10月	✔	✔	✔	✔	✔	✔	✔	✔		✔																		
	11月	✔	✔	✔	✔						✔	✔	✔	✔	✔														
	12月	✔	✔	✔	✔						✔	✔	✔	✔	✔	✔	✔	✔	✔										
2016	1月	✔	✔		✔						✔	✔	✔	✔	✔	✔		✔	✔	✔									
	2月	✔	✔		✔						✔	✔	✔	✔	✔	✔		✔	✔	✔									
	3月	✔									✔	✔	✔	✔		✔		✔		✔	✔	✔	✔						
	4月	✔	✔	✔							✔		✔	✔		✔		✔		✔	✔	✔	✔						
	5月	✔	✔	✔							✔									✔	✔	✔		✔	✔	✔	✔		
	6月	✔	✔	✔								✔								✔	✔	✔		✔	✔	✔	✔	✔	
	7月	✔	✔	✔								✔								✔	✔	✔		✔	✔	✔			
	8月	✔	✔	✔								✔								✔	✔	✔		✔	✔	✔			✔
	9月	✔	✔	✔								✔									✔	✔		✔	✔				✔
勤務月数		14	13	11	7	3	3	3	3	1	8	9	6	6	4	5	1	5	3	8	7	7	2	5	5	4	2	1	2

表10-1　ロッジGBの従業員の勤務状況（2015年8月～2016年9月）

とはいえ、やがて「訪問者」のなかに、正規雇用される者が出てくることもある。二〇一五年八月にロッジGBにいた「訪問者」のうち、「かけらの仕事」として踊り子をしていたCは、数カ月後に正規に雇用され、毎日のように踊りを披露するようになった。また同時期に「訪問」していた青年Dは、その後も何度か「訪問者」としてロッジを訪れたのちに、翌年八月以降はガイド兼踊り子として採用された。彼とともに「訪問」していた別の若い男性Eも、二〇一七年三月にガイド兼踊り子としてデビューした。

このように、気ままに過ごす「訪問者」は、ロッジの仕事を得ることを「訪問」の主目的にしているわけではないが、結果的にガイドや踊り子の「予備軍」となっている。そして、ただの「訪問者」が、いとも簡単に「予備軍」となる背景には、従業員として雇われている人もまた、気ままな働き方をしていて、しばしば仕事を休んだり、すぐに仕事を辞めたりするという事情がある。

従業員が、観光客の来ない日中に、市街地まで出かけて、すっかり酔っ払い、仕事に戻ってこないことはよくある。気分がのらないとか、体調がいまいちであるとかいって、欠勤することもめずらしくはない。そのうえ、ロッジで働いているブッシュマンの大半が、数カ月で仕事を辞める。表10‐1に、聞き取りと勤務表をもとに、二〇一五年八月から翌年九月までに、ガイドや踊り子として働いた人の勤務状況を示した。ここからわかるように、二〇一五年に働いていた九人のうち、翌年まで連続勤務していたのは、たったの一人であった。また、この期間にガイドや踊り子として雇用された人は全部で二八人いたが、その大半が数カ月で離職していた。

二〇一五年八月にロッジで働いていて、のちに仕事を辞めた八人のうち六人は、その後自分の住まいのある開発拠点に戻って、そこで賃労働についたり、家畜の世話をしたり、畑の収穫作業をしたりしていた。残る一人は、ロッジで働いているあいだに知り合った人に誘われて遠い町での仕事を得て、もう一人は他の「ブッシュマン観光」を提供するロッジに引き抜かれた。しかし、その後も、彼らはまた「訪問者」として、ロッジGBを頻繁に訪れていた。

短期で離職した人々も、このロッジで働くことが嫌になったり、拒否したりしているわけではなく、そのほとんどが「いずれまた働きたい」と答えた。実際、二〇一五年〜二〇一六年のあいだにも、三人が数カ月後に再雇用されているし、なかには、ロッジGB設立以来、数カ月単位で、働いたり辞めたりを一〇年以上繰り返している人たちもいた。二〇一五年には従業員だった人と「訪問者」だった人が、二〇一六年には立場を逆転させて、「ビレッジ」でともに過ごしているというようなこともあった。すなわち、正規に雇用されている従業員と、そこに居候する「訪問者」の境界線はさほどクリアなものではなく、だれにも従業員にも「訪問者」にもなる可能性が開けているのである。

こうした従業員の流動性の高さは、いまのところ、観光業のもつ予測不可能性という特質とうまく接合している。ロッジを訪れる観光客の数の増減は激しく、繁忙期と閑散期という波もあるし、そのなかでも、たまたまツアー客が集中する日もあれば、一人も客が来ない日もある。また、観光客数の変化は、政情不安や感染症蔓延など、個人ではコントロールし得ない外的要因にも左右されやすい。このような状況において、正規の従業員の他にも、観光業に関われる「予備軍」がいることは、オーナーやマネージャーの立場からも都合がよく、対応しやすい。また観光客からすれば、従業員と「訪問者」の区別は限りなく曖昧で、観光の場に「訪問者」がいたとしても、ほとんどの場合、従業員に交じって「ブッシュマン観光」を提供する人々の一部とみなされるにすぎない。その結果、「訪問者」は、文化ロッジにあっても「ノイズ」として認識されることすらないのである。

第五節　地域史からみるブッシュマンの「訪問」

このような、一見「ルーズ」にもみえるが、実は観光ロッジ経営にうまく適合している「訪問」という営みは、どのような地域的、歴史的背景のもとに成立してきたのであろうか。現在のハンツィ県を中心にさかのぼってみたい。

この地域は、長らく、ボツワナにおいて最も「辺境」とされる場であった。住民の大半がブッシュマンであり、一七世紀以降に、後のボツワナの主流派になるバントゥ系ツワナが複数の王国を建てたときにも、この地域はいずれの王国からも遠く、関わりも少なかった。しかしイギリスによる植民地化が始まると、「辺境」がゆえに、その政策の影響を大きく受けることになる。一九世紀には、白人植民者がこの地域を探検の中継基地や狩猟場として使いはじめ、一八九五年からはセシル・ローズの計画によって、現在のハンツィ県の西部が白人入植地となる。この入植地は、のちに南アフリカ会社に割譲され、入植者らの私有地になり、主として牛を飼養する大農場が経営されるようになった。その結果、このあたりを生活域としていたブッシュマンの大部が大農場の住み込み労働者となったのである（大崎二〇〇四）。一方、ハンツィ県の東部に暮らすブッシュマンにとっては逆に、植民地化は「伝統的な暮らし」を維持させるものとなった。一九五〇年に、この地域の大農場の拡大を懸念した植民地調査官シルバーバウワーが、野生動物とともにブッシュマンの狩猟採集生活を保護するために中央カラハリ動物保護区を設立することを提案したからである（Silberbauer 1981）。

今日、ロッジGBで働くブッシュマンの多くは、この中央カラハリ動物保護区の出身者が多く、彼らはこのような歴史的背景から、狩猟採集に関連する野生動植物の知識を豊富にもっている。保護区では、一九七〇年代後半に、政府の開発計画の拠点が設けられ定住化が推進され、一九九七年には保護区の外の開発拠点への住民移転もすすめられたが、一九七〇年代初頭までは遊動的な狩猟採集生活が維持されていた。

その遊動的なブッシュマン社会において、「訪問」は社会的に非常に重要な機能を持ち、「居住集団の流動性の本質をかたちづくる」（田中一九七一：一一九）ものであった。一九六〇年代のシルバーバウワー（Silberbauer 1981）の調査では、遊動的な生活における重要な要素として「訪問」があり、誰もが頻繁かつ、ときに長期にわたって「訪問」を繰り返し、おおいに楽しみにしていることでもあると報告されている。一九六〇年代後半の田中（一九七一）の調査からは、「訪問」の目的として主に親族や友人に会うこと、必要物資の調達、配偶者を探すことが挙げられるが、実際にはすべてを兼ねたかたちで行われ、訪問先の人々と狩猟採集や移動さえ一緒にすることがあったことが明らかにされている。一九八〇年代に入って、開発拠点への定住化が進むなかでも、「訪問」は変わらずに重要な社会活動であった。開発拠点に暮らす老若男女の「訪問」の仔細を明らかにした菅原（一九八七）は、「訪問者」は特定の何かを乞うために訪問しようと言って出かけ、実際に訪問先で食物、酒、たばこなどを供されるものの、「訪問」はそれを目当てにした「目的追及的な」ものというより、「訪問」に付随する冗談行動や親和的身体接触、自己の境遇の喧伝などこそが、動機になっていると指摘した。

一方、現在、観光ロッジが設けられている地域、すなわち入植した「地元白人」が暮らすハンツィ大農場地域は、とりわけブッシュマンの「訪問」をながらく受け入れてきた地域として位置づけられる。一九六〇年代には、中央カラハリ動物保護区から、大農場地域を「訪問」したり、そのままそこで暮らすようになったりした人々がいたことが明らかにされている（Tanaka 1980）。特に飲み水へのアクセスが厳しい乾季には、より多くの人々が井戸のある大農場地域を「訪問」し、そこで働く親族や友人に寄食して生活していた（Silberbauer 1965）。

同時期に、大農場地域で実施された調査によれば、一九六四年にこの地域に居住していたブッシュマン約四〇〇〇人のうち、一〇〇〇人程度の男性がなんらかのかたちで大農場に雇用されており、うち四〇〇人程度が「安定的な雇用」であったとされ（Silberbauer 1965）、残る大半は大農場で不定期に雇用されるか、雇用されたものに寄食していたものと考えられる。一九七五年の調査では、この地域のブッシュマン人口四〇〇〇人程度のうち、六七五人が大農場に雇われ、二〇五〇人がその家族、一二七五人がいわゆる「居候」であったという（Russell & Russell 1979）。すなわち、大農場地域は古くから、一定の「居候」という「訪問者」を受け入れてきたことが示唆される。入植白人とブッシュマンとの関係は、南部アフリカの多くの地域では破壊的な衝突を生み、剥奪や虐殺をもたらしたが、ハンツィ大農場地域では例外的に、家父長的なパトロン‐クライアント関係となり、家族間で親密なつながりを形成していたという（Guenther 2015）。こうした関係性を背景に、この地域では大農場のオーナーである「地元白人」は、自分の大農場に、ブッシュマンの「訪問者」／「居候」を許容し、ときに都合の良い労働者としても活用してきたという長い歴史があったと思われる。

このようなかたちで実践されてきたブッシュマンの「訪問」は、その後、彼らが中央カラハリ動物保護区の外へと移転してからも続いている（丸山 二〇一〇）。そして、この「訪問」によって、度重なる政府による定住化の推進にもかかわらず、彼らの流動的な生活は維持され、現在も「訪問」ネットワークは活性化されながら更新され続けている。今日、移転先の開発拠点に居を構えている人々は、その周囲のブッシュのなかに設けたインフォーマルな居住地（丸山 二〇一〇）、中央カラハリ動物保護区内に残っている居住地、他の開発拠点、都市部、大農場など、自らの親族や友人が暮らすところを頻繁に「訪問」し、しばらくそこに寄食し、一緒に行動する。そのいずれにおいても、「訪問者」は、あらかじめ特定の具体的な目的を持っているというよりは、訪問先に、日常とは違う何か良いことがあるかもしれないというような漠然とした期待をもって出かける。それは、その訪問先でしか得られないような野生動植物や家畜産品、町の食事などであるかもしれないし、狩猟採集の機会や、仕事の誘い、新しい恋人や友人との出会い、あるいは、まだ知らない何かかもしれない。このような「訪問」の一部として、本章でとりあげた観光ロッジへの「訪問」も、とらえることができる。

とりわけ観光ロッジには、日常では出会わないような人々が行き交い、普段は目にしない物にあふれ、そしてさまざまな目新しく数奇な情報が飛び交う。このような場所は、「訪問」先として、きわめて魅力的である。そして、今日、ハンツィの観光ロッジのほとんどが、この地域で大農場を営んできた「地元白人」が大きくかかわるかたちで経営されている。数多くのブッシュマンの「訪問者」を受け入れてきたこの地域の歴史が、観光ロッジに受け継がれ、さらに発展しつつあるといえる。

第六節　「良いことがありそうな雰囲気」

二〇二三年二月末、COVID-19が、世界中から観光を奪い去ったあとに、ロッジGBを訪れた。団体ツアー客が少しは戻り始めているようだが、この月にはたった四組の観光客が訪れたのみで、この日は一組も予約がなく閑散としていた。ビレッジでは、かつて「訪問者」からガイドになったEが、新婚の妻と一緒に昼寝をしていて、それ以外には、「訪問者」が一人、ぼんやりと紅茶を飲んでいるだけだった。起きだしてきたEによれば、あれから彼は、何度かここで働いたり、辞めたり、「訪問」したりを繰り返していたという。COVID-19によるパンデミックのあいだも、従業員の数は限られたが、月給は支払われており、たまに訪れる観光客に対応していた。しかし、従業員のほとんどは、ロッジで過ごすよりもハンツィ市街を「訪問」していることのほうが多く、ロッジへの「訪問者」もあまりいなかったとのことだった。

確かに観光客が減れば、チップも「かけらの仕事」も減る。しかし、減ったのは、そういった経済的利益そのものだけではない。この場所が持っていた「なにか良いことがありそうな雰囲気」もまた、薄まっているのだろう。これといった用もなさそうな「訪問者」は、なによりその「雰囲気」に惹かれてやってきていたと思われる。それが薄れている今、従業員もまた「訪問者」となって、別の地を「訪問」している。しかし、いずれ観光ロッジはまた活気を取り戻すこともあるだろう。そのときには、またブッシュマンが、ふらりと集まってくるはずだ。

注

（1）「ブッシュマン」は植民者が「藪に住む野蛮な人々」という意味をこめて名付けたもので、それに代わって用いられることの多い「サン」という呼称も「貧乏人」といった含意をもつ他称である。本来は自称を用いるべきだが、多数の言語集団ごとにそれが異なるため、現時点では暫定的に「ブッシュマン」や「サン」が用いられる。

文献

大崎雅一　二〇〇四「白人入植者とブッシュマンのはざまにて」田中二郎他編『遊動民』昭和堂、八六―一〇七頁。
ブルーナー、エドワード・M.　二〇〇七『観光と文化――旅の民族誌』安村克己他訳、学文社。
菅原和孝　一九八七「セントラル・カラハリ・サンにおける訪問者と居住者の社会関係と対面相互行為―― !Koi!kom 定住地での訪

問活動の観察より」『国立民族学博物館研究報告』一二（四）：一〇三一―一一〇九。
田中二郎 一九七一『ブッシュマン』思索社。
丸山淳子 二〇一〇『変化を生きぬくブッシュマン――開発政策と先住民運動のはざまで』世界思想社。
――二〇一七「ボツワナ中西部における「ブッシュマン観光」の成立と展開――観光と地域の社会関係のダイナミズム」『アフリカ研究』二〇一七（九二）：五五―六八。
Guenther, M. 2015 Why Racial Paternalism and not Genocide? The Case of the Ghanzi Bushmen of Bechuanaland In M.Adhikari (ed) *Genocide on Settler Frontiers, When Hunter-Gatherers and Commercial Stock Farmers Clash*, UCT Press. pp.134-158.
Monare, M., N. Moswete, J. Perkins & J. Saarinen 2016. Emergence of Cultural Tourism in southern Africa: Case studies of two communities in Botswana. In H. Manwa, N. Moswete & J. Saarinen (eds) *Cultural Tourism in Southern Africa: Perspectives on a Growing Market*, Channleview. pp. 165-180.
Russell, M & M. Russell.1979. *Afrikaners of the Kalahari: White Minority in a Black State*. Cambridge University Press.
Silberbauer, G. B. 1965. *Report to the Government of Bechuanaland on the Bushman Survey*. Bechuanaland Government.
――1981. *Hunter and Habitat in the Central Kalahari Desert*. Cambridge University Press.
Tanaka, J. 1980. *The SAN Hunter-Gatherers of the Kalahari: A Study in Ecological Anthropology*. University of Tokyo Press.

第Ⅲ部　公共空間のゆくえ

第11章 ぎこちないランドスケープ
――オーストリアの家族農業とEU共通農業政策

森　明子

ヨーロッパ・アルプスの東部に位置するオーストリアは山がちで、農家経営は、牧畜と耕作と森林をくみあわせて行われてきた。それは長く農村の資源管理の基盤をなしてきた。いっぽう、現代の農家経営は、国家や産業界さらには市民社会の視線のもとにおかれて、保護と規制を受けながら維持されている。それを端的に示すのはEUの農政である。本章では、オーストリアの山地農家が、EUの共通農業政策をどのように経験しているのか、そこからどのようなランドスケープがあらわれようとしているのか、明らかにしていく。この作業は、現代世界において、人‐土地関係にどのような変化が起こっているのか考えることにつながっている。

第一節 「ランドスケープ」への視線

家族が管理・運営し、農作業の大部分を家族内の労働力で担う農業を、産業主義の農業に対して、家族農業（英語でFamily farm）と呼ぶ。地域の家族農業は、地域の環境や慣習とともに長い時間をかけて営まれてきた生産・再生産のシステムであり、寄食者の存在も内包している。ただし今日の家族農業は、ローカルおよびグローバルな公的機関の保護／規制のもとで、国際情勢にも影響されながら、市場の動向との調整のもとに営まれている。家族農業が、地域の文脈になじみのないEUの農業政策と出会うとき、それまでの包摂がかき乱されることも想像される。

オーストリアは、一九九五年にEUに加盟し、それ以来地域の家族農業は、EU農政の下におかれることになった。それは、環境保全型農業を標榜して、農業者を「ランドスケープの世話人」(Landschaftspfleger)と位置付けるものだった。EU農政が地域において守ろうとしているのは、農業生産ではなくて、家族農業が長い時間をかけてこれまでつくりあげてきたランドスケープである。[1] ただし山地農家が、個々の施策をどのように受け止めて、自らの家族農業をどのように展開していくかは、それぞれに異なり、そこからどのようなランドスケープがあらわれてくるかということは、人間の思惑をこえる。

本章で問題にしたいのは、この後者のランドスケープである。後者のランドスケープは、システムの変調を投影し、私たちにその変調をどう理解すればよいのか、問う契機を与えてくれる。

現代世界のランドスケープの、そのようないびつな側面に注目した人類学研究が、近年いくつかあらわれている。そうした研究に共通するのは、ランドスケープが抱え込んでいるいびつさに、異質な複数のシステムの交叉を見てとる視線である(Tsing et al. 2019; Ingold 1993, インゴルド 二〇二一)。ランドスケープへの着眼は、異種とのかかわりをとらえる受け皿にもなる。アナ・チンらのグループによる、カレント・アンソロポロジー誌の特集号「つぎはぎの人新世——ランドスケープ構造、マルチスピーシーズの歴史、人類学のアップデート」は、そのような関心を具現するものである(Tsing et al. 2019)。著者たちは、現代世界のランドスケープは、帝国主義や産業主義によって撹乱されているという認識から出発し、そのようなランドスケープにおいては、人間と非人間のアッセンブリッジから、モジュール(規格化された機能単位)的な単純化とフェラルな(手に負えない野生の)増殖を特徴とする「ランドスケープ構造」(形態上のパターン)が生まれると論じる。森林、都市、プランテーション、それぞれがランドスケープ構造をなしている(Tsing et al. 2019 : S188)。同特集号所収のイェン - リン・ツァイの論稿は、家族農業の危機という文脈で、台湾農村の激烈に変わったランドスケープを取り上げている(Tsai 2019)。

本章でも、異なる複数のシステムの交叉という視点から、ランドスケープに着目する。[2] 本章で扱う事例では、チンらが、ランドスケープ構造と呼んだ形態上のパターンが全面的に展開しているわけではない。それでも、ランドスケープの撹乱といえる状況が、部分的にあらわれている。ここでは、ランドスケープを維持しようとするEUの政策と、それへの応答がなされる過程で、部分的な撹乱を含んだ、ぎこちないランドスケープがあらわれていることを記述する。

本章の構成について述べよう。次の第二節では、山地農家の人‐土地関係の歴史的な編成と、二〇世紀末から導入されたEU共通農業政策について述べる。特に山地農家の経営の中心をなす草地と森林が、どのような経緯で今日にいたるのか、行政による介入も一貫したものではなかったことを示す。第三節では、EU共通農業政策の下にある山地農家の実際の経営で、どのような交渉や調整が行われているのか、個別の事例について記述する。第四節で、それを人‐土地関係の編みなおしという観点から整理し、農家経営とランドスケープについて考える。第五節でまとめる。

本章の記述は、オーストリア共和国ケルンテン州の南東端に位置する村で、一九八六年一二月から今日まで、数週間〜数カ月の滞在をくりかえして行ってきた調査研究に基づいている。近年の状況に関しては、二〇一六年から二〇一九年にかけて五回にわたり、合計約三カ月行った調査によっている。（写真11‐1）

写真 11-1　山地農家の遠景（2016 年）

第二節　山地農家の〈人‐土地関係〉とEU共通農業政策

（一）人‐土地関係の歴史的な編成(3)

「山地農家」（Bergbauer）はドイツ語圏において、山地で農業を営む農家を意味する。山地の反対語は谷（Tal）で、山地が傾斜地であるのに対し、谷は河谷にひろがる平地を意味する。調査村は、オーストリア共和国の南部を、西から東に向かって流れるドラウ河の南側に位置し、スロヴェニア共和国に接する。標高は谷で四〇〇m前後、南にいくほど高くなり、最も高いところで一〇一〇mある。山地農家と呼ばれるのは、およそ標高七〇〇m以上に家屋を構えている農家である。山地では、谷に比べて作物の実りは劣るし、傾斜地では大型の農業機械も使えない。鉄道や道路は谷に敷設され、山地は谷を経由して村外とつながる。総じて、山地は谷に対して「遅れ」として位置付けられてきた。

山地を遠くから見ると、深い緑のところどころに、明るい緑が開けて、そこに建物もみえる。深い緑は森、明るい緑は草地、建物は家屋や畜舎や納屋である。建物を核として草地や森を含めた一帯が、一軒の山地農家である。農家には名前があって、草地や畑や森、道や建物、そこに住む人も動物も、家の名をつけて呼ばれる。住人が変わっても、家の名前は変わらない。(4)

この地方の農家経営は、ウシ飼養を中心とし、森林経営をあわせる。人(家族)と動物(ウシ・ブタ・家禽)と土地(屋敷地、菜園、畑、草地、牧地、森林をあわせる)が相互に結びついて資源を循環させ、全体としてシステムをなす。ウシやブタの数は、飼料を産する畑や草地の大きさに左右される。畜舎でできる堆肥は動物が多ければ大量になるが、それは大きな農地に必要なものである。動物が多ければ、畜舎仕事にも飼料つくりにも、多くの労働力が必要になるから、大家族で農業に従事することになる。このように、山地の家族農業では、一軒の農家において、人と動物と土地の相互依存の関係がバランスを保ち、そのバランスのおかげで状況の変化にも対応し、経営を持続させてきた。

農家経営が長期にわたって持続してきたことを、地籍図によって確認することができる。一八二七年に作成された地籍図は、個々の家の名前と、土地区画の利用方法(建物用地、菜園、畑、草地、牧地、森林)を色分けして示している。(5)いくつもの土地区画から成る一軒の農家の輪郭は、現在まで二〇〇年近くのあいだ、ほとんど変更がない。ところが、一軒ごとの農家の土地利用をみると、二〇〇年前には現在よりはるかに多くの畑、草地、牧地があり、森林は少なかった。一九世紀から二〇世紀を通して、ヨーロッパの広い地域で、農地の森林化が進められたことが知られている。(6)地籍図は、畑の耕作を現在よりはるかに多く行っていた、一九世紀初頭の農家経営の状況を彷彿させる。

わたしが調査を開始したのは一九八〇年代後半で、当時の聞き取りで、一九七〇年代から八〇年代にかけて、山地で穀物を栽培しなくなったのだと聞いた。それまでは家族が食べるパンや粥も、畑で栽培した穀物を水車で製粉して食用にしていた。しかし穀物栽培は、集約的な労働力を必要とし、それにかける労力のほうが、機械化した農業でつくられたものを買うよりも、高くつくようになった。穀物は機械化した農業でつくられたものを買うようになった。移動や流通の発達、雇用機会の増加と多様化などによって、山地から村外の雇用機会にアクセスできるようになり、山地の農作業に携わる人の数は激減した。山地農家の畑作は、穀物栽培をやめて、飼料生産に移行していった。

一九八〇年代後半、調査村の山地農家は、ウシを一〇頭あまり、ブタは自家の食用として二～三頭、鶏一〇羽程度を飼養し、あわせて森林を経営していた。このころウシの数は多くて一五頭、少なくて八頭程度で、大きな違いはなかった。村の人は、飼養するウシの数で、隣人の経営状況を判断していた(7)。人の食べるものの多くをスーパーマーケットで買うようになり、家族のうち誰かは働きに出ることが多くなっていたが、山地農家の家族農業は、ウシ飼養と森林経営を軸として、人と動物と土地から成るシステムは維持されていた。

（二）EUの共通農業政策（CAP）

一九九〇年代から二〇〇〇年代にかけて、ヨーロッパは、東欧ブロックの解体とEU拡大をはじめとする大きな変革を経験した。オーストリアは一九九五年にEUに加盟し(8)、以後はEUの共通農業政策（Common Agricultural Policy：略称CAP）が、農業者の経営を直接的に統制するようになった。ただしCAPの方針は一枚岩でもないし、首尾一貫しているわけでもない。EU内の政治関係や、EUをめぐる国際政治の思惑によって変化する。この節では、CAPのこれまでの展開を要約して述べる。

EUの歴史は一九五八年、関税と共同市場を目的とした六カ国によるヨーロッパ経済共同体（EEC）の発足にはじまる。CAPは一九六二年、農業従事者が産業化の恩恵に浴せないことを考慮して導入された。政策の中心は、国際競争に対して農業を保護するための、農産物の価格支持と輸出補助金制度で、ファンドが設置された。寛大な予算措置が効を奏して、EU農業は一九七〇年代末には域内食料自給を達成し、一九八〇年代には生産過剰になった(9)。

一九八〇年代から九〇年代にかけては、世界経済が大きく展開した時期に当たる。第二次大戦後、貿易の自由化がすすむなかでも、農業生産物は別扱いとされていたが、GATTのウルグアイ・ラウンド（一九八六～一九九四年）で農産物の自由化が議題となった。CAPはこれに対応せざるをえなくなり、一九九〇年代以降、価格支持と輸出補助金を廃して、それにかわるさまざまな施策を打ち出していく。折しもEUの拡大が進行中であり、予算縮小も課題とされた。CAPの改革は、農業保護を環境保全に読み替えて展開していくことになる。順にみていこう。

一九九二年改革（マクシャリー改革）は、生産過剰、対米通商摩擦の解消を目的として、CAPの中心的政策である価格支持の水準を大幅に引き下げた。それにともなって生じる農業者の所得減少に対しては、農業者に「直接支払」（現金支給）することとし、受給要件として、面積の一定割合の休耕を義務化した。これは農家経営への直接介入であり、しかも生産しないことを給付条件とする内容は、農家の経営倫理に大きな影響を与えた。

次の一九九九年改革（アジェンダ二〇〇〇改革）は、EUの中東欧への拡大（二〇〇四年と二〇〇七年に予定）に備えて、新たに「農村振興政策」をCAPの第二の柱として打ち出した。第一の柱が農業者への直接支払であるのに対し、第二の柱は、加盟各国の裁量を組み込む受け皿として考慮されている。さらに二〇〇三年改革で、直接支払の受給要件として、環境保全・公衆衛生・動物衛生・植物衛生・動物福祉に関する法定要件の遵守（クロス・コンプライアンス）などの環境対策を加えた。つづく二〇〇八年改革でも環境対策の充実をはかっている。

二〇一三年改革は、さらに気候および環境対策を強化する。直接支払（第一の柱）で「グリーニング支払」（受給のために農家は従来の直接支払の要件を上回る環境要件を遵守する）を導入し、農村振興策（第二の柱）において、政策目標として気候変動対策を掲げた（田中二〇二一：七）。[10]

この一連の改革に、CAPが抱える矛盾も垣間見える。第二の柱とされる農村振興策は、各国農業の多様性を認めるための施策であり、それはEUの中東欧への拡大によって、加盟国の経済格差が拡大することへの対応策として打ち出された。だが、そのような多様性を認めることは、地域間格差を容認し、共同市場の原則を揺るがす可能性を抱え込む。しかもEUの役割拡大によって財政は逼迫し、[11]CAPには予算削減の圧力がかかっている。[12]このような状況のなかで、もともと市場を保護するために課された生産調整に、さまざまな環境要件が付加されていった。農業者保護というCAPの当初の目的は、環境保全型農業の推進と農村振興政策に外装を変えた。では、山地農家はCAPとの出会いをどのように経験し、そこから何がもたらされたのだろうか。

第三節　山地農家とＣＡＰの出会い

農学者の石井が述べているように、今日、ＥＵにおける農業経営は直接支払なくしては存立しえないほど、ＥＵの財政投入に依存している。その直接支払は環境保全政策と紐づけられていて、「いわば環境保全的な営農行為を経済的な強制と誘因で定着を図ろうとする仕組みである」（石井 二〇一五：三七）。ただし農家は、補助金に一方的に依存しているわけではなく、ＣＡＰの介入に対してどのような行動をとるかは、個々の農家によって異なる。以下では、調査村の山地農家が、ＣＡＰの補助金制度をどのように利用して、自らの家族農業を展開しているか、三つのグループに分けて説明していく。

（一）環境保全型農業

はじめにとりあげるのは、環境保全型農業に積極的にとりくむ農家経営である。まず、ＣＡＰの環境保全型農業についてみていこう。ＣＡＰは、農産物の過剰生産・過剰競争を回避するために、家族農業や小規模農業の生産を低い水準に抑制しようとしてきた。環境保全型農業は、生産抑制を正当化して推進すると同時に、農地を放棄することも抑制する。[13] 生産を抑制しながら農地を維持する農家に、ＣＡＰは直接支払を行う。農地を現状のままに維持する（ＣＡＰはこれをランドスケープ維持と呼ぶ）役割を担う農家を、ランドスケープの世話人と呼ぶ。

生産抑制や環境配慮の条件を通常より厳しくし、そのかわりにより高額の直接支払を受給するのが、有機農家である。例えば、通常は農地一ヘクタールあたり一頭のウシを飼養できるが、有機農家は〇・五頭とされ、通常農家の半分である。

環境保全型農業のもと、有機農家も通常の農家も含めて、各農家は毎年自らの農業活動について詳細な報告義務があり、ＣＡＰは報告内容に誤りがないか監督する。例えば、ＣＡＰは三年ごとに農地を衛星から撮影し、「ランドスケープ要素 Landschaft Element（LSE）」の一つひとつについて調査した結果を、衛星画像とともに各農家に送付する。草地にある木はＬＳＥとされていて、失われれば一本につき六ユーロの罰金が科される。[14]（写真11‐2）

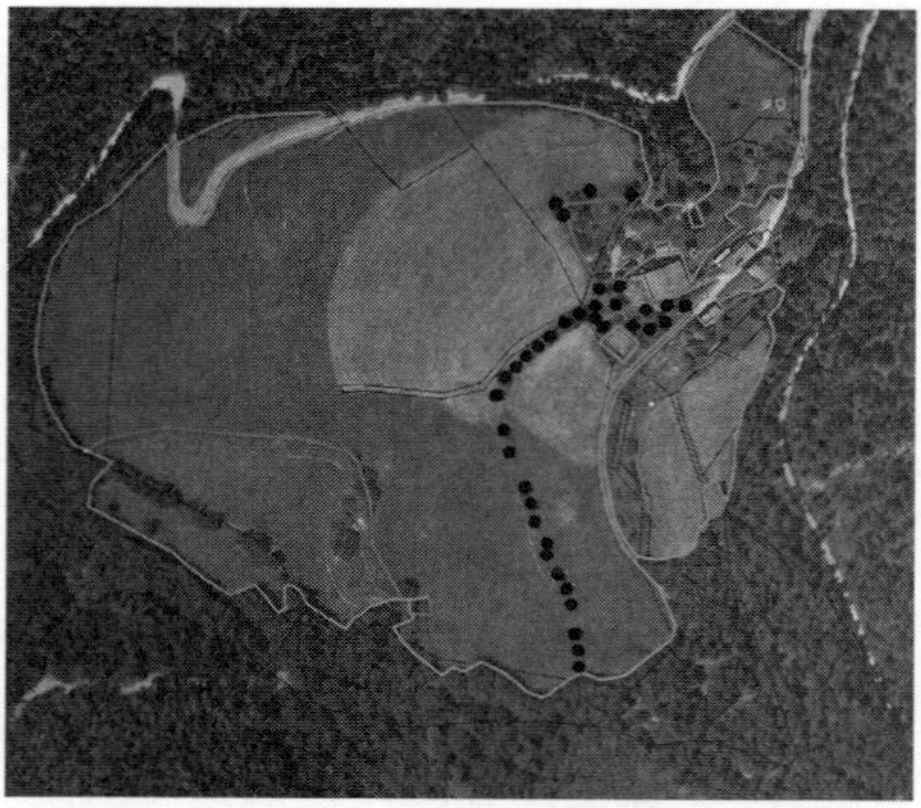

写真 11-2　山地農家の衛星写真。標高差や傾斜の程度は、この画像には反映されない。草地のなかほどに●●●と印がつけられているのが、1本ずつの木を示す（2019 年フィールドノートより）

環境保全型農業として、CAPの施策に批判がないわけではない。オーストリアは、ヨーロッパ各国に先んじて一九八〇年代から有機農業の助成制度を整えてきた（香坂・石井 二〇二一；石井 二〇二二）。オーストリアの有機農家団体には、CAPの施策は農家の状況に適合していないという認識がある[15]。特に、施策の基礎データとする衛星画像は、野生動物がつくる道も見つけだして制御しようとする一方で、標高差や傾斜度を認識することはない。谷の平地の畑と山地の農地では、面積も生産性も比較にならないほど違う。CAPは面積と前年の生産高を基準に直接支払の額を算出するため、谷の畑は圧倒的に高額を受給することになる[16]。しかし、山地の草地や牧地は、市場価値は低いとしても、腐植土を育てる重要な役割を果たしている。環境保全をうたうのであれば、山地の草地や牧地こそ優遇するべきではないか。有機農家たちは、こうした見解を共有している。

F農家（農地一六ヘクタール、森林二五ヘクタール）のF氏が有機農家の登録をしたのは一九九三年で、その二年後にオーストリアはEUに加盟し、CAPの施策下にはいった。F氏は、有機農家として農地一六ヘクタールでウシ八頭を飼養している。F氏の農家経営の収入は、直接支払と、八頭のウシを肥育して得る売値、森林の木を伐り出して得る売値の合計である。ウシは収入の一部を補うに過ぎない。木材はウシより大きい額になるが、伐り出しは数年に一度に限られるし、木材市場は、暴風や虫害の影響を受けて安定しない。直接支払があっても、農家経営の将来は、まったく不確かだとF氏はいう。

F家は、曾祖父、祖父、父、自分へと受け継がれてきた山地農家で、自分の代になってから、直接支払の制度ができて、それに依存するようになった。その給付金の額は二〇年以上変わっていない。身の回りのすべてのものが値上がりしているから、実質的には減額である[17]。現在F家で、農作業をするのはF氏一人で、妻は家事をしながら外で現金収入を得ている。子どもは遠隔地の学校に通っていて、将来、農家を経営することは考えていない。

ただし、F氏は農家経営をやめようと考えているわけではない。F氏は、有機農業をしながら、農家経営者に用意されたプログラムに参加している。具体的には、有機農家のための研修のほか、山歩きガイドとしての活動がある。それは調査村を含む一帯で展開しているユネスコのジオパーク観光事業プロジェクトの一角をなすプログラムで、何度かの講習を受けてガイドの資格を得た。F氏は、草地や畑、森を案内しながら、自分の両親や隣人たちが、ナチスとパルチザンの時代をどう生きたか語るコースをつくった。謝礼はプロジェクトから支払われ、ツーリストの募集もプロジェクトの事務局が行う。

F氏のもう一つの試みは、パートタイムの農作業補助者の受け入れである。文化交流を趣旨にしたホームステイを仲介する国際的なプラットホームに、F氏は自分の農場を登録した。食事と宿泊を提供するのとひきかえに、一日数時間の作業をしてもらう。ホームステイ希望者は、ほぼ常にあり、適度な間隔をあけて受け入れている。農家経営の全般を、ひとりで行っているF氏にとって、パートタイムの作業補助は好都合で、補修修理などの仕事を依頼することが多い。これらの活動は、山地農家の人・土地関係に新しい人間が参加する回路になっている。

（二）助成金による経営拡大

つぎに見るのは、CAPの提供する助成金制度を利用して経営拡大をはかる家族農業である。CAPは経営面積に応じて飼養できる家畜の頭数を規制し、また家畜数に応じて設備（例えば十分な大きさの畜舎や、家畜の運動器具など）を整えることを義務付けている。こうした規制は、動物衛生や動物福祉だけでなく、条件を課することによって出荷を抑制し、それによって畜産物の市場価格を守ることも目的としている。ただし規制は同時に、許可されるための条件を明示するものでもある。つまり経営面積が大きく、家畜のためのさまざまな設備を整えれば、多くの家畜を飼養することはできる。その場合、農地や設備を所有することは必要条件ではない。農地は借地であってかまわないし、設備を整えるために、CAPの助成制度を利用することもできる。そのように助成金制度を利用して経営を拡大する農家があらわれている。

CAPの助成制度は五年契約（七年まで延長可能）で、多くの農家は、はじめの契約期間が終わるとすぐ、次の助成を申請する。助成金で施設を拡充した農家には、その施設を活用してウシをふやし、農地をふやしていく道がひらけるからである。それは、常に契約に拘束された状況にはいることも意味する。「助成金で、次々に建物を増やし、土地を借り、家畜を増やしているうちに、その循環にからみとられ、抜け出すことができなくなる」とある農家は語った。

C農家（農地六ヘクタール、森林六ヘクタール）は、そのような循環のなかにある。所有する農地の面積は、山地農家としては小さく、一九八〇年代半ばの調査時に飼養していたウシの数は一〇頭ほどだった。当時から、C家の人々の働きぶりは有名で、家族つれだって近隣の畑や森林で働き、手間賃を得ていた。隣人たちは、その働きぶりを「どこにでもでかけて、何でもする」と多少の揶揄を含めて評していた。CAPの助成金制度は、そんなC家が、経営を拡大するための絶好の回路になった。二〇一九年の調査時、C家の牛舎では七〇頭あまりのウシが飼養されていた。

こうなるまでにC家は、あちこちの農家から農地を借りて経営面積を拡大していった。ウシの数に応じて義務付けられている設備も、次々に建て増した。そのためC家のまわりには、巨大な畜舎や、大量の飼料をおさめた納屋や、さらにウシをつなげて運動させる設備などが迷路のように建てこんで、「すごいことになっている」といわれていた。ところが二〇一九年の秋、納屋の電気系統の故障から出火し、大火になった。密集した建造物の多くは消失し、かろうじて家屋と畜舎だけが残った。C家の家族農業が、このさきどうなるかは不明である。(18)

ところで、農地を拡大する手立てとしては、ある農家が、別の農家をまるごと――家屋や畜舎、森林も含めた農家の全体を――あわせて経営する場合もある。その場合、設備を充実させるための助成金制度が有効に機能する。

P農家（農地一八ヘクタール、森林三〇ヘクタール）の主人のP氏は、隣のH農家（農地七ヘクタール、森林一一ヘクタール）も相続した。P氏は、さらにほかの農家からも農地を借りて、あわせて経営している。ウシはP農家の畜舎とH農家の畜舎に、あわせて五〇頭ほどを飼養する。ただしH農家は終日無人で、P農家には、昼間P氏がいるが、夜は無人になる。P氏の妻子が谷で生活していて、P氏も夜は谷で過ごすためである。P農家の経営において、人と動物と土地の関係は、かつての家族農業とは、かけはなれたものになっている。

さらに、R農家（農地九ヘクタール、森林二四ヘクタール）の場合は、父親の死後、高齢の母親が独居していて、農家経営は、谷のa農家（R農家の娘の婚家）が自家とあわせて行っている。またJ農家（農地七ヘクタール、森林二〇ヘクタール）の場合は、谷のb農家が買いとって、自家とあわせて経営している。[19] R農家とJ農家は、農家経営の個別性を失い、それぞれ谷の農家の一部となりつつあるようにもみえる。

（三）経営からの撤退

三つ目として、農地を貸す側の家について見よう。もとは山地農家であったが、農家経営から撤退する家は少なくない。そのような場合、家や土地の所有はそのままに、生活もそのままつづけて、農地を他人に貸すことが多い。別の仕事で現金収入を得る場合もあるし、高齢になって後継者がいない場合もある。農地を貸す場合は、長期にわたって同じ相手に貸すことが多い。また、農家経営からは撤退しても、森林経営[20]はつづける。

T農家（農地六ヘクタール、森林一六ヘクタール）の主人のT氏は高校教師で、町で育った。T氏は、父からT農家を相続した。T氏の父の代に家はとりこわされていて、T氏は新たに住家を建てて住みはじめた。父は農地を人に貸し、森林を自ら経営していた。T氏も同様に、農地は貸して、森林を経営している。

M農家（農地一〇ヘクタール、森林一四ヘクタール）の主人のM氏も高校教師である。M農家は、比較的最近まで農家経営を行っていて、古い農家のたたずまいを残しているが、週日は無人で、週末だけM氏がやってくる。[21] M氏もまた、農地を人に貸し、森林を自ら経営している。

第四節　ぎこちないランドスケープ

（一）人と家畜と土地のつながり方

前章で、調査村の家族農業は、CAPの介入にそれぞれが対応しながら、独自の経営のありかたを模索していることを見た。そこでは、家族農業がつくってきたランドスケープを維持しようとするEUの施策が、結果として家族農業の変化を誘導している。以下では、この過程について考える。

二〇世紀のある時期まで、調査地の家族農業では、人と動物と土地の相互依存関係が、一軒ごとにバランスを保ち、次世代に継承されてきた。山地農家のあいだで、経営面積の違いはあるとしても、このシステムが異なることはなかった。ただし、機械化や村外での雇用・教育機会の拡大、人々の生活様式の変化などによって、人・動物・土地・建物のバランスは変化していた。その不均衡を調整するもっとも効率的な手だては現金収入で、その比重は次第に増し、二〇世紀末になると、現金収入に大きく依存するようになっていた。調査村の家族農業がつくるランドスケープは、そのような経営のあつまりとしてあった。

CAPのもとで、この経営のあつまりに変化が起こっている。それぞれの経営のあり方が変化し、さらに経営間の関係が変化している。「山地農家」と表現されるもののなかに、現在も農家経営を行っている家と、現在は農家経営を行っていない家が含まれ、前者のなかに、有機農家として生産を抑制しながら耕作をつづける農家と、助成金を利用して経営拡大をはかる農家があり、さらに家畜を飼養しなくなった農家も含まれている[22]。また、後者の、農家経営から撤退した場合も、家人はそこで生活をつづけ、農地を隣人に貸している[23]。

こうした状況が、実際にどのように進行しているのか、具体的にみていこう。ここでは、調査村のなかでも山地に位置するG地区をとりあげる。一八二七年に刊行されたG地区の地籍図には、二五家の山地農家が記載されている。二〇一九年の調査時、この二五家のうち一三家には、所有者が住んで農家経営を行っている[24]。家畜を飼養していない家もあるが、森林経営はどの家も行っている。残りの一二家には、人が住んでいない。ただし、そこでの人と動物と土地の関係は単純ではない。人は住んでいないが、農家経営はさまざまに行なわれていることを、前章で述べた。この中間的な経営について、整理しよう。

一二家のうち四家では、所有者は別のところに住んで、農家経営を行なっている。既述のP家はその例で、住むことと農家経営が独立して、別の空間で行われている。残り八家のうち二家は、所有者が住家をセカンドハウスとして使用する。二家のうち一つは既述のM家で、もう一つの家の所有者はドイツに住み、毎夏やってくる。二家とも農地は人に貸し、森林は自分で経営する。八家のうちの別の四家は、土地台帳に家の名が記載されているが、家としての実体はなくて、一帯は森林として経営されている。森林の所有者は、村外の大地主あるいは会社である。[25] 残り二家は、比較的最近、高齢の所有者が亡くなって無住になった家である。亡くなった所有者は、生まれ育った家を相続し、その家で長く独居生活を送っていた。[26] 彼らが亡くなったら、もうここに住む人はいないだろうことは、誰にとっても明らかだった。無住の家は、やがて森に溶け込んでいく。

家族農業を支えてきた人と動物と土地のつながりが崩れてきている。第一に、農家が所有する土地と、経営する土地が一致しないことは、ごくありふれたことになった。農地の貸借があたりまえのように行われ、以前は考えられなかったほど多くのウシを飼養することも、逆に、ウシを一頭も飼養しないことも、めずらしいことではなくなった。また二つの家をあわせて経営することも多くなった。

第二に、家族が生活している場合であっても、家族農業を実質的に行うのは、一人だけという状況があたりまえになった。年長者は身体が動く間は手伝うが、学齢期の子どもは、下宿や遠距離通学をしていて、家の仕事をする時間がないし、関心も低い。労働年齢に達した若者や配偶者は、家の仕事を手伝うよりも、家の外で現金収入を得ることを期待される。

第三に、これと関連して、ある程度以上の現金収入を組み合わせることが、農家経営に必須の要件になった。現金収入には、CAPの直接支払、助成金、肥育したウシや木材などを売って得る収入などがあるが、それで十分というわけではない。配偶者や若者がもたらす賃金収入、農家経営の合間に行う補助的収入、さらに年長者の年金や、出稼ぎ労働で稼いだ賃金などがあてられる。

人と動物と土地のつながりに起こっている変化は、何をもたらしているだろうか。CAPは農業者を世話人として、農村のランドスケープを守るというシナリオを書いたが、そこであらわれつつあるランドスケープには、CAPが想定していなかったことも起こっている。ゆきばを失った堆肥はその一つである。

(二) ゆきばを失った堆肥

堆肥は、畜舎で家畜が踏んだ敷き藁を毎日交換し、堆積したもので、微生物の力で分解し腐熟する。堆肥が一定量に達すると、農地に撒く(施肥)。堆肥は、家族農業において分解と生産を結ぶ要である。

施肥は土の生産力をあげるいっぽうで、生物多様性の観点からは、土の健康力を下げる。(27) CAPは、環境保全の観点からこれを問題視し、施肥期間を播種から収穫まで（三月～一〇月）に限定した。

しかしCAPのこの施策は、家族農業の現場の状況を配慮していない。毎日の畜舎仕事で、堆肥の山は次第に高くなる。限界を越えると、バランスをとることがむずかしくなり、非常に危険である。特に、冬季はウシが終日畜舎で過ごすため、堆肥の量も増える。ウシを数十頭以上飼養する農家では、堆肥はさらに大量になる。このような状況で、一部の農家は堆肥をひそかに森に撒くようになった。隣人たちは、それもやむをえないと理解を示す。環境保全の政策が、森の生態系を攪乱させることに一役かっている。CAPの政策は、畜舎で家畜が生きていることが、食べて排泄することを含めて、循環の一部であることを見落としている。CAPの施策は、何に対して公正なのか。

(三)「ヤマがうつろになる」

高齢の所有者が亡くなって、無住になる家があることを、右に述べた。山地に住む人がなくなることを、人々は「ヤマがうつろになる」Der Berg wird leer. と表現し、たいへん寂しいことだという。(28) 老人の孤独な生活と、ヤマがうつろになっていくことを、人々はひとつづきの物語として語る。離れたところから見ると、森のなかに開けていた明るい緑地の輪郭は、次第に曖昧になり、やがてわからなくなる。かつて、日が暮れると見えていた家のあかりはなく、森が闇に溶ける。「うつろなヤマ」は、人と疎遠な森を暗示する。では、うつろでないヤマとはどのようなものだろうか。

村の人は「森の空気は、あるじによって変わる」という。森の空気の違いをつくりだすのは、伐採や植樹のような大きな仕事よりむしろ、森を歩き回って、折れた枝を除き、道がこわれかけていれば修復するといった日常の行いの積み重ねであるようだ。森をしばしば見て回り、よく世話をする人が長年歩いた跡には、歩きやすく人にやさしい小道ができる。それは例えば、水がたまってぬかるみができかけていれば、臨機応変に、その場にある土や石を動かして水の出口をつくってやるというような、ケアの積み重ねである。(29) 一見すると子どもの遊びと変わらないようにみえるが、実は重要なケアである。傾斜地にある森のぬかるみは、またたくまにひろがり、道をこわし、あたりを通行不能にする。暴風で折れたり倒れたりした木は、ムシの温床になる前にとり除いてやる必要がある。風や水や光の流れをさえぎらないようにすることが大切だという。伐採も、そのような配慮の延長上に、計画される。

会社の手にわたった森は、このような人との関係を失うことが多い。例をあげよう。G地区に隣接するB地区の森に廃墟がある。かつては大きな畜舎だった建物で、毎朝搾乳し、牛乳を出荷していた。いまは、建物の残骸に蔓性植物がからみつき、建造物と植物の境目さえもおぼつかない。畜舎の近くには農地が開けていたはずだが、いま一帯は暗い森に包まれている。

森を所有するのは村外の建設会社で、あるとき一帯の木をいちどに伐採した。伐採と運び出しの効率を優先したやり方である。しかし、この伐採で森はバランスを失い、ムシが大量発生した。伐りだした木を運んだトラックの轍は、森の道までも破壊した。「農家は決してこんな伐採はしない。木を伐るときは、日当たり、風の通り、木の高さのバランスを見て、どの木を伐るか決めるものだ」と、隣人たちは憤った。ムシは制御不能（フェラル）である。このムシが自分の森に襲来することを、隣人たちは恐れている。

バランスを失った森は、産業主義の森林経営に起因する。それはCAPと直接関係するわけではないが、CAPの施策であらわれてきた農家経営と同調するように、家族農業の人‐土地関係が崩れたところにあらわれたランドスケープである。

第五節　ランドスケープという接近法からみえてくるもの

本章では家族農業におこっている「人‐土地関係」の変化を考えてきた。そこでランドスケープという接近法に注目した意図は二つある。第一に、山地農家の家族農業について、経営の内側だけでなく、複数の経営とその周辺を含む射程で考えようとした。第二に、現代の農業を考えるうえで、家族農業とその周辺にあるものを含めて（人間も人間以上のものも含めて）動態的につくりあげられていくものとしてのランドスケープというとらえ方が、有効だと考えた。

本章の記述を要約しよう。一九九五年オーストリアはEUに加入し、農家経営は、CAPの施策のもとにおかれた。CAPは生産調整とひきかえに直接支払をもたらした。直接支払は農家経営に必須の現金収入になったが、それは農家経営を安泰にしたわけではなく、いくつかの異なる経営のかたちがあらわれてきた。環境保全型農業へ向かうもの、助成金を利用して経営拡大をはかるもの、脱農家経営へ向かうものである。

そのそれぞれにおいて、これまでの人‐土地関係が変化している。ツーリストの受け入れなど、外部者に対して農家経営を開いていく動きがあらわれた。また、人と動物と土地が、支え合いながら規制もしていた緊張関係が弛緩し、異なる家の農地をパッチワークのようにつないで経営するかたちがあらわれた。さらに、経営から撤退して農地や家畜との結びつきをほどきながら、森林の経営をつづけるかたちもあらわれた(30)。

農家経営において人‐土地関係は変化しているが、複数の農家経営を含む一帯を射程に入れて見るならば、農地の多くは継続して経営されている。この側面だけを見るなら、CAPの目的はある程度果たされているともいえよう。CAPの施策は、緑地は緑地のままに、ただし生産過剰は避けながら、家族農業がつくってきたランドスケープを維持しようとするものであったのだから。

その一方で、ランドスケープの攪乱といえる事象も起こっていることを、本章では見た。迷路のようにたてこんだ農家が火事で消失したことや、無計画な伐採のためにムシが発生した森は、現代世界のいびつなランドスケープのあらわれである。人‐土地関係に変化が起こっていて、しかもそれが一様ではない。さまざまなベクトルが交叉し、こすれあって、ぎこちない、ときにいびつともいえるランドスケープが現出している。

注

（1）EUの共通農業政策で、ランドスケープ維持のための罰則規定は、農地の現状維持をめざすものであるとされる。それは後述する文化人類学者たちのランドスケープ概念にくらべて、かなり限定的な用法だといえる。
（2）本章では、マルチスピーシーズ（複数種）の民族誌を展開しようとする意図はない。
（3）調査村の歴史的な状況については（森 一九九九、森 二〇〇〇、森 二〇〇五）に詳述しているので、参照していただきたい。

（4）一八世紀前半の領主制の時代に記された住人台帳を、ケルンテン州文書館が所蔵している。家の名前のもとに、家に住む住民の名前が列記されている。

（5）ハプスブルク帝国時代のオーストリアで、各地を網羅的に測量調査した地籍図 Franziszeischer Kataster が、今日の地籍図のもとになっている。

（6）二〇世紀後半にその勢いはゆるやかになったが、それでも農地を森林にすることは、その後もしばしばみられた。本章で扱う調査村を含む行政村全体の山地農家について、経営面積全体に占める森林の割合は、一九七〇年時点で五三・四％であったものが、一九九〇年時点で六二・一％に上昇している。

（7）このころ、ウシを飼養するが、牛乳の出荷はしないという農家があらわれつつあった。牛乳出荷のための手間のほうが、出荷によって得る収益より高くつくようになったためである。そうした農家は、牛乳を自家消費と仔牛の肥育にあてた。

（8）冷戦期の調査村は、オーストリア共和国ケルンテン州とユーゴスラビア社会主義連邦共和国スロヴェニアの境界に接していた。一九九一年にスロヴェニア共和国は旧ユーゴスラビアから独立し、二〇〇四年にEUに加盟した。

（9）当時は、余剰生産物を、国際援助物資にまわしていた。

（10）さらに、二〇二一年に決定された共通農業政策（CAP）の次期改革（二〇二三年開始）においても、環境対策はひきつづき重要課題とされた。

（11）英国のEU離脱（二〇二〇年）も、EUの財政逼迫に追い打ちをかけた。

（12）二〇一五年のEU予算に占めるCAPの支出割合は三九％となり、一九八五年の七三％から大幅に減少した。それでもEU予算における最大の支出項目であることに変わりはない（樋口 二〇一八：一一九）。

（13）草地が管理放棄されると低木の藪となり、草本類が単純化して、生物多様性が損なわれる。生物多様性のために、草地を維持することが求められるが、牛乳の過剰生産は抑制しなければならない。

（14）調査で森林の木を数えることはしない。草地の木は、農業機械の使用効率のために伐られる可能性が高いゆえ、調査対象にされるのだという。

（15）オーストリアの有機農家団体は、一九九五年のEU加盟に際して、EUの環境農業政策が未熟で時期尚早であるという理由で、反対の意思表示をした（フィールド調査のインタビューより）。

（16）実際、谷に広大な畑を経営する大会社が、莫大な給付金を得ていて、CAPの施策は、環境政策を装いながら、実質は大経営優遇策ではないかと糾弾する声もある（フィールド調査のインタビューより）。

(17) 物価の変化を、農家は農産物をもとにして説明する。「四〇年前新聞は、牛乳一リットルと同額だったが、現在は五リットル分にあたる。五〇年前、トラクター一台は乳牛四頭分だったが、現在では、中古の一般的なものでも、乳牛二〇頭分である」という。

(18) 近隣の一〇の消防団から一四〇人の消防士が出動し、あわやというところで、畜舎への引火を防いだ。この火災の数日後、私は帰国した。

(19) J農家は無人であることが多いが、谷のb農家の息子が帰省すると、ここで過ごすことにしていて、セカンドハウスとしての機能も果たしている。

(20) 森林の経営で、大きな労力を必要とする機会は、伐採や植林などに限られている。その作業には、他人の助力を頼むのがふつうで、決まった相手である必要はない。村の人が「森林の経営はつづけている」というとき、森林での作業をすることを意味するのではなく、伐採や植林の計画をたて、収支の責任をもつ人を意味する。そして、彼が森林の経営を続ける以上、森の秩序は、彼の責任において維持されることが前提になる。

(21) M氏は、この地方の歴史の記録と研究をライフワークにしている。

(22) 家畜を飼養しない農家としては、賃金労働者として働きに出る人が、休日に自家の草地で干し草をつくり、農家に売る場合などがある。

(23) 農家経営のうつろいゆく状況は、農家経営を意味する「ヴィルトシャフト」（ドイツ語辞書で「経済、家政」と訳される）が含む意味のうつろいにもあらわれている。村の人が「〇〇さんはヴィルトシャフトをやめた」と表現するとき、一九八〇年代半ばであれば「〇〇さんは、ウシ飼養をやめた」を意味した。二〇一〇年代末では「〇〇さんは農地を人に貸している」を意味する。

(24) 一三家のうち、二家は高齢者の独居世帯、三家は壮年期の独身男性が高齢の母親と住むふたり世帯で、学齢期の子どもがいるのは三家にすぎない。

(25) これら四家は、遅くとも一九八〇年代初頭までに、現在の所有者のものになった。家屋は撤去されているか、廃墟になっている。これらの家の名を知っているのは、調査村でも一部の年長者に限られる。

(26) 二家のうちの一家には、独身の兄と妹が住んでいた。兄は小川で、妹はその数年後に自宅で亡くなっているのを、いずれも数日たってから発見された。

（27）草地の場合、施肥しなければ生育する植物種は七〇種、施肥すれば七種のみになるという。

（28）山地に住む人がいなくなっても、村に住む人がいなくなるわけではないところは、日本の過疎の状況と異なる。

（29）このような森との関わりは、日本のヤマに暮らす人々の日常的なケアについて、石川が率いるグループが丹念に記述していることとも響きあう（石川 二〇一七）。

（30）人と森の結びつきは、農地との結びつきと別に考えるべき持続性があるようにも思われる。その検討は別の機会にゆずる。

文献

石井圭一 二〇一五「EUにおける直接支払制度と環境保全型農業」『農業問題研究』四六（二）：三二―三九。

―― 二〇二二「CAP改革と環境農業政策の展開、有機農業の振興」『農業と経済』八七（三）：四〇―五〇。

慶應義塾大学SFC石川初研究室神山プロジェクトチーム 二〇一七『神山暮らしの風景図鑑 Visual Guide To Living Landscape In KAMIYAMA』慶應義塾大学SFC石川初研究室神山プロジェクトチーム。

インゴルド、T. 二〇二一『生きていること――動く、知る、記述する』左右社。

香坂玲・石井圭一 二〇二一『有機農業で変わる食と暮らし――ヨーロッパの現場から』岩波書店。

田中菜採兒 二〇二一「日本・EUの農業環境政策の経緯と課題」『調査と情報』国立国会図書館、一一六二：一―一二頁。

樋口修 二〇一八「EU 共通農業政策（CAP）の展開と課題」『岐路に立つEU――総合調査報告書』国立国会図書館、一一九―一三四頁。

森明子 一九九九『土地を読みかえる家族――オーストリア・ケルンテンの歴史民族誌』新曜社。

―― 二〇〇〇「隣人と間借り人――農村の住民であるあり方」福井勝義編『近所づきあいの風景 講座人間と環境 第八巻』昭和堂、一六八―一八八頁。

―― 二〇〇五「オーストリア農村の家――家の『自立』と人の『自立』」『アジア遊学 七四 アジアの家社会』勉誠出版、一四〇―一五二頁。

Ingold, T. 1993. The Temporality of the Landscape. *World Archaeology* 25 (2): 152-174.

Tsai, Y.-L. 2019. Farming Odd Kin in Patchy Anthropocenes. *Current Anthropology* 60 *Supplement* 20: S342-S353 (DOI: 10.1086/703414).

Tsing, A. L., A. S. Mathews & N. Bubandt 2019. Patchy Anthropocene: Landscape Structure, Multispecies History, and the Retooling of Anthropology. An Introduction to Supplement 20. *Current Anthropology* 60. *Supplement* 20: S186-S197.

第12章　国有林森林鉄道と地域住民の絡まりあい

――高知県東部・魚梁瀬森林鉄道を事例に

岩佐光広・赤池慎吾

第一節　国有林森林鉄道と地域住民

写真12-1　木材を運ぶ森林鉄道（昭和30年代、奈半利署管内）
出典：高知市立高知市民図書館所蔵寺田正写真文庫。

森林鉄道とは、山林から伐り出した木材を鉄道で輸送する林業専用インフラである（写真12－1）。日本で森林鉄道が走り始めたのは明治時代後半のことで、それ以前に行われていた河川を利用した運材方法（流送）に代わる、より効率的な近代的輸送方法として導入された。森林鉄道の規格は通常の鉄道よりも簡易で小型のもの（軽便鉄道）であった。だが、奥山の山林から貯木場などのある平野までの比較的長い距離をつなぐものであり、その敷設には多くの資本を必要とした。そのため日本の森林鉄道は、大半が国有林に敷設された官設・官営のものであった。その全体の規模は、全国の路線数が約一二〇〇路線、総延長は約九kmにも及んだ。けれども、昭和三〇年代中頃になると、木材運搬の主力はトラック運材へと切り替えられるようになり、それに伴い森林鉄道は急速にその姿を消していった（岩佐 二〇二四）。

森林鉄道が走っていた時代を知る人に話を聞いていると、森林鉄道とそれが敷設された地域の住民とは密な関わりあいを重ねていたことがわかる。あたり前のことだが、森林鉄道は自然に生まれたものではないし、勝手に動いてくれるものでもない。森林鉄道を敷設し、それで木材運搬を行うためには多くの人手を必要とした。その多くは、森林鉄道の敷設された地域住民が担っていた。一方、地域住民たちは、自分たちが暮らす地域のなかを走る森林鉄道をさまざまなかたちで利用していた。しかしそれは、後に論じるように、多分にインフォーマルな性格を帯びるものであった。それでも地域住民は、森林鉄道の生活利用を続け、日々の暮らしを再編し営んでいった。

森林鉄道は木材運搬という目的を果たすために地域住民を必要とし、地域住民は自らの生活を営んでいくために森林鉄道を利用した。国有林経営の効率化という国家の目的のもとで、期せずして同じ場所に置かれた両者は、それぞれが異なる目的・目論見のもとで、フォーマルにもインフォーマルにも関わりあいを重ねていた。本章では、この森林鉄道と地域住民のあいだに見られる関わりあいの重層性と動態性について記述することを試みる。

この試みは、森林鉄道に関する先行研究とは異なる視点に立つものといえる。これまで森林鉄道は、主に林業技術史（脇野 二〇〇六）や国有林経営史（矢部 二〇一八）といった文脈で論じられてきた。そこでは、森林鉄道とそれが敷設された地域の関係が論じられることはあっても、その地域に暮らす住民に積極的に光が当てられることはなかった。これまで影におかれてきた地域住民の存在に光を当てるためには、先行研究の前提となっている「森林鉄道は林業のインフラ」という固定的で常識的な見方を相対化し、柔軟に森林鉄道という存在を捉え直すことが必要となる。そのための手がかりとして、本論では文化人類学におけるインフラストラクチャー（以下、インフラと省略）に関する議論を援用する。

本章で用いる事例は、高知県東部の中芸地域（奈半利《なはり》町、田野町、安田町、北川村、馬路《うまじ》村）に敷設された魚梁瀬《やなせ》森林鉄道に関するものを主に取り上げる。魚梁瀬森林鉄道は、この地域の国有林から伐り出された木材を運搬するために敷設されたものである。明治末の建設から昭和三〇年代の廃線までの約半世紀にわたって稼働していた。中芸地域北部の四国山地から土佐湾に流れ出る安田川と奈半利川という二つの河川に沿うように幹線が敷かれ、そこから四方八方に支線がひかれた。その鉄道網は、総延長が約三〇〇㎞に及び、西日本で最大の規模を誇った（図12‐1）（岩佐・赤池 二〇二三）。筆者らは、二〇一五年度

図 12-1 魚梁瀬森林鉄道の幹線・支線および中芸地区森林鉄道路線の概略図
出典：(左)『魚梁瀬森林鉄道遺産支線調査報告書 平成 24 年度』(中芸地区森林遺産遺構を保存・活用する会) の図および (右下) 中芸のゆずと森林鉄道日本遺産協議会 HP をもとに筆者が一部加筆修正。

より、この魚梁瀬森林鉄道に関する現地調査と文献調査を行ってきた。本章で用いる森林鉄道に関する記述は、ことわりがない限り、中芸地域に暮らす住民へのインタビュー調査から得られた一次資料、および文献調査で得られた二次資料に基づくものである。(1)

第二節　森林鉄道と地域住民の関係性へのインフラ論的アプローチ

本節では、まず文化人類学におけるインフラをめぐる議論についてポイントを絞って概説し、木村周平（二〇一八）が提示した人類学的なインフラへのアプローチを確認する。そしてそれをもとに、森林鉄道と地域住民の関わりあいを記述するための方針を示す。

(一) インフラを見る、インフラとして見る

インフラとは一般に、経済活動や社会生活の基盤を形成する構造物のことである。このインフラに注目する文化人類学の議論は、二〇一〇年代以降に本格化するようになった。そのことについて木村は、「「人間（日常的な、素朴な意味での）ではないもの（nonhuman）」を人類学的な記述や議論の俎上に載せ……、それらとの関係のなかで人間のあり方を探求していこうとする人類学の流れのなかに位置づけることができる」（木村 二〇一八：三七七）としている。

それらの人類学的議論においてインフラは「根本的に関係的なもの」と捉えられる（Star 1999: 380）。例えば、私たちの多くにとって水道管網はまさにインフラである。それは私たちの蛇口をひねり手を洗うといった実践との関係においてインフラであるといえる。しかし配管工にとって水道管網は、点検をしたりメンテナンスをしたりといった作業の対象であって、その意味ではインフラとはいいにくい。むしろ、彼らの実践との関係においては、市内の水道管の配置を示す地図などがインフラとなる（木村 二〇一八：三七七）。このように、同じモノであっても、実践との関係においてインフラになることもあればならないこともある。人類学においてインフラとは、「まずもってそれ自体に価値があるのではなく、可視的な上部で行われる

活動を不可視の下部から支えるモノであ」り、「人や物をつなぐという関係的な存在として機能する限りにおいて価値を持ち、単独で存在することがない」ものと捉えられるのである（難波 二〇一八：四〇五）。

こうした議論をふまえ木村は、インフラとは実践を行う社会集団とセットになっており、「図」としての実践にとっての「地（基盤）」となるという二重構造において捉えられるものとまとめる。そして、その二重構造をもとに、人類学的なインフラ研究のアプローチを「インフラを見る」と「インフラとして見る」という二つに分けて説明している（木村 二〇一八：三七八—三七九）。インフラを見るというアプローチでは、それほど人目を引かないものの集積であるインフラを対象として可視化する。それを通じて、「何がこれら事物としてのインフラを生み出し、形作り、また支えている（あるいは支えなくなりつつある）のか、そこには非人間も含むどのような実践や政治が存在しているのか、を民族誌的に明らかにしようとする」ことを試みる（木村 二〇一八：三八〇）。一方、インフラとして見るというアプローチでは、インフラが有する関係的な性格を「抽象的な概念」として拡張して利用する。それを通じて、「対象のなかに実践とその基盤という二重構造を見いだ」し、「さまざまな事物をインフラという見方で捉え、「何がその活動のインフラなのか」や「その事物の存在は、何をさせ、可能にしているのか」という問い」を投げかけながら、対象とするものを新しい視座から捉え直すことを試みる（木村二〇一八：三八〇—三八一）。

インフラを見るというアプローチがインフラという言葉が一般に指示する「事物としてのインフラ」を前提とするのに対し、インフラとして見るというアプローチでは「概念としてのインフラ」を抽象的に拡張させてヒューリスティック（発見的）に用いようとする点で違いがある。とはいえ、インフラをめぐる人類学的議論においては、これらのアプローチは厳密に分けられるものではなく、むしろ両者を交差させながら議論を構築してきたといえる（吉田 二〇二一：八三）。

（二） 森林鉄道を「インフラとして見る」

以上の議論をふまえ、インフラとして見るという発見的なアプローチを重視しながら森林鉄道を捉え直してみたい。それは、木村の説明をもとに敷衍すれば、地域住民という存在を念頭におきながら、森林鉄道のなかに実践（図）とその基盤（地）という二重構造を見出すということであり、そのことを通じて従来の森林鉄道の捉え方を異化（相対化）することである。そのためにここでは、「森林鉄道のインフラになっているのは何か？」という問いと、「森林鉄道は何のインフラになっているのか？」という二つの問いを投げかけてみよう。

まず、森林鉄道のインフラになっているのは何かという問いは、私たちの「（森林）鉄道はインフラ」という常識的な見方をカッコに入れることを求める。この問いに答えるためには、森林鉄道の動きを図としてみたとき、それを支え可能にしている地（基盤）には何があるのかを探ることが必要となる。つまり、木材を運ぶためのインフラである森林鉄道の敷設や稼働には、それを支えるさまざまな人間や非人間の存在が不可欠であったことに意識を向けることが求められる。

次に、森林鉄道は何のインフラになっているのかという問いであるが、常識的に考えれば答えは明白である。木材を運ぶことを支え可能にしているインフラである。だがこの問いかけは、その常識的な見方を保留し、森林鉄道を基盤（地）としてみたときに、これに支えられていた実践（図）には何があるのかを広く探ることを求める。つまり、木材を運ぶということに留まらず、さまざまな人たちの多様な実践を視野におさめて考えることを可能にするのである。

以上をふまえ、森林鉄道と地域住民の関わりあいという観点から整理すると、次のような記述の方針が立てられる。前者の問いかけは、「森林鉄道のインフラとしての地域住民」という構図で両者の関わりあいを記述することにつながる。対して後者の問いかけは、「地域住民のインフラとしての森林鉄道」という構図で両者の関わりあいを記述することにつながる。ただし、それぞれの構図はあくまで記述の基本となるものである。それぞれの構図において、森林鉄道と地域住民のあいだの実践と基盤の関係が文脈に応じて入れ替わることを記述していくことで、両者のあいだの関わりあいの動態性と重層性をみていくことが重要となる。

これらの点を踏まえ次節以降では、森林鉄道のインフラとしての地域住民という構図での事例として、地域住民が従事していた森林鉄道の稼働を支えた「仕事」を、地域住民のインフラとしての森林鉄道という構図での事例として、地域住民の生活を支える代表的な実践であった森林鉄道の「便乗」をそれぞれとりあげ、森林鉄道と地域住民の関わりあいの様相を記述していく。

第三節　森林鉄道の「仕事」をめぐる関わりあいの様相

(一) 森林鉄道を支えた多様な仕事

まず、森林鉄道に関連する仕事をめぐる関わりあいの様相についてみていこう。森林鉄道の所管は、はじめは農商務省山林局などが担い、その後の林政統一（昭和二二年）以降は農林省に一元化された。そのもとで、各地に敷設された森林鉄道の管理・運営は、それぞれの地域の林区署や営林署が行っていた。そのなかには、森林鉄道に関連する仕事の管理も含まれる。魚梁瀬森林鉄道を所管していた馬路営林署から昭和一〇年に出された資料（馬路営林署編 一九三五）には、当時の「森林鉄道係員」の雇用状況が記されている。まず、この資料をもとに、昭和一〇年頃の森林鉄道に関する仕事について概観してみよう。

森林鉄道係員の業種は「事務」「運輸」「車輌検車修理」「通信其他雑役」「保線」の五職種に分けられ、合計で六六人が雇用されている。事務を除く仕事のうち運輸には、機関車の運転を行う機関手、機関車のボイラーの火を扱う火夫、列車のブレーキを取り扱う制動手など機関車の運転に関わる仕事が含まれる。車輌検車修理は、修理工場にて車輌やその付属品、各種事業用の機械器具のなどの修理・制作を行うとされる。通信其他雑役の仕事には、例えば、機関車が出発時に行う電話での連絡を受ける電話係などがある。保線は、担当区を分けてグループを作り線路の保守点検、修繕作業を行う仕事である。また、列車輸送の開始前に線路状況を確認する巡視人夫という仕事もあった。

ここで挙げられている以外にも森林鉄道に関する仕事はいろいろあった。その代表的なものが土木作業である。そこには、線路を敷くための路盤づくりや線路の設置だけでなく、山を切り開いて隧道をつくったり、大小の川を渡る橋をかけたりといった仕事もあった。また、魚梁瀬森林鉄道は安田川と奈半利川という二つの河川に沿うように線路が走っているが、渓谷沿いは急傾斜の地形が多いため、木の足場を組んだり石垣を積んだりした上に線路を走らせた箇所も多かった。そうした足場や石垣づくりもそこには含まれていた。他にも、地すべり等による線路の復旧作業なども頻繁に行われていた（中村 二〇二〇：一三五—一三六）。

このように、森林鉄道があることで、線路等の建設や保守点検、機関車の運転やその補佐、車両等の整備や修理といった、それまでこの地域にはなかった新しい仕事が生まれることになった。それは、森林鉄道が継続的に稼働するためには、これらさまざまな仕事を担う人手が必要だったということでもある。そして、それらの仕事のほとんどに従事していたのは、営林署か営林署の委託業者によって雇用された地域住民たちであった。まさに、地域住民の存在は森林鉄道の稼働を支えるインフラだったのである。(2)

(二) 地域住民の生活を支えた仕事——シュウゼンを例に

森林鉄道の稼働していた時代、営林署のあった魚梁瀬や馬路といった集落には、営林署職員用の官舎が建てられ、村外から赴任した職員やその家族が生活していた。そうした地域内外から働きにやってくる人で、集落の人口は増加していった。それに伴い、小中学校や医療施設、売店、飲食店、映画館などが作られていった。そしてこれらの施設は、周辺の中山間地域に住む住民にも利用されるようになっていった。つまりこの時期は、中山間地域の地域住民の暮らしにおいて現金収入の必要性が高まった時代でもあったということである。

そうしたことをふまえると、森林鉄道に関する仕事は別の見方でも捉えられる。定期的な収入を得ることにつながる森林鉄道に関する仕事は、生活を支える金を得る「稼ぎ」(内山 一九八八)の機会として、当時の地域住民の生活を支えていたのである。この点について、多くの地域住民が従事した経験をもつ保線業務を取り上げ、森林鉄道に関する仕事の稼ぎとしての側面について、特に男女差を意識しながらみていこう。なお、中芸地域の人たちは保線業務を「シュウゼン(修繕)」と呼ぶので、以下そのように呼ぶことにする。(3)

まず、シュウゼンに従事した経験のある地域住民の語りをもとに、この仕事についてもう少し詳しくみてみよう。(4) シュウゼンの業務は、線路をいくつかの工区に分け、それぞれの工区を一つの組が担当して作業に当たる。それぞれの組は、区長(保線傭人)と四~六人ほどの作業員(保線人夫)から成る。雇用形態は、営林署の作業員として契約するもので、常時雇用と臨時雇用とがあった。給与は月給払いで、常時雇用のほうが臨時雇用よりも給与がよく、長く勤務すれば給与も上がったという。(5)

作業員の採用にはそれぞれの区長に裁量権があった。作業員は求人して集めるというよりは、すでに就労している人の紹介など人づてで集めることが多かった。

用事があったりすれば休みがとれたが、定期的な休みはあまりなく、忙しいときは一〇日も続けて働くこともあったという。一日の仕事は、朝は七時半ころから始め、休憩やお昼休みをはさみながら、夕方の五時頃まで行った。主な仕事内容は「見回り」と「線路の補修」だった。見回りとは、担当する工区の線路を歩いて状態の確認をし、線路に生える雑草をとったり、落石や落木などがあればそれを除けたりといった日常的な線路のメンテナンスをする作業である。線路の補修では、見回りで発見された補修の必要な線路について、レールや枕木を交換したり、「ビタ打ち」をしたりして修繕する作業である。ビタ打ちとは、線路の枕木の下にできる穴やくぼみを砂利などで埋め、それをビタ（ビーター）という道具で叩いて整える作業である。これらの仕事は力のいるもので大変なものだったという。

こうしたシュウゼンに従事する人たちの姿を写した当時の写真がいくつか残っている。それを見ると、男性に混じって働く女性の姿を確認できる（写真12‐2）。先に述べたようにシュウゼンの組は、区長と四～六人ほどの作業員から成る。区長は男性だけだったというので、女性は作業員として従事していたことになる。

写真12-2　シュウゼン作業の風景（昭和20年代、魚梁瀬営林署管内）
出典：高知市立高知市民図書館所蔵寺田正写真文庫。

昭和二〇年代から三〇年代にかけて、安田川線で保線区長として働いていた経験をもつケイイチロウさん（男性、八〇代）も、シュウゼンに就く女性は多かったと語る。男性が杣や日傭などの林業に従事し、その妻がシュウゼンに就くことが多かった。働く女性は一〇代から高齢の者までおり、そのなかには寡婦も多く含まれていたという。

このように、シュウゼンは男性だけでなく女性も従事する仕事であった。しかし、男性と女性とでこの仕事に対する印象、特に給与の捉え方には違いがみられる。例えば、先述のケイイチロウさんは、「（シュウゼンの）給与は安いもんじゃった、営林署の作業員の給料は安かった」と述べている。

対して、ケイイチロウさんと同じ時期に作業員として働いた経験のあるヒロコさん（女性、七〇代）は、「私は臨時だったが給与は安くなかった」と語る。

こうした語りの違いの背景には、当時の就労機会の男女差がある。先にみた森林鉄道係員の仕事は、女性も従事していた電話係を除けば、その大半を男性が担っていた。また男性には杣や日傭など林業に関する仕事も多くあった。そしてそれらの仕事は、シュウゼンよりも給料の良いものが多かった。一方、森林鉄道が稼働していた当時、女性が就くことができた主な仕事は、林業関連では国有林の造林の作業員、森林鉄道関連ではシュウゼンの作業員だった。いずれも給料は同じくらいだったが、常時雇用になったり、臨時雇用でも勤続年数が長くなったりすれば、造林よりもシュウゼンのほうが体力はいるが給料は良かったという。シュウゼンよりも給料の良い仕事の選択肢もあった男性に対して、仕事の選択肢が限定的だった女性にとってシュウゼンは、重要な稼ぎの手段とみなされていたといえる。

このように、森林鉄道の存在は、それまでなかった新しい仕事を地域に生み出し、その仕事は地域住民の稼ぎの機会となった。そのなかでもシュウゼンという仕事は、特に女性にとって重要なものだった。そうした仕事で得られた金は、その当時、新たに生じることになった教育費や医療費、生活費、娯楽費に当てられた。森林鉄道の存在とそれが生み出した仕事は、地域住民の新しい生活を支えるインフラとなっていたといえよう。

第四節　森林鉄道の「便乗」をめぐる関わりあいの様相

（一）森林鉄道に便乗する

冒頭で述べたように、森林鉄道は木材搬出を目的に敷設された林業インフラである。だが、それとは異なるもう一つの役割があった。人力あるいは畜力以外の移動や輸送の手段がなかった当時の中芸地域において、森林鉄道は日常の足として、また生活物資の輸送手段として、地域住民によって盛んに利用されていたのである。次に、森林鉄道の生活利用のなかでも代表的な便乗の実践に焦点を絞って、森林鉄道と地域住民の関わりあいの様相をみていこう。(6)

魚梁瀬森林鉄道には、老若男女を問わず多くの地域住民が便乗していた。(7) 通勤や通学のために便乗する人もいれば、森林鉄道に乗って友人や親戚を訪ねたり、遊びに行ったり飲みに行ったりする人もいた。地域の人たちは、機関車が運ぶ木材の上や空いた台車に便乗し、森林鉄道を日常的な移動や輸送の手段として、日々の生活のなかで幅広く利用していた。森林鉄道が稼働していた当時を知る地域の人たちは、便乗の経験について実にいきいきと語ってくれる。そうした語りや残された資料（農林省山林局 一九三四）から、森林鉄道の便乗が昭和初頭には常態化しており、森林鉄道が運行し始めたかなり早い段階から行われていたと考えることができる。

しかしここで注意すべきは、これらの利用は正規の乗車ではなく、あくまで「便乗」であったという点である。繰り返し述べているように、森林鉄道はあくまで木材運搬を目的とした専用鉄道である。そして官設官営の森林鉄道は、制度上、国有林野事業の事業資産として管理される「林道」の一種と位置づけられていた。それゆえ森林鉄道は、旅客を行う普通鉄道に関する当時の地方鉄道法や軌道法の適用範囲外にあった。それは、正規の乗客として森林鉄道に乗車することは制度上認められていなかったということである。森林鉄道に便乗することは、木材を運ぶという本来の目的から外れた利用であり、基本的にはインフォーマルな実践だった（小川 二〇一七）。それでも地域住民は、森林鉄道の便乗は便宜を図ってもらってしていたことだという意識を共有しながらも、自分たちの生活空間を走る森林鉄道を積極的に利用し続けていたのである。

こうした地域住民による森林鉄道の便乗について考えるうえで、北川村出身で昭和一〇年生まれの男性の語りは興味深い。

まぁ僕が小学校行くまで、まだ子どもだし、することもなかったけんどね、よく川遊び行くもんで。遠くまで川行ったらね、そっから歩いて帰ったりするのぉしんどいもんだから、機関車がね、来るの待っとってねぇ。ほんで上りの機関車はみぃんな、この木ぃのないやつ［台車］を何十も引っ張ってくるわけ。けっこうね、遅いんですよ。ほんでぇ、子どもが集まっとってね、この引っ張ってるやつ［台車］へ飛び乗って。追いかけていってね、飛び乗る。いやー、声かけずにもう、運転手さんに無断で飛び乗ってた。

走行する状況にもよるが、森林鉄道は平均して時速一〇㎞ほどで走っていたとされる。この男性に限らず、地域住民の語りを聞いていると、彼らが森林鉄道の走行スピードを「ゆっくり」と感じていたことは、ある程度共通の感覚であったことがうかがえる。この森林鉄道のゆっくりさは、大量の木材を積んだ複数の台車を引き連れての下り運行であれば安全のためであり、空の台車を牽引しての上り運行では山の傾斜を登るために生じることである。森林鉄道がゆっくり走っていたのは、あくまでその運行上の都合であった。しかしそのゆっくりさは、地域住民の感覚をくすぐるものであった。汽車がゆっくり走っているから、それが牽く空の台車に飛び乗れそう。汽車がゆっくり走っているから、それが牽く台車に積まれた木材の上に乗ってもそこまで怖くなさそう。こうした感覚は、例えば時速二〇〇km以上で疾走する新幹線を見ていても生まれるものではないだろう。

木材運搬のための専用鉄道である森林鉄道は、もともと地域住民の日常生活とは無縁のものとして造られた。しかし、ゆっくり走る森林鉄道の姿は、それに便乗する可能性を地域住民に感じさせるものであり、それを実行する人たちが現れるようになる。森林鉄道に便乗する人の数は、時代が下るにつれて増え、利用の形態も多様化し、日常化していった。そうしたなかで森林鉄道を運行・管理する側も、森林鉄道への便乗はあくまで自己責任で行われるものであり、それゆえ事故などが起こっても補償はしないという基本的な姿勢を保ちつつも、特例的にであれ便乗を認めざるをえなくなっていったのである。

森林鉄道は地域住民の暮らしを支えるインフラであったが、それは、森林鉄道が敷設された当初から想定されたことではなく、地域住民が森林鉄道を利用する実践の積み重ねを通じて生み出されたものなのである（岩佐 二〇二四）。その結果、地（基盤）としての森林鉄道に対する図としての実践となるものに、木材の「運搬」に加えて地域住民の「便乗」も付け加えられることになったのである。

（二）木材を運ばない森林鉄道

こうした地域住民の便乗の実践は、森林鉄道のあり方も変化させることになった。旅客専用便の運行である（写真12-3）。つまり、木材を運ばず、人とモノだけを運ぶという「奇妙な」森林鉄道が出現したのである。

明治後半に敷設された安田川線では、大正三（一九一四）年より官材運搬の余力を民間の生産物運輸に許し、さらに一般の人々もこれに便乗していたとされる。その後、昭和一一(一九三六)年頃より、馬路村役場の証明書をもって乗車券に代用し、馬路—田野間に利用させるようになり、一九四九(昭和二四)年からは、馬路村農業協同組合と馬路村森林組合が共同で、「正式な」乗車券を発行して有料での客車運行を行うようになった(吉本編 一九七五:五六五)。当初はボサ箱と呼ばれる薪を運ぶための無蓋の台車を代用していたが、その後は有蓋の専用客車が利用された。地域住民に「連絡便」や「定期便」と呼ばれていた旅客専用便は、一日三便運行され、山中の魚梁瀬から海岸部の田野まで約三時間半をかけて移動した(高知営林局広報係編 一九五六)。

森林鉄道のこうした変化を考えるうえで、経営学者で鉄道史研究にも取り組む小川功(二〇一七)の議論が参考になる。まず小川は、鉄道法規に準拠し敷設され、公然性をもって旅客運営をする普通鉄道(真正鉄道)と、産業などの特定の目的のために敷設され、鉄道法規上人を乗せることができない特殊鉄道とに分ける。そのうえで、「人が乗っていた特殊鉄道」の歴史を概念化して整理している。すなわち、民衆がこっそり非公然なかたちで目的外利用である便乗をしていた状態の特殊鉄道を「虚偽鉄道」と呼び、その虚偽鉄道のなかから、広く便乗が許可・黙認され、便乗券の発行や時刻表の設定、便乗料金の徴収などを行い、外見上は普通鉄道と区別し難い状態にある「擬制鉄道」に転化するものが現れたとしている(小川 二〇一七:四一四—四一九)。

木村は、インフラというものが「さまざまなモノ、カネ、情報や力の産物であり、常に交渉され続けるなかで生み出され、一見固定的なようで実際には変化し続け」るものだと指摘する(木村 二〇一八:三七九—三八〇)。国家のカネとチカラを集中的に投下して建造された林業インフラとしての魚梁瀬森林鉄道も、一見すると固定的なものにみえる。しかし、魚梁瀬森林鉄道は、地域住民のインフォーマルな便

写真 12-3 連絡便の駅の風景(昭和 30 年代、奈半利署管内)
出典:高知市立高知市民図書館所蔵寺田正写真文庫。

乗の実践によって虚偽鉄道化し、その実践が積み重ねられるなかで擬制鉄道化することになった。地域住民との関わり合いを重ねるなかで、森林鉄道は地域住民の生活を支える「生活インフラ」としての性格を強めることになったのである。

第五節　現実としての森林鉄道の「不純」な姿

以上、文化人類学のインフラ論を手がかりに、森林鉄道と地域住民の関わりあいの様相を、森林鉄道の「仕事」と「便乗」に焦点を絞って記述してきた。木材を運ぶためのインフラとして森林鉄道が機能するためには、それを造り動かす仕事を担う地域住民の存在が不可欠であった。一方、現金収入の必要性の高まっていた地域住民にとって、森林鉄道の存在によって生み出された種々の仕事は、日々の生活を支える重要な稼ぎの機会となっていた。森林鉄道とそれが敷設された地域の住民は、国家の国有林経営の効率化という目的のもとで、予期せず同じ場所におかれることになったが、それぞれが異なる目的をもちながら、互いが互いの存在を支えるという双方向的な関係性をもつようになった。森林鉄道を管理していた国家や関連組織にとって、こうした関係性が生まれることは想定内の事態だったといえる。

だが、地域住民と森林鉄道の関わりあいはそこにとどまるものではなかった。管理当局にとっては、森林鉄道は木材を運ぶことを目的とする林業インフラであったし、あり続けた。法制度上もそうだった。その前提のもとでは、地域住民は森林鉄道に「労働力」として関わることはあっても、それ以外の面では関わりあうことのない「他者」であり、地域住民にとって森林鉄道は関わりをもたない（もてない）「他者のもの」であるはずだった。しかし、彼女・彼らによって、ゆっくりと走る森林鉄道は、それに乗ることの可能性を見出されることになり、実際に乗られることになった。他者のものである森林鉄道は、地域住民の日々の暮らしを支えるインフラとして私的に利用され続けた。管理当局が想定していなかった地域住民の日々の利用実践が積み重ねられることで、さらには木材を運ばず、人と生活物資のみを載せた客車の運行がもたらされることにもなった。結果として森林鉄道は、稼ぎの機会をもたらすものとしてだけでなく、日々の移動や輸送の手段としても地域住民の暮らしを支えるものとなったのである。

国家や関連組織にとって、森林鉄道は各地で同じように運用できるものという前提で、全国各地の国有林で敷設され、運行されていった。しかし、森林鉄道と地域住民の出会いは予期せぬかたちで展開し、それぞれのあり方を変えていくことになった。それは、本論で取り上げた魚梁瀬森林鉄道を含め、全国各地の森林鉄道が敷設された地域で起こったことでもあった（岩佐ほか 二〇二三）。木材を運搬する林業インフラという本来のあるべき「純粋な姿」からすれば、それぞれの地域を本来の目的の外側にある人やモノも含めた雑多なものが絡まりあいながら動く森林鉄道の姿は「不純な」ものに映るだろう。しかし、森林鉄道と地域住民が予期せぬかたちの関わりあいを重ねるなかで創出されたこうした不純な姿こそが、魚梁瀬森林鉄道を含む日本各地で稼働していた森林鉄道の現実の姿だったのである。

［付記］本章の執筆に際して、国立民族学博物館共同研究「カネとチカラの民族誌――公共性の生態学にむけて」（代表：内藤直樹）のメンバーから貴重な助言をいただいた。特に、久保忠行さんからは草稿のリライトについての建設的な助言をいただいた。また、鹿児島大学の難波美芸さんからは、特にインフラ論に関する記述について助言をいただいた。記して謝意を表したい。

注

（1）調査に至った経緯などについては岩佐（二〇一七）を参照されたい。なおこれらの調査は、科学研究費補助金「「杣（そま）」と森林鉄道を起点に復元する高知県東部の「暮らし」」（代表：小幡尚、一七K〇二〇二一）、「ゾミア的空間の地球史に向けたプレリサーチ――非人間中心主義的転回への人類学的応答」（代表：内藤直樹、二〇K二〇七二八）、「森林鉄道のインフォーマルな生活利用の民衆史――高知・青森・秋田の女性の語りをもとに」（代表：岩佐光広、二一K一二四〇五）の一環として実施されたものである。また、これらの調査は、さまざまな方の協力によって実現できたものである。一人ひとりのお名前を挙げることはできないが、ご協力、ご助力いただいたみなさんに記して謝意を示したい。

（2）地域住民が森林鉄道に関する仕事に雇用されるようになる背景には、大平英輔が指摘するように、明治期の国有林成立の過程で渡世山として山村民の生活を支えていた明所山が国有林として編入されたことで多くの山村民が生活基盤を失ったという、

「いわゆる農民的利用を排除して国有林を囲い込むという明治新政権による日本型エンクロージュアー」の影響があることは指摘しておきたい（大平 一九七二：四二一）。

（3）以下の内容は、林業経済学会第二〇一八年秋季大会における学会発表「魚梁瀬森林鉄道敷設による山村の近代化の一側面——女性の労働に着目して」（赤池慎吾・岩佐光広、於：筑波大学、二〇一八年一一月一八日）にもとづくものである。

（4）森林鉄道の保線業務については、昭和一九年に帝室林野局から出された『森林鉄道保線心得』（一九三四）で詳しく説明されている。ただし、その内容と各地域で実践されていた具体的な作業内容は必ずしも一致しない。

（5）給与額については就労していた時期によって大きく異なる。経験者の語りによると、例えば作業員の月収は、昭和一〇年頃だと三五円前後ほど、昭和三〇年代だと五〇〇〇円ほどだったという。

（6）本節の内容は、岩佐（二〇二四）の記述と重複する部分がある。

（7）昭和初頭に全国の森林鉄道の民間利用状況を調べた報告書によると、魚梁瀬森林鉄道の安田川線の一九三〇（昭和五）年から三年間の利用者数の総計は約一〇万一〇〇〇人にのぼり、一日の平均として一〇〇人弱が利用していた計算になる（農林省山林局 一九三四：二―七）。

文献

岩佐光広 二〇一七「高知大学による魚梁瀬森林鉄道に関する調査について」『高知人文社会科学研究』四：七一―七五。

—— 二〇二四「森と人の近代史を伝える——魚梁瀬森林鉄道の遺産化のうごき」内藤直樹・石川登編『四国山地から世界をみる——ゾミアの地球環境学』昭和堂、二四一―二五五頁。

岩佐光広・赤池慎吾 二〇二三「人間と非人間の「固有の時間」の絡み合いにみる山地景観の動態：高知県東部魚梁瀬山における固有林森林鉄道の導入を事例に」『文化人類学』八八（二）：二八七―三〇七。

岩佐光広・赤池慎吾・柏尾珠紀 二〇二三「下北半島における固有林森林鉄道の住民利用に関する予備的考察——川内森林鉄道を事例に」『高知大学学術研究報告』七二：一―一六。

内山節 一九八八『情景のなかの労働——労働のなかの二つの関係』雄斐閣。

馬路営林署編 一九三五『森林鉄道運輸事業一班 昭和一〇年六月』馬路営林署。

大平英輔　一九七二「国有林経営と山村農民――魚梁瀬国有林地帯」塩谷勉・黒田迪夫編『林業の展開と山村経済』御茶の水書房、四一四―四三九頁。
小川功　二〇一七『非日常の観光社会学――森林鉄道・旅の虚構性』日本経済評論社。
木村周平　二〇一八「〈特集〉インフラを見る、インフラとして見る 序」『文化人類学』八三（三）：三七七―三八四。
高知営林局広報係編　一九五六『魚梁瀬山』高知営林局。
中芸のゆずと森林鉄道日本遺産協議会「日本遺産 ゆずとりんてつ」https://yuzuroad.jp（最終閲覧：二〇二二年五月一九日）。
帝室林野局　一九三四『森林鉄道保線心得』。
中村茂生　二〇二〇「魚梁瀬森林鉄道の人びと」旅の文化研究所編『「小さな鉄道」の記憶――軽便鉄道・森林鉄道・ケーブルカーと人びと』七月社、一二一―一五七頁。
難波美芸　二〇一八「ラオス首都ヴィエンチャンの可視的なインフラと「疑似・近代」的なるもの」『文化人類学』八三（三）：四〇四―四二二。
農林省山林局　一九三四『森林鉄道軌道ノ便乗者及民貨輸送ニ関スル調』。
桝本成行　二〇〇一『RM LIBRARY 29 魚梁瀬森林鉄道』ネコ・パブリッシング。
矢部三雄　二〇一八「我が国における森林鉄道の消長にみる国有林経営の展開過程に関する考察」東京大学農学生命科学研究科博士課程学位取得論文。
吉田航太　二〇二一「ダークインフラの合理性――インドネシアの廃棄物最終処分場における不可視への動員とその効果」『文化人類学研究』二二：八〇―一〇五。
吉本珖編　一九七五『新安田文化史』安田町。
林野庁「森林鉄道」https://www.rinya.maff.go.jp/j/kouhou/eizou/sinrin_tetsudou.html（最終閲覧：二〇二二年九月三日）。
脇野博　二〇〇六『日本林業技術史の研究』清文堂出版。
Star, S. L. 1999. The Ethnography of Infrastructure. *American Behavioral Scientist* 43 (3): 377-391.

第13章 捨て子の生と公共空間
——近世の捨て子の現場から

沢山美果子

第一節 捨て子の生への問い

(一) 生類憐み令と捨て子

人間は自己のいのちを維持しようとする利己的存在であると同時に、利他的関係を結ばなければ生きていけない存在でもある。とりわけ、子ども、なかでも乳児や捨て子は自分だけの力で生を維持することは難しい。本章の課題は、捨て子の生がどのように保障されたか、捨て子の生に公権力が関与し始めた近世（江戸時代）を対象に、捨て子の生と他者との相互関係、特に公共空間との関係に焦点を当てて探ることにある。

捨て子の生は、拾われることで維持された。そこには、捨て子が乳児であれば乳をあげる人、捨て子を貰って育てる人など、捨てられた場の公権力のみならず多様な人々の関わりがあった。捨て子の生の維持には、捨て子を取り巻く公共空間のあり方が大きく関わっていたのである。

ところで近世の出生制限をめぐる従来の研究では、東国では堕胎・間引き、西国では捨て子が、また堕胎や捨て子は都市、間引きは農村に多いとされてきた。しかし、その主な根拠とされたのは、堕胎・間引き、捨て子を批判する幕府や藩の法令や知識人の見解、間引き教諭書であり、堕胎・間引き、捨て子に関する一次史料に即し実証的に明らかにされてきたわけではない（沢山 二〇二二）。

その後、堕胎・間引きについては一次史料を用いた研究が進みつつある（太田編 一九九七）が、捨て子については各地域の一次史料の発掘をはじめ地域相互の比較や近世の子ども全体のなかで捨て子が占めた位置を探るまでには至っていない。ちなみに捨て子数が明らかになるのは『帝国統計年鑑』に府県毎の棄児人数が記載される明治一四（一八八一）年以降のこととなる。明治一四年の棄児総数の上位府県は、愛媛・大分・岡山・福岡・長崎などの九州、瀬戸内地域、ついで東京・大阪の都市部である（茂木 二〇二二）。

本章では、地域差にも留意しつつ、捨て子が捨てられ、拾われる現場に注目し、捨て子の生がどのように維持されたかを探る。なおここでは江戸の捨て子事例を中心とするが、対比のために西日本の地方都市、岡山、津山城下町の事例も取り上げる。

近世の捨て子養育の大きな画期となったのは、徳川綱吉が貞享四（一六八七）年正月に発した生類憐み令である。生産年齢にある男性を中心とする「ひと」からみての「生類」を対象とする生類憐み令（塚本 一九八三：二三四）は、生を養う営みは人間／非人間に共通するという養育観のもと、「生類」である動物や捨て子を「憐み」の対象とし、それらへの「仁」や「慈悲」を説く法令であった。捨て子には生後間もない赤子も多く、生類憐み令は、それ以前はほとんど関心を向けていなかった嬰児に幕府が初めて着目した（菅原 一九九四：三二六）法令でもあった。また、捨子禁令、捨子養育に関する幕令は、とくに江戸市中を大きく念頭において発令された（塚本 一九八四：三四）。

同年四月には、捨て子があった場の者が、介抱・養育し、望む者があれば養子にするようとの幕法が出され、捨て子養育は、藩、町、村という重層する場での捨て子救済システムのなかでなされることとなる（倉地 二〇〇八）。特に赤子の捨て子の場合にまずとられた処置は乳を与えることであった。赤子の捨て子は、乳を与えられるという寄食関係なしには生を維持できない存在であり、命綱としての乳の確保は捨て子養育制度の重要な要となっていく。しかし捨てられた場での養育を命じる捨て子禁令は、一方で拾われることを期待した捨て子を生むことにもなった。

（二）捨て子の生と公共空間

では捨て子の生を問題にするにあたって、なぜ公共空間を重視するのか。近世社会は、一般に身分制社会とされるが、その外側には「袖振り合うも他生の縁」と表現されるような、日頃は「無縁」な人が触れ合い、さまざまな小集団が、その分に応じて公共機能を求められる「世間」という公共空間が広がっていった。そこでは、特に富裕者に「公共」的な役割が期待されたが、それ以外の人々にも「分」相応の働きが期待された（倉地 二〇〇八）。言い換えれば、いのちを繋ぐという生存の必要と充足が、公共空間としての「世間」の広がりを生み出したのである。

本章は、「自己の生存上の必要／需要の充足に関わる他者（非人間を含む）とのやりとりが、結果的に公共空間の現れに至る」ことを明らかにしようとする共同研究の課題に、捨て子の生と公共空間相互の関係を問うという視点から迫る。それはまた、捨て子研究が公共空間の歴史的変容を明らかにするうえで持つ意味を問う試みでもある。

江戸の捨て子事例として取り上げるのは、二つの史料群に記された事例である。一つは、江戸町人地の中枢部分を占める南伝馬町（現、東京都中央区京橋一～三丁目）の「南伝馬町名主高野家日記言上之控」（東京都編 一九九四）に記された元禄一三（一七〇〇）年から宝永七（一七一〇）年まで一一件の捨て子事例である。江戸の市中行政を担う町奉行所が最も重視した文書の一つ「言上御帳」は、江戸の町からの申し出を町奉行所が正式に受理したことを示す重要な書類であるが、残念ながら現存しない。そうしたなかにあって「日記言上之控」は、控えの原本が残った稀有な例（吉田 二〇一五）で「都市内部からの素材を提供」する貴重な史料（東京都編 一九九四）である。

もう一つは『旧幕府引継書』に収められた「記事条例」の「捨子訴之部」「記事条例追加 捨子迷子訴之部」（国立国会図書館蔵）に記された宝暦四（一七五四）年から弘化一（一八四四）年まで九九年間の捨て子事例五四件である。「記事条例」は、町奉行所が後の利用に供するために、起こりやすい捨て子事例を抽出、類型化したもので、捨て子の実態そのままではない。しかし「言上書抜」「言上写」として「言上御帳」から写された事例は、江戸の捨て子の特徴を知る重要な手がかりとなる。

これら二つの史料群から抽出した捨て子事例は章末の表13 - 1、2に示した。そこからは、生類憐み令が出された後の元禄期から弘化期まで、ほぼ一八世紀初頭から一九世紀半ばまで一四四年間の捨て子の状況を追うことができる。

第二節　捨て子はどこに捨てられたか

（一）捨て場所から見えること

捨て子と公共空間の関係を考えるうえでまず注目したいのは、捨て子の発見場所である。一八世紀初頭の「日記言上之控」の捨て子事例によれば、発見場所は、全体（一二件）の七五％に当たる九件が家の前、うち六件は町屋敷を持つ家主（家持）の家の前である。また全体の六七％にあたる八例は当歳（〇歳）、なかには生後三、四〇日、生後五、六〇日の新生児も含まれている（表13-1）。

これに対し一八世紀半ば以降の「記事条例」の捨て子事例になると、豊かな家の門前への捨て子ではなく、往還（ゆききする道）、辻番「廻り場」への捨て子や湯屋、餅屋、古着屋、茶漬屋、茶見世などへの置き捨てが増えてくる（表13-2）。「記事条例」の「捨子訴」前書によれば、捨てられていた場所、つまり捨て子の発見場所により「訴」えるべき者は異なる。往還は月行事（月々交替して名主または町年寄を補佐し町内の事務を処理）、路地内や店下は家主、居宅内の場合は地借、店借の者もしくは家主とされた。また、捨て子の発見場所が複数の管轄権の境界だった場合は、関係する当事者同士による「交渉」が行われた。その一つが、武家屋敷外の路上である辻番「廻り場」である。辻は、屋敷と屋敷外の境界の場であった。

交渉が行われたのは、天明四（一七八四）年の捨て子事例（表13-2-1「捨子訴之部」史料番号7①：以下同様）の場合である。本所元町（現・黒田区）の月行事善兵衛から、六月二八日の夜半五時（午後九時頃）に、武家方の組合辻番持場往還に、二歳（数え歳）ばかりの男子が捨てられていたとの訴えがあった。武家方は、自分たちの持場である辻番「廻り場」の境だとして、ひとまず町内で乳持ちを付け養育させている。しかし翌二九日の朝、武家方が捨てられた場所をよく検証したところ、「御家舗持場之内」と判明したため、捨て子は、武家方に引き渡されている。捨て場所の検討は厳密になされた。

辻番の職務は、屋敷外の空間である辻番「廻り場」の不寝番で、その職務の一つが捨て子、迷子の介抱であった（岩淵二〇〇四）。いわば、捨て子を辻番「廻り場」に捨てることは、公共空間に委ねることを意味していた。

さて「記事条例」の捨て子の発見場所で最も多く全体の四五％を占めるのは、往還（二七件）である。往還は、「本来「公義」＝公共（パブリック）なもので身分の上下の分かちなく世間の人々が通行」する空間（氏家 一九八八：六一）であった。そのほか辻番「廻り場」、寺社・屋敷門前、居宅入り口、縁、軒先といった境界の場への捨て子は一四件と全体の二三％を占める。往還とこれら境界の場を合わせると捨て子事例の六八％が公共空間への捨て子であった。

（二）なぜ湯屋に捨てられたか

江戸の捨て場所のなかでも注目したいのは、湯屋、餅屋、古着屋、茶漬屋、茶見世といった店への置き捨てである。これらは、互いを見知ることのない疎遠な人間関係にある都市特有の捨て子であった。とりわけ江戸特有の捨て場所といえるのが湯屋＝銭湯（図13‐1、東京国立博物館所蔵「肌競花の勝婦湯」）である。湯屋の捨て子事例は二件ある。

その一つは、寛延四（一七五一）年一〇月九日、霊岸島川口町（現・中央区）店借、湯屋経営の金兵衛が申し出た捨て子事例（11）である。本湊町一丁目（現・中央区）五兵衛店の市兵衛の娘（二三、四歳）が、当歳の女の子を抱いて湯屋に入ってきて、金兵衛と同じ借家に住む藤四郎の娘「さん」（八歳）に、自分の入浴中、女の子を抱いていてくれるよう頼む。しかし「さん」が湯から上がった市兵衛の娘に女の子を受け取るよう言ったところ、娘はどこの子か知らないと言う。そこで捨て子であることが判明したのであった。

もう一つは、宝暦一一（一七六一）年一二月七日に、麹町一丁目（現・千代田区）、平左衛門が申し出た事例である（12）。一二月六日夜五時（午後九時）、平左衛門の妻は一四歳になる倅の幸助を連れ麹町四丁目の五郎右衛門店吉右衛門の湯屋に行き、自分の入浴中、倅に「揚リ場」で衣類の番をさせていた。ところが幸助は、生まれて間もない男子を抱いた見知らぬ「町人躰」の男に「用達」に行くので少しの間抱いてくれと頼まれる。しかし男はそれきり帰ってこなかった。

では湯屋に子どもを捨てることの意味をどう考えたらよいのだろう。「寄席や芝居小屋、出版物などは「世論」の発信場所であり、「世間」の重要な構成要素」（倉地 二〇〇八：二七四）であった。世間話に花が咲く湯屋もまた、そうした「世間」＝

図 13-1　江戸時代の銭湯（豊原国周「肌競花の勝婦湯」［東京国立博物館所蔵］より）
画像提供：東京国立博物館　Image: TNM Image Archives
注：権利者の許可なく複製することはできません。

公共空間の一つである。文化六（一八〇九）年に刊行された式亭三馬の『浮世風呂』は、湯屋が江戸の町人たちにとって、なくてはならない施設であり、社交の場であった（青木二〇〇三）ことを、湯屋に来るさまざまな人々の会話を通し生き生きと表現している。ここでは、『浮世風呂』に描かれた子ども、特に幼い子どもの描かれ方を通し湯屋への捨て子の意味を探ってみよう。

『浮世風呂』には、湯屋に来る子どもの姿や子どもの言葉も活写されている。幼児を連れての入浴場面は、①子ども二人を連れた四十男の金兵衛が六歳の男の子の手をひき、三歳ばかりの女の子を背中に背負って湯屋に入り入浴させる場面（前編巻之上）、②三四、五歳のおかみさんが、八歳位の娘を連れ、二歳くらいの子を抱いて入ってきて入浴させる場面（二編巻之上）、③母親が三歳くらいの子どもを入浴させる場面（三編巻之下）、④男親が、一五、六歳の山出し下女に手伝わせて三歳ばかりの子どもを湯に入れる場面（四編巻之下）、この四つである。

四つの場面からは、湯屋では幼い子どもが特別扱いされ大事にされる様子がみてとれる。子どもを連れた親は、「子どもでございます」「子どもでござい」など、幼い子ども連れであることを周囲に誇示する。それに対し周りの大人たちは、お湯が熱いからうめてあげようなどと子どもに配慮し、幼い子どもは大人たちから「能子《いいこ》」と褒められる。湯屋は子どもが大事にされ、互いに子どもの世話をする空間であった。と同時に顔見知りではない者たちが集う空間でもあった。

ただ浴場に入れるのは「留桶」（江戸時代、銭湯で流し場に使う、特定の個人用の桶）に入れておける二歳以上の子どもであり、当歳の赤子を連れて入ることはない。湯屋の捨て子は、二例とも、浴場には入れない、生まれたばかりか当歳の赤子である。こうした赤子は、親が身体を洗う間、他の誰かが預かることが湯屋では当たり前だったのだろう。ちなみに、東京の銭湯は高度経済成長期までは、実に多様な人々が出入りする〈都市・内・都市〉とでもいうべき空間であり、一九五〇年前後の銭湯の女中さんの一番大きな仕事は、裸の赤ちゃんを親から受け取り、親が風呂で身体を洗う間に赤ちゃんに着物を着せ子守もすることだったという（西澤 二〇〇〇）。

さて注目したいのは、『浮世風呂』の世間話では、捨て子をめぐり世間に流布していた諺や、子どもを持つ苦労が語られている点である。女湯では、夫が三年越しの「長煩《ながわづらひ》」で貯えもなくなったため、「子捨る《こをすてる》藪《やぶ》はあるが、身《み》を捨る《すてる》藪《やぶ》はねへとやらで、たツた一人《ひとり》の女《おんな》の子を他所《よそ》へ呉《くれ》て、夫婦両口《かけむかひ》（夫婦二人きり）となつた」「御新造《ごしんぞ》」（町家の妻）をめぐって、二人の女が、子どもを他人にやるのは「惜《をしかつ》たらうが負《おぶつ》た子《こ》より抱《だい》た亭主《ていし》だはさ」とうわさしている（二編巻之下 女湯之巻）。「困窮すると最愛の子でも藪に捨てるが、自分の身を捨てることはできない」という諺や子どもよりも亭主の方が大事とする語りは、生活のために子どもを他人に託すことや捨て子が必ずしも悪とはみなされていない時代状況を物語る。さらに続く場面では「ホンニ〳〵何《なん》て苦労《くろう》するかと思《おも》へば皆子故《みなこゆえ》だによ」と、子どもをもつ苦労が語られる。子どもは大事にされる存在である一方で、生活が苦しく「家」を維持・存続させることが難しくなった場合には負担となる存在でもあったのである。湯屋の会話からは、一九世紀初頭の「家」と子どもをめぐって人々が抱えていた矛盾がみてとれる。

ところで江戸の湯屋は、享和三（一八〇三）年には市中に「凡《およそ》四九九軒」あったという。また三馬が『浮世風呂』の構想を練るもととなった文化五（一八〇八）年の『湯屋十組割并男女風呂員数』（神保 一九七七）によれば江戸の湯屋は総計五二三軒あった。それが、文化一一（一八一四）年の『塵塚談』によれば「風呂屋 湯屋といひ銭湯共いふ 江戸中に六百軒余有之」と六〇〇軒以上に増えている。入湯料は、公定で銭八文から一〇文と二八そば一杯の半値であった。江戸の湯屋は人口の増大や新興町人の大半が江戸周辺に広がりつつある町々に住むようになって年々増えていった（青木 二〇〇三）のである。

『浮世風呂』の文化期より時代を五〇年ほどさかのぼる湯屋の捨て子事例の場所は、霊岸島、麹町である。文化五年には、霊岸島（現・中央区新川）で九軒（男女湯八軒、男湯一軒）、麹町（現・麹町大通り沿い）で九軒（男女湯三軒、男湯六軒）と、実に狭い地域に多くの湯屋があった。湯屋は、捨てる親にとっては捨てやすく子どものいのちが保障される場であると同時に匿名性が保障される場、言い換えれば世間に子どもを託す行為が許される公共空間であったといえよう。

第三節　捨てる親、貰う親

（一）捨て子に添えられたカネとモノ

ところで捨て子への養育料支給のありかたは地域により多様だった。岡山藩では、幕府の元禄三（一六九〇）年、元禄一三（一七〇〇）年の捨て子禁令を受け、元禄一三年八月に町奉行から惣年寄へ、郡代から村方へ捨て子取締りの通達が出されている。この法令では、捨て子があった場合は、捨て子があった時間、場所、捨て子の年齢、様子を記し、「貰い人」があった場合は米三俵、村方で育てている場合は米一合五勺、望む者がいない時は米三俵を添え「山之者」（「山之乞食」と言われた非人身分の人々）へ遣わすと定められた（沢山 二〇〇五）。

さらに、享保一八（一七三三）年には、「捨子又ハ乞食之子供ニても、村方育置迫て片付被仰付類《おおせつけらるたぐい》ハ、御米三俵 育《やしない》入用一日五合宛、御表方ニ御立被遣也《つかわさるなり》」と、添え米として米三俵、養育料として一日五合を養育先に支給するとの規定が出される（藩法研究会編 一九五九）。以後、岡山藩の捨て子養育は、近世末まで藩による養育料支給で維持された（妻鹿 一九九五）。では江戸はというと「言上之控」一二件（表13-1）のうち貰い人が判明する一〇人は、いずれも近隣の町の借家人である。そのなかで貰い受けた理由に「妻に乳あり」「実子を亡くし妻に乳あり」と記された事例は二件。また貰い受けに際し金一両三分から三両迄の添え金が付けられた事例が四件ある。これらは町の負担によるものだろう。

他方、「記事条例」（表13-2）のうち、非人手下（非人身分）に申し付け、穢多頭弾左衛門に引き渡した場合（表13-2-2

「捨子迷子訴之部」史料番号28：以下同様）や乞食の子に相違ないというので同じく穢多頭弾左衛門に引き渡した場合（29）は、幕府から手当として銭三貫文を与えている。しかし、それ以外には幕府からの手当の記載はなく、捨て子に添えられた衣類や金が養育料として用いられている。

その一つが天明四（一七八四）年七月二六日夜九つ時頃（午後一二時）、生まれたばかりの男子が町内往還に捨てられていたと南茅場町（現・中央区）月行事、利右衛門が町奉行所に届け出た事例である（表13-2-1、8①：以下同様）。捨て子の傍らには、子ども用の麻帷子、木綿襦袢、守袋、そして食べていくことができないので捨てる旨（「給続兼候而捨候」）を記した書付があった。これに対し町奉行所は、捨て子を養育し、貰い人があれば訴え出、「衣類ハ三日晒置」よう申付けている。しかし、持ち主が申し出なかったため、これらの品々は捨て子への「養育手当」として町に遣わされている。

もう一つが、寛政三（一七九一）年八月七日夜、町内広小路の往還に当歳とみえる男子が捨てられていたと浅草茶屋町（現・台東区）月行事佐兵衛が町奉行所に届け出た事例である（8②）。かたわらには、次のような書付があった。

は、おやにかいよりおち四五日かゝり、あんさんいたしあいはて、なんきいたし、それにわたくして、おや大ひやうニてなんきつかまつり、御門のかけねかひ上候、此壱分にてよろしくねかひ上候

書付には、捨て子に至った二重の「なんき」（難儀）が記されている。その一つは、母親が二階から落ち、四、五日かかって出産したものの死亡したこと、もう一つは、自分の父親が大病であること。そのため「御門」の助けを願い、この「壱分」でお願いしたいとある。「御門」の意味するところは不明だが、捨て子を拾って育ててくれる豊かな家を指すのだろうか。ほとんど平仮名で書かれた書付からは、母を亡くした乳児を抱えたうえ、実父も大病となり困惑する都市下層民の姿が浮かびあがる。しかし、捨て子は、身体が冷え、乳も飲まず、花川戸町伊左衛門店の町医者、松本祐益の診察を受けたものの虫気（ひきつけ）で重体となり八日朝四半時（午前一〇時頃）に死ぬ。そのため、五人組合が立ち合い死骸を改め病死に違いないことを訴え出て死骸を片付け、「南鐐二片」は町役人に遣わしたとある。

この二つの事例について坂本忠久は「捨て子に添えられているわずかな金品が、その養育等に活用される可能性があったことを示していると理解できるのではないだろうか」と指摘している（坂本 二〇一二）。おそらく、そう解釈して間違いないだろう。

「壱分」は、一分銀＝南鐐二朱銀で、今のお金に換算すると二万円ほどにあたる。困窮した都市下層民の親にとっては精一杯のカネだったろう。その「壱分」を添えたのは、養育料として、そして子どものいのちが守られることを願ってのことだったと思われる。

他方、藩から養育料が支給された岡山藩の場合は、捨て子にカネを添えることはまれで、主にモノが添えられている。岡山城下の享和元（一八〇一）年から万延元（一八六〇）年の捨て子事例七七件に添えられた品の総計は一一五件。多い順に書付（三三）、着物（一八）、扇子（一五）、鰹節（一四）、臍の緒（八）、初髪（七）、蒲団（六）枕（五）、守袋（二）、腹掛け（二）、涎掛け（一）、襁褓《むつき》（一）、風呂敷（一）、羽子板（一）、お金（一）と、カネ＝銀札二包を添えた事例は一件に留まる。

捨て子の年齢については、江戸と岡山で大きな違いはない。江戸の捨て子の年齢は、当歳が半数、二歳までを含めれば全体の八七％。岡山城下の場合は、当歳が五五％、二歳まで含めれば全体の九五％である。しかし、捨て場所には相違がある。岡山の場合は、「富家《ふうか》」（富裕な家）の戸口が七七件中六二件と全体の八〇％を占める。しかも、そのうちの一五件は、惣年寄、年寄、名主など捨て子養育の責任を負う人々の戸口である（沢山 二〇〇五）。富家には捨て子養育への責任という公共的機能が期待された。他方江戸の場合、「言上之控」では、富家である家主の家の前への捨て子が一二件中六件と全体の五〇％を占めるが、「記事条例」になると、往還、辻番「廻り場」、湯屋や店への捨て子や置き捨てが増加する。このことは江戸という多くの人々が集住する都市における公共空間の広がりを物語る。

（二）捨てる男、捨てる女

では、江戸の場合、どんな親が捨てたのか、捨てた親が判明した事例をみていこう。「記事条例」には、捨てた親が判明した事例が四件ある。男が捨てた事例が二件、女が捨てた事例が二件である。まず、男が捨てた事例から。安永三（一七七四）

年三月一四日夕七時分（午後五時頃）、麻布教善寺門前（現・港区）の餅屋次郎右衛門店に三〇歳ばかりの町人風の男が五、六歳位の男の子とやってきて二人で二四文の餅を食べた。しかし男は、近所の酒屋で白酒を給《たも》う際にお金を落としたので取りに行ってくると言い男の子を置いて出て行ったきり帰って来なかった。その後、捨て子は、三月四日に欠落《かけおち》（行方をくらました）した小日向東古川町（現・文京区）新右衛門店長吉の倅、長松であることが判明し、長松は、店受人の久左衛門に引き取られている（表13-2-1、14①：以下同様）。

もう一つは、安永八（一七七九）年一二月一八日の暮、小石川富坂町（現・文京区）七郎兵衛宅に当歳とみえる女子が置き捨てにされた事例（15）である。七郎兵衛宅に、三〇歳位の町人風の男がやってきた。男は、自分は同じ町の源兵衛店権四郎の倅で清八という者だが、娘が乳不足で難儀しているので、乳をくれてほしいと言う。しかし乳を呑ませている間に小用に行くと言って表へ出たきり帰ってこなかった。そこで源兵衛店権四郎を訪ねたところ、倅の清八は素行が悪いので、八月三日に「久離《きゅうり》」、つまり親子の縁を切ったという。番所に糺すと清八は行方不明で近所の者も行方を知らないというので七郎兵衛と五人組が訴え出たのであった。これら二例とも、欠落、あるいは親子の縁を切った都市下層の男が子どもを置き捨てにした事例である。二件の置き捨て事例からは、流動の激しい都市では、一八世紀後半になると、共同体による相互扶助の関係が希薄になっている様子がうかがえる。

次に捨てる女の例をみておこう。一つは、天明三（一七八三）年九月三〇日、横山町三町目《ちょうめ》（現・中央区）長兵衛の路地内に捨てられた二歳ばかりの男子の事例である（16）。その後、捨てたのは、武州豊嶋郡上尾久村（現・荒川区西部）伝蔵の妻きくであることが判明する。きくは横山町に物貰い（乞食）に行き九月三〇日の夜に捨てたのであった。翌日、きくからそのことを聞き驚いた伝蔵は横山町に行き倅に違いないので渡してくれるよう掛け合い、その間、きくは町内に留めおかれた。しかし、その後、伝蔵は行方不明となる。そこで、きくは親兄弟から久離された身で身寄りもないため、伝蔵の弟の留五郎に捨て子ときくを引き渡してくれるよう町内から訴え出、きくは、吟味のうえ「急度叱《きっとしかり》」（厳重に叱責するだけで放免する軽刑）となっている。

もう一つは、天明七（一七八七）年、南本所石原町（現・墨田区）月行事吉右衛門が申し出た八月六日夜五時頃（午後九時頃）

町内往還に二歳ばかりの男子が捨てられた事例である（17）。その後、捨てたのは、本所亀沢町（現・墨田区）徳兵衛店新助姪、てうであることが判明する。てうは、夫弥八と離縁後、新助方に同居していたが、癪を煩い八月五日夕七時頃（午後四時頃）、当歳の倅を連れ家出したのであった。あちこち探すうち、てうが戻ってきたので倅について尋ねたが熱にうかされ倅のことは何も聞けなかった。その後、てうが本所亀沢町に捨てたというので新助が役人に届け出、てうの倅に相違ないというので新助方へ引き渡されている。夫との離縁や自らの病気に追い詰められたなかでの捨て子であった。この場合は処罰された記録はない。

これら捨てた親が判明した事例からは、男は欠落、久離、女も久離や夫の欠落、離縁など、いずれも「家」を離れ不安定な状況におかれた親たちが捨てたことが浮かび上がる。生きる場である「家」を離れ、自らが生きる困難のなかで、まさに「子《こを》捨《すて》る藪はある」と、足手まといになる子どもを捨てたのであった。

(三) 貰う親と乳

では貰う親たちは、どのような親たちだったのだろう。「記事条例」のなかで貰い受けた理由がわかる事例二一件中、最も多いのは、子どもを亡くし「乳沢山あり」と記された事例で、その数は一三件と全体の六二%を占める。事例からは、その他、捨て子を貰ったあと欠落する者（10）（26）や捨子を湯焼させ死なせた者（18）、そして捨て子を仲介する口入屋の存在（19①〜③）もみえてくる。

本郷新町（現・文京区）惣八組合の新五郎店の伝右衛門は、新五郎の世話で明和六（一七六九）年一二月二五日に源助の娘やすを金二分で養女に貰い受けた。しかし、その後源助は病死し、明和七（一七七〇）年四月二〇日には伝右衛門、二三日には妻が欠落し、やすは、二五日の朝、神田上白壁町（現・千代田区）町内往還に捨てられている。守袋には信濃屋惣八宛ての書付があり、惣八は、捨て子はやすに違いないと申し立てている（10）。

貰う親のなかには処罰された者もいる。天明七（一七八七）年五月三日の夜四時分（午後一〇時半頃）、日本橋木石町一丁目（現・中央区）往還に捨てられていた二歳位にみえる男子を預かった武州葛西領鹿骨村（現、江戸川区鹿骨）百姓政右衛門と妻いわである（18）。五月四日に月行事権右衛門から町奉行所に届け出た後、政右衛門夫婦に預けられた捨て子惣吉は五月一六日に火傷をし、一七日六時半過ぎ（午前七時頃）に死ぬ。そのため政右衛門とまさは、処罰されたのであった。この事件の経緯は、『御仕置類例集 古類集』（石井良助編 一九七一）にも「里子怪我ニて致変死候を農業留守ニて不存もの」として記載されている。

政右衛門といわは、まだ歩くのも覚束ない幼い惣吉を、祖母と幼い子どもだけのところに置いて農業に出かけた。しかし夫婦の留守中に惣吉は囲炉裏に落ち、釣っていた鍋の熱湯を浴び顔から手足まで焼けただれて死ぬ。この件について評定所は、「貧しい百姓が、祖母と子を置いて夫婦ともに農業に行くのは普通の事であり、預けた側も、それを承知の上で預けている。またこの場合は実子達も置いて働きに行っており捨て子だけを粗末にする気はなく、疑わしい点もみられない。しかし、捨て子を預かるなかでの変死は「不念《ぶねん》」（不注意）」として、両人とも「急度叱り」とし、最終的に、政右衛門は「過料五貫文」、いわは「三十日押込《おしこめ》（蟄居し外出禁止）」となっている。

この場合、政右衛門夫婦に、どれだけの養育料が支払われ、また何人の実子がいたかは不明である。しかし、まだ農業労働の手伝いも出来ない幼い子どもたちを置いて農業労働に出なければならない夫婦が惣吉を貰ったのは、おそらくいわに乳が出たことと養育料が目当てだったのだろう。評定所が子の変死は「不念」と、過失犯のうちの重過失を意味する語を用い重い罪を科したのは、カネ目当てに、捨て子を貰い受ける者たちが多くいたからであった。『御仕置類例集』に収録されている捨て子の事例は、この一件のみだが、貰い子、里子殺しの事例は数多く収録されている。

乳が沢山あると貰い受けた者のなかには貧しい者も多かった。弘化一年（一八四四）七月一八日に麹町一三丁目（現・新宿区）往還に捨てられていた二歳ばかりの女の捨て子を、生まれた子どもが死に、乳が沢山あるとして一二月二三日に貰い受けた四谷伊賀町（現・新宿区）亀三郎店三之介（表13-2-2、30）は、捨て子に「すみ」と名付け養育する。しかし、翌弘化二年一〇月、正月から労咳を煩い寝込み妻も病気で養育できないため、捨て子を返したいと願い出ている。それに対し町奉行所は、このような難渋の状態であれば養育できず「自然不仁之取計」をするかもしれないとして、捨てられていた町である麹町一三丁目に「すみ」を引き取らせている。

近世において「不仁」とは堕胎・間引きを指す場合が多い。しかしここでの「不仁之取計」は、おそらく養育できない子どもを捨てることを意味しているのだろう。捨て子を生む層が、「地借り店借り之者」や「奉公人」という都市下層民であることは、幕府も捨て子禁令を出した当初から（元禄九年八月、九月）認識していたが、貰う者もまた都市下層民であった。

幕末の安政四（一八五七）年一〇月二六日、神田仲町一丁目（現・千代田区）家主栄次郎は、「捨子養育所」を設立したい旨の訴状を町奉行所に提出している（旧幕引継書「市中取締続類集」町人諸願之部 第三ノ中）。訴状では町内が捨て子に責任をもつ捨て子養育制度はことのほか手数も経費もかかり町にとっては迷惑なこと、また、「衣類手当金等可貪取ため」捨て子を「巧ミ」に貰い受け、その捨て子を捨て、あるいは殺害し病死と偽り処罰を受ける者もあり、それは捨て子が多いから生じるものであると述べている（南 一九九九）。家主栄次郎の訴状からも、養育料目当てに捨て子を貰う者がいたことがみてとれる。

第四節　捨て子の生と公共空間の歴史的変化

（一）捨てた親の手紙からみえること

捨て子史料のなかには、捨て子に添えられた手紙の写しが含まれていることがある。これらの手紙からは、親たちが捨てるに至った事情や、捨てる子どもへの感情、さらには捨てた親の階層や地域差も読みとれる。ここでは、なかでも特徴的な手紙を取り上げ、近世から近代への捨て子の生と公共空間の歴史的変化についての見取り図を描いてみたい。

天保八（一八三七）年四月四日、夜前五時半時分（午後八時頃）、美作国津山城下の有力町人、川口藤十郎の名代庄助の家の表口に捨てられた生後五カ月の捨て子には、生年月日を記した書付、綿の守袋に入れた臍の緒、初髪、そして「子主」（子の親）から「川口御氏」への手紙が添えられていた。そこには、天保の飢饉のため困窮し育てることが難しくなったため、捨て子は許されない行為だが、あなた様のお情けで育ててくださるようお願いしたい旨を記した書付があった。書付には「世のことわさに子を捨る藪はあれと身を捨るやふはなきと伝侍りてなさけなき浮世のために子を捨て我身を立てる親の心そ」という歌も書き添えられていた。「子を捨る藪はあれと」という『浮世風呂』の会話にも出てきた諺を用いた歌からは子を捨てなければ生きていけない親の苦悩と罪意識とともに、津山城下では一九世紀半ばになっても富家を頼る捨て子に許容的な状況があったことがうかがえる。

　では、近代になると、捨て子に添えられる手紙はどのように変化していくのだろうか。明治一九（一八八六）年七月一三日、南埼玉郡新堀村（現、久喜市菖蒲町）の飯田三郎兵衛宅地南脇道路垣根に捨てられた子どもの懐には次のような書付があった。

　子供母をやにわかれなんじやうつかまつり候、どふぞや定五郎様江御ぞだてにあつかりたく候、よろしく御ねがい申上候、かしく

　月日

　書付には、母に別れ「なんじやう」（難渋）したため「定五郎様」に育ててほしいとあり、子どもの生年月日と「とく三」という名前が記してあった。生年月日からすると、とく三は一歳一〇カ月。「猪口《いぐち》」（兎口カ）で、「浅黄大形小紋単衣」に「白古木綿腰巻」をし、「木綿腹掛ケ」「同頭巾」を付け、懐に親の手紙、唐様風呂敷には「木綿麻黄小紋襦袢」「同古白襦袢」「同白細帯」「焼き団子三串」が包まれていた。手紙には「月日」とのみあり、いつ捨てるか決めない段階で書かれたと思われるが、育ててほしい人物名は「定五郎」と明記されている。その後とく三は、自分への依頼と考えられ、たいへん哀れなので養育すると申し出た大熊定右衛門に引き取られる。大熊定右衛門は、安政二（一八五五）年に名字帯刀を許され、明治五（一八七二）年には新堀村の副戸長となった人物である。八月四日には、同じ村に住む男子がいない者が、とく三を養子に貰い受けている。この事例からは、富家を頼って捨てることへの、捨てる側、拾う側の共通認識がみられる（沢山 二〇〇八）。

　先にみたように、江戸ではすでに、捨て子の捨て場所は、一八世紀初頭の富家の門前から一八世紀後半以降の辻、往還、湯屋や店への捨て子に変化していた、しかしとく三の事例は、地方農村では、近代初頭になっても、モノと手紙を添え豊かな家を頼る捨て子がなされていたことを示す。

　先行研究によれば、捨て子に出生年月日や捨て子に至った事情を記した書付を添える捨て子の作法は、地方では近代になっても一九一〇年代まで続くという。しかし母性愛の強調がもたらす罪悪感の強まり（小松 二〇〇九）や、近代家族の成立による「保護されるべき」存在としての子ども観の強調のなかで捨て子は倫理的に許されなくなり（牧原 二〇〇八）、捨て子の作

法も消失するとされる。では、近代国家の成立による身分制の解体と国民の形成、「家」から「近代家族」への家族の変化に伴い、近世的な「世間」も消失し近代的な「世間」に「変化」、あるいは再編成され、新たな近代的公共空間が成立してくるのだろうか。捨て子の近世から近代への変化については、子どもが生きる場である家族と公共空間としての「世間」の関係や「世間」の内実の歴史的変化を視野に入れ複眼的に考える必要がある。

(二) 捨て子の生の近世から近代へ

本章では、近世社会の捨て子の生がどのように保障されたのか、具体的な捨て子事例に即し、捨て子が生きた現場に焦点を当てて、捨て子の生と「世間」という公共空間との関係、そして捨て子の生の保障に関わる乳や養育料に注目して探ってみた。さらに捨て子の実相が、近世から近代へ、どのように歴史的に変化していくのかを探るうえで、「世間」=公共空間の近世から近代への連続と断絶を含む複線的で重層的な変化を探ることが課題になるとの見通しも示した。

近世の人々の生きる場としての「家」の維持・存続と子どもの養育とのせめぎ合う関係のなかでなされた捨て子という選択は、近世社会の人と人の関係性やつながりといった「世間」のありかたと深く関わっていた。また、捨て子の多くは乳を必要とする赤子であったが、近世の捨て子養育は乳によっていのちを繋ぐ近世の人と人との関係に依拠しつつなされた。とするなら、近代国家の成立にともなう施設による「棄児」の教育保護システムや、乳に代る人口乳の登場のなかで、捨て子の生の保障と家族、そして公共空間の関係はどのように変化していくのだろうか。近世から近代への捨て子の歴史的変化を、「家」から「近代家族」への家族の変化や、捨て子と公共空間の相互的な関係に着目して探ることが課題となる。「捨て子と公共空間」の関係を探ることを課題とした本章は、近世社会の捨て子と公共空間の関係を探るとともに、捨て子研究が公共空間の歴史性を探る手がかりとなり得る可能性を示そうとした試論でもある。

文献

青木美智男 二〇〇三『深読み浮世風呂』小学館。
石井良助編 一九七一「古類集一八の帳」『御仕置類例集』(第三冊)古類集三、名著出版。
岩淵令治 二〇〇四『江戸武家地の研究』塙書房。
氏家幹人 一九八八『江戸藩邸物語 戦場から街角へ』中公新書。
太田素子編 一九九七『近世日本マビキ慣行史料集成』刀水書房。
倉地克直 二〇〇八『全集 日本の歴史 一一 徳川社会のゆらぎ』小学館。
国立国会図書館「記事条例 七八巻」『旧幕引継書』。
小松裕 二〇〇九「コラム2 捨て子の「作法」」『全集 日本の歴史 一四「いのち」と帝国日本』小学館。
坂本忠久 二〇一一『近世江戸の行政と法の世界』塙書房。
沢山美果子 二〇〇五『性と生殖の近世』勁草書房。
―― 二〇〇八『江戸の捨て子たち――その肖像』吉川弘文館。
―― 二〇二二「捨て子と乳からみた「家」といのち」日本人口学会研究企画委員会編『日本人口学会報告書 歴史人口学の課題と展望』。
菅原憲二 一九九四「老人と子供」『岩波講座 日本通史 第一三巻 近世三』岩波書店、三二一―三三七頁。
神保五弥 一九七七『浮世風呂――江戸の銭湯』毎日新聞社。
塚本学 一九八三『生類をめぐる政治――元禄のフォークロア』平凡社。
―― 一九八四「江戸のみかん――明るい近世像」『国立歴史民俗博物館研究報告 四集』国立歴史民俗博物館、二九―五四頁。
東京都編 一九九四『南伝馬町名主高野家 日記言上之控』東京都。
中村通夫校注 一九六九『日本古典文学大系六三 浮世風呂』、岩波書店。
西澤晃彦 二〇〇〇「東京の銭湯――思想としてのアーバニズムの一形態」『現代思想』二八‐一一:八〇―九三頁。
藩法研究会編 一九五九『藩法集――岡山藩下』創文社。
牧原憲夫 二〇〇八『全集 日本の歴史 一三 文明国をめざして』小学館。

南和男　一九九九「幕末江戸町人の福祉施設設立願――「市中取締続類集」を中心として」『参考書誌研究』第五一号。
妻鹿淳子　一九九五『犯科帳のなかの女たち――岡山藩の記録から』平凡社。
茂木陽一　二〇二二「研究ノート　近世後期の捨子――豊前小倉藩と紀州藩勢州領の比較検討」『地研究年報』二七。
吉田伸之　二〇一五『都市　江戸に生きる　シリーズ　日本近世史④』岩波新書。

表 13-1　南伝馬町名主高野家日記言上之控「捨て子一覧」

番号	年	西暦	年齢	性	捨て子発見場所（太字：家主）	発見者	生死 〇＝生、×＝死	貰い人（日付）	添え銀、証人
1	元禄 13	1700	2 歳？	女	南塗師町玄立家の前		〇		
2	元禄 14	1701	5 歳？	男	新両替町 4 丁目（中央区銀座 4 丁目）		×（元禄 15 年閏 8・13）	南鞘町（中央区京橋 1 ～ 2 丁目）七兵衛店善兵衛	
3	元禄 14	1701	2 歳？	男	南塗師町（現・中央区京橋 2 丁目）家主半右衛門の家の前		〇	霊岸嶋（現・中央区新川）川口長左衛門店喜兵衛（8・15）	南八丁堀 2 丁目市兵衛店権兵衛
4	元禄 14	1701	2、3 カ月	女	南塗師町**家主孫兵衛**の家の前		〇	本材木町 5 丁目（現・中央区京橋 1 丁目）九兵衛店屋ね屋次郎右衛門（9・7）	九兵衛門店弥五右衛門
5	元禄 15	1702	2、3 カ月	男	通 3 丁目代地（現・中央区京橋 2 丁目）善右衛門の家の前	辻番人	〇	永沢町小兵衛店長左衛門（4・2）	
6	元禄 15	1702	2 歳？	男	南塗師町**家主半右衛門**の家の前 ＊事例 2 と同じ	辻番人	〇	南鍛冶町 2 丁目（現・中央区京橋 2 丁目）与兵衛店十兵衛（5・7）	松川町（中央区京橋 2 丁目）1 丁目庄左衛門店権兵衛
7	元禄 16	1703	0 歳	女	通 3 丁目代地伊兵衛家の前		×（1・20）	町中	
8	元禄 16	1703	0 歳	男	南伝馬町 2 丁目（中央区京橋 2 丁目）家持六兵衛家の前		〇	下槙町（中央区日本橋 3 丁目）吉右衛門店彦兵衛（11・17）	
9	宝永元	1704	3、40 日	女	南伝馬町 2 丁目家主太右衛門家の前	辻番人	〇	茅場町（中央区日本橋）辻番屋敷加助店平右衛門（2・16）	**金子 2 両**、松川町 1 丁目庄右衛門店権兵衛が証人
10	宝永 3	1706	5、60 日	女	松川町 1 丁目（中央区京橋 2 丁目）市左衛門居宅路地の内、はきだめの際		〇	霊岸嶋銀町吉左衛門店八兵衛（10・10）	**金 3 両**、岡崎町仁兵衛店茂左衛門が証人
11	宝永 7	1710	3、4 カ月	男	南塗師町**家主了西**屋敷裏側、表店長兵衛の家の格子	長兵衛	〇	岩倉町（中央区日本橋 3 丁目）平左衛門店指物屋孫市（6・14）実子を亡くし、妻に乳あり	**金 1 両 3 分**、南鞘町次郎右衛門店櫛屋七兵衛が証人
12	宝永 7	1710	6、7 カ月頃	女	南伝馬町 1 丁目太右衛門の家の前	辻番人	〇	竹川町（中央区銀座 7 丁目）太右衛門店弥五兵衛（9・16）妻に乳あり	**金 2 両**、通 3 丁目代地藤八店九兵口入

備考：高野家の屋敷は南伝馬町 2 丁目、支配地は南伝馬町 3 丁目新道、南塗師町、南鞘町、松川町 1 丁目、同 2 丁目、通 3 丁目代地、赤坂伝馬町 5 町、赤坂田町 5 町。現在の中央区京橋、港区元赤坂。

表 13-2-1　記事条例 61「捨子訴之部」

番号	史料番号	年	西暦	年齢	性	町名	捨て子の発見場所	内容（添え銀、添えられた品、貰い親など）
1	1	宝暦 4	1754	0 歳	男	兼房町	町内堀の内	
2	2	明和 9	1772	2 歳？	男	神田九軒町	河岸八左衛門地面下水内	
3	3	安永元	1772	0 歳？	女	桧物町	家主半七地面路地内	
4	4	明和 9	1772	0 歳？	男	小松町 3 丁目	清八店町医高沢良甫居宅玄関板鋪の上	
5	5	天明 7	1787	3 歳？	男	浅草南馬道町	伊右衛門店町医法論居宅入口式台	
6	6	安永 5	1776	0 歳	女	南鍛冶町 1 丁目	平九郎店質屋十兵衛居宅入口	守木刀 3 本、箱抜 1 つ
7	7①	天明 4	1784	2 歳	男	木綿元町	武家方組合辻番持場境往還	
8	7②	天明 8	1788	2 歳	男	小石川伝通院町	紀伊殿家老安藤帯刀殿組合辻番所廻り場境	
9	8①	天明 4	1784	0 歳	男	南茅場町	町内往還	小立麻帷子 1 つ、木綿襦袢 1 つ、守袋 1 つ、書付
10	8②	寛政 3	1791	0 歳	男	浅草茶屋町	町内広小路往還	書状
11	9	寛政 5	1793	？	男	駒込正行寺門前	町内往還	小桃灯一張、古太掛縞男帯一筋手拭一筋
12	10	明和 7	1770	4 歳？	女	神田上白壁町	町内往還	守袋に信濃屋惣八宛の書付、5 年前に捨て子を金 2 分で養女に貰い受けた夫婦が養女を捨て欠落、惣八は捨て子を養女に斡旋した人物
13	11	寛延 4	1751	0 歳	女	霊岸島川口町	湯屋	置き捨て
14	12	宝暦 11	1761	0 歳	男	麹町 1 丁目	湯屋	置き捨て
15	13	明和 6	1769	0 歳	女	牛込御納戸町	六左衛門店庄吉宅	里子の樽代として鳥目 100 文
16	14①	安永 3	1774	5、6 歳	男	麻布教善寺門前	餅屋次郎右衛門見世	置き捨て（捨てた親判明）
17	14②	安永 5	1776	2 歳？	女	浅草西仲町	喜左衛門店古着屋嘉兵衛店	置き捨て
18	15	安永 8	1779	0 歳？	女	小石川上富坂町	上富坂町七郎兵衛宅	置き捨て（捨てた親判明）
19	16	天明 3	1783	2 歳？	男	横山町 3 町（丁カ）目	路地内	捨てた親判明
20	17	天明 7	1787	2 歳？	男	南本所石原町	町内往還	捨てた親判明
21	18	天明 7	1787	2 歳？	男	木石町 1 丁目	町内往還	捨て子火傷で死亡、貰った夫婦処罰
22	19①②	宝暦 14	1764	2 歳？	女	元数寄屋町 4 丁目	町内往還	口入屋の斡旋で子どもが死に乳沢山ある者が貰い受け、しかし乳がでなくなり別な家族が貰い受け → 6 月 8 日死亡
23	19③	安永 5	1776	13 歳	女	元数寄屋町 4 丁目	町内	口入屋の斡旋で養子に貰い受けた 13 年前の捨て子病死
24	20	寛政 5	1973	0 歳	女	大伝馬町 1 丁目	町内往還	捨て子病死
25	21	安永 6	1777	2 歳？	女	麻布一本松	芝増上寺下屋敷御門前	子どもが死に乳沢山ある者が貰い受け → 安永 7 年 7 月 22 日病死
26	22	寛延 4	1751	0 歳	男		丹波若狭守殿御屋敷前	7 年前の捨て子、貰い親は欠落、病死。捨て子も病死
27	23	宝暦 5	1755	0 歳	男	小石川天神下	内田勘十郎屋敷前	子どもが死に乳沢山ある者が貰い受け
28	24	宝暦 5	1755	2 歳？	女	本町二町目	町内往還往還	乳沢山ある者が貰い受け
29	25	宝暦 8	1758	0 歳	女	三拾間堀五町目	町内往還	乳沢山ある者が貰い受け、捨て子を連れて引越し
30	26	天明 7	1787	2 歳？	女	麻布陽泉寺門前	町内往還	里子に出すが、里子とともに欠落。里子を貰ったことを届け出なかったため、過料銀 3 貫文申付け
31	27	文政 7	1824	0 歳	男	堀留町 1 丁目	町内往還	乳沢山ある者が貰い受け引越し
32	29	天保 8	1837	2、3 歳？	男	四谷天然寺門前	山本大膳殿代官所内藤新宿市郎衛門店徳左衛門宅前	実子のない者貰い受けるが病死
33	30	天保 10	1839	？	？	市ヶ谷自澄院領武州豊島郡雑司ヶ谷村	百姓太郎右衛門居宅縁先	養女に貰い受けるが病死

※史料番号 28 は捨てる事例ではないので除く。

表 13-2-2　記事条例 63「記事条例追加 捨子迷子之部」

番号	史料番号	年	西暦	年齢	性	町名	捨て子の発見場所	内容（添え銀、添えられた品、貰い親など）
1	2	寛政 12	1800	0 歳	男	愛宕下	長谷川丹波守組合辻番所前	子どもが死に乳沢山ある者貰い受け
2	3	寛政 12	1800	0 歳	女	牛込御門内	御先手、山岡十兵衛組殿合辻番廻り場内	子どもが死に乳沢山ある者貰い受け
3	4	寛政 12	1800	3 歳？	男		松平官兵衛殿御屋敷門前	麻布本村町家主小兵衛、捨子を養子に貰い受け
4	5	文化 2	1805	0 歳	男	麻布広尾町	鎮守稲荷社鳥居隣	子どもが死に乳沢山ある者貰い受け
5	6	文化 2	1805	0 歳	男	元数寄屋町 1 丁目	往還	男子の死骸、紺木綿古単物を着せ袷に包む。病死の様子。疵なし。右側に木綿小裁衣類など風呂敷に包み捨て
6	8	文化 5	1808	3 歳？	男	芝田町 1 丁目	茶漬渡世新八方	置き捨て
7	11	文化 5	1808	0 歳	女	本所亀沢町	町内往還	子どもが死に乳沢山ある者が貰い受け
8	12	文化 7	1810	2 歳？	男	通旅籠町	町内往還	捨てた親判明
9	13	文化 8	1811	4、5 歳？	男		赤羽橋上	迷子、名前、住所不明、年齢も指 4 本出すものの不明
10	14、15	文化 11	1814	2 歳？	男	芝口 3 丁目	町内往還	捨て子のその後判明（芝口 3 丁目家主半兵衛方へ里子。忠吉と名付けた捨て子は、文政 8 年 9 月に 14 歳になっていた忠吉は 9 月 22 日欠落。10 月 22 日に盗みの罪で斎藤越中守に召捕えられ入墨の上、嘉吉に引渡）
11	18	享和 2	1802	0 歳	男	霊岸島	家主惣兵衛路地内	子どもが死に乳沢山ある者貰い受け
12	19	文化 10	1813	0 歳	？	赤坂新町	町内往還	子どもが死に乳沢山ある者貰い受け
13	20	文政 2	1819	2 歳？	女	佐久間町	往還	子どもが死に乳沢山ある者貰い受け、しかし夫がその後妻と捨て子を捨てて欠落。家財は妻に下さる。また妻一人では生活できないので、店受人が、妻と捨て子、家財を引取り
14	23	天保 4	1833	8、9 歳	男	北嶋町	友七店吉兵衛留守宅	置き捨て、病死
15	24	天保 5	1834	7 歳	女	浅草田町 2 丁目	新吉原町日本堤茶見世（浅草田町 2 丁目英助店惣七の店）	置き捨て、捨てた父と母の名は判明、住所不明
16	25	天保 5		3 歳？	男	市谷参王寺前町	往還	盲目の子は不便と実子のいない琴指南の夫婦が貰い受け
17	26	天保 7	1836	3 歳？	？	本郷 6 丁目	往還	置き捨て
18	27	天保 7	1836	2 歳？	男	浅草福留町 1 丁目	東側須磨御用所門地	捨子について御用屋敷と町双方が立合い書面を取り交わし、御用屋敷へ捨子を引き取る
19	28	天保 10	1839	0 歳	男	浅草三嶋門前	往還	身寄の者もないので非人手下に申付け、穢多頭、弾左衛門に引き渡す。手当として銭 3 貫文
20	29	天保 11	1840	3、4 歳？	女	本材木町	4 丁目から 5 丁目に渡る橋の上	木綿剥の古単物を着せ、帯なし。筵を敷き、銭 8 文、古茶碗一つ。言舌不明、病身で歩けず。無宿乞食の捨て子。非人手下に申し付穢多頭弾左衛門に引き渡す。手当銭 3 貫。その後、病死
21	30	弘化 1	1844	2 歳？	？	麹町 13 丁目	往還	捨て子を貰い受けた夫婦が病気で養育できず元町に戻す

第14章　難民キャンプのエコロジー
――地勢と難民・紛争と観光・支援と環境の結びつき

久保忠行

第一節　難民キャンプのとらえ方

近年、オランダ、デンマーク、スウェーデン、オーストラリアなど包摂的で先進的な福祉国家でこそ排外主義が進行する事態が生じている。人種、血統、皮膚の色などの先天的な特徴による人種差別や外国人の排斥は明確に否定されるようになった。一方、ポスト近代社会で産業構造が脱工業化されるにともない、モノの売買によらない経済活動が重視されるようになった。経済のサービス化のなかで求められるのは、言語運用に基づくコミュニケーション能力である。この能力をもとに社会に参画し、新たな価値を生み出すことが人々に求められている。リベラルな福祉国家では、女性や高齢者を含むより多くの市民の労働市場への参入をうながす。これに参加できる者には福祉を提供する一方、参加しがたい移民や外国人をあらかじめ排除するようになった。言語や文化といった社会に参加するために後天的に習得可能な能力と、参加できない者の「自己責任」が問われる。すなわち公共的なものへの参加という福祉国家の先進的でリベラルな論理のなかにこそ、移民や難民を排除する論理がある（水島 二〇一二、塩原 二〇二〇）。

リベラルな論理に潜む排除は、難民のスティグマ化を助長する。それゆえ難民との共生には、受け入れ社会の「理解」や「合意」が必要とされる。そして、ここでの理解や合意とは、上述のような言語運用をとおしたコミュニケーションでなされるものである。これに対して本章では、国民国家の制度の埒外におかれている難民が、「意図し得ぬ設計（序論を参照）」で社会の中に埋め込まれている側面についてアクターネットワーク論（以下ANTと表記）を援用して論じる。そして、結果として難民と他者との相互作用が創発される様相を論じる。ここでは難民キャンプが立地する地理的環境を主題として扱う。

これまでの人類学的な難民研究では、①対象者が「難民」としてどのように管理、抑圧、排除されてきたかを論じたうえで、②その生活環境にみられる人々の生活戦略や創意工夫、レジリエンス、あるいは支配や管理に対する抵抗などを論じてきた（久保 二〇一四、片 二〇二〇、村橋 二〇二一）。つまり人類学的な研究では、①に対する②の側面を強調したり、①でありつつも②の側面もあるとし、難民の意図的な行為や実践を積極的に評価してきた。それに対して本章では、①支配・管理・抑圧か、②生活戦略・創意工夫・抵抗かといった二項対立的な図式をとらない。この見立てが見逃すのは、どの言説が支配的になろうと「いい加減に、臨機応変に」対応する人々の姿である。人々の実践は、必ずしも支配に対する対抗になるわけではない（吉岡 二〇〇〇：二九―三二）。実際に人類学者が出会う調査地の人々は適当であったりと、ゆるさをもつ。「さぼり」を抵抗とみることもできる（松田 一九九九）が、これを抵抗と評価してしまうことで、見落とされる現実もある。それはそうした人々の営為を可能にさせる地理的環境、自然環境など人々をとりまくアクターの働きである。

本章が対象とするのはタイにあるミャンマー難民キャンプの一つ、カレンニー難民キャンプである。ミャンマーの軍事政権に対抗し、分離独立や連邦制を求める武装闘争のため、隣国タイには、いまなお合計で約九万人の難民が居住している。ミャンマー側からタイ側へは推定で約一五〇万人の移民労働者がいる。またカレンやシャン、モンなど、タイとミャンマーに跨がって居住する跨境民がおり、その多くは山地民である。タイでは許可証を持たず入国した者は不法滞在者となるが、実際に誰が合法で誰が違法かを判別することは困難である。越境者がたどり着いた先が建設現場なら「不法労働者」とよばれるが、そこが難民キャンプであれば「難民」となる（久保 二〇〇九）。このように、移民・難民・不法滞在者の線引きは曖昧である。人の区分はクリアカットではない一方で、難民キャンプとは、収容者を「難民」として可視化し管理する権力が作用する場所である。

難民キャンプは人間廃棄物処理場とされる（バウマン 二〇〇七）。これはキャンプが高度に政治化された収容所であることを示す（栗本 二〇〇二、二〇〇四）。キャンプは、武装組織の軍事拠点になることも多い（Nyers 2006）。安全保障上の懸念から、移民や難民を取り締まる国家の辺境地では、国家が独占する恣意的な暴力の行使が正当化され顕在化する（モーリス＝スズキ 二〇〇四：二二）。一方で、上意下達式に管理される難民キャンプは、官僚機構そのものである。国家の難民認定や入管行政に加え、難民の保護にあたる国連難民高等弁務官事務所（ＵＮＨＣＲ）もまた巨大な官僚機構である。難民キャンプの運営と支援には資金を提供するドナーの協力が不可欠である。これらの側面から、「カネとチカラ」によって制御されるシステムが難民キャンプである。つまり難民とは、官僚機構が一元的に管理する生の形態といえる。

　他方で、難民キャンプとは生活基盤を失った人のために設置された人道支援の場である。配給される食糧は成人男性、女性、子ども向けにそれぞれカロリー計算がされ、立地条件には考慮すべき基準がある（UNHCR 2020）。キャンプでは、難民にケアを提供するための統治がしかれる。これをマルッキは「ケアと管理の技術」とよぶ。効率的に支援を届けるため難民は番号化、文書化され、ニーズや脆弱性に基づき分類、管理されて「難民」となる。この点で難民とは創造性を奪われた「無言の使者」となる（Malkki 1996）。さらにマルッキは、Ｍ・ダグラスの Purity and Danger（『汚穢と禁忌』）になぞらえた著書 Purity and Exile（『純粋さと亡命』）（Malkki 1995）で、追放の地であるキャンプで再生産され「純化」される迫害の記憶、民族の歴史とカテゴリーを論じており、同書は人類学的な難民研究の古典となっている。

　タイのミャンマー難民キャンプでも、難民の居住区はセクションに分割され各世帯に世帯番号が割り振られる。また個々人には顔写真付きの避難民ＩＤカードが発行され個人番号と名前、性別、生年月日、国籍、キャンプの所在地、発行年、有効期限が記載されている。登録情報には指紋や虹彩情報も含まれている。このような個人の識別は支援提供の根拠になる。難民を管理する規則には、キャンプから出てはならないという移動の制限や就労の禁止といった生存権にかかわる事柄も含まれている。

　このような官僚的な統治と管理に対して、人類学的な難民研究では、規則を無化・無視するような難民の実践や、規則とは異なる位相の実践を明らかにしてきた。例えば移動と就労が制限されているにもかかわらず、難民は地域社会の安価な、しかし不可欠な労働力となっている。また難民キャンプでの伝統の復興は、キャンプを故郷のような場所にする実践である。難民生活をとおして再構築される難民の文化やアイデンティティを明らかにする研究は、被害者（被支配者）としての難民像を相対化するものである（久保 二〇一四）。官僚的な統治を支えるのが監査文化だが、『監査文化の人類学』（ストラザーン 二〇二二）の訳者らもまた、人類学的研究の意義を規定の枠組みを越え出てしまう残余を大切にし、規定をすり抜けていく微細な実践を見出し記述していくことだと指摘している（丹羽・谷 二〇二二：四三九）。

その一方、これまでの研究が見逃してきたのは、ANTの視点に基づく次の点、つまり官僚的な管理と権力が行使される場面での人間以外の存在である。例えば難民やキャンプをとりまく密航船や道路、国境警備隊の服装や武器、パスポート、入国手続き書類、食料、衣服、荷物、ビデオカメラ、収容所の壁、地図、衛星写真などを消去してみると、難民に対するいかなる権力の働きもみられなくなる。地図や測量機器がなければ国境はあらわれず、海路や道路、飛行機がなければ入国できず、書類やパスポートがなければ入国が違法か否かも判断できない。摘発が不当な権力行使だと判断するにしても、実際に状況が変わるためには市民による合意形成だけではなく、膨大な非人間的要素がそれと結びつきながら変化しなければならない。権力が作用する背景には、膨大な人間以外の存在者がすでに仲介項に変換されていることを前提とする。だからこそ実践面では無数の媒介項の関わり合いによって生じる権力作用が、個人や集団間の関係性に還元されてしまう。これに対して人間以外の存在者を「一人前のアクター」として捉えるANTは、「権力を行使する主体と客体」という構図自体がうみだされるプロセスの精査と再編を可能にする（久保 二〇一九：一四八―一四九）。

ラトゥールは、ANTを連関（つながり）の社会学として、特定のまとまり（collective）や解釈がうまれるプロセスを相対化する。人間の解釈や意味づけ、既存の社会的文脈はいったん背景におき、非人間的な存在を前景化し、それらとの連関（つながり）に焦点をあわせることで、社会的なものを組みなおす（reassembling）のである。またラトゥールは、対象を還元主義的に単一化した結果あらわれる〈厳然たる事実〉（matter of fact）ではなく、〈議論を呼ぶ事実〉（matter of concern）に目を向ける。〈議論を呼ぶ事実〉から、意味作用は人間の専有物ではなく、非人間的存在者との関わりのなかで形成されるという諸存在の複数性を担保することができる。そして、自然なものと社会的なものの関係をフラットに描くことが可能になる（ラトゥール 二〇一九）。

この視点に基づき本章では、難民キャンプという集合体（collective）をとりまく自然環境や地形など、これまで記述の背景とされてきた非人間をアクターとし現実を組みなおして捉える。この作業をとおして、キャンプに作用する統治権力のあり方を相対化し、そこで暮らす難民の主体的営為を可能にする非人間のアクターの働きを明らかにする。自然環境も含めた複数のレイヤーの重なりからフィールドをとらえなおし、「もう一つの公共性（システム外システムとしての公共的なもの、序論を参照）」を検討する。

第二節　自然環境と難民キャンプ

本節では、キャンプを構成するアクターとして、地形、自然環境、町と村の関係、現地で有名な首長族観光の村々、ミャンマーの反政府軍の軍事拠点、ゲリラ兵士の存在に着目して論じる。難民キャンプは、ビルマ語で「村（*ywa*）」と呼ばれることがある。ここで扱うメーホンソーン県には二つの難民キャンプがあり、これらはそれぞれ「新ナイソーイ村」「メースリン村」と呼ばれている。ナイソーイとはキャンプが設置されている最寄りのタイ村落の名称で、メースリンとはキャンプが設置されている地域名である。このような通称の存在は、キャンプが無機質な収容所ではなく地域社会に馴染みのある場所であることを示唆している。ここでは新ナイソーイ村のキャンプを対象として論じる。フィールドの概況は以下の図14‐1のとおりである。

読者はこの地図をどう読めばよいのか知る由もない。オーソドックスな人類学的研究では、ミクロな視点からマクロな状況をとらえることを基本とする。ここでは、図14‐1のようなマクロな図に、このキャンプを特徴づける諸要素（非人間のアクター）を書き加えて、これらの関係性を記述して対象の理解に迫る。難民キャンプとは、その場所だけで成立しているわけではない。この図に、次のアクターを書き加えてみよう。国境線と川を実線で、人が往来する国境ポイント（＝）、難民キャンプ（▲）、三つのカヤン観光村（○）、キャンプの最寄りのナイソイ村（★）、軍事拠点（■と×）を付け加えると図14‐2のようになる。これらの連関（つながり）の集合体として難民キャンプという場所が成立する。なおこの地図の色が薄い部分は平

図 14-1　フィールド概況
Google map をもとに筆者作成

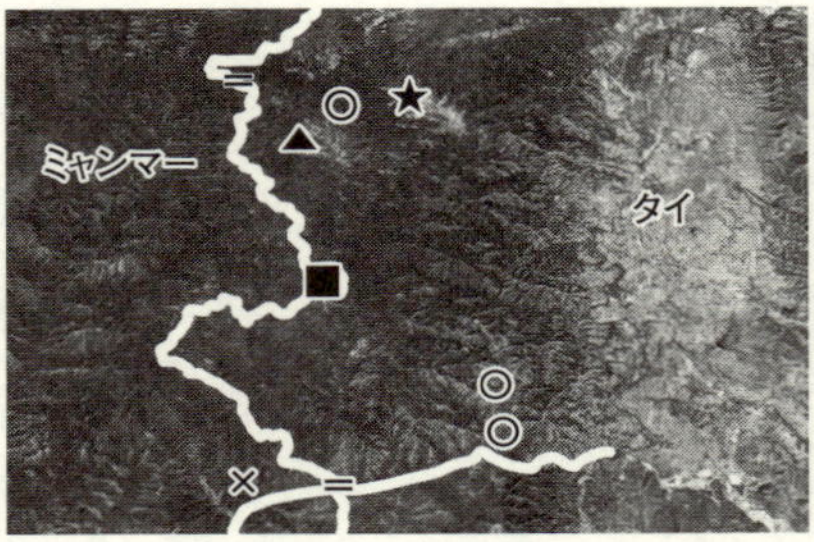

図 14-2　アクターを書き加えたフィールド概況

地で、色が濃いほど標高が高いことを指す。

この地図から分かるのは、この地域がゾミアの特徴をそなえていることだ。ゾミアとは、スヘンデルが提唱したアジア内陸部の山岳地帯を指す地域名称である（Van Schendel 2002）。スコットは、スヘンデルが示した空間のうち、現在の中国、ベトナム、ラオス、カンボジア、タイ、ミャンマー、インドの国境付近に位置する標高三〇〇m以上の山地地域に範囲を限定しゾミアという語を用いている。東南アジア大陸部では、稲作が行える低地平野部に穀物と人口が集約する国家空間が形成されてきた。スコットによれば国家による支配から逃れる人々が、高地の山地地域、つまりゾミアで暮らし狩猟採集、焼畑などの生業を行ってきた。国家からの支配を逃れるべくかれらは文字を捨て非階層的な社会構成のもとで生きてきたという。低地の国家の支配力は標高を越えて及ぶことはなかったことから、ゾミアでの暮らしを「支配から逃れる技法」としている（スコット 二〇一四）。

ゾミアの生態学的環境は、難民の逃避行を支えている。ミャンマー軍による焼き討ちや強制移住により町や村を追われた人々は、ジャングルのなかで国内避難民として逃避行を続ける。厳しい環境を生き抜くために利用できるのは、雨風を凌ぐ簡易家屋をつくるための竹や葉である。これらはキャンプの住居でも用いられている（ただし森林伐採を予防するためキャンプの建築資材は提供される）。決して極論ではなく、過去の逃避行を振り返って米さえあれば森で暮らすことができたという指摘もある。というのも、自生する食用葉（カヤー語でイホリ、タクワレ）や、タノーやタノーバという木の皮、川魚、バナナなどの果物をとって食べることができるからである。

一九八〇年代に越境してきた難民A氏（女性）は、国境貿易で用いられてきたルートをもちいてタイ側へ移動してきた。彼女は、出身村から国境付近の村まで徒歩五日間かかり、毛布、鍋、コップ、米を六〇杯ほどと塩のみを持参したという。[1] これ以外の食料は道中で確保した。同様の時期に越境してきたB氏（男性）は、米を二五杯分、妻は一五杯分、毛布、服、鍋（鍋のなかにも米を四杯分）を持参し、塩、油、味の素、唐辛子があれば、川魚や鹿など食べるものはたくさんあったと振り返っている。

「新ナイソーイ村」とタイの村落名を冠したキャンプには、別名がある。タイ語では「トラクター村」と「水牛村」と呼ばれ、難民が用いるカヤー語では「ノーパア」という。トラクターと水牛は、キャンプ付近の国境ポイントを経由してミャンマー側へ運ばれていたチーク材を運搬するために用いられていた。そしてノーパアとは、水牛が泥浴びをするような足場の悪い場所を指すカヤー語である。この国境ポイントのミャンマー側には、通称で売り買い所（*yaun we ye*）と呼ばれる場所があり、交易の要衝になっていた。ミャンマー側のカヤー州はタングステンやスズなどの鉱物が豊富である。ゾミアの特徴をもつ当地のなかでも、キャンプの場所は交易拠点としてミャンマーとタイを往来する人々の生活圏の延長線上に位置づけられる。

難民の逃避行と生存は自然環境にささえられているが、この地理的、生態学的環境を最大限利用しているのが、ミャンマー軍政に抵抗する反政府組織、カレンニー民族進歩党（Karenni National Progressive Party, 以下ＫＮＰＰと表記）である。交易の国境ポイントを管理していたのはＫＮＰＰで、一九八〇年代には水牛一頭あたり二五チャットを税金として徴収し、国境を通過する物品に一〇％の関税をかけて徴収していた。タイ・ミャンマー国境線上にあるＫＮＰＰの軍事拠点ヤムー（図14‐2の■印）は、この地域で最も高地の標高約一〇〇〇ｍに位置する。メーホンソーンは霧の町として知られているが、ヤムーからは他の山々にかかる霧を見下ろすことができる。反政府組織は軍事力ではミャンマー国軍に圧倒的に劣るので、戦闘に勝利することはできないが、地の利ゆえに負けることもない闘争を継続している（写真14‐1）。こうした地政学的な条件は、紛争を長期化させ結果として難民生活も長期化させている。またキャンプに軍服を着た兵士はいないものの、キャンプは実質的な兵站を担っている。そしてキャンプの後背地として位置づけられるのがタイのナイソーイ村である。

難民キャンプからヤムーまでは徒歩約一時間半〜二時間で、ＫＮＰＰの武装蜂起の記念日や指導者の殉教者記念日には、多くの難民がヤムーで行われる式典に参加する。難民が式典に参加し、ある程度のシンパシーを武装抵抗運動に示すのには、ミャンマー軍へ抵抗することだけでなく、ゲリラ兵の案内のもとキャンプまでの避難してきた者もいるからである。カヤー州の州

写真 14-1　山頂に掘られた塹壕（上）とヤムーの前線の見張り（下）

都ロイコーから難民キャンプまで徒歩で最大七日間かかるという。兵士たちは、越境術として川の場所と名前を記憶している。その日毎に目指す川があり、移動に見込まれる日数分の米を持参することで移動の目処をたてている。写真14・2は、越境して活動する組織が用いる地図で、地図の右側にある太線が国境線で、それ以外の線が川を指す。この地図には、地名とともに川の場所が記されている。ゲリラ戦を展開し地理に詳しい兵士は難民の越境を手助けしている。

　ジャングルを歩いてくる以外にも方法はある。図14・2で示した国境ポイントのうち北側（地図上部）の地点（ＢＰ９）は、乾季のみ使える未舗装の道路がある（雨季はぬかるんで自動車は走れない）。この道路を使えば州都ロイコーまで一日で移動することができる。国境からロイコーまでは直線距離で約七〇㎞だが移動にはまる一日かかる。直線距離では近いがアクセスが困難というゾミアの性質を示している。また南側の地点（ＢＰ10）は、両国を流れるパイ川に位置しボートを用いて越境することができる。しかしＢＰ10は、現在、ミャンマー側に掌握されている。

　このパイ川沿いにあるのが、首長族として知られているカヤン観光村である。この観光村は、一九八〇年代末までは、ミャンマー側にあったＫＮＰＰの軍事拠点（図14・2の×印）のウェプロンという場所にあった。当初、カヤン観光はＫＮＰＰがタイのビジネスマンと協力して行う国境越えツアーとして実施され、観光で得た収入が紛争の資金源となってきた。またその外見が印象的なカヤンを、ＫＮＰＰは紛争の広告塔として用いていた時期もある。つまり観光と紛争は表裏一体だったのである。一九八九年にウェプロンが陥落すると、観光村はタイ側へ移動し、地図上の三村（図14・2の〇印）が形成された。このカヤン観光の成立と展開について詳しくは拙著（久保 二〇一四）で述べているが、ここでは、図14－2で示したアクター間の関係に即して整理する。

まず、すべての観光村からヤムーへ移動可能である。難民キャンプからヤムーへは徒歩でしか移動手段がないが、カヤン観光村の一つからは車を利用して山麓まで移動することができる場所もある。食料などの物資を運ぶことも可能で、このルートで武装組織の式典に参加する者もいる。観光村には、軍服を脱いだ兵士の出入りも（常時ではないが）あるが観光客には分からない。リングを首に巻いた女性が対象の観光地で男性は目立たない。ウェプロンが陥落して以降、カヤン観光はタイ当局の管理下にも置かれることにもなり、観光村の位置づけには曖昧な部分があった。それはミャンマーから越境してきた難民でタイ国籍をもたない反面、難民キャンプではなくタイの村落に居住するというダブルスタンダードにあらわれている。カヤン観光村で育った子どもは、タイのＩＤカードがないため中学、高校は村内ではなく難民キャンプの学校へ通う。地理的には離れているものの、観光村と難民キャンプに連続性があり、この両者を結びつけたのが武装組織である[2]。

写真 14-2　国境域の地図

これまでゾミアの自然環境を強調してきたが、これは難民キャンプの西側（難民が越境してくるミャンマー側）からみた地理的条件である。他方で東側、つまり平地であるメーホンソーン市内の方向へ目をむけてみると、別の側面を指摘することができる。

第三節　もう一つの公共性

メーホンソーンはタイ北部の西端に位置する。メーホンソーンに陸路でアクセスする場合は、タイの第二の都市チェンマイから、旧日本軍がつくった一八六四ものカーブがある山道をとおることになりミニバンでも六時間はかかる。メーホンソーンは観光地なので、チェンマイやバンコクから飛行機でアクセス可能で、チェンマイからの飛行時間はわずか三〇分である。このようなアクセスのよさもあり、メーホンソーン市内には国連難民高等弁務官事務所や国際ＮＧＯの事務所がある。難民キャンプはメーホンソーン市内から約二六km、四輪駆動車で約四五分の距離にあるため、市内から日帰りで業務を行うことができる。難民のなかでも重症患者は、市内の病院に搬送される。難民キャンプは国境付近に設置してあるものの町からのアクセスは悪くない(3)。

キャンプの最寄りの行政村であるナイソーイ村は、市内から約二〇kmに位置し、道路も平坦である。ナイソーイ村からキャンプへは未舗装の山道が約六km続き、徒歩で一時間ほどかかる。難民キャンプが「新ナイソーイ村」と呼ばれるようにナイソーイ村とキャンプの関係は深い。法制度上、難民の就労は禁止されているが村とキャンプは相互依存的な関係にある。すなわち難民キャンプは地域社会への安価な労働力の供給源になっており、難民もまた現金収入を得ることで支援の不足分を補っている。キャンプ周辺では、難民は季節労働者として、稲作、にんにく、タマネギ、唐辛子、大豆、キャベツなどの野菜栽培や蜜柑畑での仕事や建設業に従事する。日当はタイ人より安い。二〇〇四年時点で四〇～六〇バーツ（タイ人一八〇バーツ）、二〇一一年で一〇〇～一二〇バーツ（タイ人は二〇〇バーツ）、二〇二三年で一八〇～二〇〇バーツ（タイ人は三〇〇バーツ）である。

難民の多くはカヤー民族だが、ナイソーイ村はシャン民族の村である。両者は言葉で意思疎通できないが、単純な肉体労働なので、タイ語やシャン語で会話する能力は必要ない。それゆえ日当を不払いにされることもあるが、ここには言語的コミュニケーションによらない社会の一端もみえる。在留資格があり、雇用主という点でナイソーイ村の住民の方が、難民よりも強い立場にある。しかし、キャンプ外の住民もまたキャンプの存在に負う部分もある。難民キャンプとは、難民の管理と隔離、効率的な支援のための装置として、国家や支援組織の都合でつくられたものである。しかし難民キャンプは、付近の住民のインフラとなっている一面もある。例えば町の病院へ行く代わりにキャンプのクリニックを利用することもあった[4]。通行許可証が必要なゲートを迂回しバイクが通れる裏道があるので徒歩でいく必要もない。あるいは不倫をして観光村に居場所がなくなったのでキャンプに居を構えるといった事例もあった。さらに難民キャンプはミャンマー側の人々（非難民）にとってのインフラでもある。特にミャンマーの辺境地よりも教育環境が整っているので、キャンプの寄宿舎で暮らしつつ就学する子どももいる。

このような目的外の利用は、収容所としてのキャンプの制度設計にはないものだ。この曖昧さは、国境域の人やモノの移動の特徴としてアブラハムとスヘンデルが提示した「違法（illegal）だが社会的に容認（licit）」されている状況そのものである。彼らは、合法（legal）と違法（illegal）、容認（licit）と否認（illicit）の四象限に分けて空間と場所の特質を整理している。この分類によると、（A）合法（legal）かつ容認（licit）された領域とは、理想的な国家空間である。（B）違法（illegal）だが容認（licit）された領域は国境域や犯罪が黙認された社会を指す。ここでの犯罪とは、暗黙裏に流通するコピーDVDなどを例示している。また（C）合法（legal）だが社会的には否認（illicit）された領域を縁故資本主義や失敗国家とし、（D）違法（illegal）かつ否認（illicit）された領域をアナーキーと整理している（Abraham & Schendel 2005: 20）。こうした整理からみえてくるのは、法という国家秩序の不在は、無秩序ではないということである。国境域とは複数の競合する権威（authorities、本書の関心に照らせばカネと権力）が交差してつくられる空間である（Abraham & Schendel 2005: 23）。

本章の冒頭で述べたとおり、難民とは招かれざる他者である。そのため「理解」と「合意」ある受け入れが求められている。そのためには後天的に獲得した言語コミュニケーションで社会に参加することが求められる。難民に自助努力が求められるのは、そもそも難民とは国外から来た違法（illegal）な者で社会的にも容認されない（illicit）存在だからである。そのため難民が公的支援を受けることを問題視し、福祉国家を難民から守るという福祉排外主義が台頭する。つまり、難民とはパラサイト（セール 二〇二一）なのだ。他方でここでみてきたのは、難民が違法（illegal）だが容認（licit）されている実情である。難民が容認されるのは、キャンプに目的外の利用価値があることだけが理由ではない。難民の社会的な位置づけは、近年パラジットへと変化しつつある。パラジットとは、弱者でありながら他者との関係で優位にたつもので、自分自身よりも強い人間を利用し、使いこなしさえする無力な存在である（セール 二〇二一）。

タイの難民キャンプでは二〇〇五年以降、難民の第三国定住がすすみ数万人の難民が先進諸国へ定住した。第一陣が出国してから二〇年近くが経過し、生活が安定してくると難民キャンプへモノやカネが送られるようになった。しかし、難民には国籍がなく銀行口座もないし町へのアクセスも容易ではない。そこでモノやカネを受けとる窓口となっているのがナイソーイ村である。村の住民は送金の手数料を徴収することで、経済的な利益を得るようになった。またメーホンソーン市内では、国際輸送のＤＨＬのオフィスが開設され、毎日のようにモノが村まで運ばれていく。ナイソーイ村にも郵便局が開設されたが、これは海外からの送金やモノの授受が増えたからである。

こうした難民がもたらす経済的利益に着目すると、周辺村が難民に依存（パラサイト）している状況も生み出されている。難民自身は持たざる者だが、難民のネットワークがもたらすカネは、難民を社会的に容認（licit）できる者に変化させている。このような違法だが容認された領域こそ、諸アクターが構成するシステム外のシステムとしての「もう一つの公共性」である。

第四節　支援というアクター

最後に検討するのは、国際ＮＧＯによる支援というアクターの位置づけである。まずは自然環境や武装組織などの諸アクターの存在が支援のあり方を方向づけていることを確認する。キャンプが設置されてから間もない一九八四年三月、援助のニーズを把握するためＮＧＯの代表団がキャンプを訪問した。報告書によれば、キャンプはつくられたばかりで、建設中の建物も多く建築資材や水は自給できているようだった。支援物資を把握すべく、ＮＧＯがキャンプリーダーに必要なものを尋ねると、決まって「米が必要だ」という答えが返ってくる。他には何が必要かと尋ねると、しばらく間をおいて「米だけでいい」と答えた。本当に他に何もいらないのかと念を押すと、ためらいがちに「もっと米を?」と答えたという（BBC 2004: 19, 43-46, 110）。

このエピソードが示すように、自給的な環境が難民支援の方向性を決めている。また武装組織の管理下にあるという点で、キャンプは最初期からすでに統治されていた。一九九〇年代になり、難民数の増加とキャンプの統廃合でキャンプは巨大化した。八〇年代にみられたほどの余裕は失われたが、現在でも豊かな自然環境は難民の生存を支えている。またナイソーイ村での就労で現金収入を得て支援の不足分を補い、近年では国際送金が難民の生活を支えている。こうした実態を踏まえて、二〇一八年以降は、米や油など支援物資の現物支給から、フードカードという現金がチャージされたカード決済システムが導入されるようになった(5)。

支援機関は物質よりも、難民保護にかかわる知識やサービスを提供するようになった。これには難民の「能力開発」を意図したものがある。具体的には、女性の権利、ジェンダー暴力の知識と予防、コミュニティ・マネージメントやフード・セキュリティなどである。これらはそのまま英語表記で表現されることも多い。これらの支援プロジェクトは、難民の自立(self-reliance)を促すためのものでもある。ここでは知識や組織の運営、管理方法を難民自身が学ぶことで、主体的にキャンプ運営に携わることが期待されている。実際に、国際NGOの支援を現場で実施するのは、キャンプにベースをおき難民自身からなる組織CBOs(Community Based Organizations)である。外部機関のプロジェクトを実行するために、キャンプではさまざまな委員会が組織される。そしてこれらのCBOに支払われるのは、自立のための動機づけ(インセンティヴ)としての金銭である。

こうした組織化は、国際支援機関が求める会計監査文化に対応するためでもある。すなわち、プロジェクトを成立させるための一連の流れ、つまりニーズと期待される成果を明示した支援プロポーザルの執筆、予算、実施とモニタリング、会計報告と成果を明示した事後評価である。このような会計監査文化は、カレンニー難民キャンプでは、二〇〇〇年代前半にNGOが講習会を実施し浸透していったが、現在では経験として蓄積されている。委員会をつくることで問題やテーマごとの「コミュニティ」や「受益者」を可視化し、議長、書記、会計、連絡係などの役割分担と責任の所在が明確化される。官僚機構とは上意下達式の命令系統を特徴とするが、この組織化が示すように官僚機構は下からも、つまり難民自身によっても支えられている。実際に「自立」や「自助」など支援の用語で説明される事柄は、難民が求める境涯をうまく表現できる。そのため難民自身も支援者の用語を用いて支援を引きだす。このことを学習していくのが、難民化のプロセスでもある。難民化とは支援の枠組みを外延としつつ、それを人々が内在化していくプロセスでもある（久保二〇一一）。

写真14・3は、カレン難民キャンプのキャンプ委員会事務所に貼られていた絵である。難民の委員が描いたもので、内在化の側面をよく描いている。ヒトの顔が中心に描かれ、その周囲に書かれている英語の略称からの指示線がヒトに向かって伸びている。英語の略称は、国際NGO、難民の自助組織、ミャンマー政府、ミャンマー国内の軍事組織や、タイ内務省、国連難民高等弁務官事務所などの組織名で、第三国定住や本国帰還という文字も並ぶ。そして指示線の先にあるヒトの頭の脳みそは、refugee（難民）という文字で表現されている。

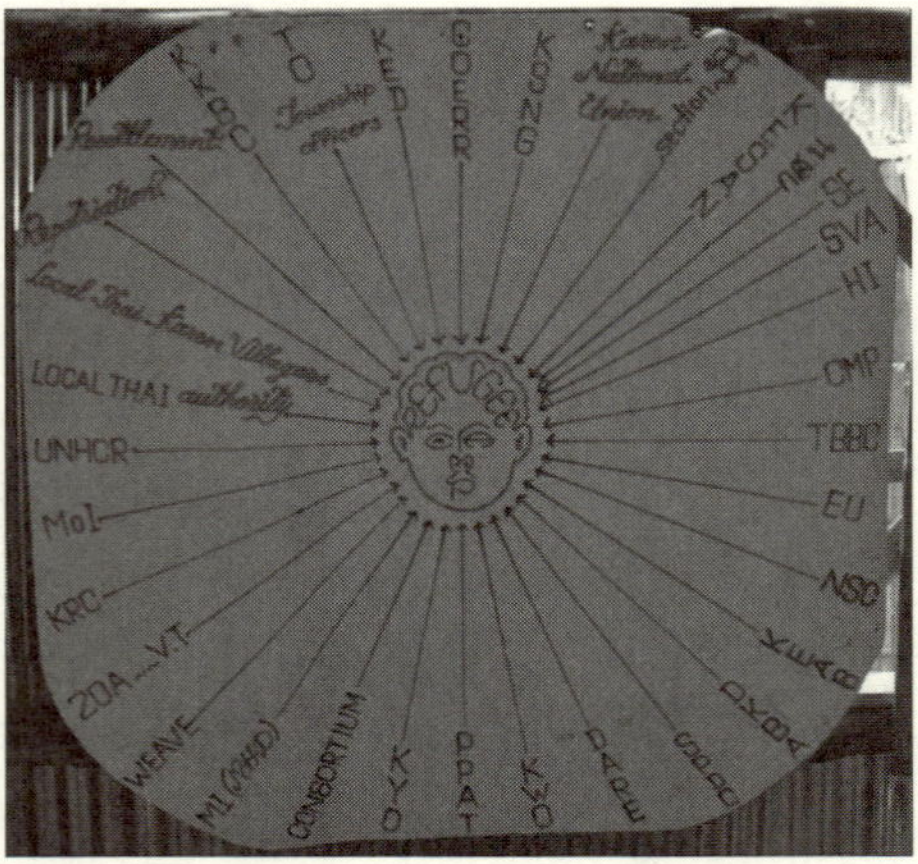

写真 14-3　難民が描いた難民の絵

この絵は、さまざまな組織や事柄が「難民」を動かすアクターであることを示す。人々は、彼・彼女らをとりまくさまざまなアクターとの関係から難民としての自己を認識する。この絵からは「あるもの」ではなく、複合的な関係性のなかで「なるもの」として難民を捉えなおすことができる。

ただし「なるもの」としてのあり方も流動的である。例えばプロジェクトを動かすためのCBOや委員会は、プロジェクトの終了、つまり予算の終了とともに雲散霧消することは珍しくない。カネの切れ目で支援が途切れ組織がなくなることは、自立とは真逆の意図しない帰結であろう。実際に次のようなことが起こったこともある。キャンプには障害者がいるが、かれらに対してはインフォーマルな扶助活動があった。しかしある年に、NGOの支援プロジェクトとして障害者支援が行われるようになり扶助は自然消滅した。やがてプロジェクトの終了を迎えると支援は終了し、扶助もすでに消失してしまったので障害者だけが取り残されることになったというものである。

支援者の世界と難民の世界は、プロジェクト単位で接合と分離を繰り返すことになる。ここには、ミャンマーに特有の人間関係のあり方もみられる。高橋はミャンマーの農村社会の特徴を、「なぁなぁでやる・暗黙の了承（ナーレーフム）」に集約できると指摘する（高橋 二〇一二、二〇二一）。ミャンマー農村の社会関係は、日本の共同体的な結束をもたず、個人を媒介とした二者関係の累積体である。この関係性では、友人や知人であるという「間柄の論理」と、特に用事はないが頻繁に会う「頻回の論理」で、社会的ネットワークと情緒的絆がつくられる。こうした累積的な二者関係に、葬式やパゴダ建設などさまざまな「触媒」が作用し、特定の目的の集団がつくられる。ただしこの集団は、個々人の利害関係や社会的、感情的関係をもとにするので安定性を欠き、継続性も担保されない。しかし、そのぶん対人関係においても対集団関係においても「いつでもやめられる」という「絶縁」の自由さがミャンマーの村にはある（高橋 二〇一二：一七一―一八一）。

この特徴はキャンプにみられる社会関係と組織化にも合致する。知己であることに加え、用事はないが互いに訪問をすること（頻回の論理）は、人々の社会関係を理解するうえで重要な要素である（久保 二〇一四：二九三）。この関係性に触媒として作用するのが、支援プロジェクトというアクターである。ただしこれは二者関係の累積を繋ぐ触媒で、強固な集団化や継続性をもつとは限らない。支援者や人類学者は、難民の組織化やインセンティヴを得て行われる主体的な活動を評価する傾向にある。しかし、難民による自律的な活動を支える論理は、西洋近代的な合意や理解をベースにしているものではなく、「いつでもやめられる」自由を含む関係性である。このような「いい加減で、臨機応変な」社会関係のあり方もまた、支援を成立させる（頓挫させる）アクターである。

第五節　自然環境と社会制度の相互依存

本章では、ANTの視点に基づき、国境域の自然環境、ゲリラ戦の軍事拠点、観光、町や周辺村との関係、支援というアクターの働きに着目して、「難民」や「難民キャンプ」という人工物のあり方を再考した。ラトゥールは自然（非人間）と文化（人間）の領域の区分は自明ではなく、ハイブリッド化したものとして論じている。ハイブリッド化とは、自然と文化、非人間と人間からなるハイブリッドなネットワークをつくりだす働きのことである。ハイブリッド化と対極にあるのが純化で、これは自然と文化、非人間と人間を互いにまったく異なる存在として区分する働きを指す。ハイブリッド化に着目することで、例えばオゾンホールや地球温暖化といった問題がもつ自然（非人間）の側面と、政治・社会・文化（人間）の側面を関連づけて議論することができる。非人間と人間は互いを支え合う相互依存関係にあり、この二つの働きが共存しているのが近代の特徴である（ラトゥール 二〇〇八）。

本章でみてきたように、難民キャンプという近代が生み出した収容施設で、ケアと管理の技術で精緻化された支援という人間の領域は、キャンプをとりまく生態学的な環境に依存している。人間を中心にすえると「難民が流入しキャンプが設置された」と描写できるが、自然環境を主語にして、「食料や建築資材を確保できる森に囲まれた環境が、キャンプ設置を可能にした（人を難民にした）」ともいえる。同様に「紛争の長期化が、難民生活を長期化させた」という説明も、「ゲリラ戦に有利な地形が紛争を継続させ、避難生活の長期化を招いた」とも言える。その一方で、こうした地勢こそが難民の逃避行を支えてもいる。このような説明の互換性が示すように自然の領域と人間の領域は相互依存的な関係にある。

一方で、町がありアクセスがよい平野部がアクターとして果たす側面も見逃せない。カヤン観光とミャンマーの紛争は表裏一体で展開してきた。メーホンソーンという町は、外国人向けの観光地として発展し、海外のＮＧＯ職員にとっても支援業務が行いやすい場所である。またタイは政策上、難民に国籍付与をすることはないが、三〇年以上にわたる月日というアクターもまた、難民の存在を「違法だが容認されている」ものとして既成事実化してきた。支援や統治する側の「ケアと管理の技術」で、人は難民としてカテゴライズされていく。難民自身もまた、支援する側の論理をもちいて自己組織化しプロジェクトを実行していく。このように、支援は人を「難民」として純化する働きする。しかし、支援プロジェクトという触媒がつくる組織は長く続かない。そのため純化の作用は一時的なものである。さらに、この場所では、支援のあり方は自然環境と立地環境に方向付けられているため、当事者たちは常に「難民」として振る舞い続ける必要はない。

人類学的な難民研究の意義とは、困難ななかにある難民のエージェンシーを積極的に描き評価することに違いはないだろう。しかしこうした人間の意図や行為に焦点をあてるほどに後景化させてしまうのは、その行為を可能にしている自然環境を含むアクターと、それらの連関（つながり）である。自然環境や村、軍事拠点、キャンプなどのアクターの配置、それぞれのアクターがレイヤーとなり重なり合う点に、制度としてある公共性をこえた「もう一つの公共性」がある。そして本章でとりあげた非人間的、つまり自然環境、地勢、武装拠点、難民キャンプ、観光村、町と村落、難民支援など、連関（つながり）をもたらすアクターに、人間を加えることもできる。人間とはすなわち、難民、村民、観光客、支援者であり、かれらは必ずしも一箇所には留まらず、その時々の状況におうじて移動する人々である。人の移動が、位相の異なるアクターを結びつけている。

［付記］本論の執筆にあたり国立民族学博物館共同研究「カネとチカラの民族誌――公共性の生態学にむけて」（代表：内藤直樹）のメンバーから貴重な助言をいただいた。特に、岩佐光広さんからは草稿のリライトについての建設的な助言を頂いた。本研究はＪＳＰＳ科研費 JP19H01391 の助成を受けたものである。調査でお世話になった関係者各位にも謝意を表したい。

注

（1）ここでの一杯分とは、一ノジブ、すなわちイギリス植民地時代に流通していたコンデンスミルク缶の容量一四オンスを指すと考えられる。

（2）現在は、観光村の子どもにはタイ国籍が与えられているが、成人には外国人登録証しかない。子どもはキャンプの学校ではなくメーホンソン市内の学校に通うことができる。難民観光であったカヤン観光がタイ化していく経緯については別稿で論じる。

（3）逆にキャンプから市内へのアクセスもよい。そのためかつて市内には、ＫＮＰＰの総司令部や難民が組織する団体の事務所が二〇〇八年頃までは設置されていた。しかし不法滞在の取り締まりが強化されたためそうした事務所は、キャンプの最寄りの行政村であるナイソーイ村に移動している。

（4）ただし近年ではこうした利用法はみられなくなってきた。難民支援の方針として、キャンプだけでなく周辺村も開発することが定められており、ナイソーイ村もキャンプとともに発展してきたからである。また別の難民キャンプでは、「捨て子」をするための施設としてキャンプが利用されている側面もある（久保 二〇一六）。

（5）この点については別稿で論じる。

文献

久保明教 二〇一九『ブルーノ・ラトゥールの取説』月曜社。
久保忠行 二〇〇九「タイの難民政策――ビルマ（ミャンマー）難民への対応から」『年報 タイ研究』九：七九―九七。
―― 二〇一一「難民の人類学的研究に向けて――難民キャンプの事例を用いて」『文化人類学』七五（一）：一四六―一五九。
―― 二〇一四『難民の人類学――タイ・ビルマ国境のカレンニー難民の移動と定住』清水弘文堂書房。
―― 二〇一六「分析概念としての〈難民〉――ビルマ難民の生活世界と難民経験」白川千尋・石森大知・久保忠行編『多配列思考の人類学――差異と類似を読み解く』風響社、二四七―二六六頁。
栗本英世 二〇〇二「難民キャンプという場――カクマ・キャンプ調査報告」『アフリカ・レポート』三五：三四―四八。
―― 二〇〇四「難民キャンプという空間――ケニア・カクマにおけるトランスナショナリティの管理と囲い込み」『境界の生産性』小泉潤二・栗本英世編、大阪大学二一世紀COEプログラム「インターフェイスの人文学」九九―一一四頁。
塩原良和 二〇二〇「「違う世界に住む」他者と共生するために――オーストラリアの庇護希望者政策と多文化主義をめぐる省察」『難民研究ジャーナル』一〇：四六―五九。
スコット、J. 二〇一四『ゾミア――脱国家の世界史』みすず書房。
ストラザーン、M. 編 二〇二二『監査文化の人類学――アカウンタビリティ、倫理、学術界』丹羽充・谷憲一他訳、水声社。
セール、M. 二〇二一『パラジット――寄食者の論理（新装版）』及川馥・米山親能訳、法政大学出版局。
高橋昭雄 二〇一二『ミャンマーの国と民』明石書店。
―― 二〇二二『ミャンマーの体制変換と農村の社会経済史』東京大学出版会。
丹羽充・谷憲一 二〇二二「訳者あとがき」ストラザーン編『監査文化の人類学』水声社、四三五―四四〇頁。
バウマン、Z. 二〇〇七『廃棄された生――モダニティとその追放者』中島道男訳、昭和堂。
片雪蘭 二〇二〇『不確実な世界に生きる難民――北インド・ダラムサラにおけるチベット難民の仲間関係と生計戦略の民族誌』大阪大学出版会。
松田素二 一九九九『抵抗する都市――ナイロビ 移民の世界から』岩波書店。
水島治郎 二〇一二『反転する福祉国家――オランダモデルの光と影』岩波書店。

村橋勲 二〇二二『南スーダンの独立・内戦・難民——希望と絶望のあいだ』昭和堂。
モーリス＝スズキ、T．二〇〇四『自由を耐え忍ぶ』辛島理人訳、岩波書店。
吉岡政徳 二〇〇〇「歴史とかかわる人類学」『国立民族学博物館研究報告別冊』二一：三一–三四。
ラトゥール、B．二〇〇八『虚構の「近代」——科学人類学は警告する』川村久美子訳、新評社。
—— 二〇一九『社会的なものを組み直す——アクターネットワーク理論入門』伊藤嘉高訳、法政大学出版局。
Abraham, I. & W. Schendel 2005. Introduction: The Making Illicitness. In *Illicit Flows and Criminal Things: States, Borders, and the Other Side of Globalization*. Indiana University Press, pp. 137.
Burmese Border consortium（BBC）2004. *Between Worlds: Twenty Years on the Border*. Burmese Border Consortium.
Nyers, P. 2006. *Rethinking Refugees: Beyond States of Emergency*. Routledge.
Malkki, L. 1995. Refugees and Exile: From "Refugee Studies" to the National Order of Things. *Annual Review of Anthropology* 24: 495-523.
—— 1996. Speechless Emissaries: Refugees, Humanitarianism, and Dehistoricization. *Cultural Anthropology* 11: 377-404.
Van Schendel, W. 2002. Geographies of Knowing, Geographies of Ignorance: Jumping Scale in Southeast Asia. *Environment and Planning D: Society and Space* 20: 647-688.
UNHCR（United Nations High Commissioner for Refugees）2020. Site Planning for Camps. https://emergency.unhcr.org/entry/35943/site-planning-for-camps（最終閲覧：二〇二三年三月三一日）.

第15章　難民がつくる都市
――サハラ以南アフリカにおける難民の経済活動

内藤直樹

第一節　難民キャンプのランドスケープ

（一）難民と難民キャンプ

難民キャンプという言葉を聞くと、地平線の先へと続く白いテントで埋め尽くされた光景が目に浮かぶかもしれない。あるいは、配給された食料に依存せざるをえない生活だろうか。いずれにせよ、故国に戻ることができるその日までの、「仮ぐらし」をせざるを得ない人々が生活している場所というイメージをもつのではないだろうか。大学生などに聞いてみると、故国とは異なる場所で、故国に戻るまでの時間を、国連難民高等弁務官事務所（UNHCR）をはじめとする国際機関やNGO等による援助に依存した生活をしている、といったイメージを抱いている人が多い。

一九五一年に国際連合全権委員会議で採択された「難民の地位に関する条約」によれば、難民とは「人種、宗教、国籍もしくは特定の社会的集団の構成員であることまたは政治的意見を理由に迫害を受けるおそれがあるという十分に理由のある恐怖を有するために、国籍国の外にいる者であって、その国籍国の保護を受けることができない者」とされている。すなわち難民とは、「迫害のおそれ」があることを理由に保護の対象にあり、国籍国の外に「国民ではない者」として滞在する人びとである。この条約によれば、難民は庇護国のなかを自由に移動したり、労働をしたり、市民として政治参加をする権利がある。

この条約をもとに庇護国による難民認定を受けた人々は、「条約難民」として国際的な難民庇護の恩恵を受けることができる。さらに庇護国による難民認定を受けなかった人々に対しても、UNHCRが独自に「マンデート難民」として認定し、支援を行うことがある。二〇二二年末には、全世界で一億八四〇〇万人が、紛争や迫害等が原因で家を追われた。このうち三五三〇万人が国籍国からの避難を余儀なくされている難民であり、六二五〇万が国籍国内での避難を余儀なくされた国内避難民である。さらに、五二〇万人の庇護希望者がいる。このうち、UNHCRの庇護下にある難民は二九四〇万人である。今世紀以降、難民の数は右肩上がりに増加し続けている。難民の数が増加の一途を辿っているのは、シリアやウクライナ、アフガニスタン、ベネズエラ、スーダン、南スーダン、コンゴ、エチオピア、ソマリア等で紛争が発生・継続しているためである。こうした紛争は長期にわたって継続することが多い。そのことが、五年以上にわたる難民生活を余儀なくされている長期化難民を増加させている。

最も多くの難民を受け入れている国はトルコであり、イラン、コロンビア、ドイツ、パキスタンと続く。このように難民受入上位国には、ドイツやイラン、トルコのようにGDPが高い先進国や新興国が含まれている。他方で、難民受入国の七六%は、後発開発途上国である。それゆえ難民の生活に関わる問題は、先進国と途上国の両方にかかっている。ほとんどの難民は、庇護国の政府や国際機関、NGO等によって用意された建物や自分で作った家で暮らしている。それらは、難民にとって馴染みがある場所ではないが、そこでは彼らなりの生活が営まれている。これに対して「難民キャンプ」は難民だけが暮らす、庇護国や地域に設置された特別な場所のことを指している。難民キャンプは庇護国の周縁地域に設置されることが多い。そこでは国際機関などによる食料配給と、医療・福祉・教育などの支援が行われている。こうした難民キャンプの人口は、数十万人規模に達することがある。その意味で、難民キャンプとは極めてグローバルな都市空間である。他方で、キャンプで暮らす難民は、自由な外出が制限されることが多い。これは難民の移動の自由を保障している難民条約に抵触している政策であり、国際社会による批判の対象になっている（Veney 2007）。故国を離れて庇護国で暮らすということは、あるべきでない事態である。また、難民キャンプは、難民条約に抵触している、あるべきでない場所である。すなわち難民キャンプとは、二重の意味であるべきではない、可及的速やかに無くなることが望ましいような、一時的な場所である（Malkki 1995）。他方で、そこには医療・

福祉・教育等に関する国際社会からの支援が、高度に集積するグローバルで都市的な場所である（栗本 二〇〇二）。

本論では、難民のキャンプ収容政策をとっているアフリカのケニアとタンザニアを対象に、「あるべきではない場所」であるはずの難民キャンプのランドスケープが、グローバル、ナショナル、ローカルな力のせめぎ合いの中でいかに創発するのかについて考察する。とくに、難民やホストによる電子マネー等をも駆使した経済活動が、独特の相貌をもった都市的な場所を創り出す動態を検討する。

（二）パッチ状の人新世

チンら（Tsing, et al. 2019）は、産業革命以降の人間活動の累積的な効果として生じた不可逆的な環境の変化によって、世界各地で予想外の出来事が発生するようになった人新世に関する人文社会科学的な議論に対して、観察可能な個別具体的な場所としてのパッチ状の人新世（patchy anthropocene）の景観に焦点をあてるアプローチを提示した。そうすることで、人新世の問題を帝国主義や産業資本主義の拡大以降の具体的な景観史の問題へと読み替えようとしている。

ここでいうパッチ（patch）とは、人間や異種生物および物質の集合体としての景観の形態学的なパターン（morphological pattern）が歴史的に形成される動態を観察するために、景観生態学（landscape ecology）から借用した用語である（Tsing, et al. 2019: S188）。景観構成要素に注目することで、私たちが個別具体的な景観の形態やその構成に関わるさまざまな存在に気づき、それを読みとる能力としての景観リテラシー（landscape literacy: Tsing, et al. 2019: S188）を高めようとしている。景観リテラシーを高めるとは、しばしば「とるにたらない」あるいは「人類学の対象ではない」と考えられてきたような、さまざまな存在による「非意図的な」働きかけのダイナミクスや、そうした働きかけの網の目に人類学者も参与している可能性に気づくことに他ならない。

チンら（Tsing, et al. 2019）が借用したランドスケープとは、任意の空間スケールで認識されるパッチ・コリドー・マトリックスといった景観構成要素（landscape matrix）が「相互に関係しあう生態的システム」を形成している状態（鎌田 二〇二二）である。パッチは、こうした景観構成要素の一種である。景観構成要素とは、任意のスケールで景観を見たときに内部が均質だと認識できる最小の空間単位である。このうち面的な空間（森林や草地）をパッチ（patch）、線的な空間（河川や並木）をコリドー（corridor）、パッチやコリドーを浮かび上がらせる背景的空間（広大な森林や草原あるいは耕作地）をマトリックス（matrix）と定義する。これにより、どのような空間スケールであっても、景観のパターンをパッチ・コリドー・マトリックスという三種の景観構成要素の面積・形状・個数・隣接関係等で記述することができる。

次に景観構成要素が「相互に関係しあう」とは、たとえば日本の農村地域の代表的な景観である里山が山地の森林・平地の森林・草地・河川・ため池・用水路・耕作地・宅地等の景観構成要素がモザイク状に配置されることで形成されていることを意味する（鎌田 二〇二二）。たとえば里山の耕作地でよく栽培されるソバの結実量は、花粉を媒介するハナバチの個体数によって決まる。だが、ハナバチの個体数はソバ畑というパッチ周辺の森林の面積と質で決まる。このようにハナバチは、ソバ畑と森林という二つのパッチを結びつけて、里山景観に影響を与えている。つまり景観生態学では、特定の景観構成要素だけをとりあげるのではなく、それを外部の景観構成要素とのつながりのなかに位置づけて考えている。

こうした景観生態学的な方法論は、帝国主義や産業資本主義がもたらしつつある惑星スケールの影響としての人新世の問題を、個別具体的な景観生成をめぐるさまざまな存在による活動の問題として読み替えることを可能にする。景観生態学は、個別具体的な景観構成要素をその外部のさまざまな景観構成要素との関係を捉えて――人類学的にいえば文脈化しながら――全体的に理解しようとしてきた。「パッチ状の人新世」は、かつての植民地主義がプランテーションや鉱山のような景観構成要素に依存したシステムだったり、近年の化石燃料を使用する工場生産やコンテナ輸送によるグローバル資本主義の影響化にあるさまざまな景観構成要素の結びつきに焦点を当てている。本論でも、帝国主義や産業資本主義的なシステムの一部に組み込まれた景観構成要素の動態を読むという方法論を援用しつつ、個別具体的なランドスケープが、さまざまなスケールの影響を受けながら創発する動態を明らかにする。

第二節　難民の経済活動

(一) 長期化難民とグローバルコンパクト

難民支援が直面する課題は難民発生数の増加と「長期化する難民状態」(Protracted Refugee Situations) 問題への対処である。これまで難民問題の恒久的な解決策は自主的帰還、庇護国定住、第三国定住の三つとされてきた。だが、難民発生の主要な原因の一つである紛争は長期化する傾向にあるし、近年の難民庇護国は難民の受け入れに消極的である。また、第三国定住で受け入れ可能な人数は、発生する難民の数に比してあまりにも少ない。「長期化する難民状態」とは、これらの理由から難民状態が五年以上にわたって継続する状態である。現在は難民の七四%にあたる一五九〇万人がこの状態にあるが、難民数が右肩上がりで増加しているため、長期化する難民状態にある人々の数も増加すると考えられる。

これまで難民状態は「過渡的な現象」として捉えられていたため、UNHCRによる「緊急性の高い人道的支援」の対象であった。だが「長期化する難民状態」は、従来の「過渡的」モデルに基づく難民支援パラダイムに根源的な再考を迫っている (Loescher et al. (eds.) 2009)。これに対して難民に対する人道的支援と難民を受け入れるホスト社会に対する開発援助とを統合した包括的な支援を行う難民の地域統合が模索されてきた (Crisp 2005)。だが、これまで難民の地域統合政策は限定的な成功しかおさめていない。むしろ近年では、難民を犯罪者やテロリストあるいは一次庇護国の経済的重荷として見做す言説にもとづく排除的な政策がとられることも多い。その結果、難民の受け入れを制限したり、受け入れた難民の移動や就労等の自由を制限して難民キャンプ等に隔離収容する傾向も強まっている。

さらに、二〇一五年のシリア難民のEUへの流入による混乱をうけて、二〇一六年九月には国連総会で難民と移民の保護を促進するための「ニューヨーク宣言」が採択された。そこで制定された「包括的難民支援枠組み」(CRRF: Comprehensive Refugee Response Framework) に沿った実験的な支援を経て、二〇一八年の国連総会で「難民に関するグローバル・コンパクト」が採択された。グローバルコンパクトは次の四つの項目から成りたっている。①人道支援と開発援助の統合や途上国の難民受入国のインフラや公的サービスの整備を通じた「難民受け入れ国の負担軽減」。②支援に依存しない自立した生活の実現にむけた人材育成、移動・労働の自由の保証を通じた「難民の自立促進」。③難民受入数や受入方法の拡充による「第三国定住の拡大」。④難民発生国における平和構築・食糧安全保障・インフラ整備を通じた「安全かつ尊厳ある帰還に向けた環境整備」。

穿った見方をすれば、難民に関するグローバル・コンパクト採択には「途上国の問題」だったはずの難民のEUへの流入が大きな影響を与えているとみることもできるだろうし、そのために難民問題の恒久的解決策のうちの庇護国定住を拡大するためのメニューが整えられたともいえる。こうした傾向に対してオックスフォード大学難民研究センターを中心とした研究チームは、アフリカにおける難民の地域統合の阻害要因は、難民支援政策立案・実施者による難民の経済活動に対する誤った理解(「援助に依存する存在」としての難民仮説)にあると指摘した(Betts et al. 2014)。「援助に依存する存在」としての難民仮説は、①難民の経済活動はホスト社会とは独立しており、②難民を受け入れることはホスト社会にとって重荷であり、③難民の経済活動は同質的(homogeneous)であるという仮説から構成されている。ベッツら(2014, 2016)は、寛容な難民受入政策をとっているウガンダ国内の複数の難民キャンプと定住地を対象に、難民の経済活動(refugee economics)に関する体系的な比較研究を実施した。その結果、(a)定住地や難民キャンプとその周辺には巨大なマーケットや労働市場が創出されており、(b)それらはホスト社会にポジティブなインパクトを与えており、(c)そこで展開している経済活動も多様であることを明らかにした。

現在の難民支援の文脈では、「経済プレイヤーとしての難民」の能力強化に向けたさまざまな施策がとられている。たとえば①受益者のニーズと能力にあわせた尊厳・柔軟性・効率を提供し、受給者が経済的に自立することで受入地域の経済活動が活発になることを期待する「現金ベースの介入(Cash-Based Intervention: CBI)」や「多目的現金給付(Multi-Purpose cash Grants: MPGs)」がある。それまでおこなわれてきた食糧やシェルター等の現物支給とは異なり、携帯電話やキャッシュカードへの振込が中心となる。あるいは②雇用の拡大、公的サービスの改善、多様な選択肢の提供および難民とホストの社会経済的統合および援助依存解消を企図した難民とホストの就労・起業支援、能力開発、企業誘致等である。このように難民とホストの双方が「数字で測定可能な」経済活動のプレイヤーになることが期待された、さまざまな支援が行われるようになってきている。

（二）戦争状態のランドスケープ

難民キャンプにおけるランドスケープの動態を明らかにするためには、難民が「難民として」、そして難民を受け入れるホスト社会の人びとが「難民とともに」否応なしに長期にわたって生きていくという経験を、その生活の現場から理解すること（内藤 二〇一二、内藤・山北 二〇一四）が必要である。そのために、従来の難民状態を「一時的な状態」とする見方を根源的に再考し、むしろ戦争が常態化した状況にある人びとの日常生活に焦点をあて、新たな社会的状況のなかで立ちあがる文化（warzone cultures（Nordstrom 1997））や社会のあり方と見なす。

戦争はこれまで、「治癒」されるべき「病理」として理解されてきた。そして古典的な文化人類学もまた、戦争当事者の「平時」の文化や社会を「あるべき姿」として記述してきた。それゆえ戦争のなかで暮らす人々による秩序形成にむけた営みや意味世界は、「一時的」で「非日常的」な現象として看過されてきた。場所の人類学を構想したグプタとファーガソン（Gupta & Ferguson 1997）は、そうした古典的な文化人類学における土地と文化を無批判に結びつけてきた悪弊を批判し、むしろ場所を創り出すような人びとの営みに注目する必要性を主張した。本論においても、長期化する難民状態という、日常から逸脱した戦争状態のなかで暮らす人びとの「日常生活」に焦点をあてる。そして戦争を、「混沌」あるいは文化・社会的な真空状態ではなく、さまざまなアクターとの交渉や葛藤のなかで新たな秩序が創出される社会的状況（Lubkemann 2007）として位置づける。そのうえで長期化難民の日常生活をめぐる、従来の制度中心的なモデルでは捉えきれないような、人間の生をめぐって対立と協同が混在するオルタナティブな秩序化・統治実践がどのようなランドスケープを創発しているかを検討する。

（三）あるべきではない都市

難民キャンプにはグローバル社会からインプットされる膨大な量のモノを資源とするユニークなエコロジーが発生する。た

写真 15-1　ケニア北部のカクマ難民キャンプ周辺地域の風景（2020年1月）

とえば東アフリカの難民キャンプに暮らす人々の食生活は、世界食糧計画（WFP）による援助食に依存している。配給される食料の品目と量は決まっており、世帯ごとに定期的に配給される。東アフリカの難民キャンプでは、現地の食文化も考慮しながら、小麦粉・トウモロコシ・大豆・お粥の素（CSB）・油・塩が配給されている。

他方でほとんどの難民キャンプは庇護国の周縁地域に設置されている（写真15-1）。そこで難民を受け入れるホストの側もまた、開発援助の対象になってきたことが多い。このような状況のなかで、難民キャンプにおける難民とホストという他者同士が、交換領域（市場）の形成を通じて、それぞれに異なる必要を満たす関係を創出していた。そうした新たな交換領域は、難民とホストだけでなく、キャンプの敷地・治安維持サービスを提供する庇護国政府、包括的な人道支援をおこなう援助組織、なかでも市場の建物を作ったNGO等のネットワークによって成立している。

難民キャンプが設置されるということは、難民とそれを受け入れる地域社会の人々という他者同士が物理的に近接することを意味する。さらに、そこに市場ができるということは、難民と地域社会の人々との間に取引・交換を通じた信頼関係ができるということを意味している。このように見知らぬ他者との間で交換が行われるようになることは、そこにある種の「平和の場」ができることでもある（グリァスン 一九九七）。なぜなら「交換」とは、相手が持つ価値あるものを奪わずに、公平・対等な条件での交渉のもとでやりとりすることで初めて可能になるからである。

それは、深海における熱水噴出口におけるメタン等の噴出物を代謝することでエネルギーを得る化学合成生物による生態系と、その周辺の深海で生活する光合成を行う生物（植物）とその消費者からなる光合成生態系との境界における共生関係に類似している。たとえば難民の食は他地域からもたらされる物質とサービスに依存している。それに対してホストコミュニティの食は、光合成をおこなう生物の栽培と消費（農業）を基盤としている。すなわち難民キャンプの市場は、ホストコミュニティの生業経済（光合成生態系）と難民の援助経済（援助の生態系）という異質なシステム同士が接触する領域である。生物学的な理解の仕方に基づけば、生物や非生物のあいだで行われるモノあるいはエネルギーのやりとりは、それぞれの生物学的な必要を満たすものでしかない。だが、難民とホストは、食べ物という生活上の必要を満たす活動を通じて、「市場」という新たな社会空間を創り出している。その意味では、市場は単に生存に必要なモノやエネルギーがやりとりされるというだけでなく、それを通じてさまざまな他者同士が出会う場である。

第三節　アフリカの難民キャンプにおける経済

(一) ダダーブ難民キャンプ

「アフリカの優等生」と呼ばれるような比較的安定した治安と経済発展を誇るケニアは、アフリカの一〇カ国以上から難民を受け入れている。ダダーブ難民キャンプの周辺は、もともとは牧畜を生業とするケニア・ソマリが暮らす、国境部に広がる低開発の乾燥地域だった。ところが、一九九一年末のソマリア国家の破綻と天候不順が生み出した多くのソマリア難民を受け入れるために、この地域のダダーブ町周辺のダガハレイ・イフォ・ハガデラに三カ所の難民キャンプが設立された。この三つの難民キャンプをあわせてダダーブ難民キャンプとよばれている。そして二〇年以上の長きにわたり、この状況が継続している。難民の数が最も多かった二〇一一年の統計によれば、ダダーブ難民キャンプは一一カ国から約四〇万人の難民を収容しているが、その九五％はソマリ難民である。

ここでは、ハガデラ・キャンプに居住する、三世帯一一人のメンバーからなる家族Aの事例をもとに、難民の食と金をめぐるネットワークについて検討する。家族Aは、私のインフォーマントのZ青年の家族である。彼が居住区を訪ねてみると、意外なほど掃き清められた中庭を中心に母屋、台所小屋と昼間の小屋が囲む屋敷で、彼の家族が迎えてくれた。同じく居住区のなかに、Z青年の叔母夫妻とZ青年夫妻の屋敷が隣接している。

難民一人一カ月当りの配給食は、トウモロコシ三・一五kg、小麦粉三・一五kg、大豆〇・九kg、お粥の素（CSB）〇・六七五kg、

表 15-1　ダダーブのある難民家族が消費した食料（2010 年 9 月 7 ～ 13 日）

	朝 食	昼 食	夕 食
9/7	インジェラ、粥、ミルクティー	粥、ミルクティー	肉スープ、米、ミルクティー
9/8	インジェラ、粥、ミルクティー	粥、ミルクティー	米、豆スープ、ミルクティー
9/9	インジェラ、粥、ミルクティー	粥、ミルクティー	ギゼリ、ミルクティー
9/10	インジェラ、粥、ミルクティー	パスタ、肉シチュー、ミルクティー	ミルクティー
9/11	インジェラ、粥、ミルクティー	ミルクティー	チャパティ、肉スープ、ミルクティー
9/12	インジェラ、粥、ミルクティー	粥、ミルクティー	ギゼリ、ミルクティー
9/13	インジェラ、粥、ミルクティー	粥、ミルクティー	ギゼリ、ミルクティー

油〇・四五kg、塩〇・〇七五kgである。ダダーブ難民キャンプの難民は、難民申請をした時に顔写真、指紋、経歴などをコンピューターに登録され、その後家族ごとに食料配給カードを支給される。食料の不正受給防止のため、二週間に一度の食料配給日には、配給所の係員にこのカードを見せ、印刷されているバーコードをスキャンすることで本人確認をおこなう必要がある。そして自由な移動や経済活動を制限されているケニアの難民は、援助食だけで十分生存可能なように管理されている。

だが、多くの人々が、なんらかの現金獲得手段をもっている。二〇一〇年九月の時点で、夫は国際NGOに雇用されており[1]、毎月五〇〇〇シリングの現金収入がある。また妻は市場で雑貨店を営み、六五〇〇シリングの利益を得ていた[2]。その他に、必要があれば配給された食糧を売って現金を得ることも一般的におこなわれている。家族Aは一カ月に一万シリングを超える現金収入があり、配給食を転売する必要もなかった。こうした家族はキャンプでは恵まれた層である。また興味深いのは、支出の約一〇%が携帯電話の通話代であるという点である。難民の多くは二〇〇〇～六〇〇〇ケニアシリング程度の携帯電話を所有しているが、そのほとんどが中国あるいはインド製の見たこともないメーカあるいは有名メーカーの偽物である。それは後で述べるように商売を行う上では欠かせない道具である。それ以外の支出のほとんどが、食費に費やされている。

それは難民が実際に何を食べているのかを調べることで明らかになっ

た。表15・1は二〇一〇年九月の一週間に家族Aが消費した食品を示している。太字は、調理するために配給食以外の食材が必要な食品である。すなわち難民が消費している食品の多くが、配給されない食材からなっていることがわかる。たとえば、もともと牧畜文化の伝統をもつソマリ族の食生活に、ミルクティーは欠かせない。だがミルクティーの材料であるミルク・砂糖・茶葉は配給されない。またラマダン（イスラム教の断食月）明けのイードの日には野菜類、ラクダ肉、パスタや香辛料などの豊富な食材を用いたおいしそうな料理が準備されていた。

（三）難民の市場

難民キャンプには約四〇万人もの消費者をささえる巨大なマーケットが設置されている。表15・2はハガデラ・マーケットのメインストリートに出店している店舗の業種と件数を示している。雑貨店を中心として、服飾店、携帯電話店、八百屋や肉屋なども存在する。それ以外に、ネットカフェや、後で述べる送金サービス業者も存在する。これらの商店のほとんどが難民によって経営されている。

表15-2　ハガデラのメインストリートで経営する商店の種類

業　種	件　数
雑貨店	69
服飾店	56
倉　庫	31
携帯ショップ	7
工具店	5
食　堂	4
薬　局	4
八百屋	3
肉　屋	2
床　屋	2
その他*	10
合　計	193

*ネットカフェ、マットレス屋、大工、氷屋、本屋、卸売店、鞄屋、ジューススタンド、発電屋、送金業

毎日消費されるミルクティーの材料である砂糖とお茶の葉は、おもに雑貨店で、ミルクは路上のミルク売りから入手していた。このような難民の食をささえるキャンプの市場には食材があふれ、活気に満ちていた。だが降水量が少ないダダーブでは野菜を生産することはできない。また、パスタや香辛料の一部はケニア製ではない。

難民の商人たちは携帯電話を活用した商品の委託販売システムを創出することで、見えない柵の向こうから商品を入手していた。難民キャンプで販売されている野菜や工業製品などの仕入れ先は、キャンプから一〇〇kmほど離れたガリッサ市に居住するケニア人商人である。またミルクは、難民キャンプから三〇kmほど離れた

場所に位置する定住化した牧畜民の町から仕入れている。時にはソマリアから夜間に密輸入される物品を仕入れる場合もある。また雑貨店は安定した現金収入源をもたない難民から配給食を買い取り、それをケニア国内に転売している。そこではまず携帯電話を通じて難民がケニア人商人に商品を発注する。それをうけて商人がダダーブ行きのバスで品物を送る。そして難民は仕入れた商品が売れた段階ではじめて、携帯電話の送金システムを用いてケニア人商人に代金を支払っていた。

ソマリ難民の食生活にミルクティーは欠かせない。それは家畜の乳に依存する東アフリカの遊牧文化と旧植民地宗主国であるイギリス文化の混成物である。生鮮食料品であるミルクが配給されることはないが、ソマリ難民の食生活の中でミルクティーは重要な位置を占めていた。

ダダーブの場合では、ホストもまたケニア国籍のソマリ族である。ダダーブ周辺のソマリ族は今なお原野での遊牧生活を続けている遊牧ソマリと町での定住を果たした定住ソマリに大別できる。ケニア国籍の遊牧ソマリと定住ソマリはミルク以外の食品も食べたいが、それらを購入する金がない。なぜなら、難民キャンプが建設されるような国家の辺境地域のホスト・コミュニティは概して貧しいからである。

写真 15-2　ケニア東部のダダーブ難民キャンプでミルクを販売する難民女性（2009 年 12 月）

ここで難民キャンプの各家庭で消費されるミルクの流れを概観する。まず原野の遊牧ソマリが、難民キャンプ周辺の町に居住する定住ソマリにミルクを 150ksh/5L で販売する。このときの決済は即時決済である。定住ソマリの女性は二〇〇五年にミルク集荷のグループを組織化し、遊牧ソマリから購入したミルクを煮沸消毒したうえで、タクシー代 20ksh/20L を支払って難民キャンプのパートナーにミルクを送っている。その際には 300ksh/5L で販売する。定住ソマリの町から出荷する際のミルク容器には、顧客である難民女性と出荷元の定住ソマリの名前が記載された封筒が添付されている。そして、最終的にパートナーの難民女性に届けられたミルクが、難民キャンプの市場で販売されている（写真15‐2）。

難民女性が難民キャンプの市場でミルクを販売する際の価格は350ksh/5Lである。そして市場での販売が「終わってから」、難民女性は定住ソマリへのミルク購入代金を封筒に入れて、夕方のタクシーに預けて、定住ソマリに届ける。すなわち定住ソマリ・難民女性間における取り引きは信頼関係に基づく遅延決済である。

これはダダーブにおける難民とホストの関係の歴史をみると大変大きな意味をもっている。なぜなら難民キャンプがこの地に建設された一九九〇年代初頭の時点では、難民とホストは互いを「生存を脅かす他者」として認識していたからである。この当時の難民‐ホスト間の関係についての難民の語りによれば、「マキや建材を取りにキャンプの外に出たときにケニア人（ケニア・ソマリ）に会うと、（お互いの母語であるソマリ語ではなく）スワヒリ語を話させられた」、「それで難民だということがわかると殺されたり、暴力を振るわれた」という。逆にホストであるケニア・ソマリの側は、「難民は我々の木や土を根絶やしにしてしまうのではないか」、「難民は我々の子どもの臓器を売るのではないか」という恐れを抱いていたという。先行研究においても、ダダーブとその周辺においては難民‐ホスト関係が敵対的で、民族よりも国籍が問題となる場であったという。また、ダダーブ難民キャンプ建設以降のミルク販売方式の変化をみると、一九九〇年代は牧畜ソマリが難民キャンプを直接訪れて難民にミルクを販売していたという。だが、二〇〇〇年代以降に、牧畜ソマリの生産者、定住ソマリの仲買人グループ‐難民のミルク商人グループからなる現在のような後払いを許容する信託販売システムが形成した。このシステムの成立によって、ソマリ難民に対するミルクの安定供給とケニア・ソマリ（遊牧ソマリと定住ソマリ）の安定的な現金獲得が可能となった。

（二）タンザニアのニャルグス難民キャンプにおける市場の展開

ニャルグス難民キャンプ周辺は、タンザニア西部・キゴマ州に位置する。タンガニーカ湖畔から一五〇㎞ほどのこの地域は、タンザニア・コンゴ・ブルンジ三国の国境地域である。この難民キャンプは内戦から逃れたコンゴ難民を受け入れるために、一九九六年に開設された。開設当初の人口は約一五万人だったが、コンゴに帰還した人々も多く、二〇一七年末現在のコンゴ難民の人口は約七万人である。その後、二〇一五年にブルンジの選挙にともなう混乱をきっかけに発生したブルンジ難民約七万人を受け入れている。このため、二〇一七年末現在のニャルグス難民キャンプの人口は約一四万人である。この難民キャ

表 15-3　ニャルグスのある難民家族が消費した食料（2017 年 4 月 3 ～ 9 日）

	朝　食	昼　食	夕　食
4/3	CSB	ウガリ、魚	ウガリ、魚
4/4	—	ウガリ、肉	ウガリ、肉
4/5	CSB	—	ウガリ、野菜
4/6	CSB	ウガリ、豆	ウガリ、豆
4/7	CSB	ウガリ、キャッサバの葉	ウガリ、キャッサバの葉
4/8	—	ウガリ、豆	ウガリ、豆
4/9	CSB	—	カボチャ

ンプにもダダーブと同様に柵は無い。ただ、ケニアと同様に難民がキャンプから外出する場合には特別な許可が必要となる。それゆえ難民の日常生活のほとんどが、やはりキャンプの中で完結する。

難民一人一カ月当りの配給食は、小麦粉一〇・六四kg、大豆三・三六kg、お粥の素（CSB）一・四kg、油〇・五六kg、塩〇・一四kgである。表15‐3は二〇一七年四月三～九日までの期間に一〇世帯のコンゴ難民世帯を対象にした食事調査の結果である。

メイズ、ウガリ、CSB、パン以外の配給されていない食品を食べている頻度が高い点はケニアのダダーブ難民キャンプと同様である。ただし、頻出する非配給食品の内容に差異がある。ニャルグス難民キャンプにおけるコンゴ難民の世帯は小規模な畑を所有していることが多く、野菜類が食卓にのぼる機会が多い。購入された食材としては、魚が多かった。魚をはじめとする食材は、ダダーブ難民キャンプと同様に、難民キャンプ内に開設された市場で購入されていた。

ニャルグス難民キャンプの市場は、キャンプが設立された直後の一九九〇年代には、各ゾーンに自然発生的に形成されていた。だが二〇一五年に韓国の二国間援助機関であるKOICAとNGO・Good neighborsが中央市場の建物を整備してからは、そこが商取引の拠点となりつつある。興味深いことにKOICAは魚市場の建物（売り場と倉庫）と周辺の広場を整備しただけで、コンゴ難民・ブルンジ難民・ホストの各代表からなる委員会が管理・運営を行っている。そして、委員会に所定の手数料を支払えば、誰でも店舗を出すことができる。そのためもあり、魚の卸売業者はタンザニア西部の広域から来訪している。さらに二〇一七年時点では、食肉加工施設・食肉市場や商人の子どもを預ける託児施設が建設中であった。

魚市場ではタンザニア人卸売商人およびコンゴ・ブルンジ人小売商人からなる一九九名が

魚市場で活動を行っている。その内訳はタンザニア人商人五〇名、コンゴ難民商人一一三名、ブルンジ難民商人五〇名である。タンザニア人商人は難民商人に対する卸売を、難民商人はキャンプでの小売を行っている。タンザニア人卸売商人が扱う魚には、季節によるが近隣のタンガニーカ湖だけでなく、遠隔地のヴィクトリア湖で漁獲・乾燥されたものも多く含まれる。最も安いダガーと呼ばれる干し小魚はカップ一杯が五〇〇タンザニアシリング（約二五円）で販売されている（写真15 - 3）。それ以外にもカマスのような魚やナマズを干したものがよく利用されている。魚市場では、卸売業者が直接販売する場合とそれを難民の小売商に売る場合がある。

さらに魚市場の外側に拡がる広場には野菜等の生鮮食料品や工業製品を販売する店舗がひしめいている。これらの店舗のオーナーは難民と地元住民である。たとえば、ある難民の女性は、近隣のタンザニアの農民からコメを買い付けて販売している。その売値は一kg当り二〇〇〇タンザニアシリング（約一〇〇円）であった。コンゴやブルンジとの国境付近という、タンザニアの中でも辺境地域に暮らす農民の生活も必ずしも楽ではない。タンザニア人農民にとっては、難民との農産物の取り引きは貴重な現金収入源であるし、天候不順等で穀物が不作の年には、野菜等の生鮮食料品と引き換えに難民の配給食を入手することもできる。

写真 15-3　タンザニア西部のニャルグス難民キャンプに設置された魚市場で、干し小魚を売る難民助成（2018 年 3 月）

このような難民とタンザニア人との間の取り引きにおいても、遅延決済の習慣が存在する。たとえば、ビテンゲという布地を商う難民女性が販売している布地はすべて、彼女のムファジリ（ビジネスパートナー）であるタンザニア人の所有物である。商品の仕入れはタンザニア人が行うため、移動が制限されている難民には都合がよい。そして難民は商品のオーナーの代わりに難民キャンプで商品を販売し、ある女性の場合は売り上げの八五％をオーナーに支払う。このようにムファジリ・システムには、初期投資資金が無くとも市場での商業活動に参入できるというメリットがある。だが、タンザニア人富裕層による難民への搾取につながる構造でもある。

（三）ケニアのカクマ難民キャンプにおける億万長者の出現

おもに南スーダンからの難民を受け入れているケニアのカクマ難民キャンプ周辺には、ケニア商業銀行やエクイティ銀行の支店が設置されている。特にエクイティ銀行は、難民への融資を積極的に行っている。カクマ難民キャンプで販売される物品を商っていたA氏は、この融資を元手に商売を拡大し、巨大な卸売商店とスーパーマーケットを経営していることで有名である。

他にも会計・簿記に関する教育を受けた難民が、キャンプのあちこちでビジネスを行っている。多くは小規模で、ツケ買いを許容している。だが、ツケが一定額を超えると、援助金の振込と紐付けられている携帯電話のＳＩＭカードを預かる。ただし、負債をすべて決済するようなことはおこなわれず、ある程度の額が貯まったらすこし返済する、ということを継続している。このように、商店主と顧客は長期的な関係を形成するが、それが友人関係や婚姻関係といった「親しい」関係を生み出すわけではない。

商人たちは激しい価格競争をおこなっているが、零細商人は苦戦している。これまでは、キャンプ中央の市場にある大規模商店は安価だったが、末端の零細商店にも住居から近いというメリットがあった。だが近年は、中央にある大規模な商店が「無料宅配サービス」を始めたことによって、この優位性がゆらぎつつあるという。実際に、難民キャンプには「シャッター街」も存在する。ホストがオーナーをしている店舗に多いのだが、こうしたビジネス競争に敗れた店舗である。つまり、こうした場所ではしばしば、難民とホストの経済的地位が逆転することもある。

第四節　難民経済のランドスケープ

難民は必ずしも、難民キャンプのテントの中で帰還を待っているだけの「止まった時」を生きているわけではない。それに対してホストの側も、単なる「負担」あるいは「見知らぬ他者」そして難民を受け入れ続けたわけではない。もちろん双方とも今の暮らしが楽な訳でも、望ましい訳でもない。だが、難民も受け入れ地域住民も、彼らなりのやり方で、新しい暮らしの形を作り出そうとしてきた。

テオドール・ベスターは、世界最大の魚市場である築地市場を「食をめぐる文化装置」と捉えたうえで商取引や制度に関する民族誌的研究を行った。魚市場とは魚を差異化するという文化的プロセスが料理の嗜好に従って成し遂げられる場所である（ベスター 二〇〇七）。市場における日常的な取引は特定の種類と等級の魚に意味と使用法を割り当て、そこに計算可能な経済価値を定めている。市場という言葉は一方で抽象的な経済現象を示唆するが、他方で経済的取引の場における特定の社会的関係・制度をも意味する。そして前者のように市場における経済行為に注目した場合には「マーケット」、後者のように市場における社会関係や制度に注目した場合には「マーケットプレイス」と区別している。マーケットとは社会的交換制度のことであり、そこには固有の価格や等価交換が存在する。他方でマーケットプレイスはこうした相互作用が習慣的な時間と場所において行われる。マーケットはマーケットプレイスという場に位置づけられていなくてもアドホックに現れる。だがマーケットプレイスは交換行為をつかさどる社会関係や制度的な文脈なくしては存在できない。本章で検討した三つの事例は、難民とホストとの間で商品の交換をめぐる社会関係や制度の束、すなわちマーケットプレイスが自然発生的に形成されたことを示唆している。

ケニアやタンザニアの難民キャンプに収容された長期化難民と受け入れ地域の人々は、手探りの状態で少しづつ交渉を重ねて、現在のようなマーケットプレイスとしての市場をつくりあげた。難民キャンプという包摂／排除の重層空間において、長期化難民は食料という生存に不可欠な物品すら「援助に依存した」暮らしを続けてきた。だが、彼らは巨大な人口と莫大な流入物を利用した商行為によって、結果的に「生存」という言葉だけでは語り尽くすことができないランドスケープを創出していた。それは難民を受け入れる周辺の地域経済全体にもポジティヴな影響を与えていると考えられる。

こうしたマーケットの存在は、ホスト社会の人々の生活にも重要な役割を果たしている。難民キャンプが開設される地域は国家の周縁部であり、経済的にも低水準で不安定な場合が多い。彼らにとって、難民キャンプにインプットされる莫大なモノから恩恵を受けることは重要である。難民が売ることができるモノは、食料を中心とする配給品か難民自身の労働力である。

メガ・キャンプの開設は、こうしたモノや労働力の恩恵を受ける可能性を提供するという点で、地域住民にとって必ずしも「負担」ではない。魚売り場で活躍するタンザニア人卸売商人のように、こうした「ビジネスチャンス」に積極的に身を投じる人々ともいる。

とはいえ、難民とホストは、当初は見知らぬ「外国人」同士の関係であった。ダダーブ難民キャンプのように難民とホストが同じ民族の場合もあるが、難民状態で問題になるのは「国籍」であるし、同じ民族だから必ず同一視されることもない。難民キャンプにおける市場の形成過程について考察する際に重要なのは、人々が見知らぬ者に対する恐怖や恐れをいかに乗り越えて、価値あるモノを取り引きする場を形成するに至ったのかという点である。

ダダーブ難民キャンプ開設初期における難民 - ホスト間の関係をみるかぎり、彼らのあいだの恐怖心や敵意は強いものであった。それゆえ、市場形成の端緒を他者の歓待や弱者のケアといった論理で説明することは困難である。むしろ、もたざる者同士の「必要の充足」というニーズを基盤として、おそらく恐れをともないつつ局所的に開始された交換の積み重ねが、今日の巨大市場の展開に至っている。この点において難民キャンプという空間は、人間の社会に交換の場が形成される端緒や過程について考察する上で非常に示唆的である。

難民キャンプに「隔離」された長期化難民は、生物学的な意味での生が保証されると同時に市民権が剥奪された状態にある人々である。こうした人々に対する支援は、単に物質的な必要を充足させることだけではない。自分たちの生活上の必要を充足させる手段と能力を自分たちのものにすることこそが重要である。換言すれば、長期化難民が希求しているのは「自律」を通じた「自由」の獲得である。

難民キャンプの市場における交換を可能にする社会関係や制度は、彼らにとってのある種の「自律」を担保する社会装置となっていると考えられる。それは自らが所有する価値あるモノを、奪われることなく、交渉を通じて交換できるというちっぽけなものかも知れない。しかしながら、それこそが、市民権が高度に制限された管理空間のなかで、長期化難民が自律性を発揮する数少ない手段の一つとなっている。それはちっぽけな「自律」かも知れない。だが、我々の誰が、「完全な自由」を謳歌できているというのだろうか？　自由／不自由や自律／管理の二元論ではなく、困難な状況の当事者が直面する政治経済的な状況の中で、それぞれの「自由」を実現しようとするその過程が重要である。

そして、長期化する難民状態を解決するための手段として期待されている難民の地域統合を実現するために重要なのは、恐怖や恐れを抱く他者との間に社会経済的な関係を構築するに至る機序を明かにすることであろう。ケニアとタンザニアのメガ・キャンプで暮らしてきた長期化難民とホストが手探りで成し遂げてきた実践が示唆することは、あくまで「生存上の必要」を充足するためのアドホックな関係の積み重ねが、生存上の必要という言葉では語り尽くすことのできない制度や社会の構築に至る可能性である。

注

(1) ケニア政府は難民の雇用を事実上禁止している。そこで難民を「雇用」している多くのNGOは苦肉の策として、「労働に対する対価」である給与ではなく、「ボランティア」に対する報奨金という形で現金を支給している。

(2) ケニア政府は難民による経済活動を事実上禁止している。にもかかわらず、難民キャンプには巨大なマーケットが存在する。これは「違法」行為であるが、キャンプを管理するUNHCRもケニア警察もこれを黙認している。

文献

鎌田磨人 二〇二二「第一章 景観生態学とは」日本景観生態学会編『景観生態学』共立出版、一―一五頁。
栗本英世 二〇〇二「難民キャンプという場――カクマ・キャンプ調査報告」『アフリカレポート』三五：三四―三八。
グリァスン、ハミルトン 一九九七『沈黙交易――異文化接触の原初的メカニズム』中村勝訳、ハーベスト社。
内藤直樹 二〇一二「序 社会的排除／包摂の人類学」『文化人類学』七七（二）：二三〇―二四九。
内藤直樹・山北輝裕 二〇一四『社会的包摂／排除の人類学――開発・難民・福祉』昭和堂。
ベスター、テオドール 二〇〇七『築地』和波雅子・福岡伸一訳、木楽社。

Betts, A., L. Bloom, J. Kaplan, N. Omata. *Refugee Economies: Forced Displacement and Development.* Oxford University Press.

Crisp, J 2005. No Solutions in Sight: The Problem of Protracted Refugee Situations in Africa.

Gupta, A. & Ferguson, J. 1997. *Culture, Power, Place: Explorations in Critical Anthropology*. Duke University Press Books.

Ikanda, F 2008. Deteriorating Conditions of Hosting Refugees: A Case Study of the Dadaab Complex in Kenya. *African Study Monographs* 29 (1): 29-49.

Loescher, G & Milner, J & Newman, E & Troeller, G (eds.) 2009. *Protracted Refugee Situations: Political, Human Rights and Security implications*. United Nations University Press.

Lubkemann, S. 2007. *Culture in Chaos: An Anthropology of The Social Condition in War*. University of Chicago Press.

Malkki. L 1995. *Purity and Exile: Violence, Memory, and National Cosmology Among Hutu Refugees in Tanzania.* University of Chicago Press.

Nordstrom, C 1997. *A Different Kind of War Story* (*Ethnography of Political Violence*). University of Pennsylvania Press.

Tsing, A. L., A. S. Mathews & N. Bubandt. 2019. Patchy Anthropocene: Landscape Structure, Multispecies History, and the Retooling of Anthropology: An Introduction to Supplement 20. *Current Anthropology* 60 (S20): S186-197.

Veney, C. A 2007. *Forced Migration in Eastern Africa: Democratization, Structural Adjustment, and Refugees*. Palgrave Macmillan.

第Ⅳ部 異種の出会い

第16章 海と毒
――多種の出会い、多重のスケール

木村周平

第一節　多種を語ること

本章は、岩手県沿岸南部のある集落を起点とするストーリーである。この集落は二〇一一年の震災を経験しているが、しかし本章は、この集落の「復興」の道のりを語るのではない。そうではなく本章が試みるのは、その過程で現れた「貝毒」という事態に目を向け、そのまわりで、漂い、出会い、絡み合い、すれ違う多種の関係性を通して、「復興」とは別様のストーリーを語ることである（cf. 吉田 二〇二一）。[1]

多種の関係性を「語る」こと。チン（二〇一九）が美しく描いてみせたように、あるいはインゴルド（二〇一四など）が繰り返し説くように、生はそれぞれ、重なり合いつつも異なるリズムとスケールをもつ。そうした多なるリズムやスケールをはらんだものたちの関係性は、何か一つの時空間を設定して切り出し、ひとまとまりの「全体」として記述できるものではないだろう。では、どうすればよいのか。チンは「パッチ」のような、ある規模感をイメージさせる生態学由来の語彙を使いつつも、多様な時空間の断片を連歌のようにつらね、そのつらなりの間に、描ききれないものたちが蠢くのを、読者に感じさせようとする。それに対してカンデアは、マルチ・サイテッド・エスノグラフィが（機能的な全体としての）コミュニティを超えるものを扱おうとしながら、結局のところ別種の（グローバルな）全体を措定している、と批判する。そして、特に戦略的に

写真 16-1　海と陸地がおりなす三陸の景観（2014 年）

設定したわけでない「任意の場（arbitrary location）」における多なる――それは必然的に、その「場」を横溢する――関係性を記述することで、巧みに「全体」を回避しようとする（Candea 2010）。

本章では、この両者の間を試みたい。チンのような異なる時空間のパッチワークでも、カンデアのような「任意の場」でもなく、ある集落を起点に、類似のイメージを異なるスケールで重ねながら、貝毒をめぐって、ストラザーン（Strathern 1992: 73）がメログラフィ（merography）[2]と呼んだあり方を浮かび上がらせ、それによって、ストーリーの時空間を構成するスケールの不確定性――それゆえ「全体」も不確定であること――に読者の目を向けたい。そのストーリーは、もしうまく語られるのであれば、「知らないどこかの出来事」でも、寓喩として（クリフォード 一九九六、米山 二〇〇五：五六）でもなく、直接語られているのと異なる時空間――それぞれの読者が身を置いている時空間――にもふれることもできるかもしれない。

さて、前置きが長くなった。これ以上は興醒めだ。では、東西、東西……。

第二節　ただ待つ

岩手県沿岸南部は、海と陸地とが、水平にも垂直にも複雑な海岸線を形成している。こんもりした岬が海に突き出して、あるいは陸から孤立して小さな島となっている。波打ち際の岩場を、太平洋の荒波が洗う。岬と岬の隙間に海が入り込み、つつましい湾をなす。この厳しく豊かな地において、人はなんとかそのあたりに居場所を見つけ、景観を自分たち用につくりかえた。いまや海岸線はコンクリートで固められ、堤防とささやかな漁港となり、船外機付きの小型の漁船が並ぶ。堤防の奥の狭い低地やそれを取り囲む丘の裾地に、家々の瓦屋根と、白い軽トラが行き来するのが見える。まるで箱庭のような集落。小学校や郵便局や診療所などが見えれば、それを町と呼んでもいいだろう。点在する集落や町をつなぐ道路が、海に沿って、あるいは山林を貫きトンネルを抜け、うねうねと走る。

集落の一つの、そのまた外れ、県道脇の小さな空き地に、リョウさんの作業小屋がある。二〇一八年七月のある日の昼前頃、そこにテレビを見ながら電子タバコを吸う彼の姿があった。彼は四〇代後半の漁業者だ。ちょうどバブルの頃、地元の高校を出て、しばらく別の仕事をした後、この集落に戻り、親とともにホタテ養殖を営んできた。

リョウさんはこの日、暇を持て余していた。苛立ってもいた。本来なら夜明け前から海に出ているはずだった。しかし彼のホタテは出荷できない状態だった。貝から「毒」が検出されたのだ。出荷停止はこの時すでに二カ月を超えていた。こんなことは初めてだ、と彼は言った。二〇一一年の津波の後、必死でホタテ養殖をふたたび軌道に乗せようとしてきたかれらには、明らかに大きなダメージだった。復興の先頭に立ってきた、まだ六〇代の漁師の一人が、体調を崩し、亡くなった。リョウさんは、仲間のホタテ漁師とともに、休業保険を受けながら、やることのない陸上の時間が過ぎ去るのを、ただひたすら待っていた。

第三節　津波が来た

隣町のある水産加工業者は、ここでは津波は三年に一回だと言った。つまり、ニュースで見るような大きな津波だけでなく、台風や高気圧による漁業への被害は、ほとんど日常のように起きているのだ。しかし、それにしても、二〇一一年の津波は大変なものだった。人や家を飲み、船を流し、さまざまな施設や機材を破壊した。リョウさんの集落では、幸いなことに死者はなかったが、家が流されたり、水に浸かったりした。電気も水道も止まった。人々は、集落の奥の、やや高台になったところにある公民館に集まって一カ月以上を過ごした。沢水を汲み、家に残った食料を集め、被害の少なかった隣の農村集落から米をもらい、自分たちで道路や家屋の片づけを行った。

幸いすぐ外部からの支援もやってきた。外に住む親類、子どもたちから物資が届いた。別の県がヘリコプターで物資を運んできたり、海から海上保安庁が来たりすることもあった。ある遠くの自治体からは大量の無洗米が来た。ここのホタテを物産展に出すなどの交流のあったところだ。人々はこうした支援を強く記憶している。これまでのつながりが強まったり、逆に頼りにならないとわかってしまったり、新たなつながりが生まれたりした。

船や機材が流され、海岸付近では地盤沈下も起き、港湾施設は使えなくなった。だから漁業の再開はずっと先のことのように思えた。そこに、国は費用の九分の八を補助するといった。九分の八！まるで儲け話のようだ。津波で漁業を辞めるつもりだった高齢者も船を買った。時間はかかったが、道路もきれいになり、防潮堤も高くなった。ある若い漁業者は「こんな小さなところに、そんなに支援してもらって国は大丈夫かな」と心配した。沿岸部はそもそも人口が少なく、高齢化も進んでいた。津波のためにさらに流出していくことも予測されていた。しかし、巨大な金が動いていた。ある人類学者は、一九七〇年に起きたペルー地震の被災者が「地震が来て、雪崩が来て、そして災害だ」と言ったと記す（Oliver-Smith 1986）。地震でも雪崩でもなく、復興後の政府の対応こそが災害だったのだ。こちらでは、地震が来て、水の津波が来て、そして土木事業の津波が来た。

この二つめの「津波」で思い出すのは、二〇一五年三月陸前高田に突如出現した巨大な機械だ。それは「希望のかけ橋」という美しい名と裏腹に、率直にいって、グロテスクな代物だった。すべてが更地になった広大な土地に、川向こうの山から、数㎞におよぶ長大なコンベアーが、国道四五号と並走する形で（あの一本松を覆い隠すように）かけられている。飾り気のない鉄製の高い橋脚、操作する人影のまばらさと相俟って、一つの巨大な機械人形が勝手に動いているようにもみえる。それがかつて町だった更地を上から覆い尽くしているのだ。地元の小学生の公募で名を与えられたこのベルトコンベアーは、「一日に運べる土の量は一〇ｔトラック四〇〇〇台分で、トラックなら約一〇年かかる搬出作業が約二年ほどに短縮」するというこ

写真16-2 「希望のかけ橋」（2015年）

とだった(3)。

この、「スケーラビリティ」（チン 二〇一九）への欲望の具現化のような機械を「希望」と呼んでしまう（そしてその名づけの責を小学生に負わせる）のが、復興の一つの顔なのだ、というと言い過ぎだろうか。震災が起きたとき、混乱と不確実性に満ちた将来予測の一方で、未来に対する希望を語る人々もあった。日本は変わる、変わらなければならない。それこそが復興の道なのだ、と。しかしこの時点で、被災地において「希望」と呼ばれる（あるいは、呼ばされている）のは、この機械だった。機械によって、不可避に、計画的に、「粛々と」山が削られ、土が運ばれていく。そうして土地のかさ上げが進むごとに、逆説的に、ここに本当に人は戻ってくるのかという不安も生み出されていく。

津波は突如やってきて、巨大な力で、ふだんは孤立しているようにみえるものたちを翻弄する。そして孤立状態はつかの間（あるいは見かけだけ）に過ぎない、と思わせる。それは私たちを、「壁と卵」のような二項対立的な思考に誘う。そうしたとき私たちは、「卵」の側、ローカルな人々が、信頼関係に基づくネットワークを伸ばし、それがかれらを助ける、という姿を追いたくなる——しかし、両者は切り離せないのだ。壁が卵をつぶすことも、卵が大いに壁に支えられることも、ある。

リョウさんたちの集落には、震災後にやってきた団体が、荷捌き場建設費の九分の一（つまり政府補助の残り全額）を支援してくれて、近隣の集落の再建スピードよりずっと速く完成した。瓦礫を除去するためボランティアダイバーがやってきて、その後も長く関係を築いていた。津波が海底を浚ったからか、ホタテの生育もよくなった。数年たつと、この集落を含む地区で「食べる通信」(4)が開始された。そうした活動が評価され、大きな賞もとった。リョウさんの集落は希望にみえた——この時は。

第四節　旅する者たち

リョウさん。防水ズボン、日焼けした肌、ゴツゴツした手指はいかにもと思わせるが、オフの日には黒系の服を着こなし、銀のアクセサリーを身につける。彼は、人口一〇〇人ほどのこの小さな集落のホタテの名が知られるようになるなかで、地域の若手漁業者のリーダー的役割を担ってきた。津波後も、メディアが沿岸部の話題を取り上げようとするとき、しばしばポスターやテレビ番組などに登場してきた。

リョウさんたちに交じって漁業者の酒飲み話を聞くのは楽しい。特に若い時の武勇伝は盛り上がる。かれらは若い時にはもっぱら集落の外で働き(それを「タビ(旅)」と呼ぶ)、さまざまな経験をし、ある程度になると戻って、集落を拠点に生活するという人生のリズムを緩やかに共有している。だが時代や本人の好み、ツテの有無や巡り合わせで、かれらの行先は少しずつ異なり、飛び出す話も違ってくる。遠洋漁船で南米やグリーンランドに行った話。大漁で得た金で、妻をタクシーで北海道まで呼び寄せて豪遊した話。八戸で遠洋船の乗員のケンカに巻き込まれた話。ソ連船に拿捕された話。海には、陸で暮らすものの想像を超える広がりがある。かれらの話には、近海での定置網漁業から、冷凍・輸送技術の発展に伴う遠洋漁業の隆盛と二〇〇カイリによる衰退、養殖漁業の定着と後継者不足という、大きな歴史の流れと、そうした流れのなかを自分なりに泳いできたものの自負が織り込まれている。

歴史家たちが津波後に「再発見」したように、この地域は決して孤立した小さな集落のたんなる寄せ集め、ではなかった。そこでは繰り返し、外から来るものを受け止め、何かを外に出すという動きが起きていた。そしてその運動のなかで、集落の姿も、そこを生きる人々のあり方も、変化していた。江戸期には、魚介類(干物や肥料として)や、塩、木材が出ていった。

製塩は大量の燃料を必要とするので、山を荒廃させた。海から、あるいは山を越えて、生業に関わる技術や信仰、あるいは芸能が入ってきた。

いや、実は何より入ってきていたのは、人だ。この地は繰り返し津波の被害を受けてきた。昭和の津波の後、三陸沿岸をくまなく歩いた地理学者の山口弥一郎は、津波後に漁村が「旅の者によって満たされる」という土地の言い方を引用している（山口二〇一一：二〇八）。津波が村々を洗うと、それに続くようにこの地にやってきたのは、よそ者たちであった。村の側の、家を絶やさないようにという欲望によって呼び寄せられた人々もいれば、経済的な理由で自らやってきた者もいた（津波の後にはしばしば豊漁が起きるといわれる）。技術や知識、芸能や流行は、そうしたよそ者とともに入って来たのだ。

リョウさんたちも「旅」をするし、この地に「旅の者」がやって来る。しいていえば、前者は人生のあるフェーズで、後者は災厄のリズムに合わせて。あるものは一時的に、別のものは長く滞在する。そう考えれば、ここの漁業者も、いつかにやって来て、居ついた人なのだ。人がよそ者かどうかは、時間や空間のスケールをどう設定するかの問題に過ぎない。この地においで人は（あるいは他の存在も）、かつてのよそ者であり、ここに落ち着き、そして別の、新たにやって来る何かを受け止め、関わり合い、そして再び旅に出ながら、暮らしてきた。

第五節　やって来たもの

やって来たものといえば、ホタテもそうだ。ホタテは日本語を話さないので、漁業者に代弁してもらおう。この浜のホタテは、貝殻も貝柱も大きい。そしてサイコー旨い！　生でも、焼いても。そのままでもほんのり海水の塩味がするので、醤油やバターはいらない。貝殻の縁に張り付いているヒモは、よく洗って、炒めたり和えたりして食べる。卵巣も食べてもよいが、黒いウロ（中腸腺）は食べない方がいい。苦いし、毒がたまるのもここだからだ。

漁業者たちは後継ぎ問題を抱え、六〇年、七〇年とこの地で過ごしてきたベテランが中心になりつつある一方で、ホタテはいつもフレッシュだ。二、三年ごとに入れ替わる。春、産まれたばかりの稚貝が採苗され、自然では海底生活をはじめる秋口に、ザブトンカゴと呼ばれるケージに移される。海中でプランクトンを食べて大きくなると、翌年の春にカゴから出され、貝殻の耳（貝を蝶番的につなぐ部分）に穴を開けられ、そこに紐を通され、海中に簾のように吊るされる。そのかたちで一年ほど過ごし、さらに大きくなってから出荷される。ここで育つホタテたちは、大きなリズムを共有しつつも、海水温の変化や高潮、そしてプランクトンなどのその年々の変化で、個々少しずつ違っていく。

いまの漁業者はほとんどがこの集落の生まれだが、ホタテには北海道生まれもいる。地種（地元でとれた稚貝）は北海道から買った稚貝と比べ、成長すると横に広く、耳が長くなるし、味もよいという。しかし、地種だけではうまくいかない時には必要となる。出身や来歴による微妙な違いは、日々ホタテと関わり、ケアする漁業者には意識されている。しかし、出荷の際の規格とはつながっていない。ここで育ったホタテはいずれも同じブランド名をかぶせられ、消費者に向けて出荷されていく。

ここに連れてこられたのは、ホタテが最初ではない。生活の安定のため、昭和三〇年代頃から養殖が試みられてきた。まずカキ、次いでノリ、そしてワカメ。さまざまな工夫のおかげで、ワカメは質や量的にもうまくいった。しかし、採れる季節が限定的だということで、ワカメと並行しながらホヤが試された。軌道に乗りかけたが、数年すると「ふにゃふにゃ病」（ホヤの表面の皮が破けて中身が傷んでしまう病気）が広がって、よいホヤがとれなくなってしまった。そしてワカメもしだいに廃れていった。

ホヤの次に来たのがホタテだ。昭和三九年とされる。まず、隣の地区が青森から買ったホタテの稚貝が持ち込まれた。しかし、どうも育ちが悪い。若手漁業者が集まって研究会を作り、調べた。稚貝の生産方法に問題があるのでは、ということになり、地種の採取にシフトした。しかし地種には、ホタテエラカザリと呼ばれる寄生虫がついてしまい、ダメだった。ホタテ養殖は衰退しかかったが、何人かの若手が諦めず、北海道から稚貝を仕入れようとした。しかし輸送が難しかった。そのためかれらは、地種に再チャレンジした。採苗は漁船の網に大きな玉ねぎ袋をつけて行われる。袋の口の締め方が甘いと、せっかく採れても別の魚に食われてしまう。万事が調整だ。しだいに、ホタテエラカザリがつきやすい湾とそうでない湾があることもわかった。後者では、稚貝の成長のタイミングと、ホタテエラカザリが付着しやすい時期とがずれるのだ。それぞれのリズムの調整。こうして、徐々にホタテ生産は軌道に乗っていく。

養殖への試行錯誤は、あたかも実験のようにみえる。知的な好奇心と経済的な関心とをもって、海を小さな範囲に区切り、手を加えつつ、限られた種について増減をみる。それは丁寧な観察と調整の連続だ。それによって、それぞれの生や、区切られた海への理解が深まり、利益も増える。しかし、海は閉じた空間ではない。気温も変化する。波も起きる。さまざまなものが住まい、水の流れとともにまた別のものたちがやって来る。条件は整うどころか、どんどんと変わっていく。「実験」を通じて、空間を区切り、対象を限定するという方針の限界もまたみえてくるのだ。海で何かを増やすのは簡単ではない。そこに張り付き、変わっていくもの、やって来るものに気を配り、ケアし、適切に介入する——それは重労働なので、それをするものたち自身も変えていく。

ホタテは、人を変えた。それまでの漁業が、誰が獲るかの競争だったのとは大きく違い、ホタテは研究や実際の養殖など、共同で行う必要があり、「共産主義・社会主義みたいな感じ」だったと、リョウさんの父は笑う。「生産」するホタテの質をよくするため、集落全体で生産量の上限も設定した。周囲の集落からみて考えられないことだったが、「共産主義」が可能にした。養殖組合が養殖量の調整を行い、漁場を守る仕組みがつくられた。その結果、一九八〇年代末、この集落のホタテは、築地市場で日本一高い値をつけたという。かれらはさらに利益を上げられるか検討した。そして、中心となっている共販制度[5]に加え、自分たちのブランド名での直販を始めた。かれらの利益は増えるが、共販の出荷で世話になってきた業者や団体は、もちろんいい顔をしない。だから実現までにはいろいろな苦労があった。しかしその甲斐あり、直販は年ごとに倍々に増えていき、ブランドの名も知られるようになっていった。この成功を受けて、集落にある鉄道駅名も、ブランド名に合わせたものに変えられた。ホタテを売り込むため、集落の若者も外に出かけて行った。何がどう転ぶかわからないから、と小さなイベントでも積極的に参加した。

その後に来たのが、地震、津波、再建だ。「共産主義」は図らずも、津波後の避難や片付けなどでも役立った。ホタテがリョウさんたちを外部と結びつけたことで、津波後に支援が来ることを支え、いち早い再建を後押しした。

しかし、再び軌道に乗りかける裏で、別のものたちもやって来るようにもなり、漁業者を悩ませはじめた。研究者、コンサルタント、メディア、そして人以外も。ヨーロッパザラボヤは、クラゲのようにぶよぶよとした半透明の体で、ホタテの貝殻にびっしりと、貝殻のシルエットが分からなくなるくらいに付着する。人も他のものたちも、かれらを食べない。ヨーロッパザラボヤは順調に増え、ずっしりとホタテを重くし、吊るしているロープが切れてしまうこともある。消費者も、かれらがくっついたホタテを敬遠する。だから出荷までの手間も増える。

ホタテ養殖への努力は、結果として、あたかもプランテーションのように、海をホタテ中心のものに作り替え、人のホタテへの依存を高めてしまったのだろうか？　津波が来て、支援が来て、ザラボヤが来た――そして、毒だ。

第六節　漂う出来事

ホタテやカキなどの二枚貝は、プランクトンを食べ、生きる。プランクトンは貝の体内で消化され、いずれ排泄される。一部の成分はしばらく体内に蓄積されるが、なかには、人や他の生物が食べると中毒症状を起こしてしまうものがある。この成分が貝毒だ（鈴木 二〇一六）。貝の中で起きる、小さな出会い。貝はそれでも生きるが、人と貝とが出会うことは避けねばならない。

そもそもプランクトンは種の名前ではなく、あるカテゴリーに含まれる生物の総称である。ホタテが食べるのは植物プランクトン、珪藻や渦鞭毛藻に分類されるものだ。植物プランクトンの増殖は赤潮を起こすこともあるし、渦鞭毛藻のあるものは貝毒の成分――麻痺性、下痢性、記憶喪失性、神経性に分類されている（今井・板倉 二〇〇七）――をもつ。例えば麻痺性の毒をもつ Alexandrium 属。一年のほとんどの期間をシスト（休眠接合子）として海底泥中で過ごす。水温が好適な水準になると、シストから栄養細胞が発芽し、海水中で無性的に細胞分裂を繰り返し増殖する。その後、形態的に区別できない二個体が交配し、再びシストとなる（大島 一九八九）。興味深いことに、「形態学的に同一種に分類された中には出現環境を大きく異にするものや、無毒あるいは毒組成の大きく異なる株があり、同一種内に多系群が存在することを示している」（大島 一九八九：七六四）。個や種、分類という考え方に、その意図なく抗う、微細な存在だ。

人と貝とプランクトンは、それぞれ異なるリズムで、異なる動き方、スケールで、生き、時に出会い、関わり合う。この湾内で、あるいは別のところで。貝毒は、そうした出会いから生じる、一つの帰結だ。この出会いは、どんなスケールで捉えたらよいのだろう（cf. 河野 二〇二〇）。

貝毒による被害は古くから知られていた。被害の多発、知識の蓄積、技術の向上によって、日本では昭和五〇年代にモニタリングが開始された（神谷 一九八一）。岩手県では、県の指導のもと、県漁連が、県の海岸に沿って海を一二の海域に区分し、一三のモニタリングポストで毎週検査を行っている。そして検査では広く「マウス毒性試験法」が使われてきた。[6] これは、「貝をすりつぶして抽出した液をネズミに注射し、死亡するまでの時間等により毒値を測定[7]するというものである。だから伝統的に、貝毒の毒量の数値の単位はネズミだった（MU: mouse unit）。「試験に使用するマウスは系統、性、体重など細かく指定されており、検査実施時までに規格にあったマウスを必要数確保する必要がある」（堀田・鈴木 二〇一七：一二三）。こうして貝毒は、特定の海域・特定の週という区切られた時空間における、特定の種の貝として捉えられる。そして、その有無を決定するのは、規格化されたマウスの身体と、貝の抽出液の、検査場での小さな出会いだ。

しかし、実は試験はそこまで規格化されているわけではない。モニタリングは、国の指導（農林水産省 二〇一五）に従いつつも、都道府県ごとが独自のルールや方法で行っているため、地域による差があるのだ。青森県では海域は四つだけだ。また、貝毒が発生しても、ウロを除去できれば出荷してよいとされる。だとすれば、青森では貝毒は「貝とプランクトン」ではなく、「ウロとプランクトン」という、より小さなスケールの出会いといえるかもしれない。他方で、出荷可能性に目を向ければ、貝毒は「貝とプランクトンの出会い」ではなく、「貝と適切にウロを除去できる加工場の出会い」の問題といえるかもしれない。

時空間のスケールはどうだろう。検査のための海域は青森では四つ、岩手では一二ある。このゾーニングはどの程度が妥当なのか？ 例えば一二のうちの、リョウさんの集落が含まれる海域には、三つの湾、一二の沿岸集落が含まれるのだ。ホタテエラカザリだったら、もっと細かい違いを見出すのではないか？ 他方、過去の検査記録を追ってみると、海域ごとの違いは明白だ。リョウさんたちにとって貝毒は新しい問題だが、隣の海域では以前から毎年のように貝毒が発生しているのだ。どのような存在が、この二つの海域を違うものにしているのだろう？ そしてリョウさんの海域では何が変わったのだろう？ もし、これまでも指摘されてきた、貨物船のバラスト水[8]、あるいは近年の気候変動に伴う海水温の上昇が関わっているのだとすれば、貝毒は国際的、あるいは地球規模の出会いの帰結だ。

プランクトン、ホタテ（ないしウロ）、県ごとの検査制度と加工場、「旅」と「共産主義」、津波、「復興」、消費者、海流と水温――そして貨物船やＣＯ２？　出会いの帰結としての貝毒は、多様なリズムとスケールをもつものたちの間で、時に姿を見せる。姿を見せている間は、待つ時間だ。

写真 16-3　津波後の共同出荷の様子（2013 年）

第七節　関わりのなかで

岩手県沿岸南部は、海と陸地とが、水平にも垂直にも複雑な海岸線を形成している。そこでは、多様なものたちが出会い、絡み合い、すれ違っている。時間が経つなかで、そこにはつかの間の安定――もちろん、つかの間かどうかは、どのような時間と空間のスケールを設定するか次第だ――も訪れるかもしれない。ふいに巨大な力が、そこを襲う。破壊と、新たな移動（旅）が起きる。そして、時に、新たな出会いが生まれ、出会ったものたちを変えていく。

やって来て、出会いを通じて変化していくものたち。北海道の稚貝はこの集落のブランドのホタテとして出荷され、ある地域おこし協力隊員はリョウさんの再婚相手となり、瓦礫を海から引き揚げていたボランティアダイバーは、いま海洋資源の再生に取り組んでいる。いつの日か、貝毒はホタテを人による大量殺害から救い、養殖による海の劣化を一時停止させたのだ――つまり人が毒なのだ――と語られることもあるかもしれない。

いずれにしても、また別の波が来るだろう。そのときには何がやって来て、何が「元からいたもの」としてそれを受け止めるのか。どこに何が反復（ないし回復、あるいは復興）するのか、それはどのような時間と空間のスケールで語るか次第だ。本章は、そのような揺らぎに向けたストーリーだ。

いまも、海の中のホタテたちは、モニタリングされつつ、生きるに任されている。出荷の日がいつくるのかは、かれらに知る由もない。

注

(1) 吉田(二〇二一)は牡蠣のウイルスを手がかりに牡蠣と人と諸々のテクノロジーとが織り成すグローバルな集合体について、広い視野できわめて刺激的な民族誌的記述を行っている。

(2) メログラフィは、ごく簡略的にいえば、比較という行為に対する、ある人類学的なスタンスを指す。これは、通常の物事の包含関係の直感的な理解(例えば人間というカテゴリーのなかに男性というカテゴリーがあり、個々の男性はその一部であり、男性の身体は男性にとっての一部であり、手は身体の一部であり……、という全体と部分の関係のヒエラルキーは客観的で不変である)に反するものである。

ストラザーンによれば、世界にある存在は何であれ、多様な他のものと結びついていて、多様なコンテクストの上に置きうる。これは別の言い方をすれば、多様な「全体」に対して、その「部分」という位置を占めうる、ということである。例えば「あの、ずっと飼い主を待っていたオスの秋田犬」について語ろうとするとき、その犬は、「イヌという生物」という全体の一部としても、「秋田犬」という全体の一部としても、「ある家族」の一員としても、「日本における飼い犬」の一部としても、あるいは「人と犬の関係」という問題系の一部としても語りうる(もちろん、もっと他のさまざまな全体を想定しうる)。語る際には、どのコンテクストに置くか=どの全体の一部とするかによって、その存在の特定の側面(「イヌ」であること、「秋田犬」であること、「ある家族に飼われていたこと」、「主人を待ち続けたこと」……)が前景に出て、別の側面が後景に退く。これを別の見方からみれば、この犬(ハチ公)は、無数の要素によって構成されているという言い方ができるだろう。それぞれの要素はそれぞれ何らかのコンテクスト=全体と結びついており、コンテクスト次第でどの要素が前景に出てくるかが変わる。そしてここでは、例えば「秋田犬」というものが、ハチ公という全体を構成する要素の一部となっている。

以上に基づけば、ハチ公は「秋田犬」という全体の一部でもあるし、「秋田犬」はハチ公の一部でもある。つまり「全体」と「一部(部分)」という包含関係、世界にある存在どうしの大小関係は、けっして所与の(ないし物理的な大きさによって規定される)

ものではない。存在どうしは論理的には相互に包含しあいうる。どちらがどちらを包含するかはどのようなコンテクストに置くか次第なのである。

本章ではこれを敷衍し、本章を書く／読む私たちが、本章で取り上げるある小さな集落近くの海の中で生じる貝毒（プランクトンとホタテの出会い）や、その他のさまざまな問題の一部であることを示唆する。

（3）陸前高田市観光物産協会公式サイトより。今はもうウェブサイトからも消えている。

（4）おおもとの「食べる通信」のサイトによれば、「食のつくり手を特集した情報誌と、彼らが収穫した食べものがセットで定期的に届く食べもの付き情報誌」である。

（5）共販制度では、漁連で一〇日に一回入札があり、それに応じて出荷する。出荷ルートは決まっており、主に都市部に出荷されるため、ほぼ首都圏に行くことになる。ただ、直販だけだと、意欲があってよく採れる若い人だけが儲かり、収量の少ない年配者は困ってしまう。だから現時点では実際のところ大部分は共販で、直販はごく一部だという。

（6）近年、下痢性の貝毒のモニタリングは、機器分析法に徐々に取って代わられつつある。

（7）岩手県ウェブサイト内の貝毒情報のページによる。

（8）貨物船の積み荷が少ない時に重りとして積み込まれる水。出港時の港の海水（その場にいた小さな生物なども含む）が積み込まれ、必要がなくなった時点（地点）で放出される。外来生物の問題を生み出す要因の一つになっているとされる。

文献

今井一郎・板倉茂 二〇〇七「わが国における貝毒発生の歴史的経過と水産業への影響」今井一郎・福代康夫・広石伸互編『貝毒研究の最先端――現状と展望』恒星社厚生閣、九―一七頁。

岩手県「貝毒情報」https://www.pref.iwate.jp/kurashikankyou/anzenanshin/shoku/chuudoku/1004515.html（最終閲覧：二〇二二年一二月一五日閲覧）。

インゴルド、T. 二〇一四『ラインズ――線の文化史』工藤晋訳、左右社。

大島泰克 一九八九「貝毒に関する研究の現状と課題」『水質汚濁研究』一二（一二）：七六三―七六八。

神谷久男 一九八一「貝類の毒――とくにホタテガイなど二枚貝を中心として」『調理科学』一四（三）：一四六―一五一。

河野正治 二〇二〇「《特集》歓待の人類学 序」『文化人類学』八五（二）：四二—五五。
クリフォード、J.　一九八六「民族誌におけるアレゴリーについて」J・クリフォード&G・マーカス編『文化を書く』春日直樹他訳、紀伊國屋書店、一八三—二二六頁。
鈴木敏之 二〇一六「貝毒の規制値、監視体制と機器分析」『食品衛生学雑誌』五七（五）：一一七—一三一。
食べる通信　https://taberu.me/（最終閲覧：二〇二四年一月二六日）。
チン、A.　二〇一九『マツタケ——不確定な時代を生きる術』赤嶺淳訳、みすず書房。
農林水産省 二〇一五「二枚貝等の貝毒のリスク管理に関するガイドライン」。
堀田敏弘・鈴木怜 二〇一七「貝毒発生監視調査事業（概要）」『高知県水産試験場事業報告書』一一三：一二三—一二五。
山口弥一郎 二〇一一『津浪と村』石井正己・川島秀一編、三弥井書店。
吉田真理子 二〇二二「牡蠣がつくり育てられているとき——タスマニアと三重の事例から」近藤祉秋・吉田真理子編『食う、食われる、食いあう——マルチスピーシーズ民族誌の思考』青土社、六七—一〇六。
米山リサ 二〇〇五『広島——記憶のポリティクス』小沢弘明・小田島勝浩訳、岩波書店。
陸前高田市観光物産協会　https://takanavi.org/archives/2054（最終閲覧：二〇一五年九月一四日）。
Candea, M. 2010. *Corsican Fragments: Difference, Knowledge, and Fieldwork*. Bloomington: Indiana University Press.
Oliver-Smith, A. 1986. *The Martyred City：Death and Rebirth in the Andes*. Albuquerque：University of New Mexico Press.
Strathern, M. 1992. *After Nature：English Kinship in the Late Twentieth Century*. Cambridge: Cambridge University Press.

第17章　地球への薬効

――薬用植物から考える公共空間の生態学

モハーチ　ゲルゲイ

本章では、都市という公共空間を取り巻く生態学的プロセスの一例として、医薬品の循環が都市環境に与える影響を取り上げることにする。

第一節　有害な景観

食品添加物からプラスチック、医薬品からセメント材料に至るまで、合成化学物質は都市生活や都市の変容に欠かせない、そしてしばしば目に見えない存在でもある。それらは私たちの生活をより快適で便利なものにしてくれる一方で、都市空間をはじめ地球環境をかつてない規模で汚染している。そのため、一部の人類学者や環境史の研究者は、化学‐社会的集合体（chemosocial assemblage）が産業資本主義や人間以上の世界の複雑なネットワークに組み込まれていることに深い関心を持ち始めている（Murphy 2008; Papadopoulos et al.（eds.）2021; Shapiro and Kirksey 2017 など）。

化学物質が公衆衛生のインフラストラクチャーに織り込まれるなか、いわゆる伝統医療のネットワークが都市部の生態系をいかに再編するのかを探求する人類学者もいる（Solomon 2016）。伝統医学が浸透しやすく変化しやすいのは、医療多元論の歴史的・文化的帰結にとどまらず、化学‐社会的遍歴の結果でもある。後述するように、ハノイ市の旧市街で販売されている植物由来医薬品もまた、このような化学的に具現化されたインフラの重要な要素でもある。こうした薬剤という交差点で、私たちは環境と身体が互いに毒し合うという実験を共に生きるといえるかもしれない。

アレックス・ネイディングという人類学者が作り出した「漏れるもの」(leaky things) という概念を採用することで、医薬品を含む化学物質は、原則として自然環境と身体とが絡み合うことで効果を発揮することがわかる (Nading 2016)。彼の民族誌は、ニカラグアでの蚊の駆除を主題としており、デング熱などの人獣共通感染症を予防し病原体を制御するというグローバルヘルス介入のもとで、殺虫剤や漂白消毒剤といった薬剤が散布された結果、景観や人々の生活を一変させたことを描写している。ネイディングによれば、「化学物質の漏れ」は単なる技術的な失敗ではなく、むしろ構造的に関連する物質の流通や人の行動を表す言葉なのである。

> 私がここで強調したいのは、これらの物質が「漏れる」という可能性である。皮膚［組織］や水に分解されるだけでなく、生物医学的管理や官僚的監視という公的空間から、社会的・政治的相互作用の場へと漂うのである。(略)「漏出」に着目することで、人間とその他の生き物の身体と社会政治システムの弁証法的生産だけでなく、建物、道具、プロトコル、基準、そしてもちろん化学物質などの非生物的なものが健康を構築し、そしてまた破壊するという役割にも注意を喚起することができる。(Nading 2016: 142)

この例が如実に示しているように、人間の健康増進は時として、都市や地球環境を継続的に汚染する。それによって、公衆衛生の不確実性が増すことになるのである。

以下では、植物由来医薬品を成立させる化学物質に焦点を絞ることで、この一見矛盾とも取れる治療と汚染との相互生成を描き出すことにしたい。フランス科学哲学者ミシェル・セール (一九八七) を手がかりに、社会生活において破壊と撹乱をもたらすとされる「寄食という関係」(*la relation parasite*) はけっして例外ではなく、むしろ常態であることを論じる。都市の化学インフラストラクチャーにおいて、「寄食者」は、自然環境が単に占有されるのではなく、常に構築され、脱構築されながら居住される可能性を考えるための装置であるという。そこで、本書は、ベトナムにおける薬草と人間、都市環境の相互連関に注目し、生き方としての寄生を探求することを目的としている。次に示すハノイ市の事例では、「寄食」が干渉行為だけでなく、何か新しいものを生み出す効果——例えば植物がもたらす薬効、さらにはその薬効を増幅する汚染にともなう地球環境への影響——をもつことを、読者に気づかせるかもしれない。

第二節　寄食者と共に創る街

ベトナムの首都ハノイの旧市街にあるランオン（Lãn Ông）通りは、別名「薬草通り」と呼ばれている。中央市場から徒歩圏内、ホアンキエム湖の北側という好立地にある、漢方薬材の専門店街である。生薬のほろ苦い香りと珍しい動物性医薬品の風景が、周辺の街区やその奥の閑静な住宅街と一線を画している。歩行者用道路にこぼれ落ちそうなほど大きな袋に薬草を詰め込んだ露店もあれば、客が訴える症状に応じて室内の奥深くにある薬箱と店先を売り子が行ったり来たりする小さな個人漢方医院もある。

写真 17-1　ランオン通りの漢方薬専門店
（2019 年 3 月）

かつては中国人が住む中華街だったこの界隈は、もともと福建省からの入植者の割合が高かったために福建通りと呼ばれていたが、その後一八世紀に活躍した有名なベトナム医学史の偉人であるハイ トゥオン ラン オン（Hải Thượng Lãn Ông Lê Hữu Trác: 1720-1791）にちなんで改名された。路上で小さな店を開いている小売業者や卸売業者は、地元の治療薬よりも中国産の漢方商品をやや多く販売している[1]。ランオン通りは、薬草の製造・販売を担う特別区域として古くから栄え、ここでは、何世紀にもわたって職人街としてのネットワークが形成されてきた。この街の変容は、常にさまざまな薬用物質やハノイ市の多民族からなる居住者の健康と絡み合ってきた。（写真17 - 1）

前回、二〇一九年の春の晴天のもと、三〇代女性で薬剤師のダン・チャム（Đặng

Châm）[2]氏と一緒に訪れたランオン通りでは、店舗の前にたくさんの生薬エキスの箱や葉、茎、根、種子、樹皮など乾燥させた薬草が積まれており、一度店に入ると隣の店に移るにもその医薬品の山をまた一周りしてから入るという迷路のような風景が広がっていた。ある薬局では、オーナーが生薬を加工したり、仕上がった製品を包装している最中で、またある漢方医院では、漢方医が客の脈を測っていたり、お茶を飲みながら世間話をしていたりした。私がこの混沌とした漢方薬の氾濫のなかに秩序を見出そうとしているあいだ、ダンさんはこれらの輸入品の生薬がいかに低品質であるかを私に語り続けていた。彼女はハノイ市でベトナム医学を学び、中心街の外れにある自宅で小さな漢方医を営んでいた。薬剤師の資格ももっているダンさんは、ランオン通りの業者たちが売っている治療薬の効き目のなさに失望し、輸入医薬品に潜む毒性についての懸念をことあるごとに口にしていた。

小さな店を出るとき、彼女はさらに、袋の中に入っている原材料の植物のいくつかは、おそらく公衆衛生当局に登録すらされていないものであるにもかかわらず、地元のブランドに競り勝ってベトナムに進出していることを忘れずに語った。そして、彼女は別の棚に並んでいるスマートなパッケージの漢方薬のエキス剤を指差した。「《一〇〇%無添加製品》と宣伝しているけれど、実際は化学物質だらけなのよ」と彼女は私に言った。そして実際、各薬品の説明書にはその事実がはっきりと記されていた。例えば、痛みを和らげるための抗炎症混合物に含まれるサリチル酸メチル（$C_8H_8O_3$）のように、これらの植物由来製品の天然成分は、薬剤として製造・流通する過程において、化学的に活性な有機化合物の名称を付与され表記されるからだ。

医薬品は、たとえ植物由来の製品であっても化学物質を含んでいる。ダンさんは、どうしてそれを「不浄」と捉えているのだろうか。この問いを掘り下げるには、古代ギリシャ哲学者の「パルマコン論」が手掛かりなる。ジャック・デリダはプラトンの「パルマケイアー」という対話篇の分析において、薬効物質を意味している「パルマコン」という用語を用いることで、薬効は単なる因果関係ではなく、文脈によるものであることを示している（デリダ 二〇一三）。ギリシャ語で「パルマコン」（*φαρμακον*）とは、治療薬と毒薬の両方の意味をもち、有益な効果も有害な効果ももちうる物質、言語、思想の両刃の性質を示唆している。現代の医薬品にみられるように、「パルマコン」はさまざまな社会的、生態学的領域を流れ渡り、病気の治療から環境汚染まで互いに矛盾している効果をもたらしている。

医療人類学者のアニタ・ハードンとエミリア・サナブリアは、除草剤、化粧品、その他多くの「私たちの環境を汚染し、私たちの健康に影響を与える化学物質」で構成される化学 - 社会的インフラから薬効が現れると指摘している（Hardon & Sanabria 2017: 125）。例えばタンザニアでは、国際医療機関が推進するＨＩＶ治療方針の一般的な要素として、植物由来薬剤が用いられている（Langwick 2018）。これらの地元で栽培された薬用植物は、輸入された抗レトロウイルス薬の毒性を緩和し、ひいてはウイルス量を抑制する後者の生物医学的効果に不可欠とされている。

漢方薬など植物由来医薬品に含まれる合成添加剤は、上述した「パラジット」（寄食）として作用する。ランオン通りでは、都市空間を市場に変える合成添加剤が、医薬品の有効成分であり、同時に環境汚染物質でもあることがこうした寄食関係の最も興味そそる点である。「パルマコン」のように、本書の主題となる「パラジット」もこうした多義性を裏付ける観念である。寄食はシステムを混乱させることで害を及ぼすこともあれば、新たなつながりや相互作用の経路を作り出すことで有益になることもある。つまり、それは招かれざる化学的客人であり、宿主を内側から喰らい、伝統的な薬草療法の効能や価値に関するメッセージに付随する無意味なノイズである。セールは、このような等価性や公平性を乱すものを使って、明確で公正で摩擦のない交換の可能性についての社会科学的・経済的思考を批判している（セール 一九八七）。

ハノイ市では、こうした薬剤の効果が、都市部の変容している生態学的ループに組み込まれつつある。ランオン通りで売られている薬用植物に含まれている化学物質の効能は、中国、ベトナム、その他の医学知識によって峻別された明確な伝統のなかにあるのではなく、むしろ東アジアの都市の公共空間を構成する複数の権力関係や集合体によって現実化されているといえる。医薬品の公共性は薬草街にとどまるものではない。薬は都市インフラの中で化学物質の流れに沿って寄食関係を拡大させることについて次節で詳しくみていこう。

第三節　薬剤汚染という公共性

有毒なものであれ、治療に有益な効果をもつものであれ（そしてその中間にあるものも含め）、都市部のハイブリッドな生活を可能にする化学物質は、本章の焦点である化学 - 社会的インフラストラクチャーの一環として効果を発揮している。工業的に汚染された土壌に含まれるカドミウム（Cd）、水銀（Hg）、ヒ素（As）などの重金属から、薬用植物の商業栽培でしばしば用いられるポリ塩化ビフェニル（PCB）や有機塩素系殺虫剤、抽出過程で広く使用される多種多様な変性アルコールなどの化学物質に至るまで、ハノイ市の薬用植物には、すでに化学的に複雑で多様な植物代謝に接触する化学的要素や化合物がたくさん含まれている。インドのムンバイにおける慢性疾患の現状を長年調査してきた医療人類学者のハリス・ソロモンが示唆するように、こうした「身体とその周囲の空間を相互に結びつける物質的な力」（Solomon 2016: 75）に関わることは、社会的・生態学的、そして科学技術的なプロセスの集合体としての都市を理解するうえで役立つのである。

アジア全域、そしてそれ以外の地域でも、変容する都市景観は、化学 - 社会的インフラが都市に住む人々の日常生活にまで拡大していることを特徴としている（Choy 2011）。下水道から上水道、プラスチックの処分に至るまで、科学インフラは今や私たちの身体である。

二〇年にわたる戦争と長い社会主義復興期を経て、この二〇年間でベトナムはアジアで最も急成長した経済国の一つとなったが、このような急成長には環境への影響や開発面での論争がつきものである。中国周辺の恩恵を享受し、自国を巨大な隣国に代わる低コスト国家と位置づけるベトナムは、現在、外国人投資家にとって安価な労働力と企業優先政策の主要な製造拠点となっている。

紅河デルタでは、人口増加の直接的な結果として、公共水道への圧力が高まっているため、飲料水のヒ素汚染が依然として深刻な公衆衛生上の課題となっている（Winkel et al. 2011）。近年、一方では大気汚染への懸念が高まり、他方では廃水管理のインフラが老朽化していることから、環境に対する意識が高まり、二〇一九年秋にはハノイ市で一連の抗議運動が起こった(3)。その頃、電球メーカーの倉庫で発生した火災に伴う水銀漏れや、ホアビン省のレンガ工場が使用済み油を上流の小川に投棄したことによる水道水の汚染は、いずれも首都の住民に日常生活における環境汚染と公衆衛生の根本的な関連性を警告した。

中国から輸入され、ランオン通りで販売されている生薬製品に何らかの化学物質が含まれていることを教えてくれたダンさんの言葉は、彼女が思っている以上に正しかったのだろう。一九六〇年代にベトナム中南部の森林への除草剤散布や村落へのナパーム爆撃を含む米軍の化学兵器戦争の遺産（上杉 二〇一六）、そして緑の革命の時代に大規模に導入された農薬の影響を考えると、合成化学物質を含まない薬用植物は今やベトナムでは希少資源であろう。本章が提唱する公共性への関心からすれば、ハノイ市のような大都市において、ダンさんが言う「無添加」とは一体何を意味するのか、とも問わざるをえないであろう。

引き続き、医薬品について考えよう。医薬品はもちろん化学物質である。しかし、決して単独では存在するものではない。各種の薬剤や生薬は体内や環境を循環し、代謝や生態系のプロセスに影響を及ぼすものである。世界中で製造された医薬品の相当量が、製造工場や病院から投棄され、その後河川へ流入したり井戸を汚染したりしていることは広く知られている。しかし、設計上直接環境中に放出される農薬とは異なり、ほとんどの医薬品はトイレに流され、公共排水システムに放出される前に、使用者の代謝を介し、移動する。消費と排泄の後、これらの新たな代謝産物（多くの場合、変化していない親化合物を三〇～九〇％含むもの）は、都市の下水管網を通って排出され、農薬と同じ河川に行き着くことになる。言い換えれば、都市環境では、生態学的・代謝的な意味だけでなく、インフラ的な意味でも、薬物は漏れ続けている。

また、水の汚染は、このような医薬品の流れに終止符を打つものではない。この被害を真に地球規模の問題とする重要なループのひとつが、抗菌薬耐性（Antimicrobial Resistance: AMR）と呼ばれるものである。特にその一部を示す抗生物質耐性（Antibiotic Resistance: ABR）は、「細菌が変化し、細菌が引き起こす感染症の治療に使用される抗生物質に耐性をもつようになることで起こる」恐ろしい健康被害である（WHO Fact Sheets 2018）。公共の医療システムだけでなく、現代社会における生と死は本質的に抗生物質と関連しているため、薬剤耐性は、長い間公衆衛生の専門家の懸念となっている（Landecker 2016; モハーチ・小笠原 2021）。最新の知見では、土壌生物相、廃水、空気感染により、ＡＢＲは環境破壊による健康被害の模範的事例になっていると主張している（Zhu et al. 2019）。さらに、このような環境病因は貧困や不確実性にも深く埋め込まれていると主張する者もいる（Collignon et al. 2018）。

そして、次節の薬草園の事例からわかるように、漏れる化学 - 社会的インフラと、それが呼び起こす不安は、急速な都市化の副作用であると同時に、都市の生態系を変容させる文脈でもある。

第四節　分解者を探る

不確実性と水中の抗生物質は、ハノイ中心部の紅河（Sông Hồng：ホン川）に浮かぶ小さな島、バイズーア（Bãi Giữa）での暮らしに付き物である。ただし、島の住民のほとんどは気にしていない。

ハノイ中心部を流れる紅河（ホン川）にかかる、植民地化と独立運動を同時に象徴しているロンビエン橋付近の島であるバイズーアソンホン（Bãi Giữa Song Hong）は、日雇い労働者の水上集落であるソムパオ（Xom Phao）からそう遠くないところに位置している。地元の人たちから「バナナ島」ともよばれる中州の島である。浮浪者や麻薬常用者、裸体主義者たちのコミュニティなど、ハノイ市の社会からはじき出された人々が暮らす、家庭菜園が並んでいるこの島を散歩していると、アナ・チンの印象深い台詞を思い出す。「廃墟は私たちの楽園となった。この堕落した（「しなびた」）風景が私たちの暮らしを作っていくのだ。そこで最も希望に満ち溢れたオアシスの豊かな自然でさえ、巨大な介入の背後に維持されている」（Tsing 2014: 87）。（写真17-2）

バイズーアは、厳密な意味でのオアシスというよりは、人間と植物の新しい関係が生まれつつある場所である。最近、あるコミュニティ・プロジェクトが、市内の大気汚染による環境負荷を軽減するために植樹を始めた。彼らはこの島をハノイ市の「緑の肺」にしようと計画している。(4) 二〇一九年の時点で、島に広がる野菜、トウモロコシ、バナナなどの区画は、ほとんどが市から土地を借りている農家たちによって耕作されていた。ある活動家の知り合いが「こんな汚染された土地で農業をしようなんて、他にやることがある人なら、そんなことをするのか？」と私に問いかけた。彼らの農産物のほとんどは、ダウンタウンの小さな食堂や飲食店へ販売されている。

こうした農業起業家の一人であるホアン・ファット（Hoang Phat）氏は、ハノイ市から一・五ヘクタールほどの小さな土地を借りている。近隣住民のほとんどが農産物に投資するなか、彼は薬用植物を植えることにした。薬草は、長期的には収益性が高いだけでなく、土壌生産性の再生にも適しているようだ。(5)「最近、ベトナムでは漢方薬がブームで、興味をもつ人が多い。

政府も薬草や伝統的なベトナム医学を支援しているんだ」とファット氏が言う。「毎日のように薬草園のための新しい公有地が開かれている。このチャンスを逃すのは愚かなことだ」。

ファット氏はバイズーアの庭で薬草を栽培しながら、ランオン通り近くのベトナム医学の専門学校で漢方薬の処方と使い方を学んでいる。いつか自分も治療師になりたいと考えているのである。中国医学とベトナム医学の重要な違いの一つは、後者が薬用植物をより積極的に用いることだそうだ。「中国の医師がよくやるように、医学書で学んだ抽象的な理論から始めるのではなく、ベトナム治療師の知識の一部は植物の栽培から得ているのです」とファット氏が強調している。

彼が医師を目指す一環として庭を手入れすることは、科学技術社会論の研究者が「西洋」認識論に代わる「中国的なもの」として提唱する「勢いに対する感性の修養」(cultivation of a sensibility to propensities)の模範であろう(Law & Lin 2017: 221)。しかし皮肉なことに、ここでは薬草の「勢い」は中国医学と対立している。伝統的な中国医学との内在的な対比は、診療所と庭の間の存在論的な相違の根底にある、薬草を積極的に用いるベトナム医師のあり方にある。一般的な栽培の手法、学校で学んだ薬用技術、そして植物の一部を販売する医師から学んだ知識に基づき、彼はこの低質かつ有毒な土壌を健全な庭、そして彼自身を薬草医に変える独自の方法を工夫している。しかし、この汚染された土地では、当分の間、それは夢のままだ。医者になるには莫大な資金が必要だが、彼は植物を製薬会社に売り、規格医薬品の材料として用いることのほか、安定した収入を得ることは難しいかもしれない。

写真17-2　家庭菜園が並んでいるバイズーア島(2017年3月)

ファット氏は、土壌改良のために焼畑を行っていた。そのため、しばしば隣人との争いが起こる。近隣に住む農家たちの多くは、農作物の品質よりも当局の目を気にする。ある日、彼の庭の灰に覆われた土の上を一緒に歩いているとき、彼は焼畑農法がもたらすさまざまな利点について説明してくれた。地表面を焼却することで土中のミネラルや栄養分が放出され、植物の薬効が高まるだけでなく、ファット氏によれば、土中の熱は、都市からの廃棄物や中国から紅河を下る有害化学物質によって汚染され続けた土壌を浄化する効果もあるという。

それに対して私は、焼畑は地球規模で見れば、温室効果ガスを大量に排出するものだと素朴に問い続けた。彼の隣人たちの不安を考慮すると、都市部で農業をするならば、焼畑式は目立たない方法とは言い難い、とファット氏に迫って指摘した。しかし同時に、この庭は共同体的で生態学的な妥協の産物であり、一時的な解決策に過ぎないということも、思い出されたのだった。長い目で見れば、彼は首都の北、標高の高い汚染されていない土地を探し、そこで将来の臨床診療に役立つより多くの品種に栽培を拡大することを望んでいると語っていた。

バイズーア島の土壌はあまり安定しておらず、生産性も高くないが、沖積土からなる中州であればミネラルを豊富に含み、また植物がある程度深くまで土壌に根を張ることができる。その土壌には、日本とベトナムの環境薬理学者のグループによって独自に検出された（原田ほか 二〇一八：Thai et al. 2018）、製薬企業の工場から排出された抗菌剤も含まれている。

ファット氏は小さな製薬会社の研究所からとある苗をもらって自宅の庭に移植し育て始めたことをきっかけに、数年前から植物の抗菌効果に関心を寄せている。それはディンラン（*đinh lăng*（*Polyscias fruticose; Ming aralia*））とよばれる濃い緑色の葉をもつ低木だが、ベトナムの医師の間では「貧乏人の人参」（*hồng đảng sâm*）としても知られている。この植物の根はリウマチの痛みを和らげるために使われるが、葉から調合される抗菌飲料はベトナム全土で広く知られている。「薬草は患者の体を癒すのと同じように、土地も癒すことができるのです」と、ある日ファット氏が語ってくれた。彼の庭で栽培された薬草は、まだ医薬品のエキス原料として使用できる品質ではなかったが、ファット氏はランオン通りの行商人に簡単に売ることができた。

すなわち植物は廃棄された医薬品に残留する抗生物質を吸収することで、同様の薬用効果をもつと考えられているために、このように生育した植物が「化学薬品不使用」の製品として引っ張りだこになったのである。河川の化学物質汚染は、薬用植物に取り込まれその効能を移植することで、完全な都市代謝の輪のなかに入っていったのである。ここでの漢方薬の「勢い」は、都市における化学‐社会的な流れや漏出に従っており、古くから知られる毒性と治癒特性との区別を描き直しているといえる。

第五節　副作用のエコロジー

ラディカルな環境主義者の心をもたなければ、究極の健康志向者にならなくても、私たちの身体と地球の健康がますます切っても切れない関係にあることを心にとどめておく必要があるかもしれない。ここ数十年で遺伝子研究やオーダーメード医療の好況と不況を繰り返した結果、今やヒトの健康は個々の身体の不具合にとどまらないことは常識であろう。微生物叢の「生態系」に生息する多種多様な腸内細菌へのかつてない関心から、「プラネタリーヘルス」という新しい分野をめぐる活発な議論まで、私たちの身体が異種間の交差点であると同時に、化学物質が流れることで成立しているネットワークの有機的要素でもあることが社会的に認知されるようになった。

環境破壊をめぐる政治的思考において、都市の役割はきわめて重要になっている。都市は、気候変動を緩和し、適応策を実験的に検証し、成功させることができる公共空間とみなされている。その意味で、都会で暮らすことは、人新世を棲むというべきだろう（森田 二〇二二）。気候変動は依然として惑星規模の問題であり、グローバルサウスとノース、あるいは富と貧困のマクロ的なバランスに関わる実存的危機であろう。一方で、人新世をめぐるイノベーションや実験のなか、人間と非人間がどのように寄せ集められるのか、どのように共に都市における物質の循環を作り出していくかに目が向けられてきた。第1章で三上が論じた、市民とスズメの共存がいつの間にか都市のインフラを形成する様子となってきたように、都市は「地球を構成するさまざまな環境の一つとして、他の環境と並列に扱う」のである（三上 本書：032頁）。

本章で紹介した都市部の緑地再生実験は、このような都市インフラの開発と生態系の創発過程が収束する場所である。こうした新たな物質的構成において、人の健康は環境問題となり、その逆もまた然りである。

薬用植物は野生で育つこともあれば、実験室で栽培されることもあるが、たいていはその中間である。薬草園では、違いを超えたこのような関係性の出会いは、薬草が存在するために不可欠なものであるだけでなく、薬草を比較可能なものにしている。文化的（西洋医学、中国医学、ベトナム医学）、生態学的（森林、庭園、生態系）な違い、臨床現場、人体、研究所を越えて生薬のサンプルを移動させ、その効率を測定し改善しなければならない。

薬草から医薬品を開発することは、植物と人体、そして地球の未来との相互関係を問うことができる深い問題である。私たちは通常、医薬品を純粋な化学化合物と考えるが、その大部分は植物や薬草を含んでいる。植物由来医薬品の場合は直接加工することによって、あるいは植物が合成医薬品のモデルとなる場合は間接的に。この点で、ファット氏が自分の植物の大部分（ファット氏自身の推定では全体の三分の二以上）を、単一の医薬品の賦形剤または原薬として、比較的大規模なメーカーに売却していたことを思い出す価値がある。植物の代謝や生殖に不可欠な化学反応は、中国やベトナムの医薬品、そして生物医学のレパートリーにとって、方法や目的は異なるものの、きわめて重要なものである。

さらにいえば、これらの植物の一部が現在、都市の土壌で栽培され、中流階級の消費者向けに合成製品に加工され、都市住民によって消費され、自治体の水路に排泄されているという事実は、「常に一過性の都市宇宙」に特有の化学的同居のインフラ政治が存在することを示している。こうした薬草と化学薬品の遍歴は、森林破壊の脅威にさらされる土着の医療行為と、流出する公衆衛生のインフラ、そして台頭する都市の中流階級の化学薬品を使わないイメージとを織り交ぜている。

第二節でみてきたように、薬効のこうした多義性は、治療と共生の新たな形を生み出す破壊の役割を示している。一方、「パルマコン」は薬と毒という効果を互いに発揮させることで、思考の二項対立は混乱する。他方で、「パラジット」は食うと食われるという関係性を浮き彫りにすることで、薬効を混乱させる副作用を見直させる観念である。どちらの場合も、この混乱は単に否定的なものではなく、システムを変容させ、豊かにする可能性を秘めている。

デリダの「パルマコン」とセールの「パラジット」という概念は、病人の身体を超えた薬効における二重性、混乱、変容の複雑さを探求するための豊かな視点を与えてくれる。どちらも、薬の作用を特徴づける曖昧さと多義性を浮き彫りにし、安定と秩序という従来の概念に挑戦している。

注

（1）二〇〇四年に実施された調査によると、ランオン通りで販売されている製品の原料原産地は、天然採集植物（二六％）、栽培作物（二〇％）、または中国から輸入された薬用植物（五四％）のいずれかである。そのなかには、*Angelica dahurica, Angelica sinensis, Achyranthes bidentata, Rehmania glutinosa, Ganoderma lucidum* などの一般的に使用される薬用植物が含まれている（Nguyen & Nguyen 2008: 51）。

（2）本章に登場する人物の氏名はすべて仮名である。

（3）*The ASEAN Post*, 24 October 2019, Hanoi's pollution exposes growth risks. [https://theaseanpost.com/ article/hanois-pollution-exposes-growth-risks]（最終閲覧：二〇二四年八月一日）

（4）Việt Nam News, 25 November 2018. Nostalgic Future: Turning Banana Island into Green Lungs of Hà Nội. [https:// vietnamnews.vn/sunday/480370/nostalgic-future-turning-banana-island-into-green-lungs-of-ha-noi.html#YxjGD2sjlTcWrCqP.97]（最終閲覧：二〇二四年八月一日）

（5）ファット氏によると、この土地で一年間に根が六〇〇kg、葉が二〇〇kg、種が五〇kgほど収穫される（口述伝達）。

文献

上杉健志 二〇一六「軍事環境人類学の展望」『文化人類学』八一（一）：九三―一〇七。

セール、ミッシェル 一九八七『パラジット――寄食者の論理』及川馥・米山親能訳、叢書・ウニベルシタス、法政大学出版局。(Serres, M. 1980. *Le Parasite*. Paris: Grasset)

デリダ、ジャック 二〇一三（一九七二）『散種』藤本一勇・立花史・郷原佳以訳、法政大学出版局。[Derrida, J. 1972. La dissémination. Paris: Éditions du Seuil]

原田和生 二〇一八「ベトナムにおける抗菌性物質の環境水中残留実態」『薬学雑誌』一三八（三）：二七一―二七五。

モハーチ、ゲルゲイ／小笠原理恵 二〇二一「医療とレジリエンス――新興感染症からの試論」『未来共創』八：一二三―一四三。

森田敦郎 二〇二二「人新世に棲む」檜垣立哉編『住む・棲む』シリーズ人間科学八、大阪大学出版会、一八一―一九九頁。

Choy, T. 2011. *Ecologies of Comparison: An Ethnography of Endangerment in Hong Kong*. Durham, N.C.: Duke University Press.

Collignon P., J. J. Beggs, T. R. Walsh, S. Gandra & R. Laxminarayan 2018. Anthropological and socioeconomic factors contributing to global antimicrobial resistance: a univariate and multivariable analysis. *The Lancet Planetary Health* 2 (9): e398-405.

Hardon, A. & E. Sanabria 2017. Fluid drugs: Revisiting the anthropology of pharmaceuticals. *Annual Review of Anthropology* 46: 117-132.

Landecker, H. 2016. Antibiotic resistance and the biology of history. *Body & Society* 22 (4): 19-52.

Langwick, S. 2018. A Politics of Habitability: Plants, Healing, and Sovereignty in a Toxic World. *Cultural Anthropology* 33 (3): 415-443.

Law, J. & W. Lin 2017. Provincializing STS: Postcoloniality, Symmetry, and Method. *East Asian Science, Technology and Society* 11 (2): 211-227.

Murphy, M.. 2008. Chemical Regimes of Living. *Environmental History* 13 (4): 695-703.

Nading, A. M. 2016. Local biologies, leaky things, and the chemical infrastructure of global health. *Medical Anthropology* 36: 141-156.

Nguyen, D. N. Van & T. Nguyen comps. 2008. An Overview of the Use of Plants and Animals in Traditional Medicine Systems in Viet Nam. TRAFFIC Southeast Asia, Greater Mekong Programme, Ha Noi: Viet Nam.

Papadopoulos, D., M. Puig de la Bellacasa & N. Myers (eds.) 2021. *Reactivating Elements: Chemistry, Ecology, Practice*. Durham, N.C.: Duke University Press.

Shapiro, N. & E. Kirksey 2017. Chemo-ethnography: An Introduction. *Cultural Anthropology* 32 (4): 481-493.

Solomon, H. 2016. *Metabolic Living: Food, Fat and the Absorption of Illness in India*. Durham: Duke University Press.

Thai, P.K., L. X. Ky, V. N. Binh, et al. 2018. Occurrence of antibiotic residues and antibiotic-resistant bacteria in effluents of pharmaceutical manufacturers and other sources around Hanoi, Vietnam. *Science of the Total Environment* 645: 393-400.

Tsing, A. 2014. Blasted landscapes (and the gentle arts of mushroom picking). In E. Kirksey (ed.) *The Multispecies Salon*, Durham, N.C.: Duke University Press, pp. 87-110.

Winkel, L. H. E., P. T. K. Trang, V. M. Lan, et al. 2011. Arsenic pollution of groundwater in Vietnam exacerbated by deep aquifer

exploitation for more than a century. *PNAS* 108 (4): 1246-1251.
WHO Fact Sheets 2018. Antibiotic resistance. [https://www.who.int/news-room/fact-sheets/detail/antibiotic-resistance]（最終閲覧：二〇二三年八月二〇日）
Zhu, Y-G., Y. Zhao, D. Zhu, et al. 2019. Soil biota, antimicrobial resistance and planetary health. *Environment International* 131: 105059.

第18章　ほどく、たかる、すまう
——自己攻撃時代の生の哲学

藤原辰史

第一節　免疫の不調

（一）保育園の調理室から

保育園に調査に行くたびに驚かされるのは、園児たちの給食を調理する人びとの細やかな気遣いである。園児の誰がどんな食物アレルギーをもっているか、その表が貼ってある。小麦、卵、ピーナッツ、牛乳など、栄養士や調理士たちは、それぞれの食材を外しながら別々のメニューを作る、という離れ技を毎日繰り返している。当然ながら、緊張感を要する仕事だ。ミスによって、乳幼児は死に至ることさえあるのだから。しかも、アレルギー対策は、数ある保育園の給食の担当者の仕事の中のほんの一部に過ぎない。

そもそも保育園あるいは幼稚園とは、一九世紀の中頃に、プロイセンの教育学者フリードリヒ・フレーベルが発明した未就学児の教育施設であった。それまでは、未就学児は教育の対象ではなかったし、預かりの施設があったが、そこでは体罰もふるわれていた。フレーベルは、そういった未就学児のおかれている状況を憂い、キンダーガルテン、すなわち、「子どもの庭」と直訳できるがいまではもっぱら「幼稚園」と訳される教育施設を設立し、積み木を開発し、その破壊と再生を表現する玩具によって子どもたちに宇宙の摂理を教えた。そして「子どもの庭」では子どもたちに植物を育てさせ、作物を収穫させた。大人と子どもと植物が共に同じ庭で育つ、自然と人間が調和した世界をフレーベルは夢見たのであった。その夢はある程度まで実現したとみてよい。今でも園庭には花が咲き、さつまいもが植えられ、そのなかで子どもたちは走り回っている。

（二）子どもの環境の変化

だが、その夢は、とりわけ一九五〇年代から徐々に壊されてきた。園児たちが呼吸する空気も、水遊びをする川も池も、種を植える土壌も化学物質によって汚染されてきた。度重なる地上での核実験や原発施設の爆発によって、園児の遊ぶ場所に、園児が大人よりも影響を受けやすい放射性物質が降り注いだ（核実験の起こらなかった日本各地にもそれはもちろん落下していた）。風邪をひいた園児たちには、小児科で抗生物質が投与された。抗生物質は細菌に効くのであって、ウイルスには効かず、それによって口腔や腸内の微生物が激減したとしても、しばらくすると再生するので、それはよくある副作用として処理されてきた。だが、長期的な視野にたって子どもたちの腸内細菌の問題を考える小児科医は少数派であった。腸内細菌は人の細胞数より多く存在し、人に「たかって」棲んでいて、悪さもするが、良いこともする。細菌が担う良いことの一つが「免疫」にほかならない。

一九五〇年代から、子どもたちが大人と暮らす住環境も劇的に変化した。昆虫や雑草を駆除するための薬剤や食器洗剤や消毒液など、大量摂取をすれば明らかに体に害をもたらすものが長期的に使用されるようになった。食品産業の勃興により、着色料や保存料などの物質のついた市販品を口に入れる機会が格段に増えた。

以上のような子どもが生きる生活環境の変化が、子どものアレルギーの原因であると多くの医学の専門家たちが警鐘を鳴らしているとはいえ、医学的に厳密に証明されたわけではない。しかし、人文学的には、医学的な証明に頼らなくても、フレーベルの理想と遺産は崩れつつあることは指摘できる。その崩壊の中に、子どもたちのアレルギーの多発やそれに類する問題があるかもしれない、という仮説も提示できる。人文学は、直線的な因果関係だけではなく、個々の事象の編成から別の編成への変化を説明できる言語体系をもっているからである。

第二節　アレルギーと自己免疫疾患――自己を攻撃する時代

(一) 自己の把握がうまくいかない

レストランに、小麦、卵、牛乳などのアレルゲンの表記がなされ、アレルギー反応が起きたときの注射（エピペンス）を持参する子どもたちが増えた。さまざまな植物の花粉に反応する花粉症患者や、埃やペットの毛に反応して涙や鼻水が止まらなくなる患者たちがアレルギー科に押しかけ、アトピーに苦しむ子どもたちが親と一緒に皮膚科で列をなして並ぶことは日常の風景となった。

異常としか言いようのないこのアレルギー多発の風景の原因について人々はあまり語りたがらない。何かこの世界がおかしくなってしまったのではないか、と感じる人は意外と少ない。ドメスティック・バイオレンスにせよ、貧困にせよ、経済封鎖にせよ、海洋汚染にせよ、大気汚染にせよ、一般に、ゆるやかな身体ならびに精神への加害（構造的暴力と呼んでも差しつかえないだろう）は事件として扱われにくいからかもしれない。

普通なら体を育む食べものを、自己を脅かす「敵」とみなし、攻撃しようと体内の免疫システムが始動する。血液一cc中に百分の一グラムしか存在しないが反応は強烈極まる免疫グロブリンE（IgE）という抗体が、血液中に増加する。すると、細胞で分泌されたヒスタミンが、平滑筋の急激な収縮を起こし、血管を拡張させる。細胞内ではさらに新しい代謝が始まり、新しい物質が分泌され、気管支などが強く収縮する。食物アレルギーで呼吸が困難になることがあるのは、そのためである[1]。

免疫による自己への攻撃の事例としては、アレルギーのほかに、近年急速に増えている自己免疫疾患があることも知られるようになった。アメリカのジャーナリストで、自己免疫疾患の一つ、ギランバレー症候群の患者でもあるドナ・ジャクソン・ナカザワは、アレルギーと自己免疫疾患の類似点と相違点について、こうまとめている。「アレルギーも自己免疫疾患も、からだに害となる異物を水際で防ごうとする免疫システムの努力の現れである。普通ならまったく害のない外からの物質に免疫システムが反応するのがアレルギーで、通常は害がないと受け止められているからだの正常な組織に対して免疫システムが反応するのが自己免疫疾患である」(ナカザワ 二〇二二：一八七)。自己の把握がうまくいかなくなったこの世界、それは医学の世界に限定する必要はないだろう。その兆候の一つがアレルギーだと考えられているのである。

たとえば、リウマチ、多発性硬化症、重症筋無力症、クローン病、潰瘍性大腸炎、Ⅰ型糖尿病、バセドウ病、橋本病などがそれにあたる。二〇〇八年の段階で、アメリカ人の一二人に一人、アメリカの女性の九人の一人が自己免疫疾患に罹患しているという。日本でも年々増加傾向にある。

「自己」を「非自己」から守る免疫システムが、世界各地の人々の体内で同時的に異変を来たしている。自己免疫疾患という言葉が生まれたのは、歴史的に劇的な変化を遂げた一九五〇年代であり、それが知られ始めるのが一九六〇年代であるのだが、これらの時代は、人や家畜の数が指数関数的に増え、プルトニウム、石炭由来の炭素、合成窒素肥料、合成農薬、プラスチックなどが急速に地層に残積するようになった時代にほかならない。一九六〇年代の緑の革命は、米、トウモロコシ、小麦の品種改良により、アジアやアフリカの飢餓を救ったといわれたが、他方で、これらの地域で、新品種に適合する化学肥料が大量に用いられることにつながった。

(二) 自己攻撃時代

こんな時代を地質学の観点から「人新世」あるいは「大加速時代」と呼ぶ人たちもいる。しかし、免疫の歴史からすれば、それらは「自己攻撃時代」の別名にほかならない。「自己」が「非自己」として認識されたり、「自己」にとって有益なものが「敵」とみなされたりする時代、つまり、自分で自分の首を絞める時代なのである。

このような「免疫の反逆」がどうして起こったのかについては、議論が尽きない。あまりにも居住空間が清潔になったため、免疫が感染症ではなく、別の「敵」に反応するようになったという「衛生仮説」は、多くの人に支持されたとはいえ、随分と批判も受けた。ピロリ菌の研究者であるマーティン・J・ブレーザー、生物学者のアナ・ビークレーと地質学者デイヴィッド・モントゴメリーは、衛生仮説の代わりに、食習慣の変化や抗生物質の（医療と畜産での）濫用による腸内細菌の異変を疑っている。というのは、今では、腸管に棲む腸内細菌が免疫の重要な役割を果たしていることは医学の常識になっているからだ。

また、ドナ・ジャクソン・ナカザワは 自己免疫疾患を誘発する化学物質に照準を合わせ、その関連性を探る研究者たちを紹介している。

繰り返しになるが、本章の課題は、それらの原因を自然科学の立場から探ることではない。おそらく、これらの問題は、気候変動の問題と同様に、直線的な因果関係だけで論じられない以上、もっと大きなパースペクティヴに依拠した、人文学的で関係論的な視点も必要と考えられる。「大加速時代」と呼ばれる時代の激変と、「免疫の反逆」と呼ばれる趨勢との重なる部分を、総合的に観測する。そして、それらの変化と私たちの抱きがちなイメージとのずれを検証する。現実をとらえ損なっていることが、「大加速時代」の環境破壊と免疫不全という二重の破壊を止められない理由だと考えるからである。自然科学は、確かに自然現象の因果関係をはっきりとさせて説明できるが、多様な経路をエコロジカルにとらえるには、人文学、とりわけ普遍的思考の座標軸を組み立てて提示する哲学の営みがふさわしい。すでに研究者たちが指摘してきた免疫機能の大異変の原因と結果を抽象化し、より幅の広い座標軸で考え直すことができるからである。

第三節 「自己」の境界——ほどかれる

(一) 自己する

免疫学者の多田富雄が述べていたように、免疫システムとは「超《スーパー》システム」である。なぜなら、「自己」の境界が曖昧で、その場に応じて「自己」を作り直しながら、「非自己」を排斥するからであり、システムと呼ぶにはあまりにも曖昧だからである。まるで、和服を世代をこえて使用するために仕立て直すように、「自己」はほどかれ、つくろわれ、また結び合わされる、と言ってもいいだろう。多田富雄はそれを「自己する」という動詞として説明している。

免疫がうまくいかない時代は、多田の思考に依拠すれば、「自己」の境界が曖昧になったからではない。「自己する」ことが難しくなった時代なのである。自己の境界があまりにも膠着していて、動きがなく、境界領域の「あわい」が直視されていない。多田は次のように述べている。

しかし、免疫系が見ている「自己」は［「自己」とは自分の持っている遺伝子全体の産物という学生たちの考えと――引用者注］少し違う。例えば、人間に寄生しているウイルス、ことに内在性ウイルスと呼ばれるような寄生体を、免疫系は「自己」の中に包含している。マラリアの原虫や住血吸虫［脊椎動物の血液中に寄生し、膀胱、肝臓、腸管などに障害を起こす寄生虫の総称――引用者注］さえも、人間はしばしば「自己」と同様に扱う。それに対して、自分の遺伝子でコードされている蛋白であっても、例えば甲状腺のコロイド蛋白とか、脳神経系のミエリンと呼ばれる蛋白などを、免疫系は「非自己」として非自己として認識し、免疫反応を起こす。その結果として、しばしば甲状腺炎や自己免疫脱髄性脳炎といった自己免疫病を起こす。遺伝子だけでは「自己」は規定できない。(2)

人間の細胞の核に収納されたＤＮＡ（デオキシリボ核酸）は、「自己」の設計図であって、「自己」そのものではない。「自己」は、ＤＮＡに異なった塩基配列を刻む微生物たちによって棲みつかれていて、それらとの相互作用で生きている。微生物たちは人間の細胞の数を超える膨大な数が一つの人間に棲んでいるので、「自己」は単純に細胞数からすればマイノリティである。それだけではなく、自己のＤＮＡを有している細胞でさえ、「敵」と認められれば、猛烈に攻撃を仕掛ける。歴史の中の国家がそうであるように、人間はいつも内憂外患に悩まされるだけでなく、内にも外にも味方が存在し、それらは頻繁に立場を変えてきた。

(二) ギラン＝バレー症候群

一九一六年にフランスの神経科医ジョルジョ・ギランとジャン・アレクサンドル・バレーが報告した多発性神経症は、それゆえにのちに「ギラン＝バレー症候群」と呼ばれるようになった。運動衰弱、筋肉痛、腱反応消失などの症状があり、まれに脳神経も侵され、最悪の場合は死に至る。多くの場合は、自然に治癒し、二割程度に後遺症が残る。この症状があらわれる一週間から四週間前に下痢をしたり風邪をひいたり、あるいはワクチンを接種したりしたあとに、感染源への抗体が活性化したまま、末梢神経のミエリン鞘(3)への攻撃を始めることが原因といわれているが、不明な点が多い。

いずれにしても、ギラン＝バレー症候群もいわば「免疫の反逆」の一種である。ナカザワは二度もこの病気を患っているが、二回とも感染症胃腸炎にかかってから一カ月後に「からだが壊れていくような」感覚に陥っている。足や腕の筋肉が次第にコントロールできなくなる、とナカザワは表現している。

かつて詩人を目指していたことのある写真家の新井卓は、エッセイ集『百の太陽／百の鏡――写真と記憶の汀』の中で、二五歳のときギラン＝バレー症候群に感染したときの様子を散文詩のように記している。

わたしの身体は皮膚の内と外で双方にめくれ上がっており、それは境界線というより不分明な分子のたわむれであり、いつでも宇宙の混沌《カオス》の侵蝕を許している。

二十五のころ、当時勤めていた広告写真会社の度重なる超過労働が引き金となり、全身麻痺の病ギラン・バレー症候群を患った。〈わたし〉が世界から孤独なのではなく、〈わたし〉がわたし自身からも孤独たりえるということ。青白い病室のシーツに転がされたまま、指先まで麻痺した肉体の片隅で、そのあまりにあけすけな事実について、考えていたのではなかったか（新井 二〇二三：九〇）。

自分の免疫が自分の神経細胞を攻撃しているとき、写真家の意識はまだ透徹していた。麻痺した体は、〈わたし〉から遊離し、〈わたし〉からも孤立することを感じていた。宇宙の混沌は私たちの内部まで入り込んでくる。たしかに、唇から内臓を経て、肛門に至るまで皮膚は「めくれ上がって」いて、めくれ上がった皮膚にはたくさんの微生物が寄生し、その微生物のはたらきに寄りかかりながら私たちも生きている。ギラン＝バレー症候群の経験は、そんな自己の内と外のバランスが実は非常に鷹揚なかたちで保たれていることを新井に気づかせた。自己が「敵」と免疫細胞によって認定されれば、容易に「非自己」になり、攻撃の対象となるのである。新井は、ギラン＝バレー症候群から回復したあと、「歩くこと」という当たり前の人間の動作に対して、非常に客観的に描写しているのが印象的だ。「杖に縋って一歩、足を前に運ぶ数十秒のあいだ、考えている。なぜわたしたちは歩こうと、そしてそれが可能であると思ったのか？」（新井 二〇二三：九二）。もちろん、こうした感覚は長期入院で足が動かせなかった人は抱きやすいのかもしれないが、それにしても、歩くという動作でさえ、実は、完璧な「自己」によって営まれてはいないと感じた新井の言葉は、やはり免疫の問題を考えるうえでも示唆的である。

さて、ナカザワによると、アメリカの医学界が現代社会の化学物質の氾濫の問題と免疫疾患との関係に警鐘を鳴らしたのはようやく二〇〇五年であるという（ナカザワ 二〇一二：四五）。ナカザワは、一九七〇年に「発がん性物質 carcinogen」という言い方が登場したのに、いまだに「自己免疫誘発物質 autogen」という言葉が存在しないのは問題ではないかと主張し、自己免疫誘発物質という造語を提げてこの書物を執筆したのだった。

第四節　無菌動物論――たかられる

（一）腸内細菌

人間は、自己を構成する細胞を攻撃する一方で、人間の細胞の数である三七兆をはるかに超える細菌を、口腔、大腸、肛門、皮膚などに棲まわせている。たまに共生者たちの反乱が起こることもあるが、基本的に私たちは、自分の体に悪さをしない細菌には攻撃を仕掛けない。「非自己」である細菌、つまり寄生者とともに生きることを私たちは選択している、あるいは選択させられている。とりわけ消化管には膨大な細菌が住んでいる。そればかりではない。そこには免疫の重要な役割を担う全身のB細胞の七割から八割も棲んでいる。消化管は免疫を担う中枢ともいうべき臓器だといってよいだろう。現に、腸内細菌研究の先駆者である光岡知足は、「免疫の中心は腸にある」と断言している（光岡 二〇一五：二二）。

しかし、自己と非自己を峻別する機能が集中する消化管は、人間にとって「中枢」ではなく、「外部」にほかならない。多田富雄は、「人間そのものが消化管という管《チューブ》を内腔とした、巨大な管《チューブ》と見ることもできる」と述べている。(4) つまり、消化管は体内を貫く「外部」である。実際、口も肛門も外気と直接つながっている。この「外」を私たちは骨や筋肉や皮膚で覆って「内臓」と偽って呼んで暮らしている、といっても間違いではない。

この「内なる外」の壁にはびっしりと細菌が棲みついている。便の容量のうち三分の一が細菌の死骸であるのはそのためである。腸内細菌は一〇〇兆個、種類は三〇〇から五〇〇、重さに換算すると六〇kgの体重の人で一から一・五kgは細菌の重さである（光岡 二〇一五：二三）。では、この一kgに及ぶ塊は、いったい「自己」なのか「非自己」なのか。

免疫はそれを「自己」とみなしている。私たちは、体重を測るときに一kg引いて記録されはしないように、別の生きものを自己とみなす。DNAの塩基配列が異なるにもかかわらず、知らず知らずのうちに、小さな寄生者たちも「自己」と認識して暮らしてきた。

（二）抗生物質

ところが、私たちはとりわけ戦後の経済復興の中で、有益な腸内細菌が自己の身体に寄生している事実を知らぬままに、除菌され抗菌されすぎた食べものを食べ、抗生物質を大量に投与しては、腸内に多大な負荷をかけてきた。

光岡はこんな薬害事件について振り返っている。ある医師が、胃腸症状の改善を目的につくられた抗菌剤「キノホルム」を、下痢を訴えた患者に大量の服用をすすめた結果、「激しい腹痛、四肢のしびれ、脱力」などが起こり、「緑色の便や尿」が出て、舌の色も緑色になった、という。光岡が依頼を受けて患者の便を調べたところ、善玉菌のビフィズス菌がほとんど見当たらず、「腸内細菌のバランスはガタガタに崩れ、腸内フローラは見る影もなく、大きく様変わり」していた（光岡 二〇一五：五〇）。これと同じことが、抗生物質によっても起こる、と光岡は警告している。

さらに、抗生物質を用いているうちに耐性菌が生み出され、それに効く抗生物質が開発されるとまた進化した耐性菌が生まれる、というふうに、イタチごっこが続いてしまう。たしかに、抗生物質が救った命はたくさんあるにせよ、その濫用は批判されるべきだというのが光岡の議論である。彼はこう述べる。「悪い菌をやっつければ健康が取り戻せる」と考えるのは、腸内細菌の複雑で多様な働きを目の当たりにしている立場から見れば、少々傲慢な発想と言わざるを得ません」（光岡 二〇一五：五一）。たしかに、自然治癒力で治りそうな風邪であっても、お守りのように抗生物質を投与する現代医療のあり方は、見直されてもよいだろう。

私はかつて、「「たかり」の思想——食と性の分解論」（藤原 二〇二二）という論文を書いたことがある。そこでは、菌と「共生」しているというよりも、生きながら「たかられている」と考えた方が現実に即しており、漢字で「集り」（本字ではふるとりが三つ木の上に乗っている。つまり、木に集まる鳥たちをイメージしている）と記すことを意識しながら、もとの意味に返って、「たかり」の概念の深さをとらえようとした。「たかったもの」が、「たかられたもの」を、免疫を活性化することで守り、「たかられたもの」も、「たかったもの」に食べものを与えたり、棲家を与えたりすることで守る。この寄生のあり方もまた、近代的な「自己」を大きく揺るがす。

「たかり」とは原則として攻撃ではない。わけまえを期待して群がることにすぎない。自己は、たかられないと存立しない、という医学的事実は、人間がいかに外と交渉しながらでしか生きていけないか、ということを示している。

（三）寿命を削って世界と出会う

ところで、以上のような腸内細菌の重要性は、「無菌動物」の登場によって飛躍的に発展した。無菌動物とは、「ノトバイオート」とよばれる実験動物である。体の皮膚も体内も無菌である。現在も基本的には変わらない無菌動物の作り方について、光岡はこう説明している。

通常の動物から無菌動物をつくりだすには、妊娠末期で、出産直前の母親を帝王切開して、胎仔を子宮ごと手ばやくとりだし、消毒液をみたした槽をくぐらせてビニールアイソレーター内に移し、子宮を切開して胎仔をとりだし、体をガーゼでマッサージしながら自発呼吸をまつのです。この仔は、滅菌人工乳を人工哺乳させて育てます。このようにしていったん雌雄一つがいの成熟動物にまで育てば、交配させて仔をつぎつぎと殖やしていくことができますし、同じハツカネズミで、系統のちがう無菌ハツカネズミをつくるには、帝王切開でとりだされた無菌仔を、すでに確立されている無菌の母親のハツカネズミに授乳させればよく、人工授乳の必要はありません（光岡 一九七八：一二一－一二二）。

無菌動物の外界に接する粘膜は一般に薄く、粘膜上の剥離や再生などの動きは少ない。また、小腸の壁は薄く、重さも軽い。

そして、無菌動物の方が一般に一・五倍も長生きをするという（上野川 二〇〇三：六〇）。ただ、無菌動物を外の世界に出すとたちまち病原菌に侵され、死んでしまう。

環境を無菌状態に保たれた無菌動物の方が通常の環境で生きる普通の動物よりも長生きする、ということについてもう少し考えてみたい。光岡は、無菌状態はすべての人間が経験している、という。それは胎児だ。「母親の体内では無菌で過ごしますが、出産と同時に菌に感染し、腸内細菌もあっというまに増加します。出生と共に、腸内細菌との共生が始まるのです」（光岡 二〇一五：二九）。胎児は産道を押し進む過程で、大量の微生物のシャワーを浴びるのである。

つまり、誕生とは、感染することにほかならない。無菌動物は無菌室に入っていることでしか生きていない。細菌のいない空気、細菌のいない水、細菌のいない食事、細菌のいない壁に囲まれてかろうじて生きている。私たちは、無菌状態よりも寿命を三三％削ることで、世界と出会う特権を得る。感染した空気、水、土壌、そして人間と触れる。帝王切開の子どもも、病院の空気や水、あるいは世話をする人たちによって感染する。世界に出会うこととはすなわち、感染することなのである。

無菌、除菌、無臭の世界は、例えば、無菌状態の植物工場で働く宇宙飛行士のような作業員を思い浮かべるが、それは世界と出会わないレタスを私たちが育てて、食べ、長生きを祝福しているようなものである。仮に、空気や水がどんどん汚染されるなかで、無菌状態で作られた食べものが支配的になった場合、私たちの腸内細菌の運命は恐ろしく暗い。それはつまり、私たちの未来そのものの暗さである。

この世界に生まれることは、つまり、たかられることである。たかりは、私たちの「始まり」の合図なのである。

第五節　生態系としての家――すまう

(一) ハイデガーの「すまう」

マルティン・ハイデガーは、一九五一年、まさに「大加速時代」が始まろうとするその年に、ドイツのヘッセン州の都市ダルムシュタットで「たてる・すまう・かんがえる」という講演を行なった。この講演をもとに書かれた論文によると、(5) ドイツ語の bin（私はある、存在する）という意味の動詞は、古ドイツ語の bauen（たてる）から派生していることを根拠に、建てることはそのまま住まうことであると主張した上で、すまいは、大地、天空、神性、死者へと開かれているものだと述べている。ハイデガーの「すまい」論は、「家」が建築物として固形化したものではなく、それ自体が自然や死者に開かれていることを教えてくれる。だが、これだけでは、「すまい」の「開かれ」は十分には展開しきれていない。「すまい」とは、「住まい」であると同時に「棲まい」であるということを考えなければならない。

（二）家は生態系

ロブ・ダンは、二〇一八年に刊行された『ネバー・ホーム・アローン』、日本語では『家は生態系』と訳された本で、家そのものが自然であると述べている（ダン 二〇二一）。生態学者であるロブ・ダンは、群衆生物学の手法を用いて、家の中がどんな生態系であるかを明らかにした。協力してくれる家庭に綿棒を送り、台所や便所、玄関や湯沸器など各所をそれで拭ってもらう。研究室に送られた綿棒をＰＣＲ法（ポリメラーゼ連鎖反応法）[6]によって分析し、どれくらいの種類の動物がいるかを調べるという実験である。

その結果、おおよそ平均的なアメリカの家で二〇万種類の動物が存在することがわかった。個数でいえば、もはや数えきれないほどだろう。ロブ・ダンは、しかし、家の生態系自体もどんどんと清潔になって、除菌されているうちに貧弱になっているのでは、と述べている。彼がここで考えているのはもちろん免疫のことだ。免疫システムを保ち、暴走を防ぐためには、ある程度の種類の細菌に曝露する必要があると述べる。

ロブ・ダンの研究を踏まえて述べれば、テレビやビデオゲームなど室内の娯楽が増え、外に出歩く機会の減った人間たちは、どんどんと細菌に曝露する機会を失い、他方で、抗原は耐性を獲得して増える。免疫力の低下と抗原の増加の相乗効果。アレルギーの多発の原因を巡っては衛生仮説と腸内細菌仮説があるが、それらは密接不可分であり、すまいは、そのどちらにも深く関わっているわけである。私たちの腸内の延長にすまいは存在するのである。ハイデガーのすまいをめぐる議論には身体についての思考があまり存在しない。身体もまたすまいであるという点がないために、ハイデガーの建築を自然と結びつけるプロジェクトは未完のままなのである。

ロブ・ダンは、宇宙ステーションの住環境についても論じている。ロシアの宇宙ステーション「ミール」の空気サンプルを地上で調べた結果、一〇種を超える真菌が棲んでいるという。ある宇宙飛行士によると、ミールは「腐ったリンゴ」のようなにおいがし、真菌は電線を覆っていた絶縁体を食べたこともあるという。当然、通信機器は故障した。どうやら、宇宙ステーションに存在する真菌は家にも存在する。また、NASAのISS（国際宇宙ステーション）のホコリを宇宙飛行士に綿棒で拭ってもらい分析した結果、男性の体に棲んでいることの多い、足のにおいの原因となる枯草菌や、脇のにおいの原因となるコリネガクテリウムなどがたくさん見つかる反面、膣内細菌が非常に稀であったという。ただ、それは男性が宇宙飛行士に多いからであり、そのほかの細菌については、地球上の母屋で見つかる最近の種類とあまり変わらないという。

（三）すまわせる

つまり、自然由来の素材だけではなく、人由来の細菌もまたすまいを作り上げていくものなのである。細菌の目線からすれば、いきものもたてものも大きく変わらない。ロブ・ダンはこう述べている。

当初、本書を執筆するにあたっては、建築家や建築技師など、人間にとって有益な生物種に満ちた、健やかな家を建てる方法を編み出した人々の物語で本書を締めくくりたいと考えていた。そして、そのための調査に数千時間を費やしてきた。しかしそのような人々は見つからなかった（ダン 二〇二一：三五九）。

そして、彼は仮にそのような自然に一見フィットした家は高価であり、皆に開かれていないと批判をする。その上で、彼は、「家の中の生き物の研究をしてみて暮らし方が変わったか？」と問われることが増えたが、その問いに対する答えは簡単だ、と述べる。その筆頭が、以前よりも窓を開けておくことが多くなった、というものだった。できるだけエアコンをつけない（エアコンに住んでいる菌が拡散しないように）、食器類は手で洗い、食器洗浄機に棲みついている真菌が家中に飛散するのを避けている、というような点も興味深いが、窓を開ける、という単純な行動にロブ・ダンの思考が収斂していくのはもっと興味深い。また、実験で、パン職人の指の皮膚に棲んでいる「スターター」がパンの味を作っていることに感激した彼は、息子とサワーブレッドを焼くようになったとも言っている。

「すまうこと」とは「すまわせること」を抜きにして語ることはできない。無菌室の無菌動物のように、ただケースの中で生命を維持することだけでは、世界に住んでいることにならない。無菌室から出て、誕生し、世界にすむ、世界に存在するということは、ちょうど、子宮から産道を押し広げて誕生した赤子のように、自分もまた世界の中でたかられ、すまわれることである。

第六節　ほどく、たかる、すまう

以上、人間の境界をほどき、それがたかられるあり方に目を凝らし、人間がすむという意味の再構築を試みた。それは、爆発的に増えるアレルギーと自己免疫疾患の主戦場である人間の境界、すなわち、「自己」と「非自己」のみぎわの揺らぎと、あいまいさを知ることであった。そして、その揺らぎとあいまいさは、一九五〇年代から急速に変化する私たちの社会が、自己と非自己の区別の先鋭化と、清潔と滅菌への欲望の高まりに膨大な化学薬品の市場が登場したことによって、おそらく、バランスを失ってしまった。

私たちは、感染することでしか誕生できないのに、無菌マウスのすむ無菌室のような世界観にこの半世紀のあいだ、なじみすぎてきたのかもしれない。

もちろん、アレルギーと自己免疫疾患と、腸内細菌やすまいの変化との関連は、すでに多くの科学者によって反省とともに指摘されてきたが、まだ結論も定まっておらず、自然科学の文法で語ることは難しい。

けれども、ほどく、たかる、すまう、という人間の存在のあり方から、より相互連関的な見方で人間の境界を観察すれば、二〇世紀後半に起こりつづけた生物学的激震が尋常でないことは明らかであろう。巨大化する建物は、ほどかれにくくなった。

個別化し、市場の欲望の対象となった建物は、たかられにくくなった。そんな建物はすまわれにくくなった。

そんないまだからこそ、ハイデガーの「たてる・すまう・かんがえる」という論考は根本から考え直されるべきであり、「ほどく・たかる・すまう」という連関のなかで、建築の問題と、生命の問題を同時に見極めていく必要があるように思える。

フリードリヒ・フレーベルが「キンダーガルテン」を、単なる建物をあらわす言葉としてとらえていなかったことは、以上のようなことと関係しているかもしれない。今でこそ、幼稚園や保育園という言葉は、都市の中でその場所が狭くなるにつれて、だんだんと建物を指すようになってきている。だが、それは本来的には「園」であり「庭」でしかない。あくまで、園児たちは、ほどく、たかる、すまう、という実践をする場所として、他のいきものたちにたかられつつ、キンダーガルテンで遊ぶのである。人間も植物も同時に育つというフレーベルのプロジェクトは、だから未完なのである。

注

（1）自己免疫疾患やアレルギーについては、多田（一九九三・一九九七）、ナカザワ（二〇一二）、上野川（二〇〇三）、フレーザー（二〇一五）などを参照にした。

（2）多田（一九九七：二一七）。「肝炎という病気は、肝臓の細胞内に寄生したウイルスに対する免疫反応が、感染した肝臓の細胞を障害するために起きる病気で、寛容になってしまえば肝炎は起こらない」（多田 一九九七：一四六）。

（3）ミエリン鞘（myelin sheath）とは、単にミエリン、あるいは髄鞘とも呼ばれ、神経細胞の軸索のまわりを鞘のように幾重にも包み込む、脂質に富んだ膜構造である。ミエリン鞘は絶縁体なので、神経細胞の軸索における電気の流れを安定させる役割を果たす。

（4）多田（一九九七：一六六）。本書が出版されてから二四年たってから、私は恐るべきことに、本書を読まぬまま「人間チューブ論――食のダイナミズムを考える」（藤原 二〇一七）を執筆したことがある。本章の目的の一つは、この反省に立ち、多田の議論を踏まえたうえで、「人間チューブ論」を展開することにある。

（5）ハイデガー（二〇〇八）、山本（二〇二一）を参考にした。

（6）新型コロナウイルスのパンデミックで、感染したかどうかを調べるために世界中で使用されたPCR法は、アメリカの生化学者キャリー・B・マリスが一九八三年に実験に成功した、極少量のDNAやRNAを、酵素反応を利用して増加させる方法である。マリスはこの功績によってノーベル化学賞を受賞している。

文献

新井卓 二〇二三『百の太陽／百の鏡――写真と記憶の汀』岩波書店。

上野川修一 二〇〇三『免疫と腸内細菌』平凡社新書。

多田富雄 一九九三『免疫の意味論』青土社。

―― 一九九七『生命の意味論』新潮社。

ダン、ロブ 二〇二一『家は生態系――あなたは二〇万種の生き物と暮らしている』今西康子訳、白揚社。

ナカザワ、ドナ・ジャクソン 二〇一二『免疫の反逆――自己免疫疾患はなぜ急増しているか』石山鈴子訳、ダイヤモンド社。

ハイデガー、マルティン 二〇〇八『ハイデガーの建築論――建てる・住まう・考える』中村貴志訳、中央公論美術出版。

藤原辰史 二〇一七「人間チューブ論――食のダイナミズムを考える」『美術手帖』一〇六〇：一〇二―一〇六。

―― 二〇二二「「たかり」の思想――食と性の分解論」『思想』一一八三：一〇六―一二〇。

フレーザー、マーティン・J 二〇一五『失われてゆく、我々の内なる細菌』山本太郎訳、みすず書房。

光岡知足 一九七八『腸内細菌の話』岩波新書。

―― 二〇一五『腸を鍛える――腸内細菌と腸内フローラ』祥伝社新書。

山本英輔 二〇二一「〈建てること〉と〈住むこと〉についてのハイデガーの思索」『哲学・人間学論叢』一二：：二一―三三。

おわりに――「何の変哲もない暮らし」のエコロジー

内藤直樹

ある平日の昼中、わたしはこの原稿を徳島市周辺部の市街化調整区域（農業等を保全するために住宅や商業施設の建設を抑制する区域）に建てた自宅でこの文を執筆している。他所者の私がこの土地に家を建てることは、制度的に難しい。戦後の混乱期に、ある貧しい家族がこの地に土地を得て暮らしていた。その家族の子どもは成長して職を得て、大都市で暮らすようになった。やがて親は亡くなり、家は解体された。その後でこの地域は、吉野川の治水のために計画された大規模な公共工事に反対する住民運動の中心になった。更地が藪になってから何十年か後、この土地は売られた。この場所がかつて宅地だったことを示す公的な記録が存在したおかげで、私はこの場所に家を建てることができた。

昨年 iPhone の歩数計をみたら、一日に一一六歩しか歩いていない日が記録されていた。「地方の人間ほど歩かない」と東京在住の知人に笑われた。もはやフィールドワーク以前の安楽椅子の人類学者である。執筆している私の足もとでは、最近失明した老犬・ハルが寝ている。ハルは最近、重度の糖尿病を患ったため、生き続けるためには一日二回のホルモン製剤の投薬とインスリンの注射が必要になった。これらの薬剤は高額だが、民間のペット保険に加入していたためにどうにかなっている。ハルは血糖値を下げるために大量の水を飲むので、頻繁な散歩と排尿が欠かせない。ハルが夜中に大量の水を飲み、朝まで排尿を我慢することができない「異変」が起こったとき。そして血液検査をしたら、いくつかの項目が「生きているのが不思議なくらい」の数値だったとき。生活のリズムが乱れた私もまた体調を崩した。だが、いまはハルの世話が、私が机以外の空間で何かしたり、自宅の外に出るよい機会になっている。失明したハルと周辺の畑を散歩することで、私は歩数を稼ぐことができるようになった。

人間ドックで二年続けて脂肪肝と診断された私が心身の健康を維持するためには、盲犬との散歩が大事な役割を果たしていると思う。近年、犬を飼うと認知症のリスクが大幅に減ることが「発見」されたという（Taniguchi et.al. 2023）。そうすることで医療福祉関係の政府予算を削減できるのかもしれない。だからといって私は健康のために犬を飼っているわけではない。むしろ私のほうが老いた盲犬に散歩に連れ出されているようだ。そう思って街角をみると、犬に散歩されている人間が多い。二〇二三年に実施された全国犬猫飼育実態調査（一般社団法人 日本ペットフード協会 二〇二三）によれば、二〇二三年の犬の新規飼育数は三九・七万頭、猫の新規飼育数は三六・九万頭で、合計すると七六・六万頭である。これは同年の日本における出生数七五・八万人を上回っている。そしてペット関連の衣食住やケアに関わる産業は堅調な動きを示している。このように異種である犬や猫は私たちの生活に入り込み、「家族」として共棲している。

オオカミと共通の祖先から派生した犬は、ユニークな生き物である。なぜなら犬は人類が農耕や牧畜を発明する以前に、食物をめぐる競合関係になりうる野生動物と共に暮らしはじめたことから生まれたためである。かつての犬は、犬なりの理由から狩猟や採集活動等の「サポート」をしてくれていた。その「見返り」に、食物や安全なねぐらを得ていたのかもしれない。だが、食糧不足の折には人間に食べられてもいたようだ。狩猟採集活動とは無縁となった現代都市でも、多くの犬が人間と暮らしている。そうなると今度は「家族」の一員や、愛情の対象としての役割も求められるようになった。犬と人間の関係史をみれば、犬は人間の食客であるともいえるし、逆に人間のほうが犬の食客（池田 二〇一九：四五〇）であるともいえる。

そもそもハルは言うことを何でも聞くわけではない。私が呼んでも、気が乗らないとみえる時には「聞かなかったことにしている」節がある。逆に、論文執筆の筆がノってきた時にもお構いなしに、散歩の要求をしてくる。そういえば同僚の猫は、ｚｏｏｍ会議が長びくと画面に入ってくる。和むし、会議を終わらせてくれるので、ありがたい。犬や猫の行動はまったく予測不可能なわけではないし、人間のことをみていないわけでもないようだ。そろそろ散歩かなと思う頃合いや会議が長びいているなという私の感覚と犬や猫の働きかけはしばしば一致する。このとき犬や猫は「いつ・誰に働きかければ、自らの欲望を充足できるのか」という観点で動いているようにみえる。犬や猫に働きかけられた私は、仕事の手を止めてハッと我に返る。

そして散歩に連れて行く／連れ出される。こうしてみると犬や猫のかけがえのない点は、私たちの都合を慮らないところにあるようにも思えてくる。

二〇二〇年に新型コロナウイルス感染症が世界的に流行した時に、大学の教育研究や学内行政の多くが好むと好まざるに関わらず瞬く間にオンライン化した。以前から業務のオンライン化の必要性は謳われていたが、ほとんど進んでいなかったにもかかわらず。それから数年が経ち、ウイルスの流行は当初ほど深刻な社会問題ではなくなった。この間にオンラインでの業務の一部は社会に定着したようだ。だからこそ、私たちは何をどの程度オンライン化すべきかということを考えるようになった（cf. 北野・内藤編 二〇二二）。

わたし自身は、大学での授業や会議の一部が引き続きオンラインでできるようになったため、冒頭で述べたように、コロナ禍以前よりは自宅ベースで労働している。これまでのフィールドワークで付き合ってきたケニアの友人達や各地の研究仲間とも自宅からやりとりすることもできる。考えてみれば、この種の遠距離コミュニケーションが当たり前の生活は、かつてSFでよく描かれていた。他方で「はじめに」で森が指摘するように、研究を含めた業務の遠距離コミュニケーション化によって失われたものもある。ただ、そのおかげで、盲犬に働きかけられて田園地帯で散歩する暮らしを営むことができている。一見したところ何の変哲もない「田舎生活」のランドスケープは、新型コロナウイルス感染症・情報通信技術・大学の制度・都市計画・犬・病気・薬・民間のペット医療保険等から構成されている。それは犬と人間あるいはウイルスと人間社会といった二者関係では説明できない。さまざまなアクターによるしばしば合意や相互理解を欠いた「意図しないデザイン」（チン二〇一九）を含む、〈同意のない共生〉のパッチワークである。

本書における議論は、共同研究「カネとチカラの民族誌――公共性の生態学にむけて」（国立民族学博物館二〇一八年一〇月〜二〇二三年三月）をもとにしている。この共同研究の目的は、一般的には公共性や配慮とは正反対の特徴をもっているようにみえる「利己性」と「経済」に焦点をあて、そこから異なる存在の集合体としての公共的なものの創発に関する文化人類学的な考察を深めることにあった。そして、利己的な主体による生存上の必要（食・住居・教育・医療・福祉等）の充足に関わるやりとり（経済）が、複数の異なる存在からなる場所やネットワークを結果的に創発する事例に関する民族誌を比較検討してきた。

その目的は、〈社会〉というものが、成立する保証がない状況からいかに立ち上がるかを考察することにあった。そのために市民社会やその規範的価値の存在を前提視しえない状況における、①それぞれの生存を追求しようとする多様な主体による利己的な行為に焦点をあて、②物質やエネルギーの移動をともなう相互行為としての経済に注目し、③それが特定の価値や倫理を帯びた場所やネットワークを産出する事態を社会的なものの創発として捉えようとしてきた。こうした関心は、近年の気候変動や科学技術の進展に対する人文・社会科学領域の応答である人新世やポストヒューマニズムといった、人間性をめぐる新たな議論にも関連している。なぜなら、人工知能や医療技術の開発あるいは気候変動や環境汚染といった科学技術の進展にともなう社会問題の多くは、人間の主体性と予測可能性という信念に基づく近代以降の人間活動の累積が、逆に人間／モノの境界のゆらぎや予測不可能性に帰結することを明らかにしたからである。こうした事態は、主体としての人間存在だけが特権的に客体としての世界を操作可能であるという人間例外主義に根源的な懐疑をもたらしている。

さまざまな分野の研究者による発表のなかに登場する「主役」たちには、人間だけでなくスズメや微生物も含まれていた。また人間であっても、紛争や貧困そして病や障がいといった生存上の問題にかかわる営みが取り上げられた。時代背景については、国家による統治や市場経済あるいは自律／自立的な生き方といった現代を生きる私たちが是とするシステムや価値観が誕生し、揺らぐに至る近世からポストモダンまでをカバーした。共同研究会でとりあげられた人間や生物は、さまざまな時空間や文脈を生きている。それらの共通点は、近代市民社会が構築してきた「人間とは、社会とはこうあるべきである」という規範的な価値やそれに基づくシステムの外側だという意味で、「埒外」を生きているという点にある。

本書では、あえてこうした「埒外」を生きる他者の目線から、〈多なるもの〉の集合体としての公共的なものが構築される機序を根源的に見なおそうとしてきた。それは社会的弱者やマイノリティといった他者の暮らしを解剖することではない。〈多なるもの〉の集合体としての公共的なものとは、冒頭で述べたような、「何の変哲もない暮らし」に他ならない。本書では、さまざまな他者による何の変哲もない暮らしを構成する諸要素の連関を解きほぐそうとしてきた。寄食をめぐる時空を越えたさまざまな事例は、「何の変哲もない暮らし」という水準で、私たちと結びついている。だからこそ、私たちはそこから何かを学ぶことができる。

文献

一般社団法人 日本ペットフード協会 二〇二三「令和五年 全国犬猫飼育実態調査」https://petfood.or.jp/data/chart二〇二三/index.html

池田光穂 二〇一九「第一九章 イヌとニンゲンの〈共存〉についての覚え書き」池田光穂・大石高典・近藤祉秋・池田光穂共編『犬からみた人類史』勉誠出版、四三三―四五三頁。

北野真帆・内藤直樹編 二〇二二『コロナ禍を生きる大学生——留学中のパンデミック経験を語り合う』昭和堂。

チン、アナ 二〇一九『マツタケ——不確定な時代を生きる術』赤峰淳訳、みすず書房。

Taniguchi, Y., S. Seino, T. Ikeuchi, T. Hata, S. Shinkai, A. Kitamura, Y. Fujiwara 2023. Protective effects of dog ownership against the onset of disabling dementia in older community-dwelling Japanese: a longitudinal study. *Preventive Medicine Reports* 36: 1-7.

索　引

あ行

か行

さ行

た行

な行

は行

ま行

や行

ら行

有林森林鉄道の導入を事例に」（共著、『文化人類学』88（2）：287-307、2023年）などがある。

赤池慎吾（あかいけ・しんご）　第12章

高知大学次世代地域創造センター・准教授。専門は、森林政策学。主著に、『梼原町ライフヒストリー集――「森」ではなく「山」とよばれていた時代の人々の記憶 』（編著、2024年、学術研究出版）、「森をつくる統治――魚梁瀬山を巡る統治機構と地元民」（内藤直樹・石川登編『四国山地から世界をみる――ゾミアの地球環境学』昭和堂、2024年）などがある。

沢山美果子（さわやま・みかこ）　第13章

岡山大学文明動態学研究所客員研究員。専門は、日本近世・近代女性史。主著に、『性からよむ江戸時代――生活の現場から』（単著、岩波新書、2020年）、『近代家族と子育て』（単著、吉川弘文館、2013年）などがある。

久保忠行（くぼ・ただゆき）　第14章

立教大学観光学部教授。専門は、文化人類学。主著に、『難民の人類学――タイ・ビルマ国境のカレンニー難民の移動と定住』（単著、清水弘文堂書房、2014年）、*Community Movements in Southeast Asia: An Anthropological Perspective of Assemblages*（共著、Silkworm Books、2022年）などがある。

木村周平（きむら・しゅうへい）　第16章

筑波大学人文社会系教授。専門は、文化人類学、災害研究。主著に、『「人新世」時代の文化人類学の挑戦』（共著、以文社、2023年）、*Covid's Chronicities*（共著、UCL Press、近刊）などがある。

モハーチ ゲルゲイ　第17章

大阪大学大学院人間科学研究科教授。専門は、医療人類学、科学技術社会論（STS）。主著に、Toxic Remedies: On the cultivation of medicinal plants and urban ecologies (*East Asian Science, Technology and Society* 15 (2): 192–210, 2021),「感染症という闘いと共生」（栗本英世・モハーチ ゲルゲイ・山田一憲編『シリーズ人間科学7　争う』大阪大学出版会、2022年、119-139頁）などがある。

藤原辰史（ふじはら・たつし）　第18章

京都大学人文科学研究所准教授。専門は、食と農の現代史。主著に、『分解の哲学――腐敗と発酵をめぐる思考』（単著、青土社、2019年）、『[決定版] ナチスのキッチン――「食べること」の環境史』（単著、共和国、2016年）などがある。

山北輝裕（やまきた・てるひろ）　第 5 章

日本大学文理学部社会学科教授。専門は、社会学。主著に、「ハウジング・ファーストと新自由主義の共振をめぐる再検討」（『理論と動態』12：34-58、2019 年）、「経験の分離と飛び地――野宿を経験した一人の男性とハウジング・ファーストの支援実践」（『フォーラム現代社会学』19：5-18、2020 年）などがある。

深田耕一郎（ふかだ・こういちろう）　第 6 章

女子栄養大学栄養学部准教授。専門は、福祉社会学、障害学。主著に、『福祉と贈与――全身性障害者・新田勲と介護者たち』（単著、生活書院、2013 年）、「きだみのる――にっぽん部落のエスノグラフィー」（奥村隆編『戦後日本の社会意識論――ある社会学的想像力の系譜』有斐閣、2023 年）などがある。

中野智世（なかの・ともよ）　第 7 章

成城大学文芸学部教授。専門は、ドイツ近現代史。主著に、『カトリシズムと生活世界――信仰の近代ヨーロッパ史』（共編著、勁草書房、2023 年）、『「価値を否定された人々」――ナチス・ドイツの強制断種と「安楽死」』（共著、新評論、2021 年）などがある。

岡部真由美（おかべ・まゆみ）　第 8 章

中京大学現代社会学部准教授。専門は、文化人類学、タイ研究。主著に、『「開発」を生きる仏教僧――タイにおける開発言説と宗教実践の民族誌的研究』（単著、風響社、2014 年）、「「布施のゆくえ」に向き合う仏教組織――現代タイにおける布施、会計、アカウンタビリティ」（藏本龍介編『宗教組織の人類学――宗教はいかに世界を想像／創造しているか』法藏館、2023 年、79-123 頁）などがある。

髙橋絵里香（たかはし・えりか）　第 9 章

千葉大学人文科学研究院教授。専門は、文化人類学。主著に、『ひとりで暮らす、ひとりを支える――フィンランド高齢者ケアのエスノグラフィ』（単著、青土社、2019 年）、『老いを歩む人びと――高齢者の日常からみた福祉国家フィンランドの民族誌』（単著、勁草書房、2013 年）などがある。

丸山淳子（まるやま・じゅんこ）　第 10 章

津田塾大学学芸学部教授。専門は、人類学・アフリカ研究。主著に、『先住民からみる現代世界――わたしたちの〈あたりまえ〉に挑む』（共編、昭和堂、2018 年）、『変化を生きぬくブッシュマン――開発政策と先住民運動のはざまで』（単著、世界思想社、2010 年）などがある。

岩佐光広（いわさ・みつひろ）　第 12 章

高知大学人文社会科学部教授。専門は、文化人類学。主著に、『越境する視点から地域をみる』（編著、高知新聞総合印刷、2024 年）、「人間と非人間の「固有の時間」の絡まり合いにみる山地景観の動態――高知県東部・魚梁瀬山における国

編　者

内藤直樹（ないとう・なおき）　序章、第 15 章、おわりに

徳島大学大学院社会産業理工学研究部准教授。専門は、文化人類学。主著に、『四国山地から世界をみる――ゾミアの地球環境学』（共編、昭和堂、2024 年）、『社会的包摂／排除の人類学――開発・難民・福祉』（共編、昭和堂、2014 年）などがある。

森　明子（もり・あきこ）　はじめに、第 11 章

国立民族学博物館名誉教授。専門は、文化人類学。主著に、『土地を読みかえる家族――オーストリア・ケルンテンの歴史民族誌』（単著、新曜社、1999 年）、『ケアが生まれる場――他者とともに生きる社会のために』（編著、ナカニシヤ出版、2019 年）などがある。

執筆者（執筆順）

三上　修（みかみ・おさむ）　第 1 章

北海道教育大学函館校教育学部教授。専門は、鳥類学、生態学。主著に、『スズメ――つかず・はなれず・二千年』（単著、岩波書店、2013 年）、『電柱鳥類学――スズメはどこに止まってる？』（単著、岩波書店、2020 年）などがある。

飯嶋秀治（いいじま・しゅうじ）　第 2 章

九州大学人間環境学研究院教授。専門は、共生社会学。主著に、「暴力問題にまきこまれる――オーストラリア先住民の『トラブルメイカー』たち」（武田丈・亀井伸孝編『アクション別フィールドワーク入門』世界思想社、2008 年）、『自前の思想』（共編、京都大学学術出版会、2020 年）などがある。

工藤由美（くどう・ゆみ）　第 3 章

国立民族学博物館外来研究員。専門は、文化人類学。主著に、「文化遺産としてのマプーチェ医療――国家・先住民関係を映すもの」（『古代アメリカの比較文明論』青山和夫他、京都大学学術出版会、2019 年）、La medicina mapuche y la naturaleza: Diferencias en la utilización de recursos naturales entre el gobierno chileno, los pacientes chilenos y los mapuche（『ラテンアメリカ・カリブ研究』29：18-37、2022 年）などがある。

北川由紀彦（きたがわ・ゆきひこ）　第 4 章

放送大学教養学部教授。専門は、都市社会学。主著に、Homeless Policy as a Policy for Controlling Poverty in Tokyo: Considering the Relationship between Welfare Measures and Punitive Measures (*Critical Sociology*, 47 (1): 91-110, 2021)、『新訂 都市と地域の社会学』（共編、放送大学教育振興会、2024 年）などがある。

寄食という生き方
——埒外の政治‐経済の人類学

2025年3月31日　初版第1刷発行

編　者　内藤直樹
　　　　森　明子

発行者　杉田啓三

〒607-8494　京都市山科区日ノ岡堤谷町3-1
発行所　株式会社　昭和堂
TEL（075）502-7500／FAX（075）502-7501

印刷　モリモト印刷

ISBN978-4-8122-2416-8
＊乱丁・落丁本はお取り替えいたします。
Printed in Japan

北野真帆・内藤直樹 編

コロナ禍を生きる大学生
——留学中のパンデミック経験を語り合う

留学中に、コロナが来た。その試行錯誤=パンデミックのノイズを、人類学者である教員らも巻き込んで共に振り返り、その意味を考える。

二七五〇円

内藤直樹・山北輝裕 編

社会的包摂／排除の人類学
——開発・難民・福祉

先住民、難民、移民、障害者、ホームレス……。私たちは「隣りにいる他者」と、どう向き合うのか？

二七五〇円

内藤直樹・石川　登 編

四国山地から世界をみる
——ゾミアの地球環境学

四国山地をフィールドとする多分野の研究者たちが、地域を文理融合的視点で複眼的に見ることの面白さを示す。

三〇八〇円